Der erste Schritt ist der letzte Schritt

J. KRISHNAMURTI

KRISHNAMURTI

100 JAHRE

EVELYNE BLAU

Aquamarin Verlag

BILDER-NACHWEIS

Viele der Photographen, deren Bilder aus der Anfangszeit Krishnamurtis in diesem Buch erscheinen, sind unbekannt. Ihre Photographien erscheinen mit freundlicher Genehmigung des Archivs der Krishnamurti Foundation of America.

Mit freundlicher Genehmigung der Academy of Motion Picture Arts and Sciences und des Cecil B. Demille Estate:
Seite 67
Cecil Beaton
Seite 171
The Bettmann Archive, Inc.
Seiten 68, 77, 88, 120, 121, 232
UPI/Bettmann Newsphotos
Seiten 74, 115, 123
Evelyne Blau
Seiten 102, 137,138, 148, 149, 151, 191, 201, 209, 217, 234, 235, 238, 241, 268, 270
Mit freundlicher Genehmigung von Linda Lee Cadwell
Seite 232
Asit Chandmal
Seite 231
Eloise Coyne
Seite 180
Dale Duffy
Seite 181
Mark Edwards
Seiten 163, 164, 190, 276
Ralph T. Gardner
Seite 100
D. M. Gawand
Seite 143
M. A. Hamid
Seiten 140, 210, 211, 219, 220, 260
Elijah David Herschler
Seiten 134, 167
Michael Mendizza
Titelbild, Einband und Seiten 19, 44, 45, 53, 139, 146, 147, 174, 176, 177, 196, 197, 206, 223, 244, 259, 261
Helen Nearing Collection
Seiten 59, 65
Dawn Peterson
Seite 75
Stanley Rogers
Seiten 35, 38, 39
Fabrizio Ruspoli
Seiten 18, 21, 22, 26, 34
Schell
Seite 124
Earl Scott
Seiten 250, 251, 258
Carey Smoot
Seite 204
Timothy Teague
Seiten 205, 207
Phillip van Pallandt
Seite 56
D.R.D. Wadia
Titelseite
Beatrice Wood Collection
Seite 107
Mary Zimbalist
Seiten 187, 198, 227

EIN JOOST ELFFERS BUCH

Titel der amerikanischen Ausgabe:
»Krishnamurti – 100 Years«

Deutsche Übersetzung:
Dr. Edith Zorn
Dr. Daniel Liebisch

1. Auflage 1995

Voglherd 1 · D-85567 Grafing

Herstellung: P & P Lichtsatz GmbH, Grafing
Druck u. Bindung: Wiener Verlag, Himberg

ISBN 3-89427-072-1

DANKSAGUNG

Dieses Buch ist das Werk vieler Menschen. Ihre wichtigen Erinnerungen und Kommentare umfassen die hundert Jahre, die seit Krishnamurtis Geburt vergangen sind, und sie bestehen sowohl aus Schriftstücken aus der Vergangenheit als auch aus jenen aus der mittleren Periode und der jüngsten Vergangenheit. Ihre Beiträge bilden das Fundament dieser Arbeit. Ich schulde deshalb allen für ihren Beitrag tiefen Dank. Ihre Namen finden sich im Inhaltsverzeichnis wieder, und allen möchte ich gleichermaßen danken.

Die Krishnamurti Foundation of America, der Krishnamurti Foundation Trust Ltd. of England und die Krishnamurti Foundation of India haben ihre freundliche Genehmigung zum Abdruck mehrerer Schriftstücke Krishnamurtis und Archivaufnahmen aus allen Phasen seines Lebens erteilt. Die Entstehung dieses Buches wurde durch ihre großzügige Unterstützung außerordentlich erleichtert. Die Archive und die Bibliothek der Krishnamurti Foundation of America haben mir bei meiner Recherche besonders geholfen. Mein Dank geht deshalb an Ivan Berkowitz, Douglas Evans, Tom Heggestad und Dawn Peterson. Chari Petrowski hat mich besonders unterstützt. Prof. Lloyd Williams danke ich für seinen Beitrag an benötigten Unterlagen. Ich danke besonders Mark Lee für seine unschätzbare Hilfe. Aaron Marking, Leslie Francis und Nandini Lee erstellten unermüdlich Abschriften. Curtis Wong stellte einen wertvollen Artikel zur Verfügung. Gabriele Blackburn unterstützte mich bei meinen Recherchen. Spezieller Dank geht an Michael Mendizza; viele der Interviews sind das Ergebnis unserer gemeinsamen Arbeit: er als Regisseur und die Autorin als Produzentin von zwei Dokumentarfilmen über Krishnamurti. Seine Photographie findet sich ebenfalls in diesem Buch. Robin und Stephen Larsen danke ich dafür, daß sie das Joseph Campbell-Material zur Verfügung stellten. Earl Scott gestattete den Abdruck seiner Photographien von den Vorträgen in Ojai. Besonderer Dank geht an Radha Burnier, Präsidentin der Theosophischen Gesellschaft, für die freundliche Überlassung von frühen Dokumenten. Helen Hooker war wie immer äußerst entgegenkommend. Ich danke auch Laura Huxley für die Erlaubnis, das Material über Aldous Huxley zu benutzen. Die Beiträge Mary Lutyens und Pupul Jayakars in ihren Biographien waren für mich außerordentlich wichtig. Sie bilden das Fundament dieser Arbeit, und ich stehe stark in ihrer Schuld. Laurie Clewell hat mich besonders unterstützt. Dieses Buch wäre ohne die engagierte Hilfe von Carole Koneff nicht entstanden. Sie hat das Manuskript unermüdlich immer wieder umgeschrieben. Ihre Zauberei auf dem Computer hat jedes Wort in dessen wunderbarem Speicher in perfekter Ordnung gehalten. Vielen Dank. Ein Tribut geht auch an Joost Elffers, der der erste war, der an dieses Buch, seine Vision und seinen Zweck glaubte. Karen Davidson ist eine hervorragende Grafikerin, und sie widmete sich unermüdlich dieser Arbeit. Alles an seinem richtigen Ort, hätte Krishnamurti gesagt. Alice Wong danke ich für ihre wertvollen Vorschläge. Ein spezieller Gruß geht an Lena Tabori, die die Bedeutung eines Gedenkbandes zu Krishnamurtis hundertstem Geburtstag erkannte und die das Buch veröffentlichte. Zuletzt danke ich meinem Mann, Louis Blau, dessen Liebe, Geduld und Unterstützung dies alles erst ermöglicht hat.

INHALT

Der Geist, der sein Haus in Ordnung gebracht hat, schweigt. Dieses Schweigen hat keine Ursache und deshalb auch kein Ende. Nur das, was eine Ursache hat, kann auch enden. Dieses Schweigen – das ohne Ende ist – ist absolut notwendig, denn nur in diesem Schweigen steht auch das Denken still. Nur in diesem Schweigen existiert das Heilige, das Namenlose, das, das nicht durch das Denken ausgelotet werden kann. Und das, was ist, ist das Allerheiligste. Dies ist Meditation.

– ÖFFENTLICHER VORTRAG, 29. NOVEMBER 1981

VORWORT

Im Laufe der letzten hundert Jahre hat Krishnamurti unser Leben tief berührt, wenn auch oft auf verborgenen Wegen. Obwohl ihn unzählige Menschen auf der Welt kennengelernt haben, blieb er vielen nur vage bekannt. Daß er viele Menschen beeinflußt hat, steht außer Zweifel, wie die Tiefe seiner Wirkung auf die Menschen beweist, die zu diesem Buch beigetragen haben. Ebenso erstaunlich ist die Zahl der Menschen, mit denen er in Kontakt stand. Es handelt sich um Schriftsteller, Akademiker, Musiker, Schauspieler, Wissenschaftler, Geschäftsleute – aus allen Bevölkerungsschichten.

Krishnamurti lebte einen großen Teil seines Lebens in einer High-Tech-Ära mit neuartigen Kommunikationsmitteln, worin er sich von den großen Lehrern der Vergangenheit eindeutig unterscheidet, deren Lehre oft aus dem Gedächtnis weitergegeben oder hunderte von Jahren nach deren Tod niedergeschrieben wurde. Oft waren die Erinnerungen fehlerhaft oder die Lehre wurde nicht richtig verstanden und unterschied sich in ihrer Niederschrift von der ursprünglichen Absicht des Lehrers. Es ist unser Glück, daß die Worte und Werke Krishnamurtis in Krishnamurti-Archiven und Bibliotheken auf der ganzen Welt unverändert erhalten sind.

Zeit seines Lebens waren Freunde und Mitglieder der Krishnamurti-Foundation von dem Bedürfnis durchdrungen, die Tiefen seiner Lehre auszuloten und ihr Verständnis in ihr tägliches Leben zu integrieren. Das war ihr Hauptinteresse. In seinen späteren Jahren, bei den jährlichen Vortragsreisen nach Indien, England, die Schweiz und die Vereinigten Staaten, wurde ihre Aufmerksamkeit auf wichtige Dinge gelenkt: die Vorbereitung auf die Reden selbst und auf die Tausende, die zu ihnen kommen würden, die Fürsorge um die Schulen und die Veröffentlichung seiner Werke. Mehr als zwanzig Jahre lang hatte es den Anschein, als ob dieser Kreislauf nie ein Ende haben würde. Jedoch gehen alle Dinge zu Ende. Ein Gefühl für Geschichte und die Verpflichtung anderen gegenüber, ihnen nicht nur die Werke Krishnamurtis weiterzugeben, sondern auch den Sinn für die Zeit und die Wirkung auf jene, die ihn persönlich gekannt haben, wie auch auf jene, die ihn durch seine Lehre kannten, veranlaßten die Autorin zu einer Reihe von Interviews. Diese Interviews wurden inspiriert von dem Beispiel eines nahen Freundes, Alex Haley, Historiker und Schriftsteller. Alex sprach oft von der Bedeutung des abendlichen Zuhörens auf der Veranda im Sommer, wenn die Älteren ihre Geschichten erzählen. Familiäre Überlieferungen wurden von Großmüttern, Tanten und Cousins immer wieder erzählt. Aus jenen Geschichten – zu denen Reisen und Forschungsarbeit kamen – entstand sein Buch *Roots*. Damals wurde die Bedeutung mündlicher Überlieferung deutlich. Es war wirkliche Geschichte – lebendig, direkt und unmittelbar. Die »Zeitzeugen« von Krishnamurtis Geschichte haben Bedeutendes zu erzählen.

Eine Reihe informeller Gespräche wurde begonnen und geht bis heute weiter. Die einfache und unaufdringliche Technik der Tonbandaufzeichnung ermöglichte die Nacherzählung von Erinnerungen. Viele, mit denen ich gesprochen habe, Zeitgenossen Krishnamurtis, sind jetzt von uns gegangen, aber ihr Vermächtnis lebt weiter. Unter jenen, die ihn von den frühesten Tagen an kannten, war Russell Balfour Clarke, Krishnamurtis erster Tutor, den ich vor vielen Jahren in Indien interviewt habe, als er in seinen Neunzigern stand. Er war 1909 in Adyar mit dabei gewesen, als Krishnamurti am Strand in der Bucht von Bengalen »gefunden« wurde. Baron Phillip van Pallandt, der vor etlichen Jahren Schloß Eerde und viele Hektar seines Landes großzügig diesem jungen Inder für seine Arbeit überlassen hatte, war ebenfalls in seinen Neunzigern, als er 1978 im DeWeezenladen Hospital in den Niederlanden interviewt wurde. Diese und viele andere sind die »Zeugen«, deren unbezahlbare Erinnerungen die Grundlage für dieses Buch bilden.

Die historischen Erinnerungen heißen »Gespräche«. Andere, die an der Herstellung des Dokumentarfilms *Krishnamurti: With A Silent Mind* beteiligt waren, finden sich in den »Interviews« wieder. Alle, mit Ausnahme der Diskussion zwischen Krishnamurti und Leopold Stokowski im Teil I, wurden von der Autorin durchgeführt.

Einige haben Beiträge geliefert, die sich im Text nicht wiederfinden: Alan W. Anderson, *On Krishnamurti's Teachings: An Ongoing Personal Response*; T.K.V. Desikachar, *Krishnaji – The Student and the Teacher*; Friedrich Grohe, aus *The Beauty of the Mountain*; Michael Krohnen, *A Great Man who could Laugh at Himself*; Jean-Michel Maroger, *Krishnamurti, A Fundamental Discovery.*

In Krishnamurtis frühen Tagen wurden der Junge und der junge Mann Krishna gerufen, als Abkürzung seines ziemlich langen Namens. Später sprach man ihn mit Krishnaji an, in Indien eine Ehrenbezeichnung. Wenn er von sich selbst sprach (gewöhnlich in der dritten Person) war er einfach »K«, und dieser Name und Krishnaji wurden von jenen um ihn herum gleichermaßen verwendet.

Es soll angemerkt werden, daß es wenige Bilder von Krishnamurti aus der mittleren Phase seines Lebens gibt. Er war in seiner Jugend oft photographiert worden, und er wollte in den mittleren Jahren nur selten photographiert werden. Seine angeborene Bescheidenheit ließ ihn damit experimentieren, bei Vorträgen hinter einem Vorhang stehend zu sprechen. Schließlich erachtete er dies als falsch und trat hinter dem Vorhang hervor.

Verhältnismäßig spät benutzte er ein Mikrofon oder ließ seine Vorträge aufzeichnen. Sie wurden mitstenographiert und für die Veröffentlichung als »Verbatim Reports« von 1933 bis 1967 übertragen. Später wurden seine Vorträge, Dialoge und Frage-und-Antwort-Sitzungen in Buchform veröffentlicht, von denen viele in zahlreiche Weltsprachen übersetzt wurden.

Obwohl Krishnamurti seine Reden auf Englisch hielt, sprach er auch fließend Französisch und Italienisch und ein wenig Spanisch. Seine Muttersprache, Telugu, vergaß er allmählich, aber er besaß eine Vorliebe für Sanskrit und besonders für Gesänge in dieser Sprache.

Später erlaubte Krishnamurti den Einsatz von Video und Film-Technik, und er war unendlich geduldig bei den Aufnahmen.

Ein Leben im Zwanzigsten Jahrhundert, das so kompliziert wie das Krishnamurtis war, muß von einem anderen Standpunkt aus von vielen Stimmen erzählt werden. Ein Alleinstehender kann ihm nicht genügend gerecht werden. Dieses Buch spricht durch seine Zeitzeugen mit vielen Stimmen, und obwohl sie die ganze Blüte dieses bemerkenswerten Menschen und seiner Lehre nicht völlig wiedergeben mögen, hoffe ich, daß der Leser einen schwachen Hauch davon einfangen kann.

Es war schwierig, das zu kürzen, was von den Zeitzeugen gesagt wurde, es war soviel Einsicht in den Artikeln, Interviews und Gesprächen, zu denen sie beigetragen haben. Zum besseren Verständnis erscheinen Zitate Krishnamurtis in diesem Buch in blauer Farbe. Die Kürzung von Krishnamurtis umfangreichen Werken war schmerzhaft. Man möchte alle in ihrer wunderbaren Vielfalt integrieren. Glücklicherweise stehen alle Schriften Krishnamurtis in den Bibliotheken und Archiven der Krishnamurti-Foundation in Indien, England, Holland und den Vereinigten Staaten zur Verfügung. Krishnamurti-Committees in Europa, Kanada und Südamerika haben ebenfalls umfangreiche Bestände seiner Werke.

Krishnamurti war sein Leben lang von Menschen umgeben. Trotz aller Aufmerksamkeit, die man ihm schenkte, bleibt er im Wesentlichen ein Geheimnis. Ausweichend, manchmal doppeldeutig über seine Person, konnten all die Untersuchungen der vergangenen einhundert Jahre das Geheimnis nicht erhellen. Vielleicht ist es gut so. Er selbst sagte dazu: »Die Lehre ist wichtig, nicht der Lehrer.«

– EVELYNE BLAU, LOS ANGELES 1995

TEIL I: DER ERSTE SCHRITT

Nur ein Gast bin ich

in dieser Welt vergänglicher Dinge,

durch nichts in ihr gebunden.

Keinem Land gehöre ich an,

keine Grenzen schließen mich ein.

– THE IMMORTAL FRIEND, 1928

Aus dem Nebel der Mythen und der Erinnerung entfaltet sich die Geschichte Krishnamurtis wie ein längst vergessener Traum; die Geschichte eines zarten Jungen, der Welt verloren, aber am Strand der Bucht von Bengalen entdeckt. Die Ereignisse, die sich seit seiner Geburt im Jahre 1895 abspielten, haben tatsächlich eine mythische Qualität, wobei zwar jedes abgelaufene Jahr eine neue Schicht des Verstehens abdeckte, aber ein zentraler Kern des Geheimnisses erhalten blieb.

Die Erzählung vom achten Kind einer orthodoxen Brahmanen-Familie beginnt mit seiner Geburt und der sechs Tage später stattfindenden Namensgebung. Auch Shri Krishna war ein achtes Kind, und so wurde das Kind gemäß der Hindu-Tradition »Krishnamurti« (wiedergeborener Krishna) genannt. Die Mutter, Sanjeevama, war eine tief religiöse Frau, der man übersinnliche Fähigkeiten nachsagte; es hieß, sie könne die Farben der Aura sehen. Intuitiv erkannte sie, daß dieses, ihr achtes Kind, ein ganz besonderes und seltenes menschliches Wesen werden sollte. Sie bestand gegen den Willen ihres Ehemannes Narayaniah darauf, daß das Kind im Puja-Zimmer ihres winzigen Hauses im Süden Indiens, in Madanapalle, geboren werden sollte. Dies war ein ganz außergewöhnliches Vorkommnis. Der Puja-Raum, das besonders geheiligte Herz des Hauses, durfte nur zur Andacht betreten werden, nach einem rituellen Bad, und nachdem man saubere Kleider angelegt hatte. In diesem Raum eine Geburt stattfinden zu lassen, würde normalerweise als Verunreinigung gelten, aber Sanjeevama setzte sich durch, und kurz nach Mitternacht, um 0:30 Uhr, am 12. Mai (dem 11. Mai nach dem indischen Kalender), rief die Hebamme »Sirsodayam!« (der Kopf ist zu sehen!).

Das älteste bekannte Photo von Krishnamurti mit seiner Mutter Sanjeevama. (Ca. 1900)

Nach indischer Tradition ist dies der genaue Zeitpunkt der Geburt. Der genaue Zeitpunkt wurde gebraucht, um das Horoskop zu stellen. So kam in diesem dunklen, vollgestellten Raum, zwischen flackernden Öllampen, dieses von seiner Mutter geliebte Kind in die Welt.

Am nächsten Tag sagte Kumara Shrowthulu, der angesehene Astrologe der Region, voraus, daß Krishnamurti ein großer Lehrer werde, aber erst nachdem er gewaltige Hindernisse überwunden haben würde. Als Krishnamurti zum Knaben heranwuchs, schien diese Möglichkeit immer unwahrscheinlicher, da das farblose, verträumte und offenbar beschränkte Kind eher seinem zurückgebliebenen jüngsten Bruder Sadanand glich. Es war sein nächst jüngerer Bruder Nityananda, der das lebendige und intelligente Kind war; doch, trotz aller Unterschiede in ihrem Charakter, verehrte er seinen älteren Bruder. Er war es, der seinen Bruder freundlich nach Hause zu führen pflegte, wenn man ihn traumversunken an der Straße stehend fand.

Als der Junge heranwuchs, war er kränklich, und im Alter von zwei Jahren überlebte er nur knapp einen schweren Malariaanfall. Er hing an seiner Mutter und zeigte eine tief religiöse Neigung; oft begleitete er sie in den Tempel. Wegen seiner häufigen Fieberattacken und Blutungen aus Nase und Mund versäumte er oft die Schule, einmal ein ganzes Jahr lang – ein wenig versprechender Start seines bedeutenden Lebens als Gelehrter.

Mit sechs unterzog der Junge sich der Zeremonie der heiligen Schnur, der Upanayanama. Diese Zeremonie, eine Einführung in die Riten der Priesterschaft, ist der erste Schritt in das Leben eines Brahmanen-Jungen, die alle von Geburt Priester sind. Der Vater, Jiddu Narayaniah, beschrieb den Vorgang so:

Der Knabe wurde gebadet und ganz neu eingekleidet. Wenn die Eltern es sich leisten können, werden sehr kostbare Gewänder benutzt. Krishnamurti wurde hereingebracht und auf mein Knie gesetzt, während ich auf meiner ausgestreckten Hand ein Silbertablett hielt, das mit Reiskörnern bestreut war. Seine Mutter, die neben mir saß, führte den Zeigefinger der rechten Hand des Jungen und schrieb mit ihm das heilige Wort »AUM".

Die Familie war inzwischen in das nahe gelegene Cudappah gezogen, als im Jahr 1905 das Unvorstellbare geschah: Als Krishnamurti zehn Jahre alt war, starb seine Mutter. Vereinsamt klammerte der Junge sich enger als je an seinen jüngeren Bruder, den gescheiten und liebevollen Nitya. Narayaniah beschreibt, daß Krishnamurti oft nach ihrem Tod seine Mutter sah:

Wir haben die Sitte, einen Teil der Speisen, die für den Haushalt bereitet werden, auf ein Blatt zu geben und an eine Stelle zu legen, wo der Hingeschiedene gelegen hat, und so machten wir es auch im Fall meiner Ehefrau. Am dritten Tag, zwischen neun und zehn Uhr morgens, wollte Krishna gerade sein Bad nehmen. Er ging ins Bad und hatte erst wenige Lotas Wasser auf seinen Kopf gegossen, als er schon herausgerannt kam, nackt (bis auf ein Lendentuch) und klitschnaß. Das Haus, in dem ich in Cudappah lebte, war ein langes, schmales Haus, die Räume hintereinander gelegen wie die Abteile eines Eisenbahnzuges. Als Krishna an mir vorbeikam, griff ich seine Hand und fragte, was los sei. Der Junge antwortete, seine Mutter sei bei ihm im Badezimmer gewesen, und wie sie es verlassen hätte, habe er sie begleitet, um zu sehen, was sie tun werde. Ich sagte: »Erinnerst Du dich nicht, daß deine Mutter zur Verbrennungsstätte getragen wurde?« »Ja", antwortete er, »ich erinnere mich, aber ich möchte sehen, wo sie jetzt hingeht.« Ich ließ ihn gehen und folgte ihm. Er ging zum dritten Raum und blieb dort stehen. Dies war der Raum, wo die Saris meiner Frau immer über Nacht zum Trocknen aufgespannt wurden. Krishna stand da und starrte intensiv nach etwas, und ich fragte ihn, was los sei. Er sagte: »Meine Mutter zieht ihre nassen Sachen aus und zieht trockene an.« Dann ging er in den nächsten Raum und setzte sich in die Nähe der Stelle, wo das Blatt mit den Speisen lag. Ich stand ein paar Minuten bei ihm, und er sagte, seine Mutter esse. Schließlich erhob er sich und ging in Richtung der Treppe, wobei ich ihm immer noch folgte. Auf halber Höhe blieb er stehen und sagte, er könne sie nicht mehr sehen.[3]

Mit achtzehn Jahren, als Krishnamurti in Varengeville, einem Ort in der Normandie, lebte und noch nicht zu weit von den Ereignissen seiner Kindheit entfernt war, begann er einen Bericht über die frühesten Tage, derer er sich erinnern konnte. Er überschrieb dies mit »Fünfzig Jahre meines Lebens", hatte also offenbar vor, diesen Bericht mit den kommenden Jahren fortzuschreiben. Das hat er zwar nie getan, doch enthalten die etwas über ein Dutzend Seiten seine Erinnerungen an wichtige Ereignisse in seinem Leben.

Fifty years of my life.

Varengeville
July 10th 1913

The happiest memories of my childhood centre round my dear Mother, who gave us all the loving care for which Indian mothers are well-known. I cannot say that I was particularly happy at school, for the teachers were not very kind & gave me lessons, which were too hard for me. I enjoyed games as long as they were not too rough as I had very delicate health. My mother's death in 1905 deprived my brothers and myself of the one who loved & cared for us most, & my father was too much occupied with his business to pay much attention to us. I led the usual life as an ordinary Indian youth until I came to Adyar in 1908. Adyar was of special interest to me as my father used to attend the conventions of the Theosophical Society there. He also held meetings in our house at Madanapalle for the study of Theosophy & I learnt about Adyar from my mother & from him. My mother had a <u>puja</u>-room where she worshipped regularly; in the room were pictures of the Indian Deities & also a photograph of Mrs. Besant in Indian dress sitting cross-legged on a <u>chowki</u> or small platform on which was a tiger-skin. ~~My~~ I was generally at home while my brothers were at school, for I suffered much from fever—in fact almost every day, & I often went into the puja-room about noon when she performed her daily ceremonies. She would then talk to me about Mrs. Besant & about Karma & Reincarnation, and also read to me from the <u>Mahābharata</u> & <u>Rāmayana</u> & from other Indian Scriptures. I was only about 7 or 8 years of age, so I could not understand much, but I think I felt much that I could not actually understand.

Es war zwei Jahre später, im Jahre 1907, als Narayaniah gezwungen wurde, sich mit einer mageren Pension von 112 Rupien pro Monat – gerade der Hälfte seines früheren Gehalts – zur Ruhe zu setzen. Obwohl er ein orthodoxer Brahmane war, trat Narayaniah 1882 der Theosophischen Gesellschaft bei, die alle Religionen akzeptierte. Er schrieb an Annie Besant, die Präsidentin der Theosophischen Gesellschaft, und bat um Erlaubnis, auf dem Gelände der Gesellschaft leben zu dürfen, als Lohn für seine Arbeit als Assistent des Schriftführers der Esoterischen Sektion der Theosophischen Gesellschaft. Nach einer Reihe von Absagen durch Besant – weil es keine Schule in der Nähe gab, die die Jungen hätten besuchen können – stimmte sie schließlich doch zu, und die Familie zog in ein kleines Haus gerade außerhalb der Mauer, welche das Gelände umgab.[4]

Die Theosophie hat tiefe und weit zurückreichende Wurzeln, die Jahrhunderte vor die Gründung der heutigen Theosophischen Gesellschaft, 1875 in New York, zurückgehen. Gründer der Gesellschaft waren Helena Petrovna Blavatsky und Colonel Henry Steel Olcott. Olcott, ein imposanter, bärtiger Mann, der im amerikanischen Bürgerkrieg gedient hatte und Mitglied eines dreiköpfigen Ausschusses gewesen war, der das Attentat auf Abraham Lincoln untersuchte, war tief an den Modethemen seiner Zeit, Hellsichtigkeit und Spiritismus, interessiert. Es zirkulierten übertriebene Berichte über ungewöhnliche Vorkommnisse, wie das Auftreten von Phantomen, im Farmhaus der Eddy-Familie in Chittenden, Vermont, einige hundert Kilometer von New York entfernt. Örtliche Journalisten berichteten einem sprachlosen Publikum eifrig von »Spuks und Geistern«. Teils aus eigenem Interesse, teils in seiner Eigenschaft als Journalist, suchte Olcott das Heim der Eddys auf. Hier war es, wo er Helena Petrovna Blavatsky zum ersten Mal begegnete.

Helena Petrovna Blavatsky gründete 1875 die Theosophische Gesellschaft. Die monumentale, manchmal schwierige Blavatsky war eine der schillerndsten und einflußreichsten Persönlichkeiten ihres Jahrhunderts.

Sie trug ein scharlachrotes Garibaldi-Hemd, ihr »breites Kalmückengesicht«, mit blassen, hypnotisierenden Augen, war von einem dicken Wust blonder, in Schulterlänge geschnittener Haare umgeben – »es stand seidenweich und bis zu den Wurzeln gelockt von ihrem Kopf ab wie das Fell eines Cotswald-Schafes«. Nicht das übliche Bild von Weiblichkeit des neunzehnten Jahrhunderts. Madame und ihr französisch sprechender Begleiter traten vor die Tür, um an der Nachmittagsluft eine Zigarette zu drehen. Als sie nach Streichhölzern suchten, trat Olcott hinzu. »Permettez-moi, Madame“, und gab ihr Feuer. Wie sie zusammen durch das Gelände streiften, er mit seiner Pfeife, sie mit ihrer unvermeidlichen Zigarette, entdeckten sie viele Gemeinsamkeiten.

Die überlebensgroße, etwas berüchtigte Blavatsky aus der vornehmen Dolgorukov- und der militärischen von Hahn-Familie war monumental von Gestalt wie von Gedankenkraft. Sie schockierte und faszinierte alle, die sie kannten, mit ihren Geschichten: Wie sie auf Kosackenpferden ohne Sattel über die Steppen ritt, wie sie allein durch Ägypten und Tibet reiste, um nach hoch entwickelten okkulten »Meistern der Weisheit« zu suchen und wie sie scheinbar aus der Luft Briefe und andere Objekte herbeizauberte. Für eine Frau ohne Begleitung waren ihre Reisen im neunzehnten Jahrhundert außerordentlich, aber Helena war eine ungewöhnliche Frau. Sie gab an, Gurus, Schamanen und übernatürliche Meister in verborgenen Bergfestungen getroffen und mit ihnen studiert zu haben. Nachdem sie jahrelang eine Randexistenz geführt hatte, wobei sie so gut sie konnte von zweifelhaften medialen Demonstrationen und dubiosen »Zaubereien« gelebt hatte, fand sie in Olcott einen stabilisierenden Schwerpunkt. Diese vielschichtige Frau, zum großen Teil eine echte Seherin und visionär, aber mit dem Ruch des Scharlatans, gründete zusammen mit Olcott die Theosophische Gesellschaft. Deren Prinzipien waren im Wesentlichen: Die Wahrheit in den alten Religionen des Ostens zu suchen; die unerklärten Gesetze der Natur zu erforschen; und die universelle Bruderschaft der Menschen, ohne Ansehen von Rasse, Glauben, Geschlecht oder Kaste zu fördern. Noble Ideale zum Höhepunkt maskulin christlich missionarischen Eifers, als anderen als der christlichen Religion wenig Respekt gezollt wurde! Die Verwirklichung dieser Prinzipien, verkündete Blavatsky, »wird die eisernen Fesseln von Bekenntnissen und Dogmen, von gesellschaftlichen und Klassenvorurteilen sprengen; rassische wie nationale Antipathien und Schranken durchbrechen und den Weg zur praktischen Verwirklichung der Bruderschaft aller Menschen ebnen«.

Die junge Annie Besant. Sie war Journalistin, Herausgeberin, Frauenrechtlerin und Mitglied der Fabian Society. Nach dem Tod von Colonel Olcott wurde sie 1907 Präsidentin der Theosophischen Gesellschaft.

Nachdem sie durch Gründung der Theosophischen Gesellschaft einen neuen Mittelpunkt gefunden hatte, nahm Helena Petrovna Blavatsky – H. P. B., wie sie genannt wurde – ihre umfangreichen Meisterwerke „Die entschleierte Isis" und „Die Geheimlehre" in Angriff. Diese gelehrten und brillanten Werke haben auch heute noch als Eckpfeiler theosophischen Denkens Bestand.

W.T. Stead, Journalist und Herausgeber der Londoner *Review of Reviews,* bat die junge Annie Besant, eine Kritik über die *Geheimlehre* zu schreiben. Als sie die Seiten umblätterte, wurde sie »von einem Licht, in dem die einzelnen Fakten sich als Teile eines gewaltigen Ganzen darstellten, verwirrt und geblendet ... « Alle ihre Unklarheiten, Rätsel und Probleme schienen zu verschwinden.

Die energische Annie Besant hatte sich im viktorianischen England bereits einen weitreichenden Ruf erworben. Nach einem tiefgreifenden Gewissenskonflikt hatte sie ihren Glauben verloren und sich geweigert, die Sakramente zu empfangen und den Predigten ihres Mannes, Reverend Frank Besant, beizuwohnen. Sie durchlebte lange Depressionsphasen, litt unter quälenden Kopfschmerzen und weigerte sich, das abgedunkelte Zimmer zu verlassen. Als sie sich schließlich daraus befreite, verließ sie 1873 ihren Mann und betätigte sich in der Öffentlichkeit als geistreiche Rednerin und Verfasserin von Broschüren. Die Themen reichten vom Atheismus bis zur Befürwortung gewerkschaftlich organisierter Arbeit, wobei sie einen Streik der Arbeiterinnen in der Zündholzfabrik der Bryant und Mays Fabrik unterstützte. Die Veröffentlichung ihres »Knowlton Pamphlet« zur Geburtenkontrolle löste einen gewaltigen Streit der Meinungen aus. Sie war eine leidenschaftliche Suffragette in der heraufdämmernden Frauenrechtsbewegung, und sie trat gemeinsam mit Sidney Webb und George Bernard Shaw der Fabian Socialist Society bei. Shaw arbeitete eng mit Besant zusammen, und einige waren davon überzeugt, daß er ihr Liebhaber war.[5]

1888 fand ein Treffen zwischen Blavatsky, die inzwischen nach London gezogen war, und Besant statt. Die Begegnung war der Anfang eines engen Bandes zwischen beiden Frauen, und Annie Besant wurde umgehend ihre Schülerin. Im Jahre 1907, nach dem Tod von Blavatsky und Olcott, wurde Besant mit ihrem ausgezeichneten Organisationstalent zur Präsidentin der Theosophischen Gesellschaft gewählt. Shaw bemerkte: »Mrs. Besant ist eine Frau rascher Entscheidungen. Stets kam sie mit einer Bestimmung in eine Bewegung und predigte den neuen Glauben, noch bevor die überraschten Beobachter den leisesten Verdacht hegten, daß der alte bereits erschüttert war.«

Unermüdlich reiste sie um die Welt. Ihre angeborene Religiosität fand schließlich in Indien ihr geistiges Zuhause. Die dynamische und unwiderstehliche Rednerin zog auf ihren Reisen Tausende an. 1909 faßte sie die Erwartung in Worte und verkündete das Kommen des »Weltlehrers«. Sie erklärte dazu:

Ich möchte sie bitten, darüber nachzudenken, ob es so merkwürdig und unmöglich erscheint, daß in unseren Tagen, so wie früher, ein mächtiger Lehrer kommen könnte, um die Welt aufzurichten und ihr zu helfen. In unserem intellektuellen Stolz und unserem Nationalbewußtsein neigen wir dazu, uns für den Segen eines Weltlehrers als zu gering zu erachten. Und doch, wenn Er einst gekommen, unter genau den gleichen, neuartigen Umständen auf Erden erschienen sein wird, warum sollte diese Reihenfolge ausgelassen werden und das, was zuvor existiert hat, unserer Generation versagt bleiben?[6]

Die Synthese eines hinduistischen Avatars, der laut der Überlieferung immer wieder zurückkehrt, um die Menschheit in Zeiten der Not zu retten, und eines jüdisch-christlichen und buddhistischen Messias führte zu einem wachsenden Interesse am zukünftigen Weltlehrer.

Die vierte Gestalt im theosophischen Quartett bildete Charles Webster Leadbeater, Vikar der Kirche von England. Auch er fühlte sich zum Kreis um Blavatsky hingezogen und trat der Gesellschaft 1883 bei. Sein Interesse am Okkultismus und der »verborgenen Seite der Dinge« veranlaßte ihn, die Kirche zu verlassen und mit Blavatsky nach Indien zu gehen. Dort, in der warmen Sonne Indiens, blühten seine hellseherischen und medialen Fähigkeiten auf. Nach etwa fünf Jahren kehrte er nach England zurück, wo er eng mit Annie Besant zusammenarbeitete, indem er gemeinsam mit ihr einige Bücher verfaßte. Beide vertieften sich in übersinnliche Phänomene und die Erforschung vergangener Leben, ihrer eigenen wie jene nahestehender Bekannter. Mit der Zeit verließ sich Annie immer stärker auf C.W.L., wie er genannt wurde. In ihrer sozialen und politischen Arbeit für Indien, der Gründung des Central Hindu Colleges, der Unterstützung der Frauenrechte und ihrer Arbeit für die indische Unabhängigkeit wurde sie in zunehmendem Maße von seiner medialen Führung und seinen engen Kontakten mit den Meistern abhängig.

C. W. Leadbeater (oben) wurde von Blavatsky für die Sache der Theosophie begeistert und trat 1883 der Theosophischen Gesellschaft bei. Er erkannte Zeichen geistiger Größe in dem Jungen Krishnamurti (siehe unten), als er ihn 1909 erstmals am Strand von Adyar sah.

Sowohl in Europa als auch im Osten berichteten geheimnisvolle Lehren seit Jahrhunderten von einer »Geheimen Bruderschaft«, einer »Großen Weißen Loge«, einer mächtigen Hierarchie verborgener Meister, die ihren wohlwollenden Einfluß ausübten, um der Menschheit zu helfen. Darüber regierten in schwindelerregender Vielschichtigkeit Scharen unsichtbarer Wesen, die schließlich zum Herrn der Welt emporstiegen.

Trotz seiner unleugbaren Fähigkeiten als Schriftsteller, Redner und Hellseher hing eine Wolke über Leadbeater, die, wenn beiseite geschoben, ein päderastisches Interesse an jungen Knaben enthüllte. Man klagte ihn der Unsittlichkeit an. 1906 trat er aus der Gesellschaft aus. Obgleich er die Anklage energisch zurückwies, blieben die Schatten des Verdachts und der Zweifel, so daß er nicht länger in einer Gesellschaft bleiben konnte, die einen derartigen Wert auf mentale, physische und sexuelle Reinheit legte. C.W.L. besaß zahlreiche Befürworter, die ihm die Treue hielten, bis Annie Besant 1907 zur Präsidentin gewählt wurde. Nach dem anfänglichen Schock über die Nachricht von der Anklage, war Annie von seiner Unschuld überzeugt und hielt zu ihm. Unter großem Druck vermochte sie seine Wiederaufnahme herbeizuführen. 1909 kehrte Leadbeater nach Adyar in Indien zurück. Man brauchte ihn als starken rechten Arm, und die Verbindung blieb bis zum Ende bestehen.

Im Treibhausklima von verborgenen Meistern, Chelas, Arhats und Schülern entwickelte sich ein bestimmtes Muster »spirituellen Werdens«. Es war allgemein bekannt, wer zu den Eingeweihten zählte, wer nicht und wer eine Rolle in den »vergangenen Leben« des C.W.L. gespielt hatte. Ein Hierarchiemuster war unverkennbar.

Gegenüberliegend: Das Tor zum Strand von Adyar.

In diesem Milieu entflammte und verstärkte die von Annie Besant immer wieder entfaltete Hoffnung vom Kommen eines Weltlehrers das Gefühl von Sehnsucht, das tausendjährige Erwartungen widerspiegelte. Sie behauptete, Blavatsky habe zu verstehen gegeben, daß die Gründung der T.S. (wie die Theosophical Society genannt wurde) den Zweck verfolgte, die Welt auf den kommenden Messias und die hochentwickelte »Wurzelrasse« vorzubereiten, die den Prototyp der neuen Menschheit darstellen sollte. Hinter der sichtbaren Welt, erklärte sie, stehe eine gewaltige, alles leitende Hierarchie. Im Laufe der Jahrtausende wurde stets ein Avatar oder Weltlehrer entsandt, um der Menschheit in Zeiten der Not beizustehen, wobei jedes Zeitalter und jede Zivilisation einen der jeweiligen Zeit angemessenen Lehrer erforderte – einen Buddha, Mohammed, Christus, Moses oder Sri Krishna.[7]

C.W.L. hatte von seinem holländischen Freund Johann van Manen, der später in Adyar lebte, erfahren, daß es einige Söhne theosophischer Eltern gab,

Das Hauptquartier der Theosophischen Gesellschaft am Adyar Fluß, Madras 1911.

die für eine besondere Ausbildung in Frage kommen konnten. Narayaniah und seine Familie waren bereits in die Nähe des T.S.-Geländes gezogen. Als Leadbeater, van Manen und sein Mitarbeiter Ernest Wood an einem Spätnachmittag oder frühen Abend 1909 hinunter zum Strand wanderten, hörten sie die Stimmen von Jungen, die am Wasser spielten. Er erspähte zwei indische Knaben – Krishnamurti und Nityananda. Das Ausmaß und die Reinheit der »Aura« des älteren Jungen beeindruckten ihn zutiefst, eine Strahlkraft, die er noch nie wahrgenommen hatte, wie er erklärte. Sie enthielt keinerlei Spuren von Selbstsucht. Mit Sicherheit war es nicht daß Äußere des Jungen, das ihn so anziehend machte. Krishnamurti war damals hager und unterernährt, und seine Zähne standen krumm. Er glich keineswegs dem blendend aussehenden jungen Mann, der er werden sollte.

Wood brachte seine Überraschung zum Ausdruck, als er hörte, daß Leadbeater sich für Krishnamurti interessierte, da er den beiden Jungen bei den Hausaufgaben geholfen und sie als besonders langsam erachtet hatte.

Später beschloß man, Krishnamurti und seinen Bruder Nityananda aus der Ortsschule zu nehmen und sie innerhalb der T.S. zu unterrichten. Der junge Krishnamurti, den man für geistesabwesend, dumm und sogar, nach seinen eigenen Worten, für »schwachsinnig« hielt, hatte eine schwere Zeit in der Schule. Er war verträumt und vergeßlich und wurde deswegen häufig von seinem brutalen Lehrer mit dem Stock geschlagen und weinend aus dem Klassenzimmer verwiesen. Wenn niemand sich seiner erinnerte und ihn zurückrief, blieb er bis zum Anbruch der Dunkelheit dort, wo man ihn hingeschickt hatte. Sein Lieblingsbruder Nityananda pflegte dann nach ihm zu suchen und ihn heimzuführen.

Unter diesen Umständen begann für die beiden Brüder ein neues Leben im Hauptquartier der Theosophischen Gesellschaft. Zunächst sollte nur Krishnamurti für seine spezielle Rolle ausgebildet werden. Aber er weigerte sich, ohne Nityananda zu gehen. »Entweder wir kommen beide«, erklärte er, »oder überhaupt nicht«.[8] Zu diesem Zeitpunkt sprachen sie nur Telugu, die Sprache ihrer Provinz in Südindien. Ein junger Engländer namens Russell Balfour Clarke wurde gebeten, sie in Englisch und anderen westlichen Kenntnissen zu unterrichten.

Krishnamurtis Familie, bekannt als entweder Jiddu, Giddu oder Jeddu, lebte damals in einem kleinen Haus unmittelbar außerhalb des Geländes der Theosophischen Gesellschaft.

Im Winter 1979 ergab sich in Adyar die Gelegenheit, Captain Clarke, damals wohl in seinen Neunzigern, zu interviewen. »Dick«, wie er genannt wurde, war Krishnamurtis Tutor während der frühen Tage des Jahres 1909 gewesen, kurz nachdem die Theosophische Gesellschaft den Jungen gefunden hatte. Dick berichtet, wie er 1909 nach Adyar kam, im selben Jahr, in dem der damals vierzehnjährige Krishnamurti beim Spielen am Strande der Bucht von Bengalen, wo der Adyar-Fluß ins Meer strömt, entdeckt worden war.

Clarke begann sich als junger Mann, aufgrund eines Zusammentreffens mit Colonel Olcott in London, für die Theosophie zu interessieren. Er hatte gerade seinen ersten Auftrag als Ingenieur in Nairobi und anschließend in Britisch-Ostafrika abgeschlossen. Man hatte ihm angeboten, Kraftwerke in Westafrika zu errichten. Sollte er seinem Interesse an der Theosophie nachgehen oder sollte er einen Aufstieg in seiner Berufslaufbahn als Ingenieur anstreben? Er hatte das Gefühl, einen Scheideweg in seinem Leben erreicht zu haben.

RUSSEL BALFOUR CLARKE

ERSTER TUTOR VON KRISHNAMURTI UND NITYANANDA

Ich schrieb Annie Besant einen Brief und fragte sie, ob ich sie treffen könnte. Sie rief mich zu sich, und es war eine einzigartige Begegnung. Nun, ich fühlte mich sehr schüchtern während dieses Gesprächs und spürte, daß sie weit über mir stand. Ich fragte mich, wie es mir überhaupt gelungen war, sie zu treffen. Und dann schaute sie mich plötzlich an und bemerkte: »Soso, und sie wollen sich also in den Strom der Theosophie werfen.« »Ja, das möchte ich.« Und wieder entstand eine Pause. Meine Verlegenheit wuchs. Sie aber fuhr fort: »Ich habe es auch getan. Es ist nicht an mir, nein zu sagen.« Dann erhob sie sich und fragte: »Wir müssen die Sache näher betrachten. Wie steht es um Ihre Verhältnisse?« »Nun«, erwiderte ich, »ich besitze ein paar hundert Pfund von dem Geld, das ich für meinen ersten Job in Afrika erhielt, bin frei, habe mit der Universität aufgehört und meine Lehrjahre bei Metropolitan Railway absolviert und gerade eine Arbeit in Ostafrika mit der Nairobi Power und Lighting Company abgeschlossen.« »Wir müssen sehen, was sich machen läßt«, erwiderte sie. Drei Wochen später begegnete ich ihr bei einem theosophischen Treffen. Sie rief mich zu sich. »Heute wurden mir zweitausend Pfund gegeben, die ich nach meinem Gutdünken verwenden soll. Ich dachte, sie wären vielleicht an einer Reise nach Indien und einem Aufenthalt in Adyar, dem Hauptsitz der Gesellschaft, interessiert.« »Oh!« erwiderte ich nur. »Oh nein«, sagte sie, »entscheiden sie nicht heute. Denken sie erst einmal zwei, drei Tage lang ruhig darüber nach, ob sie gehen wollen oder nicht. Lassen sie es mich wissen.« Ich erwog diese Angelegenheit in meinem Herzen, aber ich brauchte nicht viel darüber nachzudenken. Ich beschloß sofort, daß ich reisen wollte. Ich schrieb ihr einen Brief, der mit einer kleinen Notiz beantwortet wurde. »Treffen sie mich um zehn Uhr außerhalb des neuen Hauptquartiers.« Als der Big Ben zehn Uhr schlug, erreichte ich den Bürgersteig. Ein Taxi hielt am Straßenrand. Ein kleiner, silberweißer Kopf guckte aus dem Fenster, und sie fragte: »So, sie haben sich also entschieden.« »Ja«, entgegnete ich, »das stimmt.« In ihrer direkten Art überreichte sie mir einen Briefumschlag. »Das Geld für Ihre Überfahrt. British India, zweite Klasse, dürfte für einen jungen Mann ihres Alters durchaus angemessen sein. Bitten sie um vegetarisches Essen. Und hier haben sie ein Empfehlungsschreiben an meinen Bevollmächtigten in

Adyar.« Ich segelte also so zeitig wie möglich los und kam sicher in Adyar an. Von diesem Zeitpunkt an blickte ich nie wieder zurück. Jeden Tag verbrachte ich mit C.W.L. in dem achteckigen Bungalow an der Ostseite des Hauptquartiers, am Ufer des Adyar-Flusses. Eines Tages begegnete ich dort zwei indischen Jungen, Krishnamurti und seinem jüngeren Bruder Nityananda. Nachdem sie gegangen waren, erzählte mir Leadbeater etwas über sie. Er berichtete, wie sein holländischer Freund Johann van Manen, der im Zimmer nebenan wohnte, C.W.L. eines Tages den Vorschlag gemacht hatte, ihn zum Strand zu begleiten, weil es einige bemerkenswerte Jungen dort gab, darunter Söhne theosophischer Eltern. Sie gingen also ans Meer und beobachteten eine Gruppe von zehn- bis fünfzehnjährigen Telugu-Brahmanen sowie einige andere Burschen, die im Meer herumtobten. Plötzlich fiel Leadbeaters Augenmerk auf einen der Jungen, einen recht knochig aussehenden kleinen Knaben, die Haare an der Stirn wegrasiert und hinten zum Pferdeschwanz gebunden. Er zählte etwa dreizehn Jahre (eigentlich war er vierzehn, sah aber jünger aus). Sein kleiner Bruder begleitete ihn. Die Aura, die diesen Jungen umgab, besaß eine derartige Strahlkraft und einen solchen Glanz, wie er es noch bei niemandem in Adyar gesehen hatte. Unverzüglich freundete er sich mit den zwei Brüdern an. Dann besuchten ihn seine Meister, Meister Kuthumi und Meister Djwal Kul, und erklärten C.W.L.: »Nun, du hast sie gefunden! Du hast recht mit deiner Vermutung, sie sind außergewöhnlich und wurden nach Adyar geführt, durch eine Einladung von Mrs. Besant an ihre Eltern. Hier sind die Jungen also, und wenn sie ausgebildet werden können, so hat der ältere in der Zukunft möglicherweise eine wichtige Aufgabe zu erfüllen.« Leadbeater selbst wußte zu diesem Zeitpunkt nicht mehr. Er fuhr dann fort: »Wissen Sie, man hat Sie hierher geschickt, um mir bei einem sehr schwierigen Stück Arbeit zu helfen. Wir werden hier auf eine recht starke Opposition von seiten der orthodoxen Brahmanen stoßen. Das Kastenwesen besitzt immer noch große Macht, und der Brahmane beachtet gewisse Dinge sehr streng.« Ohne es zu wissen, verstießen wir gegen diese Regeln. Einige Brahmanen verhielten sich feindselig gegenüber Narayaniah, dem Vater der Jungen, weil er es zuließ, daß man sie so ent-brahmanisierte, so vergiftete. Mit meinen einundneunzig Jahren versuche ich, mich an diese Dinge zu erinnern. Es ist nicht allzu schwierig, denn vieles war sehr beeindruckend und wunderbar.[9]

Krishnamurti und Nityananda besuchen 1909 die sieben Pagoden von Mahapalipuram.
Gegenüber: Auszug aus Krishnamurtis Erinnerungen an seine früheste Kindheit; geschrieben als er achtzehn Jahre alt war.

When we first went to Adyar we lived ~~cot~~ in a house close to the new printing press. Every day we walked to the Mylapore high school. In the early mornings & in the evenings we prepared our home lessons. After some time we began to paddle in the sea with some other boys who lived near. On one of these occasions, in the year 1909, we met for the first time my dear friend & elder brother Mr. C. W. Leadbeater. The meeting was ~~quite~~ quite casual. As far as I remember he was going down to the sea with Mr. Van Manen & others to have a swim. I do not remember any particular conversation, especially as I did not know English at all well. After this we met very often & he sometimes invited us to his house or rather bungalow. He ~~is~~ was living at the time of which I write in what is known as the river bungalow. When I first went over to his rooms I was much afraid, for most Indian boys are afraid of Europeans. I do not know how it is that such fear is created, but apart from the difference of colour which is no doubt one of the causes, there was ~~wan~~ when I was a boy much political agitation & our imaginations were much stirred by the gossip about us. I must also confess that the Europeans in India are by no means generally kind to us, & I used to see many acts of cruelty which made us still more bitter. I wish the English people in India could understand that Indian boys have as deep a love for India as the English have for their own country, & feel as deeply any insult however unintentional.

It was a surprise to us, therefore, to find how different was the Englishman who was also a Theosophist. We soon became very friendly with Mr. Leadbeater, & he helped us regularly with our lessons. Sometime later Mr. R. B. Clarke, a young engineer, arrived at Adyar & it was arranged with my father that my brother Nitya & I should leave school & be taught at Adyar by Mr. Leadbeater & Mr. Clarke. We soon began to make much better progress than we had ever made before. Life became very regular. We came to Mr. Leadbeater's bungalow early in the morning, studied until what might be called breakfast, which we took at home, & then returned to him. In the afternoon we played tennis or went to the sea to learn swimming.

Begrüßung von Annie Besant bei ihrer Rückkehr nach Indien am 27. November 1909.
Gegenüber: Auszug aus Krishnamurtis Erinnerungen an seine früheste Kindheit; geschrieben als er achtzehn war.

Ein anderes entscheidendes Ereignis im Leben Krishnamurtis – während jener ersten Jahre – war die Begegnung mit Annie Besant. Am 27. November 1909 hatte sich eine ansehnliche Menschenmenge auf dem Bahnsteig von Madras eingefunden, um die erfahrene Präsidentin der Theosophischen Gesellschaft bei ihrer Rückkehr aus Europa zu begrüßen. Als sie aus dem Zug stieg, eine kleine alte Dame mit silberweißem Haar, bekränzte sie ein schlanker, anmutiger und in makelloser Seide gekleideter junger Inder. Zum ersten Mal blickte sie in seine wundersamen, von ungewöhnlich langen, seidigen Wimpern verhüllten Augen. Da stand er vor ihr, die Verkörperung blühender südindischer Aristokratie. Er begrüßte sie mit dem ehrerbietigen Hindu-Gruß, mit aneinandergelegten Handflächen, und schüttelte ihr dann die Hand nach europäischer Art.

… Ihre untrügliche Intuition ließ sie die Situation sofort erfassen. Von da an zog sie Krishnaji und seinen Bruder in eine sanfte, mütterliche Vertrautheit, die immer bestehen blieb. Soweit es ihr geschäftiges Leben zuließ, nahm sie aktiven Anteil an der Unterweisung ihrer beiden geistigen Mündel. Sie kam sogar auf den Gedanken, die gesamte Verantwortung für ihre Erziehung, soweit es machbar war, zu übernehmen. Es wurde also ein schriftliches Abkommen getroffen, das J. Narayaniah, der Vater der Jungen, unterschrieb, indem er erklärte, daß seine beiden Söhne, auf seinen Wunsch hin, ihre Mündel werden sollten … An dieser Stelle war es mein Privileg und meine Pflicht, das notwendige Gespräch mit J. Narayaniah zu führen, um diesen Plan zu fördern, in den er nach anfänglichem Zögern einwilligte. (Am 6. März 1910 wurde Annie Besant zum Vormund der beiden Jungen bestimmt.)

Diese Veränderungen fanden inmitten einer Atmosphäre von Klatsch und Kritik seitens vieler statt, die es eigentlich hätten besser wissen sollen … Von jenem Zeitpunkt an, begann sich das Äußere Krishnajis beachtlich zu verändern. Sein Haar, das, vorne geschoren und im Rücken in einem Pferdeschwanz zusammengebunden, bis unterhalb der Knie reichte, ließ man vorne wachsen und hinten wurde es bis zu den Schultern gekürzt. Es war in der Mitte gescheitelt und aus dem Gesicht gebürstet.«[10]

Mrs. Besant was to arrive on the morning of the 27th of November, & a party of us — including Mr. Leadbeater, my father, the van Hooks, Mrs. Russak, the Kirbys & the Ruspolis — went down to the Madras Central railway station about eleven o'clock. There was a large gathering of Theosophists at the station, several of whom had garlands in their hands. I remember Mr. V. C. Tesahchary giving me a garland of roses to throw over her. The sun was very hot, & we had to wait a very long time because while the first telegram which we received at Adyar informed us that she would arrive about mid-day, a second telegram to the station-master reported an accident to the train in which she was travelling. Some of us were bare-footed & that part of the platform unprotected by the roof became very hot, especially as it was paved with slabs of stone. My feet grew so uncomfortable that, after dancing about for some time, I took refuge on Don Fabrizio Ruspoli's feet. In order to pass the time till four o'clock, at which hour she was expected, we took a long drive round Madras. At last she arrived & everybody pressed to-wards the railway carriage from which she stepped down. There was such a rush that I could hardly see anything of her at all & was only just able to get near enough to her to throw the garland over her & salute her in our Indian way.

After reaching Adyar we went back to Mr. Leadbeater's bungalow & waited there a long time while he was talking with Mrs. Besant in the main building. At last we heard the peculiar coo-ee by which Mr. Leadbeater often called us. He was standing on the ~~shrine~~ room verandah which looks down upon his ~~own~~ bungalow, & he told ~~that~~ my brother & myself that Mrs. Besant ~~who~~ wished to see us. We both felt very nervous as we went upstairs for although we were very eager to meet her, we had heard how great she was. Mr. Leadbeater went into her room with us, & we found her standing in the middle of the room. Mr. Leadbeater said: "Here is Krishna with his brother". As is the custom with us towards those for whom we have great reverence, we both prostrated ourselves at her feet. She lifted us up & embraced us. I do not remember what she said to us, as I was still very nervous although full of a great happiness. We did not stop very long as there was to be a meeting of T.S. members as usual in the big drawing-room on the same floor. As we were going in we met my father & Mrs. Besant said to him: "I suppose this will be the first of these private T.S. meetings that your sons have attended. I hope you approve of their coming". He replied that he was very glad. I sat at her feet facing the people who were gathered there, & I was very nervous.

Leadbeater interessierte sich sehr stark für frühere Inkarnationen der beiden Brüder. Als Narayaniah sie zu ihm in den achteckigen Bungalow brachte, legte er seine Hand auf Krishnamurtis Kopf und begann, seine vergangenen Leben aufzuführen. Anscheinend waren, neben C.W.L. und Annie Besant, viele aus den T.S.-Kreisen in früheren Inkarnationen um den Jungen versammelt gewesen. Um die einzelnen Personen im Auf und Ab aufeinanderfolgender Leben zu identifizieren, erhielt jede einen Namen. Krishnamurti wurde Alcyone genannt. Nitya gab man den Namen Mizar. Leadbeater war Sirius und Besant fand sich als Herakles wieder. Es wurde in gewisser Weise wichtig, wer in und wer aus den »Leben des Alcyone« war, zwei Bücher von C.W.L., die über angeblich achtundvierzig Inkarnationen des Alcyone berichteten. Viele Mitglieder der theosophischen Gruppe tauchten immer wieder in verschiedenem Zusammenhang und in unterschiedlicher Beziehung hinsichtlich der Zentralfigur auf. Diese Tatsache verstärkte nur noch den geistigen Snobismus, der überhand zu nehmen begann.

Bald folgten wesentliche Ereignisse. Kurz nachdem Mrs. Besant Adyar verließ, um nach Benares, heute Varanasi genannt, zu reisen, erfuhr sie von Leadbeater, daß der junge Krishnamurti auf seine erste Einweihung in den Nächten des 11. und 12. Januar 1910 vorbereitet werden sollte. Einweihungsriten und Zeremonien haben in allen Sekten und Religionen stets eine wesentliche Rolle gespielt. So verhielt es sich auch mit der Theosophischen Gesellschaft. Diese Riten finden angeblich in einer anderen, dem üblichen Wachbewußtsein unbekannten Dimension statt. Im Gegensatz zur Ersten Kommunion, dem Bar Mitzvah oder den afrikanischen Initiationsriten, steht der Kandidat, ohne Zwischenschaltung von irdischen Priestern, Rabbis oder Schamanen, mit höheren Wesen in unmittelbarem Kontakt. Annie Besant ordnete umgehend an, daß Leadbeater und der Junge ihre eigenen Räumlichkeiten für diesen Wendepunkt in seinem Leben benutzen sollten. Nitya und Clarke hielten draußen vor der Tür Wache. Es heißt, C.W.L. und Krishnamurti hätten auf astraler Ebene Instruktionen erhalten und ihren Körper während des größten Teils der Nächte und des Tages verlassen. Hin und wieder seien sie zurückgekommen, aber nur insoweit, daß es ihnen möglich war, Nahrung zu sich zu nehmen (meistens warme Milch), die Clarke ihnen einflößte. Krishnamurti lag auf Mrs. Besants Bett, Leadbeater auf dem Fußboden.[11]

Krishnamurti nach seiner Einweihung mit seinem Bruder Nityananda im Jahre 1910.

1972 beschrieb Krishnamurti, als er über sein frühes Leben sprach, das Geschehen.

»Dieser Junge wurde also vorbereitet, gebadet, sorgfältig gekleidet und so weiter und in Dr. Besants Zimmer geführt. Dort schlief er ein oder wurde bewußtlos – alle diese Dinge sind mir nicht klar, in jenen vierundzwanzig Stunden oder mehr. Und als er aus diesem Zustand zurückkehrte, bemerkten alle, Ruspoli, Kirby, Cooper, Clarke, eine verblüffende Veränderung im Gesicht des Jungen. Einige fielen vor ihm auf die Knie und berührten seine Füße.«[12]

In einem Brief an Mrs. Besant berichtete Krishnamurti von diesen wundervollen Geschehnissen …

Der Herr Maitreya lächelte mich an, doch Er sprach zum Meister: »Wer ist dieser, den du mir bringst?« Und der Meister antwortete: »Er ist ein Jünger, der um Aufnahme in die Große Bruderschaft bittet.« Dann fragte der Herr: »Verbürgst du dich für ihn, daß er sich der Zulassung als würdig erweist?« Der Meister erwiderte: »Ja …«[13]

Erinnerungen an die Lehren, die ihm während jenes Zeitraums gegeben worden waren, strömten zurück, und der Junge bemühte sich, diese aufzuzeichnen. Sein Englisch war immer noch nicht gut, doch man sah, wie er die Anweisungen seines Meisters umständlich niederschrieb.

In späteren Jahren stritt Krishnamurti jede Erinnerung daran ab, jenes Büchlein – *Zu Füßen des Meisters* – geschrieben zu haben. Es enthält angeblich die von seinem Meister zur Zeit seiner Einweihung gegebenen Lehren. Es sollte ein spiritueller Klassiker werden. Folgende Berichte erzählen von jenem Geschehen.

Das erste, was mir auffiel, war, daß ich Krishnaji jeden Morgen schreibend vorfand. Er machte Bleistiftnotizen in ein Schulheft, schaute bisweilen auf und fragte: »Wie buchstabiert man das?« Leadbeater erklärte mir, der Junge versuche, das, was er in jener Nacht von seinem Meister gelernt hatte, aus dem Gedächtnis aufzuschreiben, ohne viel zu sagen oder irgendwie abgelenkt zu werden. Nun, ich wollte nicht zu direkt sein, in das Heft spähen oder eindringlich werden, aber ich weiß, daß er jeden Morgen mühevoll schrieb. Anscheinend hat er einige Jahre später Graf Keyserling auf die Frage: »Hast du das Buch »Zu Füßen des Meisters« geschrieben?« geantwortet: »Ich weiß es nicht mehr, aber ich erinnere mich, in meinen frühen Tagen irgend etwas sehr mühsam in Englisch geschrieben zu haben.«[14]

– RUSSELL BALFOUR CLARKE

Die Geschichte, wie jenes kleine Buch entstand, ist verhältnismäßig einfach. Jede Nacht mußte ich diesen Jungen in seinem Astralkörper zum Haus des Meisters bringen, damit er unterwiesen werden würde. Der Meister widmete sich ihm jedesmal etwa fünfzehn Minuten. Zum Schluß des Gespräches faßte er stets die Hauptpunkte des Gesagten in einem einzigen Satz, manchmal in mehreren Sätzen zusammen. Diese einfache, kurze Zusammenfassung lernte der Junge auswendig und schrieb sie am nächsten Morgen aus dem Gedächtnis nieder. Das Buch besteht aus diesen Sätzen, dem Abriß der Lehre des Meisters, von ihm, in seinen eigenen Worten verfaßt. Der Junge schrieb sie etwas mühsam nieder, da sein Englisch damals nicht sehr gut war. Er wußte um alle diese Dinge in seinem Herzen und kümmerte sich nicht besonders um seine Aufzeichnungen. Einige Zeit später ging er mit Dr. Annie Besant nach Benares. Von dort aus schrieb er mir nach Adyar, ich möge alle seine Aufzeichnungen, die er über das, was der Meister ihm mitgeteilt hatte, zusammentragen und ihm zuschicken. Ich ordnete seine Notizen so gut wie möglich, schrieb sie auf der Schreibmaschine nieder ... und zur gegebenen Zeit wurde das Buch veröffentlicht.

Viele Menschen, buchstäblich tausende, haben geschrieben, wie dieses Buch ihr ganzes Leben verändert hat, wie anders alles für sie geworden ist, seit sie dieses Buch gelesen haben. Es wurde in siebenundzwanzig Sprachen übersetzt. Es hat etwa vierzig oder noch mehr Ausgaben gegeben, und über hunderttausend Exemplare wurden gedruckt. Eine wunderbare Arbeit wurde damit geleistet.[15]

– C. W. LEADBEATER

Mir, der Älteren, wurde die Ehre zuteil, ein paar einführende Worte zu diesem Büchlein zu schreiben, daß ein jüngerer Bruder verfaßte, körperlich jung zwar, aber nicht seine Seele. Die darin enthaltenen Lehren wurden ihm von seinem Meister bei der Vorbereitung auf seine Einweihung gegeben. Er schrieb sie aus dem Gedächtnis nieder, langsam und mühsam, denn sein Englisch war im letzten Jahr weitaus weniger fließend als es heute ist. Der größere Teil stellt eine Wiedergabe von des Meisters eigenen Worten dar. Die nicht wörtliche Wiedergabe besteht aus den Gedanken des Meisters, gekleidet in die Worte seines Schülers. Zwei fehlende Sätze wurden vom Meister ergänzt. In zwei anderen Fällen wurde ein fehlendes Wort hinzugefügt. Abgesehen davon, stammt alles aus Alcyones eigener Feder, sein erstes Geschenk an die Welt.[16]

– ANNIE BESANT

Gruppenphoto nach der Veröffentlichung von „Zu Füßen des Meisters“ im Jahre 1910. A. Besant, Krishnamurti und Leadbeater in der Mitte.

Am ersten Jahrestag der Einweihung Krishnamurtis wurde der »Orden des Sterns im Osten« gegründet, um den Weg für den kommenden Weltlehrer zu ebnen. Auch eine vierteljährlich erscheinende Zeitschrift, *The Herald of the Star,* wurde am 11. Januar 1911 zum ersten Mal herausgebracht. Zu jenem Zeitpunkt gab es 50.000 Mitglieder und Zentren in über fünfzig Ländern. Die Zeitschrift sollte viele Jahre lang erscheinen, während die Mitglieder sich für die nächsten achtzehn Jahre auf das »Kommen des Herrn« vorbereiteten.

Der Orden des Sterns im Osten ist gegründet worden, um alle diejenigen unter einem Dach zu versammeln, innerhalb und außerhalb der Theosophischen Gesellschaft, die dem Kommen des Weltlehrers entgegensehen und gerne das wunderbare Privileg teilen möchten, den Weg des Herrn zu bereiten. Wo immer man den kleinen Silberstern glitzern sieht, weiß man, daß er über einem Herzen erstrahlt, das in Hoffnung und Freude schlägt. Jedes Mitglied der Gesellschaft, das an dieses Kommen glaubt, sollte den Silberstern tragen, denn wir dürfen nicht hinter der weniger unterrichteten Welt der Nicht-Theosophen zurückbleiben.

Arbeitet also, Brüder und Schwestern, angestrengt und gut. Studiert hart, damit ihr die Ungebildeten zu lehren vermögt. Liebt, damit sich euer Wohlwollen ausbreitet, und segnet selbst die Undankbaren und Üblen. Arbeitet in Einklang mit der Natur, bei ihrem erhabenen Werk der Evolution, und bedient euch ihrer Gesetze zum Vorteil für euch selbst und alles, was euch umgibt. Der Friede der Meister möge mit euch sein und Ihre Weisheit eure Schritte lenken.

Eure treue Dienerin
Annie Besant, Präsidentin
Die Theosophische Gesellschaft
Adyar, November 1911[17]

Begrüßung von Annie Besant, Krishnamurti und Nityananda durch Lady Emily Lutyens und Anhänger, im Frühjahr 1911 am Charing Cross Bahnhof in London.

Nicht jeder in der Gesellschaft zeigte sich hocherfreut über Krishnamurtis Beförderung zur Kultfigur, zum werdenden Messias. Einige schrieben ärgerlich, daß Besant den Mitgliedern in weitem Masse ihre persönlichen Ansichten aufdrängte. Rudolf Steiner, ein bedeutender theosophischer Mitarbeiter von Annie Besant in Deutschland, empfand, daß sich die T.S. zu stark »orientalisierte« und weigerte sich, den Jungen Krishnamurti als von spiritueller Bedeutung anzuerkennen. Er trennte sich und bildete seine eigene Gesellschaft, die Anthroposophie, die bis zum heutigen Tage mit der Betonung auf Erziehung, Kunst und Buchveröffentlichungen blüht.

Die Anklage zurückweisend, schrieb eine energische Mrs. Besant im *Adyar Bulletin* vom Juni 1912:

... diese Mitglieder behaupten, daß ich der Gesellschaft meine persönlichen Ansichten aufzwingen will... . Ein Leben lang habe ich für Gedanken und Redefreiheit anderer gewirkt und habe sie auch für mich in Anspruch genommen. Ich bin zu alt, um meine eigene Freiheit auf Anordnung einiger Mitglieder der T.S. aufzugeben. Ihre Beunruhigung zeigt bloß, daß sie nicht gewillt sind, anderen die Freiheit zu lassen, auf die sie selbst Anspruch erheben und derer sie sich, offen gesagt, bedienen, um mich anzugreifen, wissend, daß sie damit nicht ihre Mitgliedschaft gefährden und ich die erste bin, die ihre Gedanken- und Meinungsfreiheit verteidigt.« [18]

Trotz zunehmenden Unbehagens aus verschiedenen Richtungen und der Beunruhigung Narayaniahs, der ernstliche Bedenken bezüglich des Kontaktes seiner Söhne zu C.W.L. zu haben begann, reiste Mrs. Besant mit den Brüdern nach England. Die Brüder setzten ihre Ausbildung in einem breiten Spektrum fort und waren stets von zahlreichen Lehrern und Tutoren umgeben. Man glaubte, eine englische Erziehung besäße allergrößte Bedeutung für sie.

Im Frühjahr 1911 erreichte Mrs. Besant England, wo sie eine unübersehbare Menge begrüßte. Es war bekannt, daß sie Alcyone mitbrachte, über den man in den »*Leben*« gelesen hatte. Natürlich veröffentlichte der *Herald of*

The Star fortwährend Berichte über Krishnamurtis Aktivitäten. In jenen Tagen traf er eine Frau, der er sehr nahestehen sollte, Lady Emily Lutyens, die Ehefrau des bekannten Architekten Edward Lutyens, Tochter des ersten Earl of Lytton, Vizekönig von Indien, und Enkelin des viktorianischen Romanschriftstellers Bulwer Lytton. Lady Emily war eine überzeugte und aktive Theosophin. Sie gab Unterricht, schrieb Artikel und war eine Vertraute und Befürworterin von Annie Besant. Sie erinnert sich an jene erste Begegnung:

Ich muß nun von jenem denkwürdigen Tag erzählen, an dem ich Krishnamurti zum ersten Mal traf. Im März 1911 hatte Mrs. Besant Adyar verlassen und segelte im April von Bombay nach England. Sie wurde von den beiden Jungen, Krishna und Nitya, sowie von George Arundale, einem hochgewachsenen, dunklen, recht gutaussehenden, etwa dreiunddreißigjährigen Mann, begleitet. Gemeinsam mit einer Schar anderer Theosophen wartete ich an der Charing Cross Station auf ihre Ankunft. Ich hatte nur Augen für Krishna, eine seltsame Gestalt, mit langem, fast bis zu den Schultern reichendem Schwarzhaar und unwahrscheinlich dunklen Augen, in denen etwas merkwürdig Geistesabwesendes lag. Er trug eine Norfolk Jacke, und Mrs. Besant führte ihn den Bahnsteig entlang, die Menge ängstlich von ihm abhaltend. Er zählte etwa fünfzehn Jahre, Nitya war zwei Jahre jünger. Als ich den Bahnhof verließ, traf ich eine unserer Mitarbeiterinnen in fast ohnmächtigem Zustand an. Sie besaß mediale Fähigkeiten und erklärte, die Herrlichkeit der Aura Krishnas hätte sie überwältigt. [19]

Die beiden indischen Jungen froren in dem kühlen englischen Klima. Das ungewohnte Tragen westlicher Kleidung, besonders der Schuhe, war für sie eine schmerzliche neue Erfahrung, das Gehen eine Qual. Die Beachtung der Öffentlichkeit ängstigte Krishnamurti, der immer noch scheu und in sich gekehrt war. Man hatte die theosophische Leuchte, George Arundale, als Tutor mitgenommen, und der Unterricht und die Übungen wurden fortgesetzt. Man hoffte, daß die Brüder in Oxford zugelassen würden. Obwohl es von seiten der Universität einigen Widerstand gab, Inder überhaupt aufzunehmen, rechnete man doch damit, daß sich diese Einstellung ändern würde.

Nach einem mehrmonatigen Aufenthalt kehrte die Gruppe wieder nach Indien zurück, zum theosophischen Kongreß in Benares. Indem er von sich selbst, wie so oft, in der dritten Person sprach, erzählte Krishnamurti darüber:

Er wurde buchstäblich verehrt, und er schien vor all diesen Dingen zurückzuweichen. Es gab eine Szene, ich glaube, bei der Rückkehr mit Dr. Besant aus Europa, auf einem indischen Bahnhof. Der Zug hielt, und eine riesige Menschenmenge stürmte herbei, um den Jungen zu sehen. Er hatte sich im Waschraum eingeschlossen und wollte nicht herauskommen. Wegen seiner Schüchternheit wollte er alles das nicht. Dr. Besant mußte ihn auffordern: »Bitte, komme heraus.« Nur weil sie ihn darum bat, kam er heraus, ansonsten wäre er geblieben. Der Zug wurde aufgehalten, ich weiß nicht für wieviel Stunden. Denn sie hingen alle auf den Geleisen, auf dem Dach und überall. Doch diesen Jungen schien weder Verehrung noch Schmeichelei oder Menschenmengen zu berühren. Er war träumerisch, schwachsinnig, das ist vielleicht nicht das richtige Wort, aber genug, um einen völlig geistesabwesenden Jungen zu beschreiben. Er pflegte jedem zu erklären: »Ich werde tun, was immer du willst.« Das war sein Lieblingssatz: »Ich tue, was du willst.« Selbst heute geschieht es manchmal. [20]

1911 fand ein Ereignis von spiritueller Bedeutung statt

Eine ansehnliche Anzahl von Mitgliedern waren im Verlaufe des Kongresses dem »Orden des Sterns im Osten« beigetreten. Jemand äußerte (rein zufällig), daß es ihnen große Freude bereiten würde, wenn das Oberhaupt des Ordens

(Krishna) selbst ihnen die Urkunde ihrer Mitgliedschaft aushändigte. Der Vorschlag wurde begeistert aufgenommen. Die älteren Mitglieder fragten, ob auch sie ihre Urkunden zurückgeben dürften, um sie erneut aus den Händen des Oberhauptes zu empfangen. Man setzte also eine Zeit fest (sechs Uhr abends am 28. Dezember), und alle gingen zur Indian Section Hall. Wir betrachteten das Ganze bloß als eine kleine, formelle Zeremonie, und ich bezweifelte sogar, ob die Präsidentin erscheinen würde, da sie nach ihrem Vortrag um vier sehr müde war.

Nur Ordens-Mitglieder waren zugelassen, doch die Halle war gefüllt. Ich nehme an, es waren etwa vierhundert Menschen anwesend. Die meisten saßen auf dem Fußboden, aber entlang den Wänden gab es auch Bänke und ein paar Stühle am oberen Ende. Dort saßen die Präsidentin und ich mit Miss Arundale (Georges Tante), Nitya und einigen anderen. Auf den Bänken hatten vorwiegend europäische Damen Platz genommen. Das Oberhaupt sollte direkt vor uns stehen, neben ihm Telang (der Vertreter Indiens). Die Mitglieder wurden angewiesen, der Reihe nach ihre Urkunde Telang auszuhändigen, der den Namen laut vorlas und das Papier an Krishna weiterreichte, der es seinerseits dem Besitzer zurückgab … die ersten zwei oder drei Mitglieder nahmen ihr Schriftstück lächelnd und mit einer Verbeugung entgegen und gingen auf ihre Plätze zurück.

Plötzlich erfüllte ein ungeheurer Kraftstrom die Halle. Er strömte so spürbar durch Krishna hindurch, daß das nächste Mitglied, überwältigt von dieser wunderbaren Woge, ihm zu Füßen fiel. Ich habe niemals etwas auch nur im geringsten Ähnliches erlebt, man mußte unwillkürlich an den mächtig brausenden Wind bei der Ausgießung des Heiligen Geistes zu Pfingsten denken. Es herrschte eine unsagbare Spannung. Alle im Saal Anwesenden waren stark bewegt. Es war so, wie wir es aus den alten Büchern kannten und als übertrieben empfunden hatten. Hier aber, im 20. Jahrhundert, geschah es vor unseren eigenen Augen.

Danach warf sich jeder, der an der Reihe war, zu Boden, und vielen rannen Tränen über die Wangen. Es handelte sich tatsächlich um eine denkwürdige Szene, denn der Strom der Anhänger besaß bemerkenswert repräsentativen Charakter. Unter ihnen befanden sich Mitglieder aus fast allen Ländern Europas, aus Amerika und allen Teilen Indiens. Es war beeindruckend und wunderbar, Weiß ebenso wie Schwarz zu sehen, Brahmanen und Buddhisten, Parsen und Christen, hochmütige Rajput Prinzen und prächtig gekleidete Kaufleute, grauhaarige Männer und kleine Kinder, alle fielen sie in verzückter Hingabe zu Füßen unseres Krishna. Der ausströmende Segen offenbarte sich in einer Weise, daß jeder der Anwesenden daran teilzuhaben wünschte. Diejenigen, die keine Urkunde bei sich trugen, zogen ihr Sternenabzeichen herunter und gaben es her, damit auch sie etwas aus seinen Händen erhalten konnten.

Die ganze Zeit über stand er in vollkommener Anmut und Selbstbeherrschung da, lächelte gütig auf sie hinab und hielt seine Hände zum Segen über jeden einzelnen ausgestreckt. Ich glaube, den Höhepunkt dieser seltsamen Zuneigung bildete der Augenblick, in dem sich unser geliebter Nitya zu den Füßen seines Bruders niederwarf und die gesamte Kongregation in begeisterten Applaus ausbrach. Ich weiß nicht warum, aber es schien in diesem Moment keineswegs respektlos, sondern völlig angebracht und natürlich zu sein. Als der letzte dieser großen Gesellschaft seine Ehrerbietung dargebracht hatte, kehrte Krishna zu seinem Sitz zwischen uns zurück. Es herrschten einige Minuten schweigender Verzückung, einer seltsam lautlosen Ehrfurcht und Erwartung. Dann flüsterte die Präsidentin Krishna zu, das Treffen zu schließen. Er stand auf und erhob seine Rechte über die Häupter der Zuhörerschaft und sprach feierlich: »Möge der Segen des erhabenen Herrn immerdar auf euch ruhen.« Und so stiegen wir wieder zur gewöhnlichen Welt hinab und verließen die Halle in dem Gefühl, daß wir eine der größten Erfahrungen unseres Lebens gemacht hatten … «[21]

– C. W. LEADBEATER

Wahres Mitgefühl ist immer stark,

und die wahrhaftig Starken

sind voller Zärtlichkeit.[22]

–THE HERALD OF THE STAR, 25. OKTOBER 1913

Von jenem Tage an wurde der 28. Dezember 1911 zu einem besonderen, fast heiligen Tag in den Herzen der Mitglieder des Sternenordens.

Orthodoxe Hindus und Gegner von Mrs. Besant, anti-britische Extremisten, hatten inzwischen starken Einfluß auf Narayaniah ausgeübt. Sie erklärten, daß die Jungen gegen die Kaste verstießen und den Hinduismus zugunsten unvollständiger theosophischer Philosophien aufgeben würden. Außerdem brachten sie erneut den früheren Leadbeater-Skandal zur Sprache.

Wieder gelang es Annie Besant, die Angelegenheit beizulegen, indem sie den Wert einer Oxford-Erziehung für die Zukunft der Jungen betonte. Kurz darauf, im Februar 1912, schaffte sie die beiden aus Indien heraus, bevor Narayaniah es sich noch einmal überlegen konnte und erklärte ihm, daß sie nicht vor Abschluß ihrer Ausbildung zurückkehren würden. Diese Tatsache lief praktisch auf eine Kriegserklärung hinaus. Narayaniah reagierte später darauf, indem er einen Prozeß gegen Annie Besant anstrengte, um das Erziehungsrecht zurückzugewinnen. Dieser langwierige Rechtsstreit, mit Klage und Gegenklage, wurde schließlich von einer entschlossenen Mrs. Besant gewonnen. Die Nähe Leadbeaters zu den Jungen bildete einen unaufhörlichen Streitpunkt.

Krishnamurti und sein Bruder gingen schließlich nach England (1912). Ich war ein wenig früher dorthin gereist und lebte im ersten Jahr in einem herrlichen alten Haus, das Lady de la Warr gehörte. Wir hatten unsere eigene Milchwirtschaft, wunderbare Milch, Sahne und Eier und so weiter und lebten in großem Stile, mit Butler und vielen Bediensteten, in einem wunderschönen Haus. Es gab ein Motorrad, mit dem wir uns beschäftigten. Wir pflegten es zu zerlegen und wieder zusammenzusetzen. Krishnamurti war ein äußerst geschickter Mechaniker und liebte diese Art von Dingen sehr.

Damals begann er, sich der Herausgabe des »Herald of the Star« zu widmen, wobei ihn George Arundale natürlich unterstützte. In jener Zeit wuchs aber auch Widerwillen gegen seine Rolle als Oberhaupt des »Ordens des Sterns im Osten«. Ich pflegte ihm Mut zuzusprechen. Doch Lady Emily Lutyens, die wahrhaftig den Platz seiner verstorbenen Mutter einnahm, vermochte ihn am besten zu trösten. Sie stand ihm hilfreich zur Seite, als er jene schwierige Phase der Empörung darüber durchmachte, daß man ihn zum Oberhaupt von etwas erkoren hatte und über ihn in einer Weise sprach, daß alle möglichen Leute, denen er noch nie begegnet war, von ihm als »unserem geliebten Oberhaupt« sprachen. Eines Tages erklärte er mir: »Sie nennen mich ihr geliebtes Oberhaupt, und dabei sind sie mir nicht einmal begegnet.« Es lag soviel Schmerz in diesen Worten, und ich versuchte, ihn zu trösten. Nun, wie auch immer, 1914 kam der Krieg. Wir trennten uns. Unser wunderbares gemeinsames Leben fand sein Ende. Ich wurde in der Armee ausgebildet und ging schließlich nach Frankreich. Ich nahm am gesamten Krieg teil, bis 1918.«[23]

–RUSSEL BALFOUR CLARKE

Krishnamurti in Indien im Jahre 1910.
(Im Hintergrund Leadbeater)
Einige Jahre später in Cornwall (ca. 1914), wo K. mit Ausnahme des Kontaktes zu seinen Lehrern und einigen Begleitpersonen sowie wenigen Anhängern fast völlig isoliert lebte.

Als ich zum ersten Mal nach Europa kam, lebte ich unter wohlhabenden und gebildeten Leuten, die maßgebliche Stellungen in der Gesellschaft einnahmen; aber trotz ihres Ranges und ihres Ansehens, konnten sie mich nicht zufriedenstellen. Ich wehrte mich auch gegen die Theosophen, mit ihrer Fachsprache, ihren Theorien, ihren Treffen und ihren Erläuterungen des Lebens. Wenn ich ein Treffen besuchte, wiederholten die Vorträge dieselben Ideen, die mich nicht befriedigten oder glücklich machten. Ich ging zu immer weniger Treffen, immer weniger sah ich jene Leute, die bloß die Ideen der Theosophie wiederholten. Ich stellte alles in Frage, denn ich wollte es selbst herausfinden.

Ich wanderte durch die Straßen, betrachtete die Gesichter von Menschen, die mich vielleicht mit noch größerem Interesse anschauten. Ich ging ins Theater. Ich sah, wie sich die Menschen vergnügten und versuchten, ihr Unglücklichsein in dem Glauben zu vergessen, daß sie ihre Probleme lösten, indem sie Herz und Verstand mit oberflächlicher Erregung betäubten.«

– LIFE IN FREEDOM, 1928

Krishnamurti und Nityananda sollten fast zehn Jahre lang in England und Europa weilen. Während jener Studienjahre lebten sie recht abgeschieden auf dem Lande in England. Außer dem Gefolge von Tutoren, Beschützern und Anhängern, besaßen sie kaum Kontakt zur Allgemeinheit.

Während Krishnamurti und die kleine Gruppe isoliert auf dem Lande lebten, explodierte draußen die Welt. Der Erste Weltkrieg tobte in heftigen Kämpfen, und der neunzehnjährige Krishnamurti sehnte sich danach zu helfen. Eine Zeitlang schrubbte er den Fußboden in einem Militärkrankenhaus in der Nähe von London. In einem seiner wöchentlichen Briefe an Annie Besant schrieb er: »Ich möchte furchtbar gerne arbeiten, aber keiner will mich. Die eigentliche Schwierigkeit liegt wohl in der Tatsache, daß ich Inder bin, und das scheint jeden abzustoßen.« Gegen Ende des Jahres aber drängte Mrs. Besant ihn, seine Gedanken vom Kriegsdienst aufzugeben und still mit seinen Studien fortzufahren. Sie erinnerte ihn, wie so oft, daran, daß sein Glück allein in der vor ihm liegenden Arbeit ruhen würde. Er reagierte auf ihre Wünsche mit den Worten: »Sie wissen gar nicht, wie leid es mir tut, falls ich irgendwelche Sorgen hervorgerufen habe ... Ich weiß, ich habe mein Leben bisher nicht sehr ernst genommen, doch ich werde es von nun an tun. Am Montag nehme ich meine Studien auf. Ich werde versuchen, so schnell ich kann, nach Oxford zu kommen ... «

Annie Besant hielt sich während jener Jahre im fernen Indien auf. Politik und ihr Kampf um die Autonomie ihrer Wahlheimat nahmen sie völlig in Anspruch. In ihren öffentlichen Vorträgen jedoch verkündete sie auch weiterhin das Kommen des Weltlehrers und warnte vor der Gefahr, seine Botschaft zurückzuweisen, wie es zweitausend Jahre zuvor geschehen war.

Im Jahre 1916 arbeiteten die Jungen hart daran, ihre Aufnahmeprüfung zu bestehen. Nitya hatte kaum Schwierigkeiten, aber Krishnamurtis Hoffnungen schwanden dahin. Sowohl Oxford als auch Cambridge kamen nicht in Frage. Außer seiner akademischen Defizite, muß es konservativen Universitäten nicht leichtgefallen sein, die Aufnahme eines indischen Jungen in Betracht zu ziehen, der rund um die Welt als der kommende Messias verkündet worden war! Krishnamurti erinnert sich:

Sie wurden in eine Schule geschickt, eine sorgfältig ausgesuchte Schule, wo der jüngere Bruder alles hervorragend absolvierte. Er erhielt die höchsten Noten, aber dem älteren Jungen fiel das Lernen unsagbar schwer. Zum Beispiel, er sprach damals recht gut Französisch, da er sich in Frankreich aufgehalten hatte, aber er konnte keine Prüfung in Französisch bestehen, obwohl sie ihm auch ein Jahr lang in der Schule Französisch, Latein und so weiter beigebracht hatten. Solange man ihn alleine ließ, war er recht gut in der Schule. Aber sobald er eine Prüfung machen mußte, brachte er nichts zu Papier. Er pflegte in das Prüfungszimmer zu gehen, auf die Uhr zu schauen und dann war Leere. Nichts geschah. Sie versuchten es mit ihm an der Sorbonne, der Londoner Universität und so fort. Schließlich sagte Dr. Besant: »Das ist genug!« Der andere Bruder liebte Rechtswissenschaft und bestand alle nötigen Prüfungen.[24]

Das Ende des Krieges verstärkte die Aktivität unter den Theosophen. Annie Besant, sprühend wie immer, konnte nach London zurückkehren. Sie nahm ihre öffentlichen Vorträge wieder auf und stellte Krishnamurti bei Treffen und als Herausgeber der »Star«-Veröffentlichungen in den Vordergrund. Doch als er älter wurde, befremdete ihn in zunehmendem Maße die, wie er es sah, Be-

London (ca. 1918): Vortrag von Annie Besant am Trafalgar Square.
Gegenüber: Das Geschäft des „Ordens vom Stern im Osten".

grenztheit und Einschränkung jeglicher Form, die den Versuch machte, »die Wahrheit« zu klassifizieren. Er war ruhelos und unzufrieden, doch aufgrund seiner Loyalität zu Mrs. Besant hin und hergerissen. »Wenn ich eine leitende Stellung in der Theosophischen Gesellschaft einnehmen soll«, bemerkte er, »dann nur aufgrund dessen, was ich bin, nicht was andere Leute von mir denken ... «

Krishnamurti befand sich in der schmerzlichen Lage, Mrs. Besant aufrichtig und tief zu verehren. In seinen oft liebevollen Briefen nannte er sie auch weiterhin »meine liebste Mutter, Amma mine« und »meine eigene, geliebte Mutter«. Aber die Bürde, den Erwartungen zu entsprechen, die man ihm als dem mutmaßlichen Weltlehrer entgegenbrachte, was sie so glühend förderte, drückte gewaltig. Es fiel ihm schwer, mit der Verehrung seitens der Mitglieder des Sternenordens fertig zu werden. Zudem war es inzwischen klar geworden,

daß er nicht die brillante akademische Laufbahn aufzuweisen habe würde, die man für ihn geplant hatte. Sowohl für Krishnamurti als auch für Nityananda, war es ein Leben unter Druck – dem dann noch mehr Druck folgte.

Auf Reisen gab es jedoch eine Atempause. In New York begegnete Krishnamurti dem damals sehr populären modernen Künstler James Montgomery Flagg und saß Portrait. Flagg schrieb:

Mr Krishnamurti oder Krishnaji, wie sein Bruder ihn liebevoll nannte, saß vor mir für ein Bleistiftportrait, als er bei seinem Besuch in Amerika, vor einem Jahr mit meinen Eltern zu Mittag aß.

Er und sein Bruder waren glückliche junge Leute. Wenn man nicht hinschaute und ihnen nur zuhörte, hätte man schwören können, zwei junge Engländer unterhielten sich. Abgesehen von ihrer dunklen Haut, empfand ich sie keineswegs als Fremde, wie es gewöhnlich zwischen Abendländern und Orientalen der Fall ist. Im Gegenteil, ich hatte sofort das Gefühl, als sei ich einem geliebten Bruder begegnet. Für mich war es ein außergewöhnliches Erlebnis. Damals wußte ich nicht, daß man ihn als Vehikel für Christus auserwählt hatte. Aber dieser Bursche schien das Studio mit einer unbeschreiblichen spirituellen Freude zu erfüllen. Ich verbrachte etwa anderthalb Stunden mit ihm, bedauerte aber zutiefst, ihm Lebewohl sagen zu müssen. Nun, solche Dinge geschehen nicht rein zufällig, und ich könnte sie nicht erklären. Krishnaji war einfach in seiner Art, bubenhaft, er besaß Sinn für Humor und strahlte über das ganze Gesicht. Er erzählte uns Geschichten von seiner Erziehung als Brahmane in Indien, lustige Begebenheiten aus seiner Knabenzeit, von seinem Vater, Priestern und allen möglichen Dingen. Er besitzt ein außergewöhnliches Gesicht, riesige Augen mit langen Augenwimpern, und er war gut gekleidet. Ich lobte seine Krawatte. Anscheinend lassen sich Humor und gute Kleidung durchaus mit Spiritualität vereinbaren. Doch über allem stand meine Freude, mit ihm sein zu können. Ich halte diese Erinnerung in Ehren, diese anderthalb Stunden.«[25]

Nach zehn Jahren in England begrüßt Annie Besant den zurückgekehrten Krishnamurti und seinen Bruder Nityananda in Bombay.
Oben: Die beiden jungen Männer in London.
Oben rechts: Bei einem Vortrag im Bradon Square in Kalkutta.
Nächste Seiten: Krishnamurti in der zweiten Reihe, zwischen Emily Lutyens und Annie Besant.

Der Sternenorden wuchs im Laufe der Jahre und konnte 1921 viele Mitglieder verzeichnen. Krishnamurti wurde selbstbewußter, doch für Nitya änderte sich die Zukunft ganz abrupt. Er wurde krank, und man diagnostizierte Tuberkulose. Es handelte sich um den ersten einer Reihe von Anfällen, die ihn während der folgenden Jahre quälen und schwächen würden.

Nach zehnjähriger Abwesenheit aus seinem Heimatland, beschloß man, daß Krishnamurtis Mission in Adyar beginnen sollte. Für Mrs. Besant kam der langersehnte Tag im Dezember 1921. »Die beiden Brüder, die als Jungen das Land verlassen haben, sind als Männer zurückgekehrt«, verkündete sie. »Ein Kapitel ist abgeschlossen, ein anderes beginnt.«

Obwohl sich Krishnamurti in seine Arbeit als Oberhaupt des Sternenordens warf, setzten sich seine inneren Kämpfe fort. »Ein Aufruhr ist in mir, noch leise, aber gewiß emporbrandend ... zu welchem Zweck, das weiß ich nicht. Ein ununterbrochener Kampf, dem weitere folgen werden.«

Neugierde begleitete Krishna auf Schritt und Tritt. »Wenn ich durch die Straßen gehe, zeigen sie auf mich ... da geht er, der Bursche, der in der Zeitung abgebildet ist ... der Messias, dann brechen sie in Lachen aus ... oh, wie ich das alles hasse, und es wird mein ganzes Leben so sein ... Herr, was habe ich getan, um das zu verdienen?«

Leider bedeuteten die zahlreichen Treffen und vielen Reisen für Nitya eine große Anstrengung. Er hatte hohes Fieber und hustete schlimm. Die Röntgenaufnahmen zeigten den Befall beider Lungenflügel.

Der Generalsekretär der Theosophischen Gesellschaft, A.P. Warrington, schlug Kalifornien als heilsames Klima für Tuberkulosekranke vor. Rasch traf man Reisevorbereitungen. Eine Freundin, Mary Gray, bot zwei kleine Ferienhäuser im etwa hundert Kilometer nördlich von Los Angeles gelegenen Ojai-Tal an, eines für Warrington und das andere für die Brüder.

Am 6. Juli 1922 kamen sie in Ojai an. Die beiden jungen Männer genossen die Offenheit und Freiheit der kalifornischen Atmosphäre, die sich stark von dem Klassen-, Kasten- und Rassenbewußtsein Indiens und auch Englands unterschied.

Nityas Gesundheitszustand schien sich für kurze Zeit zu bessern. Das Beste von allem aber, die Brüder waren alleine. Privatleben war Luxus gewesen und ihnen seit Kindheit versagt. Nun lebten sie in gemeinsamer Zurückgezogenheit. Ihre einzigen Nachbarn waren Mr. Warrington und ein Mr. Walton, Gene-

PHOTO—REMBRANDT—

ralvikar der Liberal-Katholischen Kirche, der in der Nähe wohnte, sowie die neunzehnjährige Rosalind Williams, die Schwester einer Freundin von Mary Gray. Krishnamurti konnte nun für sich alleine sein.

Er wanderte über die Hügel, kletterte durch Orangenhaine und Gestrüpp, um eine Gebirgskette zu erreichen, die sich hoch über dem Tal entlangzog. Rastlosigkeit ergriff ihn, und er beklagte sich mehrere Tage über erstickende Hitze. In einem Brief an Mrs. Besant beschrieb Nitya die seltsamen Ereignisse.

Unser Haus liegt in einem langen, engen Tal voller Aprikosen- und Orangenhaine. Tag für Tag brennt die Sonne hernieder und erinnert uns an Adyar. Doch am Abend strömt kühle Luft von den umliegenden Hügeln herein. Tief unten zieht sich die einige tausend Meilen lange, ausgebaute Straße dahin. Sie führt von Seattle in Washington nach San Diego, in Südkalifornien. Ununterbrochen strömt der Verkehr, doch unser kleines Tal liegt hier oben glücklich, unbekannt und vergessen, denn die sich emporschlängelnde Straße endet hier. Die Indianer nannten unser Tal das Ojai, das Nest, und sie haben es wohl jahrhundertelang als Zufluchtsort benutzt.

Unser kleines Haus liegt am oberen Ende. Außer Mr. Warrington, der einige hundert Meter weiter in einem Haus für sich wohnt, lebt niemand in der Nähe. Krishna, Mr. Warrington und ich halten uns hier bereits seit acht Wochen auf, ruhen uns aus und genesen. Gelegentlich besuchen uns Mr. Walton, der Generalvikar der Liberal-katholischen Kirche für Amerika, der ein Haus im Tal besitzt und Rosalind Williams, eine junge Amerikanerin, die eine oder zwei Wochen in der Nähe wohnt und ihre Zeit mit uns verbringt. Vor etwa zwei Wochen, als wir alle fünf zufällig beieinander waren, ereignete sich jener Vorfall, den ich Ihnen beschreiben möchte.

Am Donnerstagabend, dem 17. August 1922, fühlte sich Krishna ein wenig müde und ruhelos. In der Mitte seines Nackens entdeckten wir einen schmerzhaften Knoten, eine Art Muskelverspannung vom Umfang einer großen Murmel. Am folgenden Morgen schien es ihm zunächst gut zu gehen. Nach dem Frühstück legte er sich hin, um auszuruhen … er warf sich hin und her und stöhnte, als hätte er große Schmerzen … Wieder begann er zu wehklagen. Er zitterte, und Schüttelfrost überfiel ihn. Er biß die Zähne zusammen und verkrampfte die Hände, um das Frieren abzuwehren. Abgesehen davon, daß sich Krishna über fürchterliche Hitze beklagte, entsprach sein Verhalten dem eines Malariakranken … Irgend etwas ging in Krishnas Körper vor sich, das Ergebnis von Einwirkungen aus anderen Ebenen, nicht der physischen … Im Laufe des Morgens verschlimmerte sich sein Zustand. Als ich mich neben ihn setzte, klagte er wieder über diese fürchterliche Hitze und sagte, wir wären alle so nervös und ermüdeten ihn. Alle Augenblicke sprang er vom Bett auf und stieß uns fort. Und wieder begann er zu zittern. Die ganze Zeit über war er halb bewußtlos, denn er sprach von Adyar und den Leuten dort, als ob sie im Raum gewesen wären. Dann lag er wieder eine Weile ruhig da, bis das Rauschen eines Vorhangs oder das Klappern eines Fensters oder der Klang eines Pflugs, weit draußen im Feld, ihn wieder hochriß und ihn nach Stille und Ruhe jammern ließ.

Ich saß in seiner Nähe, aber nicht zu nahe. Wir taten unser Bestes, das Haus ruhig und dunkel zu halten. Aber leise Geräusche, die man kaum bemerkt, lassen sich nicht vermeiden, doch Krishna war derartig sensibel geworden, daß bereits der schwächste Laut seine Nerven reizte.

… Einige Minuten später stöhnte er wieder, der arme Kerl, er konnte die aufgenommene Nahrung nicht bei sich behalten. Und so ging es den ganzen Nachmittag weiter; er fror, stöhnte, konnte keine Ruhe finden und war nur halb bewußt; es war, als hätte er die ganze Zeit über Schmerzen gehabt.

… Krishna schien es weitaus schlechter zu gehen, er schien unter starken Schmerzen zu leiden, das Zittern und die Hitze schienen zuzunehmen, und er verlor immer wieder das Bewußtsein. Wenn er Herr seines Körpers zu sein

schien, sprach er nur von Adyar und stellte sich unaufhörlich vor, in Adyar zu sein. Dann rief er aus: »Ich möchte nach Indien gehen! Warum haben sie mich hierher gebracht? Ich weiß nicht, wo ich bin.« Immer und immer wieder wiederholte er: »Ich weiß nicht, wo ich bin.« Doch gegen sechs Uhr, während wir das Abendessen einnahmen, beruhigte er sich, bis wir fertig waren. Dann schien mit einem Male eine fürchterliche Kraft das ganze Haus zu erfüllen, und Krishna war wie besessen. Mit schmerzerfüllter Stimme sprach er von seiner Sehnsucht nach den Wäldern. Nun schluchzte er laut; wir wagten nicht, ihn zu berühren und wußten nicht, was wir tun sollten. Er hatte sein Bett verlassen und saß in einer dunklen Zimmerecke auf dem Fußboden und schluchzte laut, er wolle in die Wälder Indiens gehen. Plötzlich verkündete er seine Absicht, alleine spazierenzugehen. Wir schafften es, ihn davon abzubringen, denn wir hielten ihn nicht für fähig, eine nächtliche Wanderung zu unternehmen. Als er dann alleine zu sein wünschte, gingen wir hinaus auf die Veranda, wo er sich nach wenigen Minuten, ein Kissen im Arm, zu uns gesellte und sich so weit wie möglich entfernt von uns niederließ. Genügend Kraft und Bewußtsein hatten ihn befähigt herauszukommen, aber auch dort floh er uns. Sein Körper, unzusammenhängend vor sich hin murmelnd, blieb dort allein auf der Veranda sitzen.

Dann hatte Mr. Warrington eine himmlische Eingebung. Unweit vor dem Haus steht ein junger Pfefferbaum, mit zarten, lichtgrünen Blättern und jetzt voller duftender Blüten … Sanft drängte er Krishna, sich unter diesen Baum zu setzen. Zunächst wollte er nicht, ging dann aber aus eigenem Antrieb.

Wir standen nun in einer sternenklaren Nacht, und Krishna saß unter einem Dach zarter Blätter, die sich schwarz gegen den Himmel abhoben. Immer noch murmelte er unbewußt vor sich hin. Bald darauf jedoch entrang sich ihm ein Seufzer der Erleichterung, und er rief aus: »Warum habt ihr mich nicht gleich hierher gebracht?« Dann trat kurzes Schweigen ein.

Nun begann er zu singen. Fast drei Tage lang war nichts über seine Lippen gekommen, und sein Körper war von der großen Anstrengung völlig erschöpft. Wir hörten eine recht matte Stimme das Mantra singen, so wie es jede Nacht in Adyar gesungen wurde. Dann Schweigen.

… Wir saßen, die Augen auf den Baum gerichtet, und fragten uns, ob nun alles in Ordnung war, denn es herrschte vollkommene Stille. Und wie wir so schauten, erblickte ich plötzlich einen Augenblick lang einen großen Stern über dem Baum erstrahlen, und ich wußte, daß Krishnas Körper für den Erhabenen Einen vorbereitet wurde … Der Ort schien von der Gegenwart einer großen Wesenheit erfüllt zu sein, und mich überkam ein starkes Verlangen, auf die Knie zu fallen und zu beten; denn ich wußte, daß der Große Herr, dem unser aller Herzen gehörten, selber erschienen war; und obgleich wir ihn nicht sahen, fühlten wir doch alle seine Gegenwart.

… Die Strahlkraft und der Glanz der vielen Wesenheiten währten etwa eine halbe Stunde … Bald darauf vernahmen wir Krishnas Schritte und sahen seine weiße Gestalt in der Dunkelheit herannahen, und alles war vorüber.

… Am folgenden Tage wiederholten sich das Schütteln und der halbwache Bewußtseinszustand Krishnas, aber es dauerte jedesmal nur wenige Minuten und in immer länger werdenden Zeitabständen. Den ganzen Tag über lag er im Zustand des Samadhi unter dem Baum, und am Abend saß er in Meditation versunken da, wie in der Nacht zuvor. … Seither meditiert er jeden Abend unter dem Baum. Ich habe beschrieben, was ich gesehen und gehört habe. Über die Wirkung, die dieses Ereignis auf uns alle ausübte, habe ich nicht gesprochen, denn ich glaube, es wird eine Weile dauern, zumindest für mich, jene Herrlichkeit, deren Zeuge wir sein durften, völlig zu realisieren, obwohl ich jetzt spüre, daß das Leben nur in einer einzigen Weise gelebt werden kann, im Dienste des Herrn.«[26]

Im Anschluß an jene ungewöhnlichen Ereignisse schrieb Krishnamurti seinen eigenen Bericht.

Am 17. August fühlte ich einen stechenden Schmerz in meinem Nacken, und ich mußte meine Meditationszeit auf fünfzehn Minuten kürzen. Anstatt nachzulassen, wie ich gehofft hatte, verschlimmerte sich der Schmerz und erreichte seinen Höhepunkt am neunzehnten. Ich konnte weder denken noch irgend etwas tun, und Freunde zwangen mich, das Bett aufzusuchen. Dann überfiel mich eine Art Ohnmacht, obwohl ich mir dessen, was um mich her geschah, voll bewußt war. Jeden Tag kam ich gegen Mittag zu mir. Am ersten Tag machte ich in diesem halbwachen Zustand eine ganz ungewöhnliche Erfahrung. Ein Mann besserte die Straße aus; dieser Mann war ich selbst; die Hacke, die er hielt, war ich selbst; der Stein, den er gerade herausbrach, war ein Teil meiner selbst; der zarte Grashalm war mein eigenes Sein, und der Baum neben dem Mann, war ich selbst. Ich konnte beinahe wie dieser Straßenarbeiter fühlen und denken, und ich konnte den Wind durch den Baum streifen fühlen und die kleine Ameise auf dem Grashalm konnte ich fühlen. Die Vögel, der Staub und das Geräusch an sich waren Teil meiner selbst. In diesem Augenblick fuhr in einiger Entfernung ein Auto vorüber, ich war der Fahrer, der Motor und die Räder; als sich das Auto von mir entfernte, entfernte ich mich von mir selbst. Ich war in allem oder eher, alles war in mir, unbeseelt und beseelt, der Berg, der Wurm und alles, was atmete. Den ganzen Tag über weilte ich in diesem glücklichen Zustand.

… Der Morgen des folgenden Tages (20. August) glich dem Tag zuvor, und ich konnte nicht zu viele Menschen im Zimmer vertragen … schließlich ging ich auf die Veranda hinaus und setzte mich für einige Minuten nieder, erschöpft und ein wenig ruhiger. Ich begann, zu mir selbst zu kommen, und Mr. Warrington bat mich, unter den Pfefferbaum neben dem Haus zu gehen. Dort saß ich mit überkreuzten Beinen in Meditationshaltung. Nachdem ich eine Weile dort gesessen hatte, fühlte ich mich den Körper verlassen, ich sah mich dort unten sitzen, die filigran feinen, zarten Blätter des Baumes über mir. Ich blickte gen Osten. Vor mir befand sich mein Körper, und über meinem Kopf sah ich den Stern, strahlend und klar … Ich konnte immer noch meinen Körper sehen und schwebte in seiner Nähe. Es herrschte eine unsagbare Stille, in der Luft und in mir selbst, die Stille in der Tiefe eines unergründlichen Sees. Ich fühlte, daß mein physischer Körper mit seinem Verstand und seinen Gefühlen sich ebenso wie der See an der Oberfläche kräuseln konnte, aber nichts, nein, nichts vermochte die Ruhe meiner Seele zu stören. Die Gegenwart der erhabenen Wesenheiten war eine Weile mit mir, und dann waren sie gegangen. Ich fühlte mich unbeschreiblich glücklich, denn ich hatte gesehen. Nichts würde mehr sein wie zuvor. Ich hatte von den klaren, reinen Wassern der Quelle des Lebens getrunken, und meine Durst ward gestillt. Ich werde nie mehr dürsten, nie mehr in völliger Dunkelheit wandeln. Ich habe das Licht gesehen. Ich habe die allumfassende Liebe gespürt, die alle Not und alles Leiden heilt. Es ist nicht für mich selbst, es ist für die Welt … «[27]

Krishnamurti hatte in der Stille der Nacht eine Transformation durchlebt, die sein Leben völlig verändern sollte. Während der darauffolgenden Monate und Jahre setzte sich dieser schmerzhafte Zustand der Vorbereitung, den er »den Prozeß« nannte, fort. Während jener qualvollen Periode wurde niemals der Versuch unternommen, medizinischen Rat einzuholen, da Krishnamurti und die ihn Umgebenden darin übereinstimmten, daß es sich bei diesen Vorkommnissen um eine geistige Vorbereitung seines Körpers handelte. Nach uralten Hindu-Texten sollte die »Erweckung der Kundalini«, der »Feuerschlange«, den erwachten und befreiten Zustand kennzeichnen.

Warum diese »Erweckung« unter derartig qualvollen Schmerzen stattfinden mußte, wurde in dem Briefverkehr zwischen den Brüdern, Annie Besant und Leadbeater niemals beantwortet, obgleich sie ernsthaft nach Antworten auf nicht beantwortbare Fragen suchten. In einem langatmigen Bericht schrieb Nitya unter anderem:

Ich glaube, ich habe niemals so inbrünstig gebetet, wie in jener Nacht; nicht, daß ihm die Schmerzen erspart blieben, denn wir waren uns absolut sicher, das Sie ihn nicht eine Sekunde länger als nötig leiden ließen, sondern wir beteten, daß er sich nicht mehr daran erinnern möge. Es schien unmöglich, daß er sich an eine derartig eindeutige Heimsuchung, eine solche lange Qual, nicht mehr erinnern können würde. Wir fürchteten den entsetzlichen Eindruck, den es hinterlassen würde, wenn er sich erinnern durfte.

... er litt unter grauenhaftem Brennen in der Wirbelsäule und wollte den Fluß finden, der die Schlucht hinunterströmt, seinen Körper hineintauchen, um das Brennen zu mildern. Wir waren froh, daß wir ihn nicht hatten gehen lassen.

Das geschah am Morgen des fünften (September 1922). Aber der Abend brachte einen Höhepunkt in der Vorbereitung des Körpers; ein eindeutiger Abschnitt, vielleicht der schwierigste Teil dieser mühsamen Arbeit, schien zu enden.

Krishnas Durchhaltevermögen und Mut sowie die Größe des Geschehens brachten einen seltenen, wunderbaren Segen herab. Wir alle, Mr. Warrington, Rosalind und ich, die wir zum Haushalt gehörten, schätzen uns glücklich, dabei gewesen zu sein. Jene Nacht großen Leidens schien den Erfolg der langwierigen Periode der Arbeit an diesem Körper zu kennzeichnen.[28]

Die beiden Brüder in Arya Vihara. Ojai 1922.

Krishnamurtis Einstellung zu seiner Arbeit erlebte einen tiefgreifenden Wandel. Mit neugewonnener Energie und Kraft unternahm er 1923 eine Vortragsreise und besuchte die theosophischen Niederlassungen in Amerika. Anschließend begab er sich nach London, Holland und Wien. Die quälenden Attacken »des Prozesses« setzten sich fort, aber nur seine engste Umgebung wußte davon.

Erfüllt von der Freude über seine neue Erkenntnis und entflammt von seiner Mission, bereiste er die Welt. Er sprach in Europa, Indien, Australien und den Vereinigten Staaten. Diese mit Reden, Treffen und Tagungen angefüllten Reisen bedeuteten für die zarte Gesundheit Nityas eine ungeheure Anstrengung. Einige Zeit zuvor hatte man seine Tuberkulosekrankheit festgestellt. Als sich sein Zustand verschlimmerte, schrieb er: »Vier Wochen lang habe ich im Bett gelegen, und meine Knochen scheinen durch die Haut ... ich bewege mich auf den Abgrund des Todes zu, blicke mich um und wandere wieder zurück ... es ist mir zur Gewohnheit geworden.«

Im Juli 1925 kehrten der schwerkranke Nityananda und sein Bruder von einer Australienreise in ihr geliebtes Zuhause, nach Ojai, zurück. Der hoch fiebernde, völlig erschöpfte Nitya war »erschreckend dünn und unglaublich schwach«. Aber nach einigen Wochen Aufenthalt in dem trockenen Klima des Tals und unter der »Abrams Oscilloclast Spezialbehandlung«, schien sich seine Gesundheit allmählich zu bessern.

Krishnamurti sorgte sich verzweifelt um den Zustand seines Bruders. Im Traum suchte er die Große Bruderschaft auf und bettelte um Nityas Leben; er war bereit, sein Glück als Gegengabe zu opfern. Er hätte alles getan, um Nitya am Leben zu halten, denn »ich fühlte, er sollte leben«. Als man ihm berichtete, daß der Bruder genesen würde, »empfand ich eine solche Erleichterung, daß alle meine Ängste wichen und ich froh bin«.

Das Vertrauen auf die Meister, Eckpfeiler der Lehren von Annie Besant und Leadbeater, hatten in Krishnamurtis Jugend eine wesentliche Rolle gespielt. Die Trennlinie zwischen Träumen und Wachen war verschwommen. Visionen und Manifestationen schienen zur gewöhnlichen Existenz des sensitiven Jugendlichen zu gehören. In späteren Jahren pflegte er diese Zustände als Projektionen des Geistes zu bezeichnen.

Im Oktober bat Mrs. Besant Krishnamurti in einem Telegramm, sie von England nach Indien, zum Jubiläumskongreß der Theosophischen Gesellschaft, zu begleiten. Madame de Manziarly, eine langjährige Anhängerin aus Pariser Tagen, sollte nach Ojai kommen und sich gemeinsam mit dem indischen Gefährten, Rama Rao, um Nitya kümmern. Rosalind und Rajagopal, die in Ojai geholfen hatten, den Kranken zu pflegen, sollten Krishnamurti begleiten.

Jahrelang hatten »Sternenorden«- Mitglieder keinen Augenblick daran gezweifelt, daß Nitya auserwählt worden war, seinem Bruder bei dessen Arbeit zur Seite zu stehen. Es gehörte zum großen Plan. Um seine vorbestimmte Rolle zu erfüllen, würde Nityas Leben sicherlich verschont bleiben. Dennoch ließ Krishnamurti seinen kränklichen Bruder nur sehr widerwillig in Ojai zurück.

Am 16. Oktober 1925 schrieb Krishnamurti Nitya in einem Brief vom Gotham Hotel in New York, daß sein nächster Brief aus London kommen würde, er stets an seinen Bruder dachte und er ihn nicht vergessen hatte. Er bekannte, daß sie einander liebten, wie nichts anderes auf der Welt und sie niemals getrennt sein würden.

Die Nachricht einer Reihe von verblüffenden Vorfällen, die sich im holländischen Huizen abgespielt hatten, fügte dem Tumult nur noch weitere Bestürzung hinzu. Initiationen wurden vermarktet, und George Arundale verkündete unter scheinbarer Offenbarung, daß zwölf Apostel für den Weltlehrer ausersehen worden waren. Die fast achtzigjährige Annie Besant bestätigte während einer langen Ansprache im August 1925, beim Star Camp in Ommen, daß »Er, wie zuvor, Seine zwölf Apostel aussuchen wird ... Er hat sie bereits gewählt.«[29] Unter ihnen befanden sich Leadbeater, Annie Besant, Arundale, Jinarajadasa, Lady Emily und andere.

»Diese Apostelsache, das ist doch die Höhe«, bemerkte Krishnamurti. »Ich glaube nichts davon. Es treibt mir die Tränen in die Augen, wenn ich sehe, wie sie alles Heilige in den Dreck ziehen.«[30]

Diejenigen von euch, die immer noch zögern, die immer noch tastend suchen, die dieses Getümmel von Schmerz und Leid, Angst und Kleinlichkeit gefangenhält, mögen Bücher lesen, Schulen besuchen, die besondere Philosophien lehren, wo es Zeremonien und Einschränkungen gibt. Für jene aber, die sich einzig und allein nach Befreiung sehnen, gibt es keine Schule.

–THE STAR BULLETIN, 1924

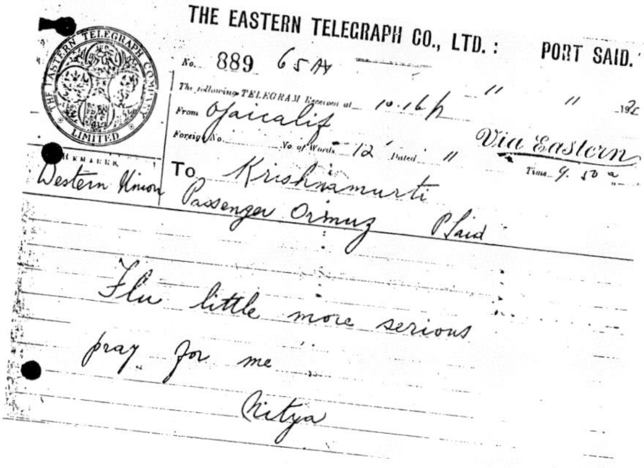
THE EASTERN TELEGRAPH CO., LTD.: PORT SAID.
No. 889
From Ojaicalif
Via Eastern
To Krishnamurti
Passenger Ormuz P Said
Flu little more serious
pray for me
Nitya

Als Krishnamurti und seine Gruppe am 23. Oktober in England eintrafen, holte ihn Lady Emily pflichtgetreu in Plymouth ab. Sie sah sich einer »Lawine von Sarkasmus« ausgesetzt. Krishnamurti wies sämtliche Ankündigungen von Initiationen, Arhats und Aposteln zurück. Sehr ernsthafte Dinge waren ins Vulgäre und Lächerliche gezogen worden. Doch Krishnamurtis Liebe zu Mrs. Besant hielt ihn davon ab, es öffentlich auszusprechen.

Krishnamurti schrieb Nitya von London aus, daß man ihn erneut zum Brennpunkt der Lobhudelei machte und er sich so unbehaglich im Kreise jener Leute, in ihrer Anmaßung und mit ihren »hochgeschraubten Phrasen« fühlte.

Bald ging man an Bord des Schiffes Ormuz, mit Indien und dem Jubiläumskongreß als Ziel. Die Gruppe umfaßte inzwischen fünfzehn Personen, zu denen unter anderen Mrs. Besant, George Arundale und seine Frau, James Wedgwood, Lady Emily, Rosalind, Rajagopal und Shiva Rao gehörten. Am 9. November, auf hoher See, irgendwo zwischen Neapel und Port Said, schrieb Krishnamurti seinem Bruder wieder, daß er sich wünschte, sie wären zusammen. Die Vergangenheit glich einem Alptraum, aber die Zukunft würde ein »glücklicher Traum« sein. Wieder drängte er Nitya, so rasch wie möglich gesund zu werden. Er wollte den Brief am folgenden Tag in Port Said aufgeben.

Doch als sie den Hafen erreichten, erhielten sie ein Telegramm, in dem es hieß, daß Nitya an Grippe erkrankt war. Ein späterer Funkspruch übermittelte die unheilvollen Worte: »Grippe noch etwas schlimmer. Bete für mich.«

Aber das unausgesprochene Vertrauen, daß die Meister über Nityas Leben wachen würden, schien jegliches Unglück auszuschließen. Krishnamurtis Mission, den Bruder an seiner Seite, schien unwandelbar zu sein.

Als sich 1909 dem armen Inderjungen die Tore des Ruhms öffneten, weigerte er sich, in irgendeiner Weise für seine neue Rolle ohne seinen Bruder ausgebildet, geschult oder vorbereitet zu werden. Die kindliche Geschwisterliebe war stark und vertiefte sich im Laufe der Jahre.

Der junge, inzwischen dreißigjährige Mann, sah sich mit der Zeit allem, was ihm teuer war, beraubt. Es begann mit dem Tod der Mutter des damals Zehnjährigen, dann folgten die Entfernung aus dem Umfeld seines indischen Erbes, die Erziehung als englischer Gentleman, der Bruch mit dem Kastenwesen, die Entfremdung von seinem Vater und das Vergessen seiner Muttersprache Telugu, weil er sie nicht mehr benutzte – und nun sollte die letzte lebendige Bindung reißen. In der Nacht des 13. November 1925 erschütterte ein Gewittersturm das Schiff, als es in den Suez-Kanal einfuhr. Man überreichte Mrs. Besant ein Telegramm, das die Nachricht von Nityas Tod enthielt. Alle Träume zerbrachen. Sie suchte Krishnamurti in seiner Kabine auf, um ihm die Nachricht zu eröffnen. Durch den Verlust des Bruders war Krishnamurti nun allein, abgeschnitten von der Vergangenheit, der Familienbande beraubt. Er konnte es nicht fassen und schluchzte untröstlich. In der Nacht stöhnte er und rief in Telugu laut nach Nitya.

Shiva Rao, der die Kabine mit ihm teilte, schrieb: »Die Nachricht zerbrach ihn völlig; mehr noch, seine gesamte Lebensphilosophie, das unausgesprochene Vertrauen auf die Zukunft, wie Mrs. Besant und Leadbeater sie skizziert hatten, Nityas wesentliche Rolle darin, alles schien in jenem Augenblick zusammenzubrechen. ... Tag um Tag beobachteten wir ihn, er war todunglücklich und ernüchtert.« Dann änderte er sich unter großer Anstrengung und riß sich zusammen, um dem Leben ohne Nitya entgegenzutreten.

Die lieblichen Träume, die mein Bruder und ich vom physischen Leben träumten, sind vorüber: der Traum, zusammenzusein, einander bei der Arbeit zuzuschauen, sich gemeinsam zu erfreuen, miteinander zu sprechen und zu scherzen und alle die kleinen Dingen, die zu einem angenehmen, erfreulichen Leben beitragen. ... Beide genossen wir das Schweigen in besonderem Maße; es war dann so einfach, die Gedanken und Gefühle des anderen zu verstehen. Gelegentlicher Ärger zwischen uns blieb keineswegs aus, aber er reichte nicht allzu weit, denn er verflog binnen weniger Minuten. Wir mochten es, lustige Lieder zusammen zu singen oder Gesänge vorzutragen, wie die Gelegenheit sie erforderte. Beide liebten wir dieselbe Wolke, denselben Baum, dieselbe Musik. Wir hatten großen Spaß am Leben, obwohl wir verschiedene Temperamente besaßen ... Ein alter Traum ist tot und ein neuer sieht seiner Geburt entgegen, so wie eine Blume, die aus hartem Erdboden emporbricht. Eine neue Vision wird geboren, und ein größeres Bewußtsein entfaltet sich.

... Eine neue Kraft, gewachsen aus dem Leid, pulsiert in den Adern, neues Mitgefühl und Verständnis entspringen vergangenen Leiden – ein tieferes Verlangen, andere weniger leiden zu sehen, und wenn sie leiden müssen, darauf zu achten, daß sie es mit Würde tragen und mit nicht allzu vielen Narben daraus hervorgehen. Ich habe geweint, aber möchte nicht, daß andere weinen, aber wenn sie weinen, so weiß ich jetzt, was es bedeutet.

–THE HERALD OF THE STAR, JANUAR 1926

Mein Bruder starb;
Wir glichen zwei Sternen am nackten Himmel.
Er war wie ich,
Sonnengebrannt,
In einem Land, wo es sanfte Brisen gibt,
Wiegende Palmen
Und kühle Flüsse;
In einem Land zahlloser Schatten,
Bunter Papageien und schwatzender Vögel;
Wo grüne Baumwipfel
Im strahlenden Sonnenlicht tanzen
Und es goldene Sandwüsten
und blaugrüne Meere gibt.
Wo die Welt im gleißenden Sonnenlicht lebt
Und die Erde ausgetrocknet ist, in mattem Braun;
Wo die grün glitzernden Reisfelder
Üppig im schlammigen Wasser stehen
Und glänzende braune nackte Körper
Sich frei im blendenden Licht bewegen:
Das Land
Der Mutter, die ihr Kind am Wegrand stillt;
Des inbrünstigen Liebhabers,
Der bunte Blumen darbringt;
Des Heiligtums am Wege;
Absoluter Stille;
Unendlichen Friedens.
Er starb;
Ich weinte in Verlassenheit.
Wohin ich mich auch wandte, stets hörte ich seine Stimme
Und sein glückliches Lachen.
Ich suchte nach seinem Antlitz
In jedem, der vorüberging
Und fragte jeden, ob er meinem Bruder begegnet war;
Doch niemand vermochte mich zu trösten.
Ich verrichtete meine Andacht,
Ich betete,
Aber die Götter schwiegen.
Ich konnte nicht mehr weinen;
Ich konnte nicht mehr träumen.
In allem suchte ich ihn,
In jeder Sphäre.
Ich vernahm das Flüstern vieler Bäume,
Die mich zu seinem Wohnsitz riefen.
Und dann,
In meiner Suche,
Erblickte ich Dich,
Oh Herr meines Herzens;
In Dir allein sah ich das Antlitz meines Bruders.
In Dir allein,
Oh mein ewiger Geliebter,
Erkenne ich die Gesichter
Der Lebenden und der Toten.

–THE SONG OF LIVE, 1931

Der große Banyan-Baum in Adyar.

Diejenigen, die Krishnamurti und die Annie Besant-Gruppe nach der langen Seereise bei ihrer Ankunft in Adyar, am 25. November 1925, empfingen, bemerkten, daß sein Gesicht klar und strahlend war und keinerlei Spuren von dem erst zehn Tage zuvor durchlebten niederschmetternden Verlust zeigte. Im Angesicht der Trauer gelang es ihm, ihr Wesen zu begreifen und darüber hinwegzukommen. In Augenblicken der Erschöpfung rief er wohl immer noch nach Nitya. Aber das Verstehen des Leidens und der Qual, die alle Menschen bei dem Verlust eines geliebten Mitmenschen durchleben, löste sich in ruhige Klarheit auf. Der schmerzliche Verlust war überstanden.

Doch von jenem Zeitpunkt an sprach Krishnamurti nur noch selten von der okkulten Hierarchie oder den Meistern. Er stand nun alleine und stützte sich auf niemanden.

Die wenigen Wochen bis zur Eröffnung des Jubiläumskongresses brachten weitere Spannungen. Leadbeater kam mit einer Gruppe von siebzig Mitgliedern aus Australien angereist. Er stand den Ereignissen von Huizen äußerst argwöhnisch und kühl gegenüber. Zwischen Arundale, dem Architekten der »Apostel«, und der Leadbeater-Gruppe entstand ein Riß. Annie Besant befand sich im Zentrum dieser beiden Parteien. Sogar die ergebene Lady Emily gelangte zu der Überzeugung, daß man Annie Besant betrogen hatte.

Der Kongreß wurde am 24. Dezember inmitten der aufgeregten Spekulationen eröffnet, daß die Meister selbst zum Anlaß dieses Ereignisses erscheinen würden.

Die *New York Times*, der *New York Herald* und die *Times of India* sowie andere Zeitungen berichteten über die Ankunft der zahllosen Delegierten aus aller Welt. Tausende versammelten sich in fieberhafter Vorfreude, doch es war unspektakulär, nichts geschah. Außer den üblichen Vorträgen und Treffen gab es nichts, das auf die erhofften wundersamen Ereignisse hingewiesen hätte. Viele waren davon überzeugt gewesen, daß die Meister sich zum fünfzigsten Jahrestag der Theosophischen Gesellschaft manifestieren würden.

Am 28. Dezember hielt der »Sternenorden« unter dem großen Banyan Baum eine Tagung ab. Und dort ereignete es sich. Krishnamurti sprach von dem bevorstehenden Kommen des Weltlehrers. Die Zuhörer lauschten in spannender Erwartung.

Am 28. Dezember 1925 beobachtete ich ein einzigartiges Ereignis. Um acht Uhr morgens hielt Krishnaji anläßlich einer Zusammenkunft des Sternenordens unter dem Banyan Baum einen Vortrag. Zum Schluß der Rede geschah es dann. Er hatte über den Weltlehrer gesprochen. Plötzlich veränderte sich seine Stimme und nahm einen äußerst sanften, aber dennoch kraftvollen Ton an. In Wellen des Mitgefühls fuhr er fort: »Er kommt nur zu jenen, die Ihn wollen, Ihn wünschen, nach Ihm verlangen«. Dann änderte sich die Stimme. Ruhig, heiter und klangvoll sprach er: »Ich komme zu jenen, die Mitgefühl und Glück wünschen, die sich nach Befreiung sehnen, die in allem Glück finden möchten. Ich komme, um zu reformieren, nicht um niederzureißen. Ich komme nicht, um zu zerstören, sondern um aufzubauen.«

Ich war Zeuge dieses einzigartigen spirituellen Geschehens. Von allen Anwesenden erfaßten Annie Besant, Leadbeater und Rajagopal die Bedeutung am tiefsten. Später, beim abschließenden Treffen des Sternenordens, erklärte Annie Besant: »... jenes Ereignis (vom 28. Dezember) kennzeichnete eindeutig die Weihung des erwählten Werkzeuges ... die endgültige Annahme des lange zuvor auserwählten Körpers ... Das Kommen hat begonnen ...« Im »Theosophist« schrieb sie: »Zum ersten Mal hat die Stimme, die sprach, wie nie ein Mensch gesprochen hat, für uns vernehmbar in den Ohren der großen Menge geklungen, die unter dem Banyan Baum saß ... und wir wissen, daß die Wartezeit beendet und der Morgenstern am Horizont aufgegangen ist.«[31] In meinem zweiundneunzigsten Lebensjahr mag mein Gedächtnis zwar Lücken aufweisen, aber jenes unvergeßliche Ereignis steht kristallklar vor mir.

– RUSSELL BALFOUR CLARKE

Nach fast zweitausend Jahren sprach er am 28. Dezember zum ersten Mal durch den Mund Seines Werkzeuges in unserer grobstofflichen Welt. Krishnamurti sprach, und es war ganz offensichtlich, daß er unter einer starken Einwirkung stand, bevor vollständig von ihm Besitz ergriffen wurde. Ich werde seine Worte wiedergeben, denn sie zeigen den auf ihn ausgeübten Einfluß. Er sprach über den Weltlehrer: »Wir alle erwarten Ihn, Ihn, das Beispiel, die Verkörperung der Würde. Bald wird Er mit uns sein, Er ist jetzt bei uns. Er kommt, um uns alle zur Vollkommenheit ewigen Glücks zu führen. Er kommt, um uns zu führen; und Er kommt zu jenen, die nicht verstanden haben, die gelitten haben, die unglücklich sind, die unerleuchtet sind. Er kommt zu jenen, die wollen, wünschen und sehnen.« Der Sprecher begann, hielt einen Augenblick lang inne und dann ertönte eine andere Stimme von seinen Lippen, eine Stimme, die seit zweitausend Jahren nicht mehr gehört worden war: »Ich komme zu jenen, die Mitgefühl und Glück wünschen; die sich nach Befreiung sehnen, die in allem Glück finden möchten; ich komme, um zu reformieren, nicht um niederzureißen; nicht um zu zerstören, sondern um aufzubauen.«[32]

– ANNIE BESANT, 1926

Im Verlaufe seine Rede hatte Krishnamurtis Stimme an Kraft und Stärke gewonnen. Als er dann in die erste Person überwechselte und in mitreißendem, mitfühlendem Tone sprach: »*Ich* komme«, zitterte ein elektrischer Strom durch die Zuhörerschaft.

Annie Besant äußerte sich dazu: »Jenes Geschehen (vom 2. Dezember 1925) kennzeichnete eindeutig die Weihung des erwählten Werkzeuges ... das Kommen hatte begonnen.«

Aus der Flamme bist du gekommen,

zur Flamme wirst du zurückkehren und

somit Anfang und Ende vereinen.

–WHO BRINGS THE TRUTH?, 1926

Einige Jahre zuvor war Krishnamurti dem jungen Baron Phillip van Pallandt aus den Niederlanden begegnet, der den Sitz seiner Ahnen, Schloß Eerde, dem »Sternenorden« vermachen sollte.

Über dreitausend Hektar Waldgebiet umgaben das wunderschöne Gebäude aus dem achtzehnten Jahrhundert. Krishnamurti betrachtete es als einen der schönsten Orte, die er je gesehen hatte. Die Gobelinteppiche »waren wunderbar und schufen eine Atmosphäre vergangener Würde und Schönheit. Riesige, zwei- bis dreihundertjährige Bäume umstanden das Schloß ...« Eerde sollte für viele Jahre der Haupttreffpunkt des »Sternenordens« in Europa sein.

Das Schloß selbst wurde zum Zentrum für kleine Gruppenversammlungen. Das nahegelegene Ommen beherbergte die Tausenden, die zu den ersten Camps herbeiströmten.

Schloß Eerde, der Sitz Baron von Pallandts. Krishnamurti erhielt es als Sitz des europäischen Zentrums des Sternenordens übereignet.

Dieses ist nicht der Ort, um nach neuen Etiketten zu suchen oder persönliche Eitelkeiten zu befriedigen; das muß der Ort sein, an dem jeder so risikofreudig, so kraftvoll und so abenteuerlich, wie er kann, im Einklang mit dem Naturgesetz leben soll. Ihr sollt aus diesem Ort keine Wildnis falscher Ideale schaffen oder euch selbst in zahme Wesen verwandeln; ihr dürft nicht kleine Götter erschaffen und vor kleinen Heiligtümern beten – das könnt ihr woanders tun; das will man hier nicht. Das ist die falsche Art der Anbetung, die falsche Einstellung, die falsche Art der Frömmigkeit. Wenn ihr erst einmal aus dieser Quelle getrunken habt, dann wollt ihr anderswo nicht euren Durst stillen; wenn ihr erst einmal hier gebetet habt, wollt ihr nirgendwo in der Welt eure Andacht verrichten. Wer will im Schein der Kerze anbeten, wenn er die Sonne haben kann?

KÖNIGREICH GLÜCK, 1927

BARON PHILLIP VAN PALLANDT

FREUND KRISHNAMURTIS AUS DEN FRÜHEN TAGEN; ZWOLLE, HOLLAND

VP: In Ommen fand auf einem meiner Güter eine Versammlung der holländischen Theosophischen Gesellschaft statt. Sie luden einen gewissen Wadia, einen Parsen aus dem Hochgebirge Indiens, ein, um dieses Treffen abzuhalten. Jack Burton, ein Lehrer an der Arundale-Schule in England, war ebenfalls zugegen. Er meinte: »Oh, du mußt Krishnaji bitten, zu kommen.« Ich hatte ihn erst einmal bei einem Treffen in London gesehen, aber nie mit ihm gesprochen.

EB: Darf ich fragen, in welchem Jahr das war?

VP: 1921. Daten behalte ich immer im Kopf. Und Jack Burton erklärte: »Du mußt Krishnaji persönlich bitten, von Paris zu kommen, denn Wadia will geheime Zentren aufbauen, und das könnte gefährlich werden.« Ich erwiderte: »Jack, ich kenne ihn nicht. Bitte du ihn zu kommen«, was er auch unverzüglich tat. Nun, ich glaube binnen vierundzwanzig Stunden erschien Krishnamurti in Eerde. Der komische Teil dieses Treffens der Theosophischen Gesellschaft unter Wadia war – oh ja, ich darf nicht vergessen, Ihnen zu erzählen, es war *»Geheimlehre«* am Morgen, Mittag und Abend. Nun, ich weiß nicht, ob Sie jemals in die *Geheimlehre* hineingeschaut haben? Haben Sie jemals irgend etwas verstanden? Madame Blavatsky ist so tiefgründig. Nun, es ist amüsant hineinzuschauen, denn man versteht kein Wort, wirklich kein Wort. Und dann kam Krishnaji. Und was tat er? Nun, morgens, mittags und abends hielt Wadia seine Vorträge über die *Geheimlehre* und Krishnaji tat nichts, er hörte nur zu. In der Zwischenzeit aber organisierte er alle möglichen sportlichen Betätigungen, um zu verhindern, daß Wadia ein Geheimzentrum aufbaute. Das war die Überlegung. Und welche Art sportlicher Betätigung, es war schrecklich lustig! Unter anderem wurde ein Seil im Kreis geschwungen, und er ließ alle die alten Damen darüber hopsen. Sie mußten alle darüber springen, diese alten Ladies von der Theosophischen Gesellschaft, es war wirklich zu lustig! Er wohnte mit mir im Schloß in Eerde. Von jenem Zeitpunkt an schlossen wir Freundschaft, wir wurden wirklich gute Freunde.

EB: Waren Sie sich damals bewußt, daß Krishnamurti der sogenannte Weltlehrer sein sollte? Wie reagierten Sie darauf?

VP: Damals war ich natürlich weitaus jünger als heute, aber ich betrachtete ihn immer als den außergewöhnlichsten Menschen, dem ich je begegnet bin. Und auch Dr. Annie Besant war für mich die wunderbarste Frau, die ich jemals traf.

EB: In welcher Hinsicht war Krishnamurti außergewöhnlich?

VP: Ich möchte Ihnen eine recht lustige Begebenheit schildern. Als Wadia, dem Krishnaji mit jenen sportlichen Aktivitäten nun wirklich ablehnend gegenübergetreten war, und Wadia muß es gespürt haben, – als Wadia mit meinem kleinen Auto abfuhr, kam Krishnaji mit, und siebenundzwanzig Kilometer von Ommen entfernt platzte der Reifen. Seit 1900, mit zehn Jahren, hatte ich Autos für meinen Vater gefahren. Ich hatte also bei weitem die längste Fahrpraxis. Doch ich war schrecklich ungeschickt, was Krishnaji beim Radwechsel bemerkte. Im Bruchteil einer Sekunde nahm er die Angelegenheit in die Hand. Er nahm den schmutzigen geplatzten

Reifen fort, montierte mit seinen schlanken Händen den neuen an, und dann fuhren wir weiter. Ich habe mir die Stelle, an der unser Reifen platzte, genau gemerkt. Jedesmal, wenn ich dort vorbeifahre, muß ich an den Reifenwechsel denken. Wir rasten also weiter. Wir mußten sehr schnell fahren, um den Zug in Zwolle zu erwischen. Schließlich erreichten wir den Bahnhof. In jenen Tagen brauchte man eine Bahnsteigkarte. Krishnaji kümmerte sich aber nicht darum, er übersprang alle Hindernisse und erreichte den Zug genau in dem Augenblick, als dieser losfuhr und zwar mit Wadia, aber ohne seine Reisetasche, die er auf dem Bahnsteig stehen lassen hatte. Als Krishnaji auf dem Bahnsteig ankam, genau in diesem Moment, schaute Wadia aus dem Fenster und Krishnaji brauchte ihm nur seine Tasche hinaufzureichen – einer der seltsamsten Augenblicke, die ich je erlebte. Und der Zug fuhr davon.

Oben: Luftaufnahme des Ommen Camps im Jahre 1926.
Gegenüber: Zelten, von der Pfadfinderbewegung inspiriert, erfreute sich in Ommen großer Beliebtheit.

EB: Um mit jenen frühen Tagen fortzufahren, wie kamen die »Star Camps« zustande, und wie ergab sich die Verbindung zu Schloß Eerde?

VP: Seit Jahrzehnten habe ich nicht mehr an diese Dinge gedacht, aber ich erinnere mich noch an vieles. Ich sah etwas Großartiges in Krishnaji, und ich bot ihm das gesamte Anwesen an; 1.700 holländische Acres, das sind dreimal soviel wie englische Acres, und er sagte: »Ich nehme nichts an. Aber wir können eine Foundation bilden.« Und das geschah dann auch, die Eerde-Foundation wurde ins Leben gerufen.

EB: Und er kam jedes Jahr, um in Schloß Eerde zu sprechen?

VP: Ja.

EB: Erinnern Sie sich an den Inhalt seiner Lehre? Wie drückte er sie aus? Was bedeutete, abgesehen von seinen Worten, seine Gegenwart für die Zuhörer?

VP: Oh, sehr viel! Sie müssen bedenken, daß die anwesenden Theosophen eine Menge von Krishnaji hielten, denn die Theosophische Gesellschaft verkündete ihn als kommenden Weltlehrer, das dürfen Sie nicht vergessen.

EB: Betrachtete er sich selbst als Weltlehrer?

VP: Ich nehme an, in seinem Innern schon, aber er sprach nie öffentlich über derartige Dinge. Er war so schrecklich einfach. Eine der Besonderheiten an Krishnaji war seine Einfachheit in allem, selbst bis zum heutigen Tage.

EB: Können Sie sich noch an irgend etwas anderes erinnern, das mit ihm in Zusammenhang steht, was er tat, wie sich seine Aktivitäten dort gestalteten?

VP: Er liebte Autos. Einmal besuchte ich mit Krishnaji in Paris eine große Automobilausstellung. Krishnaji sprang auf einen der Messestände und unterhielt sich lange mit einem Mann. Ich glaube, es handelte sich um einen Lancia aus Italien. Danach hörte ich, wie einer der Männer auf dem Stand zum anderen sagte: »Wieviel dieser Mann von Autos versteht!« Ich, der ich seit dem Jahre 1900 Autos gefahren hatte, verstand nichts, aber auch rein gar nichts von Mechanik. Ich fuhr bloß, ich fuhr schnell, hatte aber nie einen Unfall.

EB: Würden Sie sagen, er interessierte sich für jegliche Art von Mechanik, wie die Dinge funktionieren?

VP: Ja, genau.

EB: Wie beeinflußte Krishnamurtis Lehre Ihrer Ansicht nach Ihr Leben?

VP: Oh, sehr stark. Aber es läßt sich nur schwerlich erklären. Ich hatte stets das Gefühl – und habe es immer noch – daß er der bedeutendste Mensch ist, dem ich jemals begegnet bin. Aber für Dr. Annie Besant war es sehr, sehr schwierig, ihm zu folgen. Während eines großen Camps in einem Zelt in Eerde, 3700 Leute waren anwesend, schlief Leadbeater ein, ich erinnere mich noch ganz genau. Dr. Annie Besant hingegen hörte bis zur letzten Sekunde aufmerksam zu. Aber sie konnte ihm nicht folgen, das weiß ich.

EB: Leadbeater interessierte sich also überhaupt nicht für das, was Krishnamurti zu sagen hatte?

VP: Es sah so aus. Er schlief ein und Annie Besant hörte aufmerksam zu – und mit ihr 3700 Menschen.

EB: In welcher Beziehung stand Krishnamurti zu Leadbeater?

VP: Nun, er sagte: »Es war die schrecklichste Zeit in meinem Leben«, als er und Nitya zu Leadbeater nach Sidney geschickt wurden; »die schrecklichste Zeit meines Lebens.«

EB: Gab es damals noch andere Leute, mit denen er sich besonders eng verbunden fühlte? Er muß seinem Bruder sehr nahegestanden haben. Erinnern Sie sich an Nitya?

VP: Oh, sehr gut. Sein Tod traf ihn fürchterlich; es war schrecklich. Er litt so sehr darunter. Er erfuhr davon an Bord des Schiffes zwischen ... Australien und Indien. Dort brachte man ihm die Nachricht, und es war schrecklich. Diejenigen, die bei ihm waren, sagten, er habe schrecklich gelitten.

EB: Haben Sie ihn gesehen, als er nach Indien zurückkehrte? Als Krishnamurti nach dem Tode seines Bruders von Australien nach Indien kam, hielten Sie sich damals in Indien auf?

VP: 1925 weilte ich zum fünfzigsten Jahrestag der Theosophischen Gesellschaft in Indien.

Im Wagen Baron von Pallandts. Von links: Helen Knothe, Mary Lutyens (stehend), Krishnamurti und Lady Emily.

EB: Half Rajagopal nach Nityas Tod Krishnamurti bei seiner Arbeit?

VP: Ich glaube, nach Nityas Tod tat sich Rajagopal hervor. Ja, er drängte sich nach Nityas Tod vor. Nitya war ein wunderbarer Freund, recht verschieden von Krishnaji. Nitya war ungemein liebenswert, das ist der richtige Ausdruck. Nitya war ein ausgesprochen liebenswerter Bursche, den ich schrecklich mochte, und sein Tod war furchtbar für mich.

EB: Baron van Pallandt, gibt es noch irgend etwas, das sie hinzufügen möchten?

VP: Ich wünsche, ich könnte mich an mehr erinnern.

EB: Nun, ich denke, Sie haben sich an vieles erinnert, es liegt ja schon so viele Jahre zurück. Haben Sie herzlichen Dank.

VP: Keine Ursache.[33]

Ich habe mich immer vor Organisationen, Gesellschaften und Orden gefürchtet, da sie alle dazu neigen, ihre besondere Wortwahl, ihren Wortlaut, als die einzige Wahrheit zu betrachten. Entfaltet man ihnen dann die schlichte Wahrheit der Wirklichkeit, mißverstehen sie sie, kommen nicht mit. Selbst jene Leute, die Ausschau halten und wirklich gearbeitet und verzichtet haben, verlieren das, wofür sie Opfer brachten.

Wir müssen die Wahrheit in einer besonderen Form besitzen, denn wir sind in einer bestimmten Gruppe aufgewachsen; wir müssen eine Wahrheit besitzen, die sich in unseren eigenen speziellen Wortlaut kleiden läßt. Und solange sie uns nicht in dieser Art gegeben wird, verstehen wir sie nicht. Deshalb wünsche ich mir manchmal, daß es so etwas wie eine Organisation gar nicht gäbe – wenn Sie mich nicht mißverstehen. Ich wünsche mir häufig, daß wir alle die Freiheit besäßen, selbständig zu denken, die Wirklichkeit der Dinge selbständig zu spüren, ohne Organisationen, Gruppenführer, Nationalvertreter, Oberhäupte und so weiter.[34]

– CHICAGO, 1927

Zur selben Zeit begegnete Krishnamurti einer jungen Frau, die eine zentrale Rolle in seinem frühen Leben spielen sollte.

Helen Knothe sollte die Tore romantischer Sehnsucht in dem jungen Mann öffnen, die bis dahin fest verschlossen waren. Diese junge amerikanische Violinstudentin sollte in Amsterdam Musik studieren. Helen, die später Scott Nearing, den bedeutenden amerikanischen Sozialkritiker und Umweltschützer (lange bevor es schicklich war) heiratete, lebte für eine junge Frau der zwanziger Jahre ein recht freies Leben. Helens holländische Mutter hatte sie in ihre Heimat gebracht, damit sie dort ihr Violinstudium fortsetzte. Sie war damals siebzehn Jahre alt, Krishnamurti sechsundzwanzig.

HELEN KNOTHE NEARING

KRISHNAMURTIS FREUNDIN AUS FRÜHEN TAGEN

Gegenüber: Die Amerikanerin Helen Knothe, die eine zentrale Rolle in den frühen Jahren Krishnamurtis spielte.

HN: Bevor ich mit meinem Unterricht in Amsterdam begann, ging ich mit meiner Mutter nach Ommen, wo Mr. Wadia, ein damals bekannter Theosoph, Kurse abhielt, an denen meine Mutter teilnahm. Krishna war von Phillip van Pallandt nach Ommen eingeladen worden, da Phillip sein riesiges Anwesen stiften wollte. Phillip hatte von Krishnamurti gehört – ich glaube, er muß auf jener Konferenz in Paris gewesen sein. Er lud Krishnamurti und seinen Bruder ein, nach Ommen zu kommen, um mit ihm den Gedanken einer eventuellen Stiftung des Landgutes an Krishnamurti durchzusprechen. Krishna kam alleine, da Nitya sich nicht wohl fühlte. Er war bereits einige Tage in Ommen gewesen, und Phillip fuhr ihn im Auto umher, um ihm jenen Teil des Landes zu zeigen. Krishna sah mich zufällig mit einem schwedischen Mädchen um die Wette laufen. Was konnten wir da draußen auf dem Lande schon unternehmen, eben wettlaufen, ich für Amerika und meine schwedische Freundin für Schweden – und ich gewann den Wettlauf. Krishna und Phillip van Pallandt kamen zu mir herüber und sprachen mit mir. Ich bat Krishna um sein Autogramm. Phillip van Pallandt erkannte, daß ich ihn neugierig machte oder ihn interessierte und lud mich ins Schloß ein. Ich ging zum Schloß, und wir aßen gemeinsam zu Mittag. Damals gab es keine andere junge Person dort. Es geschah alles rein zufällig, daß ich die junge Person war, das junge Mädchen, das Krishnamurti anscheinend gefiel. Ich hatte gerade das richtige Alter.

EB: Was war Ihr erster Eindruck, als sie dem jungen Mann zum ersten Mal begegneten?

HN: Es herrschte noch nicht jene Atmosphäre, die ihn später umgab. Ich wußte nichts von seinem Ruf und dem, was man über ihn sagte. Er selbst schien nicht allzu großen Wert darauf zu legen. Unauffällig und ohne Gefolge, war er alleine gekommen, um Phillip zu sehen. Er war ein Junge, ungewöhnlich gut aussehend und so anders als alle, denen ich jemals begegnet bin. Aber ich glaube, er war damals reifer für die innere Erfahrung als ich. Er unterschied sich so sehr von jedem Jungen, den ich kannte. Er konnte nur eine Woche in Holland bleiben. Ich blieb länger, viel länger. Diese eine Woche verbrachte er nur mit mir. Wir wanderten durch die Wälder, fuhren mit dem Rad oder in Phillips Auto, ich glaube, es war Phillips alter Mercedes. Am Ende der fünf Tage wanderten wir über die holländische Heide, und er gestand mir seine Liebe. Er war so schüchtern, daß er sein Gesicht mit dem Taschentuch verdeckte. Wir saßen im Heidekraut, und er nahm mich in die Dreiheit seines Bruders, den er sehr liebte, Mrs. Besant, die er »Amma« nannte und Lady Emily auf. »Das sind meine drei größten Freunde«, erklärte er und reihte mich in

die damalige Kategorie ein. Es schien völlig neu für ihn zu sein. Es handelte sich natürlich um etwas sehr Ungewöhnliches und war außer der Reihe.

EB: Und er bedeckte sein Gesicht, als er mit Ihnen sprach?

HN: Er war so schüchtern. Und in seinem ersten Brief nach seiner Abreise aus Ommen – er mußte nach London zurückfahren und anschließend nach Indien reisen – heißt es: »Vergiß nicht, wie erschreckend scheu ich war« und dann: »Du fühlst in dieser Sache nicht so wie ich.« Ich habe in all den Jahren diese Briefe aufgehoben. Sie drücken soviel Reinheit und Würde aus, sie sind so schön und beredt und ein Teil seiner Geschichte.

EB: Äußerte Krishnamurti irgendwelche Ansichten zur Ehe, seine persönliche Einstellung zur Ehe?

HN: Nein, ich nehme an, weil wir nie daran dachten. So eng wir in jener Zeit miteinander verbunden waren, ich erinnere mich nicht an Liebkosungen, Umarmungen oder Küsse. Seltsamerweise dachte ich nie: »Oh, wir dürfen nicht«, und ich glaube nicht, daß wir dachten: »Wir dürfen nicht.« Es handelte sich um eine andere Anziehung, eine Art Seelenbegegnung, und ich mit meinen siebzehn Jahren, ein unreifes, amerikanisches Mädchen, besaß doch ein Gespür dafür, es um seiner selbst willen zu schätzen.

EB: Sie wollen damit sagen, daß ihre Freundschaft, ihre Beziehung, keinen physischen Aspekt besaß?

HN: Ganz und gar nicht, dennoch war sie warm und tief, sogar leidenschaftlich. Seltsam. Es war ein gewaltiges Ausgießen geistiger Liebe, und er wollte mit mir zusammensein. Er war verzweifelt, so kurz, nachdem er mich getroffen hatte, nach Indien gehen zu müssen. Wir kannten einander für eine Woche, damals in Holland, dann mußte er nach England reisen. Er erfand einen Grund, nach Holland zurückzukehren, einen Vortrag zu halten oder so, aber eigentlich wollte er nur mich wiedersehen. Und dann waren wir zusammen in Amsterdam, im Zentrum der holländischen theosophischen Gesellschaft, ein paar Tage, vielleicht ein langes Wochenende oder eine halbe Woche, und dann ging er zurück nach Indien.

EB: Sprach Krishnamurti in dieser Zeit über seine Arbeit?

HN: Ja, und er war recht verzweifelt darüber. Er war noch nicht bereit dazu; er sah sie vor sich und wußte, daß er sie zu erledigen hatte. Er hatte seine Tiefpunkte, von denen er schrieb.

EB: War es eine Periode der Unruhe und Unsicherheit in bezug auf seine Rolle?

HN: Ja, er fürchtete sich davor, daß man mehr von ihm erwartete, als er zu geben vermochte.

EB: Ich glaube, es war 1923, als Sie sich mit Krishnamurti und der Gruppe in Ehrwald, im österreichischen Tirol aufhielten. Und dort wiederholte sich der sogenannte »Prozeß«, nicht wahr?

HN: Das stimmt.

EB: Können Sie beschreiben, was geschah?

HN: Nun, jede Nacht in jenem Monat in Ehrwald, war ich bei ihm.

EB: War das der Beginn jener Erfahrungen?

HN: Ja, da fing es an. Nitya hatte Lady Emily und mir sowie einigen anderen Leuten geschrieben, was in Ojai geschehen war, doch wir wußten nicht, ob es sich jemals wiederholen würde.

EB: Das war ein Jahr nach seiner sogenannten »Pfefferbaum-Erfahrung«, jenem Prozeß, der in dem, was in Ojai geschah, seinen Höhepunkt fand.

HN: In Ehrwald brach er erneut aus. Man rief nach mir, um zu helfen.

EB: Könnten Sie beschreiben, was geschah?

HN: Abends pflegten wir auf dem Balkon zu sitzen. Wir betrachteten die Berge. Krishna und Nitya sangen Lieder und Mantras. Krishnas physische Probleme waren ganz offensichtlich. Er verließ die Gruppe.

EB: Wie äußerte sich das?

HN: Er fieberte und war heiß, verwirrt und rastlos. Er ging mit Nitya ins Haus. Nach einer Weile rief mich Nitya herein. Ich sollte bei ihm sitzen und seine Hand halten. Er litt ganz offensichtlich unter Schmerzen und Qualen; er weinte. Es war recht schwierig für mich, seine Lage mitansehen zu müssen und damit fertig zu werden. Aber ich tat mein Bestes, um zu helfen. Diese Situation wiederholte sich jede Nacht. Ich führte Tagebuch über jene Tage und Nächte, in denen ich bei ihm war. Ich glaube, es wiederholte sich jede Nacht.

EB: Es ereignete sich nur nachts?

HN: Ja. Manchmal zeigte er sich besonders wild, fröhlich und ausgelassen und pflegte dann in diese Abwesenheit zu verfallen und überhaupt nicht bei uns zu sein. Er war dann eine völlig andere Person.

EB: Heutzutage spricht man von außerkörperlichen Erfahrungen. Könnte man jene Vorfälle als solche bezeichnen?

HN: Nein. Es spielte sich durchaus im Körper ab – und zwar sehr intensiv. Der Körper durchlebte diese Erfahrungen. Obgleich Krishna selbst manchmal nicht zugegen zu sein schien, so war ein kleiner Junge da, nahezu ein Kind von vier oder fünf Jahren, und dieses Kind, dieses »Körper-Elemental«, pflegte den Schmerz zu ertragen und Krishna sogar anzuschreien: »Bleib weg, ich komme besser damit zurecht, als du.« Es schienen zwei fremdartige Persönlichkeiten zu sein. Krishna pflegte zurückzukommen und mit diesem kleinen »Körper-Elemental» zu sprechen. Sie unterhielten sich.

EB: Gab es zwei verschiedene Stimmen? Die des kleinen Kindes und die des jungen Mannes?

HN: Das stimmt. Und dann pflegte der junge Mann Wesen zu spüren, die herbeieilten, um sich um ihn zu kümmern, zu helfen oder es ihm sogar aufbürdeten. Wir wußten es nicht, Nitya und ich. Nitya saß in einem Winkel, ich nahe bei Krishna, den Körper haltend, dem Körper helfend. Nitya und ich waren nicht hellsichtig, aber wir spürten den Segen jener wunderbaren Gegenwart, die über die Berge in den Raum Einzug hielt und Botschaften für Nitya, mich und Krishna brachte.

EB: Wie wurden diese Botschaften übermittelt?

HN: Mit Krishnas Stimme. Nitya und ich pflegten sie in der Dunkelheit so gut wie möglich aufzukritzeln. Wir befanden uns meistens im Dunkeln. Wir notierten die Botschaften. Einige galten Nitya, einige mir und manche waren für Krishna selbst.«

EB: Welcher Art waren diese Botschaften?

HN: Sie besagten, was wir tun und sein sollten und wie es sich mit dem Schmerz verhielt.

EB: Was hatte es mit dem Schmerz auf sich?

HN: Wir glaubten, es war die *Kundalini*. Wir dachten, es handelte sich um die Erweckung der *Kundalini* und die Reinigung ihres Kanals. Wir glaubten, daß »der Herr« sich in jenen wunderbaren, gütigen Einwirkungen, von denen wir spürten, daß sie von Krishna damals Besitz ergriffen, zeigen würde. Und dann das kleine »Körper-Elemental«, so zärtlich, sanft und lieb. Es schien, als ob ich mich mit Nitya, Krishna und irgendeinem anderen kleinen Wesen im Raum befand. Völlig verschieden. Sie sprachen miteinander, sie diskutierten miteinander.

EB: Was erörterten sie?

HN: Das Kleine sprach: »Ich kann mit dem Schmerz besser umgehen als du. Halte dich da raus.« Und Krishna pflegte zurückzukommen, zu schreien und zu fallen ... ich bin sicher, die Bauern, denen das Haus in Ehrwald gehörte und die nur zwei Stockwerke unter uns wohnten, sie müssen alles mit angehört haben. Ich glaube, John Cordes, der Assistent zu jener Zeit, erzählte ihnen, er litte unter epileptischen Anfällen.

EB: Hatten Sie jemals den Eindruck, daß es sich um so etwas wie epileptische Anfälle handelte?

HN: Damals wußte ich überhaupt nichts von Epilepsie und war überzeugt, es sei rein esoterisch, eine Prüfung des Durchhaltevermögens.

EB: Denken Sie heute immer noch so?

HN: Ich weiß es nicht, denn ich weiß weder wie es sich entwickelte noch was es damals war.

EB: Gab es nach derartigen Episoden irgendeine Veränderung in dem alltäglichen Krishnamurti?

HN: Er konnte völlig normal sein, und wir glaubten nicht, daß es sich um dieselbe Person handelte.

EB: Erinnerte er sich im Wachbewußtsein daran?

HN: Nein, kaum.

EB: Besaß er ein Gefühl für Schmerz oder das Nachlassen von Schmerz?

HN: Nein, er war entweder da oder nicht. Manchmal weckte mich Nitya mitten in der Nacht auf und sagte: »Es ist wohl besser, wenn du kommst, Krishna braucht dich.« Ich pflegte dann zu ihm zu gehen und bei ihm zu bleiben. Ich wußte nicht, ob ich Krishna vor mir hatte oder den Kleinen, aber ich war natürlich da und glücklich, bei ihm zu sein. Dieser Zustand in Ehrwald hielt über einen Monat an. Dann überredete er mich, mit ihm nach Australien zu gehen und mein Violinstudium nicht weiter fortzusetzen. Ich reiste also nach Wien, um meine Violine und meine Musikunterlagen zu holen, verabschiedete mich von den Leuten dort und fuhr nach Hause, um meinen Eltern verständlich zu machen, daß ich nach Australien gehen wollte. Kurz darauf war ich wieder bei ihm. Er litt immer noch in derselben Weise. Auf der Schiffsüberfahrt von Southhampton nach New York war ich an seiner Seite, aber jener furchtbare Monat des Ertragens und der Qual, ich glaube, dieser Zustand wiederholte sich nicht mehr in jener Länge, jedenfalls nicht in meinem Dabeisein.

EB: Es dauerte also ungefähr einen Monat. Das ist eine lange Zeit, um etwas Derartiges durchzustehen. Dann wurde es weniger, sagten Sie.

HN: Aber er brauchte und wollte meine Nähe. Nitya sorgte für eine durchgehende Kabine, und so konnte ich bei ihm sein.

EB: Man erkannte also, daß Sie einen besonderen Einfluß ausübten?

HN: Anscheinend eine Spezialrolle.

EB: Machte er in jener Zeit dieses Prozesses noch weitere Liebeserklärungen?

HN: Ja.

EB: Jene ganze Periode des Prozesses tat also seiner Zuneigung und Liebe zu Ihnen keinen Abbruch?

Es ist stets ein Kampf gewesen, die Wahrheit zu finden, denn fremde Autorität oder die Aufbürdung durch andere oder die Verleitung durch andere, haben mich nie zufriedengestellt. Ich wollte sie selbst entdecken und mußte natürlich leiden, um sie zu finden.

– WHO BRINGS THE TRUTH?, 1927

Wenn man die Wahrheit liebt, intensiv und doch absolut um ihrer selbst willen, liebt man alles. Wenn in der Wahrheit der einzige Trost liegt und man diesen besitzt, dann wünscht man, ihn mit anderen zu teilen …

– THE POOL OF WISDOM, 1927

Es ist nicht ein ferngelegenes Königreich oder eine Wohnstatt, zu der man bis ans andere Ende der Erde reisen muß. Man muß den Schlüssel finden, der alle Himmelstore, alle Gärten der Verzückung, öffnet. Und dieser Schlüssel ist deine Intuition. Und mit diesem Schlüssel vermagst du in den Garten zu treten und für immer darin zu weilen.

– *THE POOL OF WISDOM, 1927*

HN: Nein, eigentlich wurde es wahrscheinlich nur noch intensiver, denn ich war ihm ja nahe.

EB: Dann waren Sie mit ihm zusammen an Bord des Schiffes. Wie lange dauerte Ihre Beziehung?

HN: Er sorgte dafür, daß eine andere junge Frau, Ruth Roberts, und ich alleine nach Sidney weiterfuhren. Er schrieb mir auch weiterhin und hoffte, es ginge mir gut. Auf seinem Weg nach Ojai kam Krishna nach Sidney, denn Nitya mußte Indien verlassen, da es ihm nicht gut ging. Krishna wurde in Sidney von Leadbeater nicht willkommen geheißen.

EB: Warum nicht?

HN: Leadbeater verstand den Prozeß nicht. Er erklärte, daß weder ihm noch Mrs. Besant jemals etwas Derartiges widerfahren sei. Er verhielt sich Krishna gegenüber recht schroff und ließ ihn in der Halle des Landguts in Sidney warten. Er sorgte sich sehr um Nitya und mit Recht, denn Nitya sah seinem Ende entgegen. Wir wußten es nicht, aber Nitya war im Begriff, uns zu verlassen.

EB: Bitte beschreiben sie Krishnamurtis Beziehung zu seinem Bruder.

HN: Sie war so eng, warm, sanft und liebevoll, wie es nur sein kann. Ich glaube, Nitya stand ihm in der ganzen Welt am nächsten. Er liebte auch Mrs. Besant und Lady Emily. Damals liebte er auch mich. Diese Menschen standen ihm am nächsten. Aber seine Verbindung zu Nitya war die engste, er war einfach ein Teil von ihm. Nitya übte einen guten Einfluß auf ihn aus, er half ihm auf so vielerlei Weise.

EB: Hatten Sie nie das Gefühl von Eifersucht oder sogenannter geschwisterlicher Rivalität?

HN: Nie, sie waren einfach sich liebende Brüder, einer schätzte den anderen ungemein, es war ein wunderbares Verhältnis.

EB: Wie verhielt es sich mit der Beziehung zwischen Krishnamurti und Annie Besant in jenen Tagen?

HN: Sehr liebevoll, sehr zärtlich, sehr hingebungsvoll.

EB: Damals stürzte er sich gewissermaßen in seine Arbeit.

HN: Das stimmt, und ich hatte das Gefühl, es zu verstehen.

EB: Wann entdeckten sie zum ersten Mal Zeichen der Entfremdung zwischen Krishnamurti und der Theosophischen Gesellschaft?

Gegenüber: Auf dem Weg nach Australien im Jahre 1920. Helen Knothe reiste mit Krishnamurti und Nityananda. Links Rajagopal. Oben: Fahrt nach Ojai.

HN: Vielleicht ein wenig in Australien, als er das zweite Mal mit Nitya kam. Aber die Gesundheit des armen Nitya nahm ihn völlig in Anspruch. Damals begann es, denn Leadbeater stieß ihn zurück.

EB: In jener Periode machte sich eine deutliche Verschiebung bemerkbar. Er wurde immer freimütiger in dem, was er schrieb. Er wurde immer unabhängiger, wohl auch in seinen persönlichen Beziehungen. Waren Sie damals mit Krishnamurti verlobt?

HN: Nein, wir wußten, daß sich nichts dergleichen abspielen würde. Erstens schien ich es aus mir heraus zu wisssen, und er wußte es aufgrund seiner Mission. Mrs. Besant hatte vielmals erklärt, daß wir uns sehr, sehr nahestünden, gemeinsam wachsen und zusammen arbeiten würden, aber nichts dergleichen sein könnte.

EB: Anscheinend glaubte man, eine Heirat könnte ihn von seiner Mission abbringen.

HN: Oh gewiß. Aber es gelangte in die Zeitungen. Damals hielt er sich in Ojai auf. Ich dachte, daß weisere Leute ihm vielleicht nahegelegt hatten: »Das ist ziemlich weitgegangen.« Viele mögen die Loslösung angefacht haben. Ich habe es nie erfahren. Meine Familie wünschte, daß ich Australien verließ. Ich folgte nur zögernd. Krishna holte mich in Santa Barbara ab und fuhr mich nach Ojai. Er war lieb und zärtlich, wie immer, aber etwas war gebrochen, oder anders gesagt, ich fühlte, daß die Zeit unserer engen Verbindung vorüber war. Ich wohnte etwa eine Woche lang in Arya Vihara. Er fuhr mich zum Zug. Soweit ich wußte, waren wir enge Freunde, wie immer in Liebe zugetan, aber das war das Ende.

EB: Welchen Eindruck hatten Sie in jener Zeit von seinen Lehren? Interessierten Sie diese Lehren wirklich?

HN: Ich wußte, daß er das »Leben im Jetzt« lehrte. Ich glaube, ich nahm alles in mich auf und formte es in meine eigene Philosophie um, die bis zum heutigen Tage bestehen blieb. Niemals stellte ich das, was er sagte oder schrieb, in Abrede. Ich nahm es in mich auf und formulierte meine eigene Lebensphilosophie, die ich mein ganzes Leben beibehielt. Ich habe nichts fortgeworfen.[35]

Krishnamurti suchte, gehorchte und verehrte in der Vergangenheit, wie jeder andere auch. Mit der Zeit jedoch, als sich das Leiden einstellte, wollte er die Wirklichkeit entdecken, die sich hinter dem Bild, dem Sonnenuntergang, der Vorstellung, allen Philosophien, allen Religionen, allen Sekten, allen Organisationen verbirgt. Um das zu entdecken und zu verstehen, mußte er an einem Pflock von Unwirklichkeiten, Unwahrheiten festhalten, bis er Stück um Stück an allen begrenzenden, bindenden Heiligtümern, allen Göttern, die auf Verehrung bestehen, vorbeigehen konnte. Auf diese Weise vermochte er dorthin zu gelangen, wo alle Religionen, alle Liebe, ihre Vollendung finden, wo jegliche Verehrung ihr Ende sieht, wo alle Wünsche aufhören, wo das getrennte Selbst zerstört wird, um rein zu sein. Ich habe alle diese Stufen durchschritten. Daher vermag ich mit der Autorität meines eigenen Wissens zu sprechen, und ich will euch an diesem Wissen, dieser Erfahrung teilhaben lassen.«

–WHO BRINGS THE TRUTH, 1927

Die anwachsenden Reihen des »Sternenordens« wirkten sich nicht nur in Indien, England, Europa und den Vereinigten Staaten, sondern ebenfalls in Lateinamerika aus. Auf seinen unermüdlichen Reisen um die Welt fand Krishnamurti viele, viele lebenslange Freunde, deren Achtung nie verblaßte.

Einige Zeit zuvor hatte er in Los Angeles einen jungen Mann getroffen, der einer jener lebenslangen Freunde werden sollte. Sidney Field, Diplomat und Drehbuchautor zahlreicher Hollywoodfilme, war in Costa Rica als Sohn eines amerikanischen Vaters und einer einheimischen Mutter geboren. Seine Eltern begründeten den »Sternenorden« in Costa Rica und waren mit beiden Brüdern gut befreundet.

SIDNEY FIELD

DIPLOMAT UND DREHBUCHAUTOR, LOS ANGELES, KALIFORNIEN

SF: Als wir 1925 von Costa Rica nach Los Angeles kamen, kauften wir ein Haus am Crescent Heights Boulevard. Mein Vater lud Krishnaji zum Tee ein. Ich erstarrte, denn ich dachte: »Er wird mich durchschauen. Ich bin nur ein ganz gewöhnliches Kind und habe nichts getan, um diese Begegnung zu verdienen.« In Costa Rica trafen Mitglieder des »Sternenordens« jeden Sonntag zusammen. Wir sollten uns auf »die große Wiederkunft« vorbereiten. Schließlich traf ich ihn bei uns zu Hause. Er kam in Begleitung von Nitya. Nur die Familie und ein Zeitungsreporter aus New York, der von Krishnamurti gehört hatte und sich sehr für ihn interessierte, waren zugegen. Ich erwähne ihn, denn nach dem Treffen bemerkte er: »Wissen Sie, Krishnaji ist der besser aussehende von beiden, aber Nitya besitzt meines Erachtens mehr das Zeug zum Weltlehrer.« Wir sprachen

Krishnamurti beim Besuch der Dreharbeiten zu Cecil B. Demilles „The King of Kings". Er wurde Demille und Warner vorgestellt, der den Jesus spielte. – Krishnamurti ging schnell wieder: „Drei Messiasse zur gleichen Zeit waren zuviel." – Krishnamurti zwischen Victor Varconi, der den Pontius Pilatus darstellte, und Demille.

über allerlei Themen, über Weltlehrer und so weiter. Es war wirklich eine sehr interessante Unterhaltung. Nun, sie verabschiedeten sich, da Nitya sich nicht wohlfühlte. Aber ich fragte Krishnaji, wann ich ihn wiedersehen könnte, und er antwortete: »Rufe mich an, dann vereinbaren wir einen Termin.« Das war der Beginn einer sehr anregenden Freundschaft. In jenem Mai zählte ich gerade siebzehn Jahre. Er interessierte sich sehr für das, was junge Leute taten und dachten. In jenem Jahr ereignete sich ein bemerkenswerter Vorfall. Er besaß kein Auto und fragte mich, ob ich ihn herumfahren würde. Er bat mich, ihn um sechs Uhr im Ambassador Hotel zu treffen, wo er einen Freund besuchte. Neugierig fragte ich: »Um welche Art von Treffen handelt es sich?« Ich fragte nicht, wen er traf. Punkt sechs klopfte ich an die Zimmertür, die er mir genannt hatte. Sie öffnete sich, und John Barrymore stand vor mir. Er blickte mich sehr streng an. Dann hörte Krishnaji meine Stimme, kam hinzu und stellte mich vor. Ich war höchst überrascht. Ich fragte ihn: »Krishnaji, was besprichst du denn mit Barrymore?« Ich wußte nicht einmal, daß er sich für derartige Dinge interessierte. Er antwortete: »Ja, er interessiert sich sehr und vertritt die Ansicht, daß es sich bei der Entsagung des Buddha um eine der größten Taten in der Geschichte handelt. Wir unterhielten uns ausführlich über den Buddha. Er weiß recht viel über das buddhistische Leben.« Krishnaji bat Barrymore, ihn in Ojai zu besuchen. Sie wissen wohl, daß Barrymore Alkoholiker war. Er versprach Krishnaji, an jenem Tag vollkommen nüchtern zu sein. Krishnaji erzählte mir später die Geschichte. Anscheinend hielt er auf seiner Fahrt nach Ojai in Ventura an, da er Durst hatte. Er wollte nur Wasser trinken. Nun, er landete beim Bier und fuhr weiter nach Ojai, wo er mit einer Stunde Verspätung eintraf. Krishnamurti hatte noch nicht mit dem Mittagessen begonnen. »Barrymore fiel mir praktisch in die Arme«, berichtete er. »Er vermochte kaum zu stehen. Doch er benahm sich wie ein Gentleman und war sehr witzig, ein geistreicher Mann.« Nach einiger Zeit und literweise Kaffee, war er nüchtern und fuhr nach Hause zurück.

Durch John Barrymore lernte Krishnamurti viele Persönlichkeiten der Filmindustrie kennen.

EB: Soll Barrymore nicht vorgeschlagen haben, daß Krishnamurti in einem Film die Rolle des Buddha übernahm?

SF: Genau. Barrymore war sehr daran interessiert, einen Film über Buddha zu drehen. Krishnaji bemerkte übrigens dazu: »Ich versuchte sofort, ihn davon abzubringen, indem ich erklärte, daß es sich um eine sehr schwierige Rolle handelte und so weiter ... Meiner Ansicht nach stelle Ananda, der Lieblingsschüler des Buddha, eine bessere Figur dar, um sich darauf zu konzentrieren.« Barrymore setzte sich jedenfalls später mit ihm in Verbindung und erklärte: »Sie sind sehr weise. Ich werde den Film drehen und den Ananda darin spielen.« Die Figur des Buddha wurde auf eine relativ unbedeutende Rolle verwiesen, und er wollte, daß Krishnaji sie spielte. Dieser lehnte ab. Nun, Barrymore brachte nie das Geld für diesen Filmstreifen auf.

EB: Selbst heutzutage wäre das ein recht esoterisches Thema! Aber damals wäre es sogar noch seltsamer gewesen.

SF: Richtig. Es geschah also nichts, aber sie sahen sich auch weiterhin. Durch Barrymore begegnete er vielen anderen Menschen aus der Filmbranche, so auch Norma Talmage. Ich erinnere mich, wie er uns einmal zum Abendessen besuchte. Er kam mit ausgestreckter Hand herein, und ich nahm an, er hätte sich verletzt. Er ging zum Badezimmer und meinte: »Laßt mich meine Hand waschen.« Als er zurückkam, fragte ich ihn: »Entschuldige, was hast du gemacht? Hast du dich verletzt?« »Nein«, entgegnete er, »es ist Norma Talmages Parfüm. Ich kriege es nicht von meiner Hand.«

EB: Um zurückzugehen, können Sie uns etwas über den »Orden des Sterns im Osten« erzählen? Sie sprachen von einer Gruppe in Costa Rica, die die Anordnungen des »Sternenordens« ausführte.

SF: Richtig. Sehen Sie, die Theosophische Gesellschaft wurde in Costa Rica gegründet, die erste Theosophische Gesellschaft in Lateinamerika, und zwar von meinem Großvater, einem berühmten Maler in Spanien, Tomas Povedano de Arcos, meinem Vater und meiner Mutter. Sie waren die drei ursprünglichen Mitglieder, die die Theosophische Gesellschaft und etwa zwei Jahre später den »Sternenorden« gründeten. Und wie es in meinem Buch *(Krishnamurti: The Reluctant Messiah)* heißt, wurde Krishnaji unabsichtlicherweise in die Politik Costa Ricas verwickelt, weil einer unserer prominentesten Männer, Federico Tinoco, fest an Krishnamurti glaubte. Er gehörte dem »Orden des Sterns im Osten« an und übernahm schließlich nach einem Staatsstreich die Macht. Er wurde Präsident. Er verkündete, daß er eine Gesellschaft bilden wollte, die die Ideen Krishnamurtis widerspiegelte.«

EB: Eine recht mutiges Unterfangen, finden Sie nicht?

SF: Ungewöhnlich mutig, ja. Mein Vater war damals Präsident der Internationalen Bank, heute die Nationale Bank, die größte im Land. Man bestand auf seinem Bild auf der Zehn-Colon-Note, und an seinem Rockaufschlag befand sich der kleine »Stern des Ostens«. Nun, die Katholische Kirche war ziemlich aufgebracht über das Ganze. Sie startete einen Feldzug in der Zeitung und behauptete, es wäre eindeutig mit unehrenhaften Mitteln geschehen, um Krishnamurtis Botschaft im ganzen Land zu verkünden. Die Leute fragten: »Was bedeutet der Stern?« Man sagte es ihnen, und es gab einen riesigen Lärm darum, der im Verbrennen des theosophischen Tempels mündete. Die Theosophische Gesellschaft besaß zum ersten Mal eine wirklich wunderbare Niederlassung, die man mit Hilfe sehr reicher Mitglieder erbaut hatte. Ein Priester trat vor und behauptete: »Ich habe den Tempel selbst niedergebrannt, ich warf eine Fakkel hinein, im Namen Gottes.« Er herrschte eine große Aufregung! Außerdem erschien in der von der Regierung kontrollierten Zeitung *La Informacion* eine Spalte, die Auszüge aus *Zu Füßen des Meisters* brachte. Alles das spielte sich in jenen Tagen ab. Als Tinoco an der Spitze des Staates stand, war Krishnaji sehr populär. Doch als er fiel und schließlich des Landes verwiesen wurde, wurde Krishnaji unpopulär. Er geriet mitten in diese politischen Wirren, und der Mann war völlig unschuldig, er wußte nicht einmal davon. Als ich es ihm erzählte, amüsierte er sich. Aufgrund der von Tinoco veröffentlichten Auszüge aus *Zu Füßen des Meisters* hatte eine in Lateinamerika einzigartige Entwicklung stattgefunden. Es war in Mode gekommen, Mitglied des »Sternenordens« zu sein. Die Leute, sogar viele seiner Kabinettsmitglieder, trugen den kleinen Stern, was keinerlei Bedeutung besaß, denke ich. Es ging nur darum, dem Präsidenten zu gefallen.

EB: Sicherlich bedeutete die Absetzung Tonocios das Ende für Krishnamurti.

SF: Ja, Krishnamurtis Aktien fielen. Ein anderer Theosoph und Angehöriger des »Sternenordens«, Julio Acosta, ein charmanter Professor, an den ich mich sehr gut erinnere, setzte die Revolution gegen Tinoco in Bewegung. Als er mit seinen Truppen, einem armseligen Haufen von Tagelöhnern, in Costa Rica ankam, befand sich Tinoco bereits auf dem Weg hinaus. Er wußte, daß er alles verloren hatte. Julio Acosta bewarb sich um den Präsidentenposten, den er auch erhielt. Das Ganze fing also wieder von vorne an, die Veröffentlichung von Krishnajis Werken oder Auszügen aus *Zu Füßen des Meisters*. Krishnas Aktien stiegen also wieder.

EB: Hat Krishnamurti im Laufe Ihrer privaten Gespräche über seine Lehren gesprochen?

SF: Ja, oft; aber nur allgemein, es sei denn, man fragte ihn klipp und klar: »Wie verhält es sich damit?« Dann pflegte er näher darauf einzugehen. Der Grund, weshalb wir trotz des großen Altersunterschiedes so gute Freunde wurden, lag wohl darin, daß ich ihn niemals bezüglich seiner Ansichten drängte. Allein seine Gegenwart machte mich glücklich. Für mich war er eine absolut bezaubernde Person. Ich liebte seinen Sinn für Humor. Sein Lachen glich so sehr dem eines Kindes, daß ich Witze zu behalten pflegte, damit ich sie ihm erzählen konnte, nur um ihn lachen zu hören.

EB: Aber Sie erwähnten, daß Sie sehr viel jünger als er waren, etwa sechzehn oder siebzehn Jahre alt. Er hingegen war bereits relativ erwachsen.

SF: Ja, er war so um die achtundzwanzig, dreißig, nicht wahr?

EB: Und trotz des Altersunterschieds blieb die Freundschaft bestehen?

SF: Sogar sehr eng! Er fühlte sich wohl in meiner Gesellschaft. Nach einer Weile konnte ich dasselbe von mir behaupten.

EB: Wie würden Sie seine Persönlichkeit beschreiben? Sie erwähnten seinen Sinn für Humor. Aber bemerkten Sie eine grundlegende Ernsthaftigkeit?

Buchumschlag für „The Immortal Friend", das 1929 mit einem Titelbild von Kahlil Gibran veröffentlicht wurde.

SF: Ja, ganz eindeutig, sehr, sehr stark ausgeprägt. Er war sehr ernst und sehr an der Person interessiert, mit der er es als Mensch zu tun hatte, was man in dieser Welt tun wollte und derartige Dinge. Krishnamurti war meiner Ansicht nach ungewöhnlich selbstlos; er schien wirklich an einem selbst und dem, was man tat, interessiert zu sein. Und man fühlte, daß er es aufrichtig meinte und es nicht nur aufgesetzt war.

EB: Sie hörten Krishnamurti über die Jahre in den Vereinigten Staaten sprechen. Besuchten Sie auch andere Länder, um ihn reden zu hören?

SF: Ja, ich war in Ommen. Er bat mich, nach Ommen zu einem Vor-Camp zu kommen. Ich verbrachte ziemlich jämmerliche zehn Tage dort, eingepfercht in meinem Apartment, und Krishnaji ließ sich nicht blicken. Schließlich kam Lady Emily eines Tages und meinte: »Krishnaji will dich morgen um drei Uhr sehen.« Am folgenden Tag, um drei Uhr, klopfte ich an seine Tür und Krishnaji rief: »Komm herein«. Er sah unwahrscheinlich majestätisch aus, in seiner goldenen Robe. Er mußte mich auffordern, neben ihm Platz zu nehmen, denn ich stand nur da und schaute. Ich erinnere mich nicht mehr an unsere Unterhaltung; doch wir sprachen über irgend etwas. Ich glaube, es handelte sich um nichts Bedeutendes oder Wichtiges. Plötzlich aber zog mich eine ganz ungewöhnliche Freude, wie ich sie noch nie empfunden hatte, aus dem Körper. Es glich dem Durchbruch in eine andere Welt. Ich mußte mich zwingen, nicht laut vor Freude aufzuschreien, während Krishna sprach. Ich habe Krishnaji nichts davon erzählt, erst Jahre später, hier in Malibu. Er meinte dazu: »Wie schade, Sidney, daß du es nicht weiterverfolgt hast, es hätte einen Durchbruch bedeuten können.« Nun, damals war ich erst siebzehn Jahre alt, und im Leben eines Siebzehnjährigen gibt es vielerlei Interessen. Ich glaube, wenn sich eine solche Erfahrung einstellt, dann geht man entweder ganz darin auf und weiß nicht, was geschehen wird, oder man hält es zurück, und die Tore beginnen, sich langsam zu schließen. Und das ist es, was geschah.

EB: Könnten sie sagen, was diese Erfahrung bewirkte?

SF: Ich weiß nicht, was dazu führte.

EB: Handelte es sich um etwas, das Sie in ihren Alltag einbauten?

SF: Nun, es wurde in dem Sinne Teil meines täglichen Lebens, als daß ich danach eine unsagbare Liebe und Zuneigung verspürte. Alles, was meine Augen berührten, erfaßte mein Herz. So gesehen war es eine wunderbare Erfahrung. Dann begann sie zu schwinden. Jenes Empfinden wiederholte sich viele Male, aber nicht mehr so stark, sondern sehr abgeschwächt.[36]

»Muß man dich von der Schönheit des Sonnenuntergangs, dem Zauber einer Rose oder der Schönheit eines einzelnen Sterns am klaren Himmel oder des Vogelschreies im stillen Wald überzeugen? Sie existiert; und jene, die den Schmerz erfahren haben und die der Wunsch nach unendlichem Wissen beseelt, sie werden die Schönheit entdecken, sie werden sie erkennen und eins werden mit der Schönheit.«

– THE HERALD OF THE STAR, 1927

Während der folgenden Jahre strömte eine Flut von Poesie aus Krishnamurtis Feder. Vieles klang begeistert und schwärmerisch. Krishnamurti spricht von dem »Geliebten« im Stile klassischer Mystik des Ostens wie des Westens. Zu diesen Büchlein gehören *Come Away* (1927), *The Search* (1927), *The Immortal Friend* (1929) und *The Song of Life* (1931). Das Jahr 1931 kennzeichnet das Ende dieser Bücher, obgleich die Poesie in seinem späteren Leben wieder auftauchen sollte, wenn auch in völlig unterschiedlicher Art.

Zur selben Zeit quillt die starke Sehnsucht in ihm empor, allem Weltlichen zu entsagen und in asketischer Zurückgezogenheit als einsamer Sannyasi zu leben. Die Hoffnung erfüllte sich nie, denn abgesehen von kurzen Ausnahmen verbrachte Krishnamurti den größten Teil seines Lebens in der Umgebung anderer Menschen.

Wie jemand durch ein kleines Fenster
ein einzelnes, grünes Blatt,
einen winzigen Fleck des unendlich blauen Himmels erblickt,
So begann ich Dich wahrzunehmen, am Anfang aller Dinge.
Wie das Blatt verblaßte und welkte, und eine dunkle Wolke das Himmelsstück verdeckte,
So verblaßtest auch Du und schwandest dahin,
Aber um wiedergeboren zu werden,
wie das grüne Blatt und der winzige Fleck blauen Himmels.

In vielen Leben habe ich den öden Winter
und den grünen Frühling gesehen,
Eingesperrt in mein kleines Zimmer,
Ich konnte nicht den ganzen Baum,
den gesamten Himmel erblicken.
Ich schwor, es gab keinen Baum, keinen unendlichen Himmel
Und das war die Wahrheit.

Zeit und Zerstörung
Erweiterten mein Fenster,
Ich erblickte nun
Einen Zweig mit vielen Blättern
Und einen größeren Himmelsfleck mit vielen Wolken.
Ich vergaß das einzelne Blatt
und den winzigen Fleck des unendlichen Blaus.
Ich schwor, es gab keinen Baum, nicht den unendlichen Himmel
Das war die Wahrheit.

Des Gefängnisses überdrüssig,
Dieser kleinen Zelle,
Riß ich an meinem Fenster.
Mit blutigen Fingern
Brach ich Ziegel um Ziegel.
Ich erblickte nun
Den ganzen Baum, seinen dicken Stamm,
Seine vielen Zweige und seine tausend Blätter
Und einen riesengroßen Teil des Himmels.
Ich schwor, es gab keinen anderen Baum,
keinen anderen Himmelsteil.
Das war die Wahrheit.

Dieses Gefängnis beherbergte mich nicht länger.
Ich flog durch das Fenster davon.
Oh, mein Freund,
Ich erkenne jeden Baum
und die Unendlichkeit des endlosen Himmels.
Obgleich ich in jedem einzelnen Blatt lebe,
in jedem kleinsten Stück des weiten blauen Himmels,
Obwohl ich in jedem Gefängnis hause
und aus jedem kleinen Fensterflügel blicke,
Bin ich befreit.
Nichts vermag mich zu binden.
Das ist die Wahrheit.

–THE SEARCH, 1927

Ich wandelte einen Pfad im Dschungel,
Getreten von einem Elephanten.
Und das Gewirr der Wildnis umgab mich.
Die Stimme der Trostlosigkeit erfüllt das ferne Flachland.
Und die Stadt lärmt im Glockenklang der Tempel.
Jenseits des Dschungels erheben sich die erhabenen Berge,
Ruhig und klar.

In der Angst des Lebens
Wird die Versuchung der Trauer geschaffen.

Rode den Dschungel, nicht bloß einen Baum.
Denn die Wahrheit kann nur erreicht werden,
Wenn du alles, was du gesät, beseitigst.

Und nun wandere ich mit dem Elephanten.

–THE STAR BULLETIN, DEZEMBER 1930

Zweifel ist eine kostbare Salbe;
Obgleich sie brennt, wird sie wundersam heilen.

Ich sage dir, lade den Zweifel ein,
In der Fülle deines Verlangens.
Rufe zum Zweifel,
In Zeiten, da dein Ehrgeiz
Andere in Gedanken überschreitet.
Erwecke Zweifel,
Wenn dein Herz in tiefer Liebe jauchzt.

Ich sage dir,
Zweifel bringt ewige Liebe hervor;
Zweifel reinigt den Geist von Korruption.
Die Stärke deiner Tage
Soll sich auf Verständnis gründen.

Um der Fülle deines Herzens willen
Und für den Flug deines Geistes,
Lasse Zweifel deine Verwirrung fortreißen.

Wie der frische Wind aus den Bergen,
Der die Schatten im Tal erweckt,
Lasse den Zweifel zum Tanze rufen,
Die dahinsiechende Liebe eines zufriedenen Geistes.

Lasse den Zweifel dein Herz nicht dunkel beschleichen.

Ich sage dir,
Zweifel ist eine kostbare Salbe;
Obgleich sie brennt, wird sie wundersam heilen.

–THE SONG OF LIFE, 1931

Im Sommer 1924 fuhren Krishnamurti, Nityananda, Helen Knothe, Rajagopal und Rosalind (die einige Jahre später heirateten) mit dem Dampfschiff nach England. An Bord des Schiffes begegneten sie einem jungen Mann, dem Mythologen Joseph Campbell, mit dem Krishnamurti eine langjährige Freundschaft verbinden sollte.

Sie setzte sich während eines Paris-Besuches fort. Als Krishnamurti dann nach London und anschließend nach Indien zurückkehrte, trennten sie sich vorübergehend.

In der von Stephen und Robin Larsen verfaßten Joseph Campbell-Biographie heißt es, daß Campbell in Paris blieb und sich mit Angela Gregory anfreundete, die bei dem bekannten Antoine Bourdelle Bildhauerkunst studierte. Sie schrieb über ihre Begegnung mit Campbell:

Joseph Campbell (oben) wurde von Krishnamurti und Antoine Bourdelle beeinflußt, Spiritualität und Kunst zu vereinen. Die Begegnung wurde zum Wendepunkt seines Lebens.
Gegenüberliegend: Antoine Bourdelle formte die Skulptur von Krishnamurtis Kopf im Jahre 1928. Sie befindet sich jetzt in der Bibliothek der Krishnamurti Foundation in Ojai.

Ich war sehr interessiert, als ich hörte, daß er (Campbell) Krishnamurti, den jungen Hindu-Messias, persönlich kannte. Er hatte Bourdelle Modell gestanden und diesen mit seiner wunderbaren Persönlichkeit völlig verblüfft. Es begeisterte Campbell, daß ich mich für Krishna interessierte, dessen Buch »Königreich Glück« mir den Ansporn gegeben hatte ...

... Krishnamurti war von Bourdelle und Madame Bourdelle zum Mittagessen eingeladen worden.

Madame Bourdelle bemerkte: »Ein amerikanischer Student meines Mannes kennt einen jungen Amerikaner, der Sie kennt – Joseph Campbell.«

Krishna rief begeistert aus: »Oh, Joseph Campbell; ich möchte ihn gerne sehen. Sagen Sie ihm, er möchte mich heute Abend nach meinem Vortrag im theosophischen Club aufsuchen.«

Jener Dienstag sollte von besonderer Bedeutung sein, denn obwohl die beiden jungen Männer bereits seit drei Jahren befreundet waren und sich schriftlich und mündlich über philosophische Themen unterhalten hatten, hörte Campbell zum ersten Mal Krishnamurti einen seiner faszinierenden öffentlichen Vorträge halten. Der Saal war wie gewöhnlich voll besetzt. Als Krishnamurti durch den Gang nach vorne schritt, »griff er nach Joes Hand (er hatte ihn seit zwei Jahren nicht mehr gesehen)« ... Nach dem Vortrag unterhielten sie sich sehr lange und vereinbarten, sich im Juni, wenn Krishna aus Amerika zurückkam (1928), in Paris zu treffen.

... Die Einfachheit und Kraft seiner Botschaft hinterließen einen tiefen Eindruck in Campbell. Während der folgenden zweieinhalb Jahre besuchte er noch viele der inspirierenden Reden seines Freundes Krishna.

Campbell erinnerte sich später an die Themen einiger Vorträge Krishnamurtis. »Er sprach über das Problem der Integration aller Talente und ihrer Zentrierung. Er führte das Bild des Streitwagens an, der von drei Rossen, dem Verstand, dem Körper und der Seele, gezogen wird. Das war genau auf meiner Linie. Obgleich ich darin nicht eine neue Weltlehre sah, ließ es mich mein Problem im Sinne psychologischer Zentrierung betrachten.«

Campbell befand sich nun unter dem Einfluß von Krishnamurti und Antoine Bourdelle. Er verquickte das Künstlerische mit dem Spirituellen, was seine Lebensarbeit prägen sollte.

1928 traf sich Campbell mit Krishnamurti in Eerde. Er schrieb:

Nach einem wunderbaren Besuch in Krishnamurtis Schloß in Holland, kann ich kaum an etwas anderes denken, als an die Weisheit und Schönheit meines Freundes. Ich wanderte mit ihm in den umliegenden Wäldern. Er beantwortete

meine Fragen und begeisterte sich für die Schönheit der Bäume. Er veranlaßte mich, über vieles nachzudenken und brachte mich auf die Suche nach etwas, das ich kaum verstehe …

… Wenige Kilometer vom Schloß entfernt, befindet sich ein riesiges Camp (Ommen). In der ersten Augustwoche hatten sich dreitausend Menschen dort versammelt, um Krishna sprechen zu hören. Sie kamen aus etwa fünfzig verschiedenen Ländern, wie Island, Java, Brasilien …

Ich verbrachte die meiste Zeit damit, in Gesellschaft anderer Leute unter den riesigen Bäumen zu spazieren und wie verrückt mit ihnen zu diskutieren. Krishna pflegte jeden Morgen um elf Uhr einen kurzen Vortrag zu halten. Wir äußerten uns dazu, falls wir überhaupt etwas zu sagen hatten. Nach dem Abendbrot versammelten wir uns um die Feuerstelle und diskutierten. Es gab einige sehr nette Leute dort. Die Unterhaltung war immer recht lebendig.[37]

In jenem Sommer fanden sich Leute aus der ganzen Welt in Eerde ein. Der Kulturreichtum faszinierte Campbell derartig, daß er beschloß, die Welt zu bereisen, um seine neuen Freunde in ihrer Heimat zu besuchen. Als erstes wollte er nach Indien gehen, in jenes Land mit seinen heiligen Stätten; vielleicht nach Adyar, an der Ostküste, das Helen Knothe einige Jahre zuvor besucht hatte und wo es ein Zentrum gab, der Welthauptsitz, in seinem bezaubernden Park … Es war einiges los, in jenem Sommer 1928 in Eerde. Krishnamurti, von dem man erklärt hatte, er sei »vollkommen«, sagte nicht das, was er eigentlich sagen sollte und pflegte außerdem seinen Zuhörern nahezulegen, tief in ihr eigenes Inneres zu schauen und hielt sie an, sich der unvermeidlichen Unruhe, die sie dort vorfinden würden, zu stellen. Auf Krishnamurtis Anhänger und die bestürzten Theosophen wirkte das wie die Worte Jesu, der erklärte: »Ich komme nicht, um euch den Frieden, sondern das Schwert zu bringen.« Es erinnerte auch daran, wie er die Tische der Geldwechsler im Tempel umstürzte. In dem Himmel, der über Eerde brütete, herrschte Krieg.

Ein Artikel im *L'Intransigeant,* der im März 1928 in Paris erschien, wurden Bourdelle und Krishnamurti als die »Zwei Boten« beschrieben.

Der große Bildhauer spricht über einen, den man den Messias nennt.

Man stelle sich einen recht jungen Mann von noch nicht dreißig Jahren vor, einen Hindu edler Abstammung, mit strahlendem Antlitz und sanften Bewegungen, mit anderen Worten, einen Mann, dem alle Verlockungen des Lebens zustehen mögen und der sagt: »Ich komme, um der Welt die Botschaft von Frieden und Liebe zurückzubringen.« Dieser junge Mann verläßt sein Land und begibt sich trotz der Opposition der Brahmanen in westliche Länder. Viele sind gegen ihn, viele sind begeistert. Doch Lachen und Begeisterung bedeuten diesem wundersam ruhigen Hindu wenig. Er trägt in seinem Inneren Jahrhunderte der Weisheit. Den Reichen und übertriebener Bewunderung steht er gleichgültig gegenüber. Er verfolgt nur ein einziges Ziel, der Welt ihr Jammertal vor Augen zu führen und einen Ausweg zu zeigen. Sie sprechen von einem Messias. Skeptiker höhnen, hervorragende Geister ergehen sich in bombastischen Reden, er aber schreitet weiter, nicht in der Pose eines Gottes, doch voller Vertrauen in seine Mission. Das ist Krishnamurti.

Und nun sehen wir einen Mann, der mit einer der dichtesten Materieformen, dem Stein, ringt. Er bricht, hämmert, verwandelt sie, ihr die Trägheit entreißend. Seine beiden Hände, sie sind nicht groß, genügen, um Leben und Geist in diese Materie, die er beherrscht, zu strahlen. Ein Mann von kleiner Statur, mit breiten Schultern, einem erstaunlichen Gesicht, das ein fast weißer Bart apostelgleich umrahmt, hat der Welt eine Botschaft gebracht und bringt sie immer noch, die der Kunst. Als Künstler, großer Künstler, besitzt er große Träume und große Angst. Das ist Bourdelle.

Bourdelle und Krishnamurti haben sich getroffen. Der Meister wurde gebeten, eine Büste des jungen Weisen zu gestalten. Er hat es getan und ist erobert worden. Sollte man sich darüber wundern? Man kann sich die Unterhaltung der beiden gut vorstellen. Die scharfe Beobachtung des Künstlers, der versucht, das Mysterium und die Tiefe dieses bronzefarbenen, unbeweglichen Gesichts in Stein festzuhalten. Ich besuchte Bourdelle, nur um mit ihm über Krishnaji zu sprechen. Mit sanfter Freundlichkeit erklärte er: »Wenn man Krishnaji reden hört, ist man recht überrascht. Soviel Weisheit und ein so junger Mann! Man bringt ihm gegenüber sein Erstaunen zum Ausdruck. In seiner Entgegnung bezieht er sich auf seine früheren Leben. Lachen Sie nicht, dieser Glaube ist in Indien Gewißheit. Es gibt niemanden, der unpersönlicher ist als er, der sich anderen mehr widmet als er. »Wer weiß, Krishnaji, vielleicht empfangen dich die Menschen eines Tages mit Steinen«, sagte ich einmal zu ihm, und er erwiderte, daß sein Leben nicht zählte. Er hat wunderschöne Gedichte geschrieben, doch er ist weder ein Dichter noch ein Schriftsteller. Er ist der Mann, der kommt, um uns zu sagen, wir sollen unseren Stolz töten, unsere Liebe zum Vergänglichen. Nur die ewigen Dinge besitzen Bedeutung. Nun ja, Christus kam und sprach dieselbe Sprache, aber erinnern wir uns noch daran? Und sind diese Worte vom Frieden überflüssig? Krishnamurti ist ein großer Weiser. Wenn ich fünfzehn Jahre alt wäre, würde ich ihm folgen.« Als ich mit weitaufgerissenen Augen lausche, erhebt sich Bourdelle und holt ein Schreibheft. Er liest mir ein paar erregende, Krishnamurti gewidmete Seiten vor, voller Kraft, was für ihn so charakteristisch ist. Es handelt sich um einen großartigen Beitrag, der in einer Zeitschrift erscheinen soll, für die sich der Meister persönlich interessiert und die unter dem geheimnisvollen Zeichen des fünfstrahligen Sternes steht. So schritt der gut aussehende junge Inder unter unseren Himmeln. Und er hat jene verzaubert, die in vergangenen Tagen die Kathedralen jener Zeit gestaltet hätten.[38]

Gegen Ende der Zwanziger Jahre begegnete Krishnamurti noch einer anderen Gestalt aus der Gruppe der Künstler und Intellektuellen. Der international bekannte Dirigent Leopold Stokowski besuchte Schloß Eerde, um mit Krishnamurti über Musik und Kunst zu sprechen.

LEOPOLD STOKOWSKI

DIRIGENT

LS: Jede Kunst besitzt ihre Mittel, um sich auszudrücken. Der Dramatiker braucht Bühne, Schauspieler, Licht, Kostüme, Dekoration in Form und Farbe; der Bildhauer – Stein oder Holz; der Dichter – Worte; der Maler – Leinwand und Farbe; der Musiker Luftschwingungen. Mir scheint, die Musik stellt die materieloseste Kunstform dar. Vielleicht kann man sich sogar eine noch subtilere Kunst vorstellen. Es kam mir der Gedanke, daß es äußerst immaterielle Aspekte der Musik gibt, die nahezu reiner Geist sind und sich vielleicht eines Tages eine materielose Kunstform entwikkeln wird, reiner Geist ...

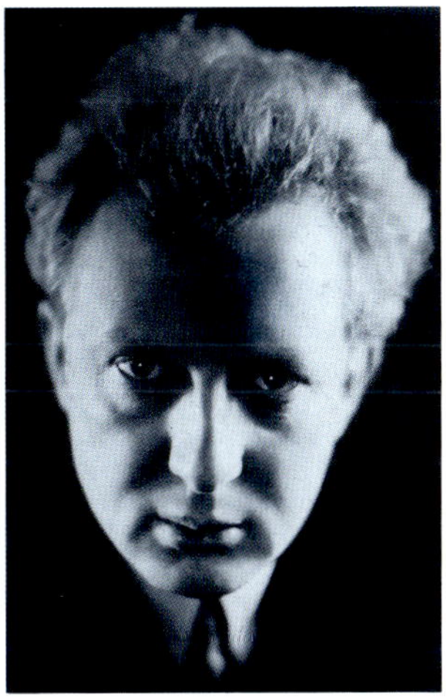

Krishnamurti und Leopold Stokowski trafen sich in den zwanziger Jahren in Schloß Eerde, wo sie lange Dialoge über Intuition, Musik und Intelligenz führten.

K: Glauben Sie nicht, daß es weniger um den Vergleich der einzelnen Kunstformen geht, als vielmehr um die Entwicklung des Individuums, das diese Kunst produziert? Im Hinblick auf die Möglichkeit, eine Kunst noch feiner als Musik zu entwickeln, bedeutet das nicht Inspiration? Nach meiner Ansicht heißt Inspiration, Intelligenz mit Begeisterung wachzuhalten.

LS: Ich empfinde Inspiration fast wie eine Melodie, einen Rhythmus, eine Musik, die ich tief, tief im Innern höre, als sei sie weit entfernt.

K: Da Sie Musiker sind, werden Sie jene Intelligenz, der sie sich stets öffnen, hören und durch die Musik wiedergeben. Ein Bildhauer würde diese Intelligenz in Stein ausdrücken. Erkennen Sie, was ich meine? Es kommt auf die Inspiration an.

LS: Aber glauben Sie, Inspiration steht mit Intelligenz in enger Verbindung?

K: Im dem Sinne, wie ich das Wort gebrauche, ja. Darum geht es doch schließlich, Sir. Ohne Intelligenz kann man kein großer Schöpfer sein. Daher wird Intelligenz, wenn sie angefacht und lebendig gehalten wird, stets als Medium für die Inspiration wirken. Das ist es, was ich Inspiration nenne. Sie erhalten eine neue Idee, weil Sie Ihre Intelligenz wachhalten.

LS: Das Gefühl habe ich nun ganz und gar nicht. Ich möchte es folgendermaßen beschreiben. Wenn ich eine Inspiration habe, dann ist es, als ob ich mich an etwas erinnere, mir etwas bewußt wird, das fünf oder zehn Minuten vorher irgendwie in mein Gehirn drang. Es war schon früher da, war aber noch nicht in mein Bewußtsein gedrungen. Ich habe das Gefühl, es war schon lange im Hintergrund vorhanden, ich weiß nicht, wie lange, und es ist gerade hervorgetreten.

K: Ich würde sagen, das ist Intelligenz, die wirksam wird, um diese Idee zu schaffen. Bitte, Sir, lassen Sie es uns ganz konkret betrachten. Ein Wesen ohne Intelligenz würde, im höchsten Sinne des Wortes, nicht inspiriert werden. Ich fühle mich inspiriert, wenn ich etwas Schönes sehe, zum Beispiel eine schöne Landschaft, schöne Musik oder jemanden Dichtkunst vortragen höre, denn meine Intelligenz ist ständig auf der Suche. Und wenn Schönheit da ist, dann möchte ich diese Vision in etwas übersetzen, das die Leute verstehen. Ist es nicht so?

LS: Das ist eine Ausdrucksform.

K: Es gibt hunderte von Formen. Ich stelle nur eine Form dar, im Sinne unserer Diskussion, und da mag es die Form des Dichters, Bildhauers, Musikers und so weiter geben.

LS: Ich habe das Gefühl, Inspiration kommt aus einer Ebene, die über der Intelligenz liegt.

K: Nein, ich sage, Intelligenz ist die höchste Ebene. Sir, für mich bedeutet Intelligenz die Ansammlung von Erfahrung, es ist der Rückstand der Erfahrung.

LS: Worin besteht nach Ihrem Verständnis des Wortes die Beziehung zwischen »Intelligenz« und »Intuition«?

K: Man kann Intuition im höchsten Sinne von Intelligenz trennen. Ein kluger Mann ist kein intelligenter Mann. Oder ich sollte eher sagen, ein kluger Mann muß nicht unbedingt ein intelligenter sein.

LS: Nein, aber es besteht häufig eine große Kluft zwischen einem intelligenten und einem intuitiven Menschen.

K: Ja, weil es, nochmals gesagt, auf einer völlig anderen Waagschale liegt. Intuition ist der höchste Punkt von Intelligenz.

LS: Ah, jetzt stimme ich Ihnen vollkommen zu.

K: Intuition ist der höchste Punkt der Intelligenz. Das Lebendighalten dieser Intelligenz bedeutet für mich Inspiration. Nun, man kann jene Intelligenz, deren höchster Ausdruck die Intuition ist, nur durch Erfahrung lebendighalten, indem man sich stets wie ein fragendes Kind verhält. Intuition ist die Vollendung, die Vervollkommnung, die Essenz von Intelligenz.

LS: Ja, das stimmt. Darf ich Ihnen eine andere Frage stellen? Falls, wie Sie sagen, Freiheit und Glück den Sinn unseres individuellen Lebens bilden, wo liegt dann der Sinn für die Menschheit? Oder mit anderen Worten, wie beantwortet die Wahrheit, die Sie verkünden, die Frage, warum wir auf der Erde sind und auf welches Ziel hin wir uns entwickeln?

K: Aus diesem Grund stellt sich die Frage, falls das Ziel des Individuums Freiheit und Glück sind, was ist das Ziel der Menschheit? Ich sage, es ist genau dasselbe. Was unterscheidet Individuen? Form. Ihre Form unterscheidet sich von meiner, aber das Leben, das Ihnen und mir zugrundeliegt, ist dasselbe. Leben bedeutet demnach Einheit. Daher müssen sich Ihr Leben und mein Leben gleicherweise in dem vollenden, was ewig ist, was Freiheit und Glück ist.

LS: Sehen Sie im großen Lebensplan nicht ein noch weiterreichendes Ziel als Freiheit und Glück, irgendeinen weiterreichenden Entwurf für das gesamte Leben?

K: Verhält sich dies nicht wie mit einem Kind, das spricht: Lehre mich höhere Mathematik? Meine Antwort würde lauten: Es wäre sinnlos, dich höhere Mathematik zu lehren, bevor du nicht Algebra gelernt hast. Wenn wir diesen bestimmten Sachverhalt, die Göttlichkeit des Lebens, die vor uns liegt, verstehen, dann ist es unwichtig zu diskutieren, was jenseits liegt, denn wir diskutieren etwas Unbegrenztes mit einem begrenzten Geist.

LS: Eine überzeugende Antwort, klar und bündig. Die Leute behalten kurze Aussagen besser im Gedächtnis. Ich bin immer der Meinung gewesen, daß Kunstwörter namenlos sein sollten. Die Frage bewegt mich, ob ein

Gedicht, ein Drama, ein Bild oder eine Symphonie Ausdruck ihres Schöpfers ist oder ob er das Medium ist, durch welches die kreativen Kräfte fließen.

K: Das ist ein Punkt, der mich sehr interessiert.

LS: Nun, Sie sind ein Dichter, und ich bin ein Musiker. Was mich interessiert, ist der Vergleich unserer Empfindungen bei der schöpferischen Arbeit innerhalb unseres jeweiligen Mediums. Stehen Sie dem, was Sie geschrieben haben, jemals völlig fremd gegenüber?

K: Aber sicher.

LS: Mir geht es so ... ich wache am nächsten Tag auf und frage mich, ob ich es war, der das geschrieben hat. Das gleicht mir überhaupt nicht!

K: Das würde ich nun Inspiration nennen. Das ist Ihre Intuition, der höchste Punkt Ihrer Intelligenz, der plötzlich aktiv wird. Und darauf wollte ich hinaus. Wenn man seinen Geist, seine Emotionen und seinen Körper in Harmonie hält, rein und stark, dann ist das der höchste Punkt der Intelligenz, aus der heraus die Intuition wirkt. Das ist der einzige Wegweiser. Nehmen wir nun zum Beispiel Dichter, Dramatiker, Musiker, alle Künstler. Sie sollten namenlos bleiben, losgelöst von dem, was sie schaffen. Ich glaube, darin liegt die größte Wahrheit – zu sein, zu geben und sich von dem, was man gibt, zu lösen. Im Grunde genommen sprechen die größten Künstler der Welt, die größten Lehrer der Welt: »Schau her, ich habe etwas, das, falls du es verstehst, deine Intelligenz für immer entfalten und als deine Intuition wirken würde. Aber verehre nicht mich, als Individuum, denn mich geht es im Grunde nichts an.« Doch die meisten Künstler wollen ihren Namen unter das Bild gesetzt haben, sie wollen bewundert werden. Sie wünschen Rang und Titel.

LS: Hier erhebt sich eine uralte Frage. Ist die Wahrheit relativ oder absolut? Ist sie für alle dieselbe oder für jeden verschieden?

K: Weder noch, Sir.

LS: Was ist sie dann?

K: Man kann sie nicht beschreiben. Sie können das, was Ihnen die Inspiration schenkt, Musik zu komponieren, nicht beschreiben – oder? Würde man Sie fragen, ob es sich um etwas Absolutes oder Relatives handelt, würden Sie antworten: »Was fragst du mich da? Keines von beiden.« Sehen Sie, Sie können nicht behaupten, es ist das Absolute oder das Relative. Es liegt weit jenseits von Materie, Zeit und Raum. Nehmen wir zum Beispiel das Wasser in jenem Fluß dort draußen. Die Ufer dämmen es ein. Das Wasser betrachtend, könnten Sie sagen: »Wasser ist stets eingegrenzt«, denn Sie sehen die schmalen Dämme, die es einschließen. Befänden Sie sich jedoch mitten auf dem Ozean, wo Sie nur Wasser sehen, so könnten Sie sagen: »Wasser ist grenzenlos.«

LS: Vorzüglich geantwortet ... Sie brauchen nichts hinzuzufügen, es ist vollständig.

Gibt es in der Kunst einen Standard oder ein Kriterium, oder findet jeder seine eigene Schönheit, auf die er reagiert? Diese Frage steht mit jener nach Geschmack in Zusammenhang. Man sagt immer, das ist guter Geschmack, das ist schlechter Geschmack. Aufgrund welcher Autorität sprechen die Leute so?

K: Ich würde sagen, aufgrund ihrer eigenen Erfahrung.

LS: Also eine persönliche Reaktion. Kann denn dann irgendeine Autorität festlegen, was gute und was schlechte Kunst ist?

K: Nein. Doch ich behaupte, Schönheit existiert in sich selbst, jenseits jeglicher Form und Wertschätzung.

LS: Ah, dann handelt es sich also um etwas Immerwährendes.

K: Vergleichbar mit dem ewigen Duft der Rose. Sir, Sie hören Musik und ich höre Musik. Sie hören einen weiten Schwingungsbereich, ich höre nur ein Bißchen. Aber dieses Bißchen fügt sich in Ihren gesamten, weiten Bereich.

LS: Ja. Es ist eine Frage persönlichen Aufnahmevermögens, eigener Erfahrung. Die Antwort lautet also genauso; in sich selbst ist es absolut und relativ, doch für uns ist es relativ.

K: So muß es sein!

LS: Wir sehen einen Plan im Leben, in den Künsten, in unserem Körper, in Maschinen und allem. Der Entwurf eines Autos wird stets mit der Vorstellung von seiner Funktion gemacht. Worin liegt die Funktion des Lebens, allen Lebens?

K: Sich selbst auszudrücken.

LS: Wie entsteht Ordnung, nach Ihrer Lehre von der Freiheit?

K: Weil Freiheit das allgemeine Ziel von allem ist, dem pflichten Sie doch bei. Wenn jeder Mensch erkennt, daß Freiheit das allgemeine Ziel ist, dann kann jeder nur Ordnung schaffen, indem er sich entfaltet und diesem allgemeinen Ziel angleicht.

LS: Meinen Sie damit, daß wir, wenn wir dem Freiheits- oder Schöheitsideal entsprechend leben, alle letztendlich dasselbe Ziel erreichen müssen?

K: Natürlich, ist es denn nicht so?

LS: ... und Ordung wird also kommen?

K: Gegenwärtig gibt es Sie und mich und ein halbes Dutzend anderer mit verschiedenen Vorstellungen vom letztendlichen Ziel. Doch wenn wir uns alle die Frage stellten: »Worin besteht das letzte Ziel für jeden von uns?« sollten wir antworten: »Freiheit und Glück für den einzelnen und für alle.« Selbst wenn Sie und ich in unterschiedlicher Weise wirken, so arbeiten wir doch auf ein gemeinsames Ziel hin. Dann muß es eine Ordnung geben.[39]

Es ist stets ein Kampf gewesen, die Wahrheit zu finden, denn die Autorität eines anderen oder das Aufdrängen von seiten eines anderen oder die Verführung durch einen anderen hat mich nicht zufriedengestellt. Ich wollte sie für mich selbst entdecken, und so mußte ich natürlich leiden, um sie herauszufinden.

– WHO BRINGS THE TRUTH, 1927

Trotz der anregenden und ausgedehnten Freundschaften mit vielen, die Krishnamurti umgaben, blieb beständig ein Gefühl der Unruhe in seinem Leben. Und als das zielgerichtete Forschen und der krasse Meinungsunterschied Krishnamurtis den Tausenden immer deutlicher wurde, die sich um ihn scharten, um ihn reden zu hören, wühlte Unbehagen und Verwirrung den »Sternenorden« auf. Was war mit dem schönen jungen Mann geschehen, dessen Ansprachen in der Vergangenheit eine beruhigende Fortsetzung des bereits Bekannten gewesen zu sein schienen? Wo waren die tröstenden Worte geblieben, die die Sorgenvollen besänftigten? Wo die goldenen Gemeinplätze für eine kriegsmüde, einsame und des Friedens beraubte Welt? Bei öffentlichen Vorträgen sah er sich scharfen Fragen von seiten seiner Zuhörerschaft gegenüber.

Frage: In der allgemeinen Vorstellung von einem Weltlehrer spielt der Begriff des Mitgefühls die Hauptrolle. Einige Leute vertreten die Ansicht, daß es Ihrer Lehre daran mangelt. Könnten Sie Ihre Auffassung von Mitgefühl umreißen?

Ein Chirurg, der die Krankheit erkennt, die einen Menschen auffrißt, sagt: »Um ihn zu heilen, muß ich operieren.« Ein anderer, weniger erfahrener Arzt füttert ihn und lullt ihn in den Schlaf. Welchen würden Sie als mitfühlender bezeichnen? Sie wollen Trost, Trost der aus dem Zerfall geboren wurde und den Sie für Mitgefühl halten, für Zuneigung und wahre Liebe. Den Schatten dieses Trostes würden Sie erhalten, aber wenn ich Ihnen diesen gäbe, dann wäre das nicht die Welt eines wahren Lehrers.

– THE STAR BULLETIN, SEPTEMBER/OKTOBER, 1928

Frage: Sind Sie der wiedergekommene Christus?

Mein Freund, was glauben Sie, wer ich bin? Wenn ich sage, ich bin der Christus, werden Sie eine andere Autorität schaffen. Wenn ich sage, ich bin es nicht, werden Sie ebenfalls eine andere Autorität schaffen. Glauben Sie, die Wahrheit habe irgend etwas mit dem, was Sie glauben, daß ich bin, zu tun? Sie kümmern sich nicht um die Wahrheit, sondern um das Gefäß, daß die Wahrheit enthält. Sie wollen nicht das Wasser trinken, sondern herausfinden, wer das Gefäß formte, das das Wasser enthält. Mein Freund, wenn ich Ihnen sage, ich bin und ein anderer sagt, ich bin nicht der Christus, wer werden Sie sein? Legen Sie den Aufkleber beiseite, denn er ist wertlos. Trinken Sie das Wasser, falls das Wasser sauber ist.

– LET UNDERSTANDING BE THE LAW, 1928

Frage: Wenn uns die Leute fragen, aus welchem Grunde wir glauben, daß Du, Krishnaji, der Weltlehrer bist, welche Antwort sollen wir geben?

Ich weiß, der Fragesteller meint es ernst, aber seine Ernsthaftigkeit ist irreführend. Wenn Sie bloß die Worte, die Sie von mir gehört haben, wiederholen, werden sie für keinen irgendeinen Wert besitzen. Woher wissen Sie, daß ich der Weltlehrer bin? Einige von Ihnen kennen weder Krishnamurti noch den Weltlehrer. Es ist amüsant und doch in gewissem Sinne tragisch, daß sie Worten eine derartige Bedeutung beimessen. Ich habe immer und immer wieder betont, daß es keine Rolle spielt, aus welcher Quelle Sie das Wasser schöpfen, solange es rein ist und solange das Wasser den Durst der Menschen löscht. Sie beschäftigen sich mit der Konstruktion des Brunnens, nicht aber mit dem Wasser.[40]

– OMMEN, HOLLAND, 1928

Annie Besant und Krishnamurti während ihrer Vortragstour 1926 auf einer der vielen Pressekonferenzen an Bord ihres Schiffes.
Oben nach der Rückkehr aus Australien.
Rechte Seite bei ihrer Ankunft in Chicago am 30. August 1926, wo sie an der Versammlung der Theosophischen Gesellschaft teilnahmen.

THE NEW YOR

New York

shnamurti Is 28th in Long

Hopes of 100,000 Center

f Star
Glory of
of Lord

Christ, and many other lesser ones. Further, the study of history shows us that these appearances have not been sporadic, but have formed quite a definite series, connected ... he physical and intel... of the human ... under

D TEACHER" DUE

30-Year-Old Hindu, Coming to rica as Leader of Theosophists

Aug. 22. (Exclusive)—A remarkable young man lands at Tuesday. He is Jeddu Krishnamurti, 30-year-old Hindu, is speeding hither on the White Star liner Majestic. Notea, rti, communer with the occult or teacher of a new religion to America with the way so well paved for him as Krish... it of the universe is merely using the body of Krishnamurti as a vehicle through which to deliver his message to mankind. According to Mrs. Besant, the world teacher so used the body of Jesus and before Jesus, the body of Prince Siddhartha, or the Buddha of India.

0 of the 100,000 members of the Order of The Star of ... hout the world, who ... to prepare mankind for ... America. They

he cult in all before is to

GO WELCOMES HINDU

ti Employs Parables in Explaining Religion to R...

Aug. 28. (AP)—A ...eosophy awaits ... Chicago today ... welcome of his f...

throngs of the ...ged him with ... s and confronted ... and women eager ... evidences of his inve... the gifts, he had litt... meditation even ... bungalow where h...

who asked, as other ...lee's shores 2000 years ... whether hath this man ... he spoke in parables ... theosophical tenets ... his position as the ... the God whom theos... world teacher. ... is about 30 years of ... has been computed by ... for the date of his ... own and he may be a ... lder. A slight man, he ... facial cast of the ... same coffee-colored ... with a thatch of thick ... The occidental clothes ... ngland and America are ...

... the star in the ... all these ideals are ... th the coming of ...

... Messianic tradi... Westerley, of Cam... England, said that ... in a savior of the ... inborn desire of ... from his life and to ... ence and justice

In his ... wrote an ... as Service ... acknowled... who also ... Both boo... of the faith ... many langua...

Theosophist "Messiah" To-morrow, Shunning

Krishnamurti and His Chief Apo... to Make Only Brief Stop on ... Old World to Chicago and ...

Flippant paragraphs in New York newspapers respecting J. Krishnamurti, theosophist messiah to America, have modified plans for the reception to the Indian holy man when he arrived tomorrow on the White Star liner Majestic.

Krishnamurti and his mentor and chief apostle, Mrs. Annie Besant, deeply resent characterizations in certain newspapers of the visitor as a "tea hound messiah." They feel, their representatives in New York said yesterday, that the irreverent tone adopted by a section of the press may injure Krishnamurti's message in this country.

Instead, therefore, of taking Krishnamurti from the Majestic on a private tug and extending to him the honors of the port, his advent in New York will be inconspicuous and studiedly simple. He will make no public appearances in New York, will be rushed to Chicago for the convention of American theosophists and depart at once for California to remain in seclusion for three months.

Only three persons, L. W. Rogers, of Chicago, president of the American Theosophists; A. P. Warrington, of New York, one time president, and Isaac B. Pond, lecture bureau manager will go down the bay to meet Krishnamurti and Mrs. Besant. A demonstration at the White Star docks in Chelsea is being discouraged by theosophist...

On Frid... vate rece... spiritual ... Chicago ... Limited ... occupy a ... to the t... "It is ... plained ... itual ... from ... indeed ... much ... press ... "Ho... sant, ... by ... we ... they ... full... men...

City Theosophi... How Messiah ...

By Rebecca L. Finch

MY attention has been directed to a very misleading article in the Times purporting to come from a theosophist, concerning the belief of thosophists about the near coming of the Christ, which is most vital at this particular time.

Having been a theosophist for many years and being closely in touch with the movement in all of its differen... ...ses, I believe that the statement ... h I am ready and anxious ... should command attention ... t.

... our theosophical literature ... is made clear to us that whe... ...ist came two thousand year... He chose for His vehicle in wh... manifested Himself, the pure ... the disciple Jesus who had ... prepared himself for this gre... spending many years with ... ssenes in Egypt and in th... Land of Shamballa. In ... three short years He used ... in which to teach the ... needed Him so much, bu... ...ing the intuition to ... greatness, persecuted ... the body after three ... work. He was there ... to teach His disciple ... planes, which He di... eighty years.

Most theosophists ... near coming again, ... religious denominations. He ... come in a cloud of glory blinding ...

land at ... give ... and ... of ... ve... e ... i

Th... T...

Krishna... min, Pro... Congre...

From World S... Special Cab...

OMMEN, Ho... While airplanes dr... val forest, what its ... prove a new world ... born among the ... strike kindred flame... and minds of Theoso... here from all parts of ... Patiently, hopefully, ... wants ministered to by ... tion of modern science, ... women await what they ... the reincarnation of ... "teacher" in the body of a y... min, J. Krishnamurti. ... Only their eyes, fastened ... almost fanatically ...

...sophist sa...

HERALD Tribune

-ine of Expected Messiahs

ı Young Hindu

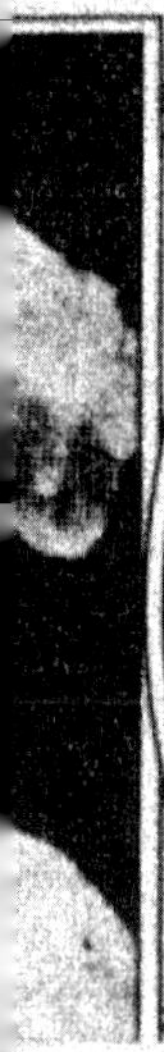

ers, defied the power of Rome in Palestine for three years of war. Down even to the seventeenth century there were those professing to being Messiahs, such as Shabbalhai Sebi, a youth of wondrous physical beauty, whose ideals succumbed at last to the great prosperity which proved his temporal ruin.

The same idea of the coming of a deliverer appears in the Mahometan faith. When days of adversity come the faithful think of the coming of the Mahdi, who shall wield the sword of Allah and save them from their foes. The Mahdi, who in the '80s gave the British such a struggle in the Sudan, asserted that he was the twelfth Imam, and that he had a divine mission to make "holy war" upon those who had blasted the hopes of Islam. The Mahdis, whose name is translated "the divinely guides" conceived themselves to be Messiahs ... a race, however, not ...

... history, the ... had visions ... n. Emanuel ... founded a ... ate in the ... alling him ... im.

... as vener- ... being al- ... she had ... son that ... he sect ... tott, of ... d as a ... t that ... As ... ap- ... ting ... rtal

Tells ... 'll Come

...nnie B... eighty, ... es of

...y age, where he was ... vantage of schooling ..., and now at 30 years ... – 1926, when the ... marvelous ... -evail...

... passing ... cenes, his ... ited by he ... have don ... their leav ... the light

... rew history, i ... as one wi ... he h

Renounces Theosophy

Herald Tribune photo—Acme

Jeddu Krishnamurti, who arrived yesterday on the Rotterdam

Mrs. Besant's '2d Messiah' Renounces Her Support

Hindu Student Says He Was Misled by His Early Training

Jeddu K...namurti, Hindu student, who was ... upon his arrival here several ... ago by Mrs. Annie Besant as ... "Vehicle of ..." ... Messiah" and "Voice of the Great Teacher," ... yesterday that he ... renounced theosophy and the ... representations Mrs. Besant had made for him upon his return here on the Holland-American Line Rotterdam ... Mrs. Besant ... had been ... Besant ... the "Voice of the Great Teacher" ...

He was ... in the ... of ... father's house when Mrs. Besant ... of his ... Later ... his father and ... this father, he said, their ... in all sincerity that his grasp ... theosophy at that age and his ... warranted their assumption that ... had at last discovered the "Ve... of Truth."

He ... how he had been ... Mrs. Besant in the belief that he ... the "Voice of the Great Teacher," ... he at first thought was his ... But later when his mental faculties ... he saw the error into ... he had been led, possibly by ... ardor. He said that gradually ... drifted away from the beliefs of Mrs. Besant, and, in fact, from ... altogether.

"... ed that each of us must do ... thinking," he continued. "The ...

YOUNG HINDU TO BE WORSHIPPED AS REDEEMER

Manifestations Are Expected In Christmas Season; New 'Root Race' Reported

LOS ANGELES, Dec. 11.—The ... Theosophical Order of the Star in the East, organized fourteen years ... prepare for the second visitation ... on earth, is making ... the Savior in the body ... young Hindu, ... Madras, India ...

... was made here ... est Stone, inter... treasurer of the ...

... ions are looked for ... Christmas season ... murti, who now is in ... hailed as the human ... ing the manifestation of ... mission on earth as ... ner.

New Race Appearing

... sixth root race, the theosophist ... making its appearance on the ... slopes of this hemisphere and ... in Australia.

Doctor Stone cited statistics given ... by the government theological ... department that new physical char... acteristics have been perceived in ... children of the last generation, in support of his contention that a new "root" people is about to take its place on earth.

"... new Christ," he said, would ... for this new race ... the Paci...

...sophist Hosts Gather ... Hail New World Teacher

Young Brah-... ed in Mystic ... Holland

...rrespondent ... World ... July 28.— ... a mediae- ... hope will ... is being ... which ... hearts ... athered ... aterial ... olica- ... and ... be ... rld ... h-

NEW VEHICLE for "the World Teacher," Theosophists Call Him

Haben Sie eine Lehre für die Massen und eine andere für Ihre auserwählten Jünger.

Ich habe keine auserwählten Jünger. Wer sind die Massen? Sie selbst. Die Unterscheidung zwischen den Massen und den Auserwählten, der äußeren und der inneren Welt, existiert in Ihrem Geist. In Ihrem Geist richten Sie die Wahrheit zugrunde. Oh, mein Freund! Wenn Sie das Leben lieben, werden Sie alle Dinge in diese Liebe einschließen, vorübergehende und ewige. Sie wünschen eine besondere Lehre für die wenigen Auserwählten, denn in ihrem Herzen herrscht Trennung und Absonderung; und Sie wollen das reine Wasser des Lebens begrenzen und für sich selbst behalten. Können Sie die Sonne fragen, ob Sie für die Massen oder die wenigen Auserwählten scheint? Können Sie den Regen fragen, ob er für die Ebenen oder die Gebirge sein soll? Wenn Sie nicht verstehen, dann begrenzen Sie diese Lehren, so wie es immer gewesen ist, auf die wenigen, und auf diese Weise werten Sie die Wahrheit ab und verraten sie. Da Begrenzung in Ihrem Herzen wohnt, teilen Sie das Wasser des Lebens, das für Könige und Bettler gleichermaßen bestimmt ist. Ob es einer goldenen Quelle entspringt oder aus einem Fluß strömt, das Wasser bleibt dasselbe und löscht den Durst aller, ohne Trennung in Farben, Kasten, Glauben und die besonders Auserwählten. Seit so vielen Jahren, so vielen Jahrhunderten, so vielen Äonen ist die Wahrheit eingeengt und unterdrückt worden; deshalb wollen Sie es wieder tun, und Sie haben es schon getan, indem Sie die Frage stellten: »Ist die Wahrheit für die Massen oder die wenigen Auserwählten?« Sie sagen, die Massen verstehen nicht; sie können sie nicht erfassen; nur wenige vermögen emporzuklettern. Glauben Sie nicht, ich besitze ebenso viel Mitgefühl und Liebe wie jeder von Ihnen? Aber weil ich alle Ihre Stufen durchschritten habe, sage ich: »Nehmt jene Stufen nicht, vermeidet sie, schiebt sie beiseite und sammelt Eure Kraft als Menschen, die emporsteigen.«

– LET UNDERSTANDING BE THE LAW, 1928

Die nachstehende, 1929 von Krishnamurti niedergeschriebene Äußerung wirft bereits die Schatten bevorstehender dramatischer Ereignisse voraus:

Weil Sie Glaubensinhalte, Überzeugungen, Dogmen und Religionen vor das Leben gestellt haben, gibt es Stagnation. Können Sie die Wasser des Meeres bändigen oder die Winde in der Faust halten?

Religion ist meiner Ansicht nach der eingefrorene Gedanke des Menschen, aus dem er Tempel und Kirchen gebaut hat. In dem Augenblick, da Sie ein Gesetz und eine Ordnung geistiger und göttlicher Natur einer äußeren Autorität zuordnen, engen Sie ein, Sie ersticken gerade das Leben, das Sie zu erfüllen wünschen, dem Sie Freiheit geben würden. Wenn Begrenzung besteht, gibt es Fesseln und somit Leiden. Die gegenwärtige Welt ist Ausdruck eines Lebens in Fesseln. Meiner Ansicht nach haben Glaubensinhalte, Religionen, Dogmen und Überzeugungen nichts mit Leben zu tun und somit auch nichts mit Wahrheit.

– LIFE THE GOAL, 1928

Gegenüber: Krishnamurti und Annie Besant bei der Eröffnung eines Ommen Camps.

Es gab kein Zurück, keinen Kompromiß. Obwohl er wußte, wie tief sich Annie Besant um ihn sorgte, mußte Krishnamurti den einzigen Weg gehen, den er kannte. Er liebte sie, aber es war ihm nicht möglich, sie mitzuziehen, und so schritt er alleine weiter. Auch Lady Emily, die viele Jahre lange fast wie eine Mutter gewesen war, blieb zurück, obgleich sie eine sorgende, freundliche Beziehung aufrechterhielten. Beide vermochten sie sich nicht die diamantgleiche Klarheit seiner Wahrnehmung vorzustellen und waren unfähig, geliebte Meister und Zeremonien aufzugeben.

Eine besorgte Mrs. Besant hatte früher einmal gefragt: »Was wird aus dir werden? Woher wirst du Geld bekommen? Wer wird dir zuhören?« Diese Fragen richtete sie an einen jungen Mann, der sich in früheren Jahren nur für Kleider und Autos interessierte und wunderschöne, erwartete Worte sprach.

1929 begann sich ein Mädchen aus Österreich stark mit der Arbeit des »Sternenordens« zu beschäftigen. Ihre Familie stand an der Spitze der Theosophen in Wien und organisierte viele der dort stattfindenden Vorträge und Versammlungen. Sie nahm an zahlreichen Camps in Ommen teil und erinnerte sich mehr als sechzig Jahre später an das besondere Camp vom 3. August 1929. Dr. Hedda Bolgar gehörte viele Jahre der Universität von Chicago an. Sie ist Mitglied der International Psychoanalytic Association und Gründerdirektorin des Wright Institute in Los Angeles, sowie Mitbegründerin des Psychoanalytic Institute in Los Angeles, wo sie zur Zeit als ausbildende und leitende Analytikerin tätig ist.

DR. HEDDA BOLGAR

PSYCHOANALYTIKERIN, LOS ANGELES, KALIFORNIEN

EB: Dr. Bolgar, können Sie die Erwartungen beschreiben, die sich um die Ommen Vorträge von 1929 aufbauten?

HB: Ich glaube, ich muß ein wenig weiter zurückgreifen. Im wesentlichen sprechen wir von einem Jahrzehnt, das versuchte, mit der Verwüstung des Ersten Weltkrieges fertigzuwerden. Sowohl die Besiegten als auch die Sieger mußten mit der unglaublichen Zerstörung des Krieges zurechtkommen, mit den unzähligen jungen Todesopfern, dem allgemeinen wirtschaftlichen Umbruch, der Neugestaltung ganz Europas. Es handelte sich um ein äußerst schwieriges, aber auch sehr interessantes Jahrzehnt. Die Menschen regten sich in verschiedenster Weise. Wie immer nach Kriegen, suchen die Leute nach Antworten auf eine Menge von Fragen. Sie suchen nach Erklärungen. Wie konnte das geschehen? Wie hätten wir den Krieg vermeiden können? Wo haben wir den falschen Weg eingeschlagen? Es herrschte viel Verzweiflung und somit ein Funke von Hoffnung auf etwas Besseres, auf jemanden, der zu helfen wußte, der sie führte. Ich glaube, das sind die Zeiten, wenn Menschen nach irgendeinem Retter Ausschau halten. Jene Dekade war tatsächlich angefüllt mit neuen Ideen, neuen Philosophien, neuen politischen Bewegungen, neuen Kunstformen und einem großen Interesse am Okkulten und an neuen Antworten; nicht unbedingt philosophische, religiöse und ethische Antworten. Es gab unzählige Formen des Nachforschens und der Suche. Und in diesem Umfeld tauchte unter anderem das Gerede vom Kommen des sogenannten Weltlehrers auf. Es stammte von Annie Besant, die in gewissen Kreisen sehr bekannt war, mit Sicherheit in England und bei einigen Arbeiterführern und Frauenrechtlerinnen auf dem Kontinent. Mrs. Besant hatte sich sehr stark in der Fabian Society betätigt, aktiv in der Frauenbewegung mitgewirkt und sich aktiv am Kampf für soziale Gerechtigkeit und Gleichheit betätigt. In diesem Zusammenhang kannten sie viele Leute. Aber sie war auch Theosophin, engagiert in der Indien-Frage und, wie ich glaube, in der indischen Befreiungsbewegung. Man kannte sie also. Außerdem gehörte sie zu den großen Fürsprechern des Glaubens, daß die Zeit für einen neuen Weltlehrer

Gegenüber: Krishnamurti vor seinem Vortrag in Ommen 1929.

gekommen war. Ich glaube, »Weltlehrer« war das Wort, das sie und Leadbeater für den neuen Retter geprägt hatten. Damals besaß die Bewegung starken internationalen und mit Sicherheit interkonfessionellen Charakter. Man bemühte sich, sie zu etwas zu gestalten, das keine Religion verletzen und Menschen zusammenführen würde, die nach spirituellen Antworten suchten. Der Weltlehrer sollte dieser junge Hindu werden, den Mrs. Besant mit seinem Bruder aus Indien in den Westen gebracht hatte, damit er dort erzogen werden sollte, um seine Mission, die sie für ihn sah, zu erfüllen. Er sollte der nächste Messias, Buddha, Prophet oder was auch immer sein. Und soweit die Leute wußten, war er ein scheuer, junger und sehr gut aussehender Inder. Seine gelegentlichen gütig und sanft vorgetragenen Ansprachen enthielten vernünftige, annehmbare Äußerungen über den Pfad des Menschen zu einem besseren Leben, einem besseren inneren Leben. Das bildete die allgemeine Erwartung. Es sollte sich dieses zweite, dritte Kommen, je nachdem in welchem Zusammenhang die Leute es betrachteten, ereignen.

EB: Warum halten die Menschen nach einem Retter oder Messias Ausschau?

HB: Nun, nehmen wir an, hier liegen alle ungelösten Fragen, hier ist der Kampf, herrschen die Zweifel und äußert sich das Verlangen nach jemandem, der besser ist, weiser und wissender, zu dem man aufschauen kann, der die Antworten besitzt, der uns von den Schmerzen befreien wird, die unsere Unwissenheit und unsere Auseinandersetzung mit so vielen menschlichen Konflikten und Schwierigkeiten der Zeit mit sich bringen.

Hier herrscht das Bedürfnis, errettet zu werden, die Notwendigkeit geführt zu werden, die Notwendigkeit zu hören, wie Rettung schließlich erreicht werden kann. Inzwischen bleibt aber nur ein Zustand geistigen Wohlbefindens. Und in jenen kritischen Zeiten, glaube ich, war es noch dringender. Jeder hielt nach jemandem Ausschau, der helfen würde.

EB: Wie reagierte man auf Krishnamurtis Aussage hinsichtlich der Auflösung des »Sternenordens«?

HB: Es handelte sich um eine sehr vielschichtige Reaktion. Sie besaß zahlreiche Aspekte. Als erstes war man völlig schockiert. Etwas war nicht mehr, in das man hineingewachsen war, auf das man jahrelang gewartet hatte. Und nun stand da diese Person, die es sein sollte und auf die alle ausgerichtet waren, ihr zu folgen, von ihr geführt zu werden, sie zu bewundern und zu verehren, und plötzlich sagte diese Person, die alles das in sich vereinigen sollte: »Nein, ich werde es nicht tun. Ich bin nicht das. Das ist nicht der Weg. Betrachten Sie mich nicht als jene Person, die alle Ihre Fragen beantworten wird.« Im Grunde genommen bedeutete das: »Geht, und sucht eure eigenen Antworten.« Das ist natürlich sehr schwer zu verkraften.

EB: Sie haben erwähnt, daß diese Aussage in gewisser Weise die Größe dieses Mannes bewies und daß er, wenn nicht der Weltlehrer, so doch jemand in dieser Richtung war, ein großer Lehrer.

HB: Nun, das gilt für jeden, der sich unter gegebenen Umständen derartig verhielte. Er vermochte dem unglaublichen Druck der Erwartungen gegenüberzutreten und sich jemandem zu widersetzen, der ihn wirklich wie eine zweite Mutter großgezogen hatte. Ich bin sicher, daß er sie liebte und respektierte. Diese Frau hatte der Welt verkündet, daß er der Welt-

Das große Lagerfeuer während der Vorträge in Ommen.

lehrer sein werde. Alle Menschen, die sich um das Lagerfeuer in Ommen versammelt hatten, erwarteten seine akzeptierende Rede. Stattdessen hörten sie, daß er im Begriff war, die Organisation aufzulösen, daß er nicht daran glaubte, daß irgend jemand irgend jemanden auf diese Weise führen könnte. Ich denke, es bedurfte einer ungeheuren Stärke und Fähigkeit, diesem vielschichtigen Druck zu widerstehen. Und dann die Vorstellung, daß niemand einen anderen führen konnte, daß man auf sich selbst gestellt sei, wie es heute heißt, das war wahrlich eine Offenbarung. Es war wirklich neu, es unterschied sich vollkommen von allen Erwartungen, daß es wirklich wie eine unglaubliche Verkündigung klang.

EB: Besteht ein Zusammenhang zwischen der analytischen Methode und, wenn Sie so wollen, der Aussage Krishnamurtis, insbesondere im Hinblick auf seine nicht autoritären Äußerungen?

HB: Einige betrachten den psychoanalytischen beziehungsweise psychotherapeutischen Prozeß als Nachvollziehung menschlicher Entwicklung. Wir alle beginnen mit dem Säuglingsalter, in dem wir zunächst von unserer Mutter und dann vom Vater abhängig sind. Allmählich werden wir ein wenig unabhängiger, und wir lernen gewisse Dinge. Wir lernen, Dinge selbständig zu tun. Am Anfang besitzen wir ein große Zahl von Bedürfnissen und unser Wohlergehen hängt davon ab, daß diese verstanden werden. Mit der Zeit lernen wir, daß die Mutter nicht nur da ist, um für uns zu sorgen, sondern ihr eigenes Leben lebt, was sich in vielerlei Weise ausdrückt. So wird der Drang und ich glaube auch das innewohnende Bedürfnis des Menschen allmählich stärker, unabhängig und autonom zu werden, seinen eigenen Willen und seine eigenen Ideen zu kennen. Wenn das Kind Glück hat und seine Eltern diese Tatsache respektieren, wird es sich ganz normal zu einer immer unabhängiger werdenden Person entwickeln. Unabhängigkeit im Handeln, Denken und Fühlen bedeutet nicht Isolation, sondern den Beginn eines völlig integrierten Selbst, das seine eigenen Werte kennt. Nun, meiner Ansicht nach handelt es sich bei dem Endpunkt dieser Entwicklung wohl um das, von dem Krishnaji sprach, wenn er darauf hinwies, daß man seinen eigenen Weg und seine eigenen Antworten finden mußte. Man kann nicht auf Organisationen, Hierarchien oder Oberhäupter von Hierarchien und berufene Menschen schauen, daß sie einem sagen, was man denken und fühlen soll oder wie man zu leben hat. Ich denke, in der Betonung dieser Wichtigkeit der Individualität, des eigenen Selbst und der Suche im eigenen Selbst, anstatt der Übernahme vorgefertigter Ideen und Glaubensgrundsätze, liegt die wirkliche Beziehung.

EB. Worin besteht die wahre Rolle einer religiösen Gestalt?

HB: Ich glaube, alle großen religiösen Gestalten oder Führer versuchen, eine geistige Wandlung im Menschen zu bewirken, ihre Ansichten zu verändern, ihre übliche Lebens- und Denkweise. Alle großen Religionsführer betätigten sich im Grunde genommen auch als politische Aktivisten. Sie griffen tatsächlich in irgendeiner Weise die Staatsform an, indem sie versuchten, deren Macht zu verringern. Das trifft, denke ich, vor allem für Jesus zu. Vielleicht sehen wir es so, weil er in unserer Kultur, einer mehr oder weniger westlichen Kultur, lebte und wir das soziale Umfeld ein wenig besser verstehen als das einiger in größerer Entfernung wirkenden Religionsgestalten, wie Mohammed oder Buddha. Ich glaube, Krishnamurtis eigentlicher Beitrag im Jahre 1929, als er den »Sternenorden« auflöste und bemerkte, daß Organisationen die Probleme nicht lösen, bestand in der Zerstörung einer recht sorgfältig aufgebauten Hierarchie, einer sorgsam strukturierten Machtelite innerhalb einer Gruppe von Menschen, die alle der Erfüllung einer Prophezeiung entgegensahen.

EB: Wie betrachtete Krishnamurti Ihrer Ansicht nach sein Vorgehen im Jahre 1929?

HB: 1929, als Krishnaji seine berühmte Erklärung abgab, den »Sternenorden« auflöste und entgegen jahrelanger Äußerungen von seiten Mrs. Besants und anderer entschieden bestritt, ganz gewiß nicht der Weltlehrer zu sein, wollte er Vorträge halten, Gespräche führen und schreiben und betonen, daß er unter gar keinen Umständen jemand war, dessen Worte

Offenbarungscharakter besäßen. In einer Atmosphäre der Erwartung und innerhalb des streng durchorganisierten, hierarchischen Gefüges der Theosophischen Gesellschaft und dem damaligen Gefolge Krishnamurtis, bedeutete das eine unglaublich revolutionäre Erklärung. Sie glich durchaus dem Vertreiben der Philister aus dem Tempel. Sie stellte eine politische Aktion dar, eine psychologische und spirituelle Deklaration der Unabhängigkeit. Von diesem Tag an war Krishnaji sein eigener Herr. Er sollte aussprechen, woran er glaubte und was er sagen wollte. Er sollte jeder Versuchung widerstehen, in die alte Position zu verfallen, und es gab viele solcher Versuchungen. Diese unglaubliche Stärke, Integrität und Ganzheit dieses Mannes zu bezeugen, schien an sich die Tatsache Lügen zu strafen, daß er nur jemand sein sollte, der sich auf der Suche nach sich selbst befand. Er zeigte eine unglaubliche Kraft und ich glaube, es war recht schwierig, nicht zu sagen: »Du willst nicht der Weltlehrer sein, aber sieh doch, was du in Wahrheit tust. Du bist nicht der Weltlehrer, weil Mrs. Besant es behauptet. Allein dieser Akt, sich aus der Abhängigkeit jeglicher Art von Machtstruktur zu lösen, macht dich dazu.« Es war schwierig, ihn nicht für einen besonderen Menschen zu halten.

EB: Was taten Sie nach den dramatischen Ereignissen des Ommen-Camps?

HB: Eigentlich stieg ich aus dem Ganzen aus. Ich weiß nicht, wie man es an diesem Punkt nennen soll, denn es gab ja keine Organisation mehr. Ich mußte einfach zu meinen Studien und Freunden zurückkehren und an andere Orte als Ommen reisen. Lange Zeit gab es überhaupt keine Verbindung mehr. Ich ging meinen eigenen Weg und wurde schließlich Psychologin und Psychoanalytikerin. Ich habe mich oft gefragt, inwieweit jene frühen Jahre meine Arbeit und meine Berufswahl beeinflußt haben. Ich habe nie bewußt eine Beziehung hergestellt. Doch wenn ich jetzt darüber nachdenke, dann scheint es mir, als sei eine gewisse Nachwirkung zurückgeblieben, denn ich habe so leicht und bereitwillig auf die Idee reagiert, geistige Autoritäten abzulehnen und die Orthodoxie zu bekämpfen. Ich habe das in meinem eigenen Bereich getan, in dem wahrhaftig eine Menge Orthodoxie herrscht. Man muß sie ständig bekämpfen. Ich habe festgestellt, daß es mir im Vergleich zu manchen meiner Kollegen, die Freud mit großen inneren Konflikten in Frage stellen, nie schwergefallen ist und ich keinerlei Schuldgefühle besaß. Es besteht eine ungeheure Zurückhaltung, die Hierarchie und die Verehrung des etablierten Führers aufzugeben.

EB: Worin liegt das eigentliche Problem, dem die Menschen auf dem Weg zur Unabhängigkeit und zum gesunden Menschenverstand gegenüberstehen?

HB: Ich glaube, die wirkliche Schwierigkeit, die jeder Mensch durchlebt, ist die Angst vor dem Alleinsein. Es ist so schwierig, aufzuwachsen, das Zuhause im wahrsten Sinne des Wortes zu verlassen, die Verantwortung für sein eigenes Leben und seinen persönlichen Glauben und seine eigenen Gedanken zu übernehmen, ohne irgendwo nach irgend jemandem Ausschau zu halten, der zumindest zustimmt oder ermutigt oder einem bestätigt, daß man sich auf dem rechten Pfad befindet. Doch wenn es darum geht, die, wie einige Leute es nennen, »Wahrheit« zu finden ... dann glaube ich, muß man in sich selbst suchen. Und man ist allein auf dieser Reise und man muß alleine sein, ansonsten wird es die Wahrheit eines anderen.

EB: Woran erinnern Sie sich am stärksten aus jener Periode?

HB: Ich entsinne mich genau des Gefühls, daß mich damals, 1929 in Ommen, angesichts dieser schlanken Gestalt, dieser schönen Person überkam. Wie unglaublich einsam er doch in jenem Augenblick war. Er hatte tatsächlich das vielleicht allerletzte Band, die letzte Bindung aufgegeben, die er noch eine Minute vor seiner Ankündigung besaß. Dann dachte ich, wie viel er doch eigentlich verloren hatte. Mir fielen die Geschichten ein, die ich über seine Kindheit gehört hatte und wie Mrs. Besant ihn im Grunde genommen seiner Familie weggenommen und nach England gebracht hatte. Und ich dachte, wie schwierig dieses Klima für ihn gewesen sein muß, wie kalt und grau im Vergleich mit Indien, und wie er die Familie und alle vertrauten Düfte und Laute und die gewohnte Nahrung verloren hatte und sein Bruder Nitya das einzige Band darstellte. Dann starb Nitya, und er verlor auch das. Und da stand er nun, wirklich in einem sehr fremden Land. Seine Hauptstütze war Mrs. Besant, seine zweite Mutter, die er sicherlich sehr liebte. Wie unsagbar schwer muß es ihm gefallen sein, ihr entgegenzutreten und »Nein« zu sagen, sich öffentlich von ihr loszusagen. Wieviel Mut und Kraft muß es ihn gekostet haben und welche Fähigkeit besaß er damals, alleine zu sein. Und wie alleine ist er seit jenem Tag stets gewesen. Nun, ich glaube nicht, daß wir gewöhnlichen Menschen von uns selbst erwarten, diese Art von Alleinsein zu ertragen. Ich weiß aber, daß das die Angst ist, die sich im Laufe des Prozesses einschleicht, eine Art Unabhängigkeit oder gegenseitige Abhängigkeit zu entwickeln, mit Sicherheit aber bei der Aufgabe der Kindheitsabhängigkeit. Ich erinnere mich an so viele Patienten, die auf meine Frage, was sie den ängstigt, erwachsen zu werden, antworteten: »Ich fühle mich so alleine.« Alleinsein bedeutet also für die meisten Leute etwas höchst Beängstigendes. Und dennoch gestaltet es sich äußerst schwierig, Antworten auf die eigenen Fragen zu finden, solange man nicht alleine stehen kann.

Allein zu stehen, sollte Krishnamurtis Hauptthema sein. Im Laufe der Jahre seiner Lehrtätigkeit stellte er alle Annahmen in Frage, selbst seine eigenen, insbesondere seine eigenen. Alles wurde streng von neuem und ohne Überbleibsel des vorhergehenden Gedankenganges geprüft. Immer wieder entwikkelte sich der Schmetterling aus der Puppe. Allein und unerschrocken betrachtete Krishnamurti die Fragen des Lebens. Hauptthemen lösten sich niemals in Dogmen auf. Es gab keine schlagfertigen Antworten und keine einfachen Gewißheiten auf die suchenden, manchmal verzweifelten Fragen, die man ihm stellte.

Im Laufe der Jahre tauchten andere Elemente, andere Lehraspekte auf, aber sie ruhten auf dem Grundstein des Alleinseins. »Sei dir selbst ein Licht«, erklärte er. Er stellte die Zulässigkeit der Auferlegung des psychologischen und spirituellen Imperativs eines anderen, wie hochstehend auch immer, auf unser Leben in Frage. Ihre Wahrheit war lediglich unsere Meinung aus zweiter Hand. Diejenigen, die sich in der Behaglichkeit gebrauchsfertiger Glaubensansichten einnisteten, würden niemals fliegen.

Beim Ommen-Camp, am 3. August 1929, gab Krishnamurti seine öffentliche Erklärung ab.

DIE WAHRHEIT IST EIN PFADLOSES LAND

DIE AUFLÖSUNG DES STERNENORDENS

Wir werden heute Morgen die Auflösung des »Sternenordens« besprechen.

Viele Leute werden sich darüber freuen, andere hingegen traurig sein. Es handelt sich weder um eine Frage der Freude noch um eine der Trauer. Die Auflösung muß sein, was ich Ihnen erklären möchte.

Vielleicht kennen Sie die Geschichte vom Teufel und seinem Freund, die die Straße entlanggingen, als sich der Mann vor ihnen bückte, etwas vom Boden aufhob, es betrachtete und in seine Tasche steckte. Der Freund meinte zum Teufel: »Was hat der Mann aufgehoben?« »Er hob ein Stück Wahrheit auf«, erwiderte dieser. »Das ist dann ein sehr schlechtes Geschäft für dich«, bemerkte der Freund. »Oh nein, keineswegs«, entgegnete der Teufel, »ich werde es ihn organisieren lassen.«

Meiner Ansicht nach ist die Wahrheit ein pfadloses Land, die Sie auf keinem Weg erreichen können, weder über eine Religion noch über eine Sekte. Das ist meine Meinung, die ich absolut und bedingungslos vertrete. Die Wahrheit, die keine Grenzen und Bedingungen kennt und zu der kein Weg führt, läßt sich nicht organisieren. Es sollte auch keine Organisation gebildet werden, um die Menschen auf einem bestimmten Weg zu leiten oder zu zwingen. Wenn Sie das erst einmal verstanden haben, werden Sie erkennen, wie unmöglich es ist, Glauben zu organisieren. Bei dem Glauben handelt es sich um eine rein individuelle Angelegenheit, die Sie weder organisieren können noch dürfen. Andernfalls erstarrt der Glaube und stirbt ab. Er wird zu einem Bekenntnis, einer Sekte, einer Religion, die man anderen Menschen aufzwingt. Und gerade das wird überall auf der Welt versucht. Die Wahrheit wird eingeengt und dient den Schwachen und vorübergehend Unzufriedenen als Spielzeug. Die Wahrheit läßt sich nicht herabziehen, im Gegenteil, jeder einzelne muß sich der Anstrengung unterziehen, sich zu ihr emporzuringen. Man kann den Berggipfel nicht ins Tal tragen. Um den Berggipfel zu erreichen, müssen Sie das Tal durchwandern, steile Abhänge erklimmen und die gefährlichen Abgründe nicht fürchten. Sie müssen der Wahrheit entgegenklettern, sie kann nicht für Sie »heruntertransformiert« oder organisiert werden. Interesse an Vorstellungen wird hauptsächlich von Organisationen genährt, aber Organisationen wecken nur von außen kommendes Interesse. Interesse, das nicht aus Liebe zur Wahrheit um ihrer selbst willen geboren wurde, sondern einer Organisation entsprang, besitzt keinen Wert. Die Organisation wird zum Gerüst, dem sich ihre Mitglieder angenehm einfügen können. Sie streben nicht länger nach der Wahrheit oder dem Berggipfel, son-

dern gestalten für sich selbst eine angenehme Nische, in die sie sich hineinlegen oder von der Organisation hineinlegen lassen und annehmen, daß die Organisation sie auf diese Weise zur Wahrheit führen wird ... Ich behaupte, keine Organisation vermag den Menschen zur Spiritualität zu führen.

Eine zu solchem Zweck gegründete Organisation wird zur Krücke, Schwäche und Fessel und muß das Individuum zum Krüppel machen, es am Wachstum und der Entfaltung seiner Einmaligkeit hindern, die eben darin liegt, daß es die absolute unbedingte Wahrheit für sich selbst entdeckt. Das ist ein weiterer Grund für meine Entscheidung, als zufälliges Oberhaupt des Ordens, diesen aufzulösen. Niemand hat mich zu diesem Beschluß überredet.

Das ist keine großartige Tat. Ich wünsche keine Anhänger und meine es wirklich so. Sobald Sie jemandem nachfolgen, hören Sie auf, der Wahrheit zu folgen. Ich kümmere mich nicht darum, ob Sie mir zuhören oder nicht. Ich will eine bestimmte Arbeit in dieser Welt erfüllen und tue es mit unbeirrbarer Konzentration. Ich habe nur ein Ziel vor Augen, den Menschen zu befreien. Ich möchte ihn aus allen Käfigen und von allen Ängsten befreien und nicht Religionen oder neue Sekten gründen, neue Theorien aufstellen und neue Philosophien einführen. Sie werden mich natürlich fragen, warum ich die ganze Welt bereise und immerzu rede. Ich werde Ihnen den Grund nennen. Ich reise nicht, um Anhänger zu gewinnen oder weil ich eine besondere Gruppe von besonderen Jüngern wünsche. (Wie gerne sich doch die Menschen voneinander unterscheiden möchten, wie lächerlich, töricht und nichtssagend diese Unterscheidung auch sein mag! Ich möchte derartige Dummheiten nicht unterstützen.) Ich habe keine Jünger, keine Apostel, weder auf Erden noch im Reich des Geistes.

... Wenn nur fünf Leute zuhören werden, leben werden, die ihr Antlitz der Ewigkeit zuwenden, wird es genügen. Was nützen mir Tausende, die nicht verstehen, die völlig in Vorurteilen gefangen sind, die das Neue nicht wollen, sondern dieses lieber in eine Form übertragen, die sich ihrem eigenen sterilen, stagnierenden Ich anpaßt? Bitte mißverstehen Sie es nicht, wenn ich so energisch spreche, es liegt nicht am Mangel von Mitgefühl. Wenn Sie einen Chirurgen zum Zwecke einer Operation aufsuchen, kann man da nicht von Freundlichkeit sprechen, wenn er operiert, obgleich es Schmerzen verursacht? Ebenso verhält es sich, wenn ich klar und offen rede. Es bedeutet nicht Mangel an wahrer Zuneigung, im Gegenteil.

... Seit achtzehn Jahren haben Sie sich auf dieses Ereignis innerlich vorbereitet, auf das Kommen des Weltlehrers. Seit achtzehn Jahren haben Sie organisiert, nach jemandem Ausschau gehalten, der Ihrem Herzen und Ihrem Geist neue Freude schenken soll, der Ihr ganzes Leben transformieren, Ihnen ein neues Verständnis geben würde. Sie haben nach einem Menschen Ausschau gehalten, der Sie auf eine höhere Lebensebene erheben, Ihnen neuen Mut schenken, Sie befreien würde. Und nun schauen Sie, was geschieht! Denken Sie nach, ergründen und entdecken Sie, in welcher Weise Sie dieser Glaube verändert hat. Ich meine damit nicht jede oberflächliche Geschichte, daß Sie ein Abzeichen tragen, was trivial und töricht ist. Hat dieser Glaube alles Unwesentliche in ihrem Leben weggeschwemmt? Nur so können Sie urteilen: Inwieweit sind Sie freier, größer, für jede Gesellschaft gefährlicher geworden, die auf Falschem und Unwesentlichem basiert? In welcher Weise haben sich die Mitglieder des »Sternenordens« dahingehend verändert?

... Sie alle sind in bezug auf Ihr geistiges Leben, Ihr Glück und Ihre Erleuchtung von anderen abhängig. Und obwohl Sie sich seit achtzehn Jahren auf mich vorbereiten und ich Ihnen erkläre, daß alle diese Dinge unwichtig sind und Sie sie beiseite schieben und in Ihr eigenes Inneres blicken müssen, um Erleuchtung, Herrlichkeit, Reinigung und Unbestechlichkeit des Selbst zu finden, so ist nicht einer von Ihnen dazu gewillt. Es mag einige geben, aber nur sehr, sehr wenige.

Wozu also eine Organisation?

... Im letzten Jahr sprach ich von meiner Kompromißlosigkeit. Damals hörten mir nur sehr wenige zu. In diesem Jahr habe ich es eindeutig dargelegt. Ich weiß nicht, wieviele Tausende auf der ganzen Welt, Mitglieder des Ordens, sich seit achtzehn Jahren auf mich vorbereitet haben.

Und dennoch sind sie jetzt nicht gewillt, bedingungslos und vollständig dem zuzuhören, was ich sage.

Warum also eine Organisation?

... Sie werden erkennen, wie töricht die ganze Struktur ist, die Sie aufgebaut haben, indem Sie nach von außen kommender Hilfe suchen, von anderen abhängig sind, was Ihr Wohlstand, Ihr Glück und Ihre Stärke anbelangt. Diese Dinge können Sie nur in sich selbst finden.

Wozu also eine Organisation?

Sie sind daran gewöhnt, daß man Ihnen sagt, wie weit Sie sich entwickelt, welchen geistigen Status Sie erlangt haben. Wie kindisch! Wer außer Ihnen selbst kann sagen, ob Sie unbestechlich sind? Sie meinen es nicht ernst mit diesen Dingen.

Wozu also eine Organisation?

Doch diejenigen, die wirklich verstehen wollen, die nach dem Ewigen suchen, das keinen Anfang und kein Ende kennt, werden mit größerer Stärke gemeinsam gehen und eine Gefahr für alles Unwesentliche, Unrealistische und Schattenhafte bedeuten. Sie werden sich zusammenschließen, zur Flamme werden, denn sie verstehen. Einen solchen Körper müssen wir erschaffen, das ist mein Ziel. Wirkliches Verstehen wird zu wahrer Freundschaft führen. Aufgrund einer solchen echten Freundschaft, die Sie nicht zu kennen scheinen, wird jeder zusammenarbeiten wollen. Und das nicht aufgrund von Autorität oder um des Seelenheils willen oder als Aufopferung für eine Sache, sondern weil Sie wirklich verstehen und daher im Ewigen leben können. Das ist eine größere Sache als alle Vergnügungen und alle Opfer.

Das sind also einige der Gründe, warum ich nach zweijähriger gründlicher Überlegung diesen Entschluß gefaßt habe. Er ist keinem momentanen Impuls entsprungen. Niemand hat mich dazu überredet. Ich lasse mich in solchen Dingen nicht überreden. Zwei Jahre lang habe ich darüber nachgedacht, langsam, sorgfältig und geduldig. Jetzt habe ich mich dazu entschlossen, den Orden aufzulösen, da ich zufällig sein Oberhaupt bin. Sie können andere Orden gründen und jemanden anderen erwarten. Darum kümmere ich mich nicht, auch nicht um die Schaffung neuer Käfige oder neuer Dekorationen für diese Käfige. Meine einzige Sorge gilt der absoluten, bedingungslosen Befreiung des Menschen.«

TEIL ZWEI: DER LETZTE SCHRITT

Götter, Meister und Erscheinungen mögen existieren, aber sie sind wertlos für einen Menschen, der die Wahrheit sucht, denn sie sind immer noch Teil der Welt der Erscheinungen.

–THE STAR BULLETIN, SEPTEMBER/OKTOBER 1932

Die theosophischen Führer haben stets gesagt: »Wenn Gott kommt, mußt du darauf vorbereitet sein, Dinge (zu sagen, die) völlig anders sind als das, was du erwartet hast, Dinge, die das Fundament deiner Existenz erschüttern werden. Sei gewarnt. Sei gewarnt. Sei bereit.«

Als 1927 Annie Besant, die Präsidentin der Theosophischen Gesellschaft, ankündigte, daß die Ankunft stattgefunden habe und Krishnamurti begann, für sich selbst zu sprechen, waren es die Führer der Bewegung, die die unerwarteten Dinge nicht akzeptieren konnten, die er sagte, denn ihr Leben war zu sehr an ihre bisherige Überzeugung gebunden. Sie wiesen ihn zurück, und so erfüllte sich auf eine etwas seltsame Weise ihre Prophezeiung. Dies ist wirklich außergewöhnlich, und es ist außergewöhnlich zu betrachten, was er war und was von ihm bleiben wird. Seine Lehre ist einzigartig.[42]

–MARY LUTYENS

1929 verließ Krishnamurti die Traumwelt Arkadiens und begann ein neues Leben. Er war nun auf sich selbst gestellt. In gewisser Weise war sein Leben jetzt nicht viel anders als sein früheres, denn er führte die rasante Gangart von früher fort. In Budapest ließ sich Krishnamurti nicht von aufgebrachten katholischen Studenten abhalten, die sein Leben bedrohten, da sie an seiner Haltung, die gegen den Nationalismus gerichtet war, Anstoß nahmen. Ein Bodyguard begleitete ihn überall hin. Seine Vorträge führte er in Jugoslawien, Frankfurt und Wien fort.

1931 erlebte den Bau von Vasanta Vihar in Madras, der vom Star Publishing Trust gebaut wurde, der neuen Organisation mit Hauptsitz in Ommen, die nun seine Vorträge im *Verbatim Reports* veröffentlichte. Diese wurden über Madras, London und Hollywood vertrieben, in achtzehn Sprachen übersetzt, und es gab Agenturen und Vertreter in vielen Ländern.

Krishnamurti in Hollywood.

Obwohl sich viele seiner alten Anhänger resigniert abwandten, blieben ihm doch einige treu. Damals war Krishnamurti in Adyar eine *Persona non grata*, und deshalb lebte er in Vasanta Vihar, wo sich auch heute noch das Hauptquartier der Krishnamurti Foundation of India befindet.

Die Theosophische Gesellschaft, die durch den Konflikt zerrüttet wurde, der nach seiner Abreise ausgebrochen war, organisierte sich so gut wie möglich von neuem, aber es fehlten ihr die großen Gestalten früherer Zeiten. Annie Besant, die nun 86 Jahre alt war und deren Energie und Intellekt allmählich schwanden, lebte bis 1933. Krishnamurti blieb ihr bis zum Ende liebevoll verbunden, aber ihre herzliche, langjährige Korrespondenz fand in längeren Abständen statt. Er sah sie mehrere Monate vor ihrem Tod, und obwohl sie seine Hand gehalten und Zuneigung geäußert hatte, fühlte Krishnamurti, daß sie ihn vielleicht nicht wirklich erkannt hatte. Charles Webster Leadbeater überlebte Annie Besant nur um einige Monate, und mit dem Abgang der zwei dominanten Gestalten verblaßte der Ruhm der Theosophischen Gesellschaft. Helena Blavatsky und Henry Steel Olcott waren bereits nur noch Erinnerung. Der ehrgeizige George Arundale wurde schließlich Präsident der Theosophischen Gesellschaft. Eine andere nennenswerte Gestalt in der Bewegung war James Ingall Wedgwood, aus der Familie des großen Töpfers Josiah Wedgwood. C. Jinarajadasa machte ebenfalls weiter, aber ohne Annie Besant fehlte die treibende Kraft.

Krishnamurti sprach in den nächsten Jahren mit zunehmender Klarheit und Kraft, ohne den Zwang, einer bestimmten Linie folgen zu müssen. Seine Sprache entwickelte sich allmählich von dem blumigen viktorianisch/theosophischen Stil weg zu der knappen, gewählten Ausdrucksform seiner späteren Jahre. Krishnamurti wälzte gerne Wörterbücher, er schlug in seinem Lieblingswörterbuch oft Bedeutungen und Ableitungen nach. Um ihm zuhören zu können, benötigte man keinerlei besondere Vorbildung. Seine Worte waren so klar und einfach wie das Wasser, Worte, die die meisten Menschen verstanden. Obwohl seine Vorträge häufig eine poetische Prägung aufwiesen, waren sie dennoch für alle verständlich. In der Tat ist seine Lehre für alle Menschen bestimmt. Sie benötigt keine Vermittler. Man muß kein Eingeweihter sein oder einer esoterischen Gruppe angehören, um zum Herzen seiner Lehre zu gelangen. Es gibt in ihr kein Dogma, das eine Voraussetzung zum Verständnis wäre, es gibt keinen Glauben an Meister, Erlöser, Gebote oder Schriften irgendwelcher Art. Weder Wiedergeburt noch Glaube an ein himmlisches Leben nach dem Tode ist dazu Voraussetzung. Die Lektüre von Upanishaden, Bibel, Torah, Sutren oder Koran ist dafür nicht nötig, denn wenn man etwas zitierte, sagte Krishnamurti, wiederhole man, und wenn man etwas wiederhole, so sei es nicht die Wahrheit. Die Wahrheit kann nicht wiederholt werden. Begriffe wie z.B. Christ, Moslem, Hindu, Jude oder Buddhist waren für ihn bedeutungslos, und er sah in ihnen Ursache für Streitigkeiten. Man muß nicht an irgendeine hierarchische Ordnung oder den Kampf für ein geistiges Ziel glauben. Es gibt keinen Weg zur Erleuchtung. Allerdings gibt es auch keine Straße, keinen Pfad und kein Ziel.

Man ist versucht zu fragen, was noch übrig bleibt?

Vasanta Vihar in Madras, 1931 vom Star Publishing Trust gebaut, beherbergt heute die Niederlassung der Krishnamurti Foundation of India.

Wenn der Verstand frei von Bildern, Ritualen, Glauben, Symbolen, Worten, Mantras und Wiederholungen wird und alle Angst überwunden ist, so wird man die zeitlose und ewige Wirklichkeit wahrnehmen, die man Gott nennen mag – dies setzt allerdings tiefe Einsicht, Verständnis und Geduld voraus, und es ist nur für jene möglich, die wirklich wissen wollen, was echte Religion ist und jeden Tag bis zum Ende weitergehen. Nur solche Menschen werden erfahren, was wahre Religion ist. Die anderen sprechen nur Worte nach, und ihr Schmuck und ihre äußerliche Zierde, ihre Pujas und Glockenläuten – all dies ist bloßer Aberglaube ohne Bedeutung. Nur wenn der Verstand gegen alle falsche Religion eintritt, wird er die Wirklichkeit finden.

Aus Krishnamurti, der einst ein schöner, unsicherer junger Mann gewesen war – manche beschrieben ihn als Dandy – wurde ein moderner Mensch, der frei von den Bindungen an vergangene Konditionierungen war.

Um diese klare und deutliche Art entfalten zu können, mußte Krishnamurti die Kleider ablegen, in die er sich achtzehn Jahre lang gehüllt hatte, er mußte den erhabenen Plänen eine Absage erteilen, er mußte große Reichtümer aufgeben, den Verlust all seiner Freunde und Anhänger in Kauf nehmen, kurz, er mußte sein Leben in seine eigenen Hände nehmen, eine Tat, die außergewöhnlichen Mut und Charakterstärke erforderlich machte. Wenn man das Leben betrachtet, das Krishnamurti seit seiner Kindheit gelebt hatte, so ist es unmöglich, diesem seltenen und schönen Schaustück, das er uns allen geboten hat, nicht mit Bewunderung begegnen zu können. [43]

– THEODORE BESTERMAN

Die Geschichte nimmt nun eine andere Wendung. Die dramatischen Vorgänge, die zu Krishnamurtis Verzicht auf jenes Leben führten, das man ihm vorgesetzt hatte, mündeten in ein einfacheres Leben, das frei von den Spannungen der unterschiedlichen Pflichten war.

Rajagopal begleitete ihn überall hin, er nahm den Platz ein – aber füllte ihn nie aus – den früher der geliebte Nitya eingenommen hatte. Als Manager, Vertrauter und Sekretär konzentrierte er sich auf die Details, und er war von Natur aus sehr genau. Er war ein guter Organisator, und Unterlagen prüfte er immer sehr genau. Er war das genaue Gegenteil von Krishnamurti, der sich nicht um die geschäftlichen Dinge kümmerte und sich durch seine zurückhaltende und höfliche Natur von seinem Freund unterschied. Wie sehr, das sollte sich erst viele Jahre später zeigen.

In den nächsten Jahren sah sich Krishnamurti nach seinen Vorträgen intensiven Fragen zu seiner früheren Geschichte ausgesetzt.

Frage: Welche Bedeutung und welchen Wert räumen Sie dem Ausdruck „Weltlehrer“ ein? Ist jeder, der die Bedeutung erlangt hat, ein „Weltlehrer“?

Zerbrecht euch nicht über Ausdrücke, Begriffe und Redewendungen den Kopf. Ich verstehe unter einem »Weltlehrer« einen Menschen, der die Wahrheit erkannt hat. Der Ozean kann nicht zum Fluß kommen, deshalb muß der Fluß den Ozean suchen. Ebenso muß der einzelne zum Ozean gehen, um den Zustand der Befreiung zu erlangen, der Ozean kann nicht zum einzelnen kommen. Für mich liegt die Wirklichkeit des »Weltlehrers« nicht im Namen begründet, sondern in der Tatsache, daß er die Befreiung, die Erleuchtung erlangt hat. Für mich heißt Wirklichkeit, daß ein einzelner die Befreiung vom Selbstbewußtsein, die innere Reinheit erreichen kann, die ihm außerordentliche Ruhe, Heiterkeit, Geschmeidigkeit, Stärke und liebevolle Distanz von den Dingen verleiht.

Frage: Leugnen Sie die Bedeutung der Religionen und religiösen Organisationen, lehnen Sie Ihren Dienst am Menschen ab?

Ich leugne nichts. Ich stelle fest, daß Religionen die fixierten Ideen von Menschen sind, aus denen heraus sie Tempel und Kirchen gebaut haben. Religionen sind systematisierte Gedankengebäude, aber da das Denken Teil des Lebens ist, kann das Denken nicht fixiert werden. Wenn das Leben durch einen Kodex, durch Lehrmeinungen, Glaubensbekenntnisse und Religionen gebunden wird, gibt es Konflikte und Leid. Das Leben ist frei, und wenn man versucht, das Leben durch Religionen, durch eine systematische Denkweise festzuschreiben, wird man das Leben einengen.

Ich möchte den Menschen von seiner Furcht befreien, ihn dazu bringen, sich auf sich selbst zu verlassen, ihm zeigen, daß er sein eigener Herr sein kann, daß er verantwortlich für seine eigenen Handlungen, für sein eigenes Glück ist. Weil der Mensch zur Selbsttäuschung neigt, sich gerne in den komfortablen Mantel der Religionen hüllt, versteht er nicht, und deshalb gibt es Leid und immerwährenden Streit.

– THE STAR BULLETIN, MAI/JUNI 1932

Krishnamurti verbrachte einen Teil jedes Jahres in New York, dem Zuhause vieler Künstler. New York war auch die Heimat der damals noch unbekannten und heute beachteten Künstlerin Beatrice Wood.

BEATRICE WOOD

KERAMIKERIN UND KÜNSTLERIN, OJAI, KALIFORNIEN

BW: Ich glaube, ich traf Krishnamurti zum ersten Mal 1923. Ein Freund, Reginald Pole, brachte ihn in mein kleines New Yorker Appartement. Dann besuchten wir das Metropolitan Museum und sahen uns indische Kunst an. Ich aß mit ihm und seinem Bruder Nityananda, Rajagopal und Mima Dienstmann zu Mittag, mit der er befreundet war, als er jung war. Wir alle aßen im Gotham Hotel, und ich war ihm gegenüber sehr schüchtern.

EB: Was war Ihr Eindruck, als Sie ihn zum ersten Mal sahen?

Beatrice Wood, 1993 mit einhundert Jahren.

»Und was ich von Krishnamurti verstanden habe, ist folgendes: Wenn ich den Aktivitäten meines Verstandes entgegentrete, den Ablenkungen, der Eifersucht, – und alles loslasse – berühre ich in diesem Moment die Stille.«

BW: Nun, ich glaube, ich schrieb in mein Tagebuch: »Einer der schönsten Menschen, die ich je gesehen habe.« Ich sah ihn erst einige Jahre später wieder. Ich war 1928 zum ersten Mal in Ojai. Das Treffen dauerte eine Woche. Ich hatte mit ihm einige Male zu Mittag gegessen, da wir viele gemeinsame Freunde besaßen. Ich war keine enge Freundin, ich war eine gute Freundin. Weil das Treffen eine Woche dauerte, fanden diverse Gespräche statt, und er gab mir die Aufgabe, ein Theaterstück zu inszenieren. Wir bereiteten drei Einakter vor, einen von Tolstoi, einen von George Bernard Shaw, und ich glaube, einen von Barry. Und die Menschen in Ojai, die sich dafür interessierten, nahmen daran teil. Wir probten, und dann führten wir *The Light of Asia* als eines der Stücke auf. Jene ersten Vorträge waren wunderbar, wir saßen unter den Eichen auf dem Boden. Man sprach nie über Geld, nicht über diese Dinge. Es war eine wunderbare Atmosphäre, und ich hörte ihm zu. Ich las das Buch eines anderen Philosophen und dann las ich Krishnamurti, und ich hielt ihn für den profunderen Denker, obwohl ich nicht weiß, wieviel ich von dem verstanden habe, worüber er sprach. Man schwieg viel bei jenen frühen Vorträgen, und ich erinnere mich an dieselbe Situation in Indien viele Jahre später, an das große Schweigen im Publikum.

EB: Glauben Sie, daß die Menschen so still waren, weil sie den Eindruck hatten, er sei eine Art von Messias, man hatte ihn ja als solchen bezeichnet?

BW: Nun, ich denke, daß dies damit in engem Zusammenhang stand. Während jener ersten Jahre sprach er oft mit anderen Menschen. Ich hatte fünf Gespräche mit ihm, und eines davon half mir besonders. Möchten Sie, daß ich davon erzähle?

EB: Ja, bitte.

BW: Es hatte etwas mit Eifersucht zu tun. Ich empfinde im allgemeinen anderen Künstlern gegenüber keine Eifersucht, aber ich sah einmal eine Glasur, die ich gerne selbst gemacht hätte. Ich fuhr nach Claremont hinauf, und hier war nun diese Glasur, mit der ich gekämpft hatte, um sie fertigzustellen, und es nicht gekonnt hatte. Ich empfand Eifersucht beinahe körperlich und war über mich entsetzt. Ich ging also zu Krishnamurti und sprach mit ihm. Dies sind nicht seine genauen Worte, aber es gibt wieder, was er mich wahrnehmen ließ. Er sagte etwa folgendes: Okay, wir alle sind eifersüchtig. Versuche nicht, nicht eifersüchtig zu sein. Laß diese Gefühle los und beschäftige dich mit anderen Gedanken – und dies hat mir in vielen Situationen geholfen. Ich war nicht eifersüchtig auf die Kunst, sondern eifersüchtig auf Menschen. Ich versuchte, nicht eifersüchtig zu sein, sondern statt dessen den Verstand zu beruhigen.

EB: Glauben Sie, daß die Tatsache, daß Krishnamurti so oft über die Beobachtung der eigenen Reaktionen und der eigenen Antworten sprach, Sie aufmerksamer werden ließ? Vorher ist die Eifersucht in Ihnen vielleicht entstanden, aber nun waren Sie sich darüber im klaren.

BW: Ja, man findet dies in seiner Lehre, und jeder große religiöse Lehrer in der Geschichte hat gesagt: »Erkenne dich selbst.« Und was ich von Krishnamurti verstanden habe, ist folgendes: Wenn ich den Aktivitäten meines Verstandes entgegentrete, den Ablenkungen, der Eifersucht, – und alles loslasse – berühre ich in diesem Moment die Stille. Wie er sagte, das Ding von einem Augenblick zum anderen beobachten. Natürlich tue ich das nicht. Ich weiß, daß er eine große Wirkung auf mich hatte und ich ein anderer Mensch bin, als ich es gewesen wäre, wenn ich ihn nicht getroffen hätte.

1930 lud er mich und einen guten Freund nach Holland ein, eine Woche bevor die offiziellen Vorträge begannen, und wir sprachen oft miteinander. Wir gingen nach Ommen, und es war sehr kalt. Die meisten Leute waren in kleinen Hütten untergebracht, und Krishnamurti wohnte damals im Schloß – und er lud uns und andere dazu ein, im Schloß zu bleiben.

EB: Waren jene Gespräche vor den regulären Vorträgen anders geartet?

BW: In Holland war dies das einzige Treffen vor den regulären Vorträgen, das ich besuchte. Wir waren eine kleinere Gruppe, und hier in Amerika, wo es auch diese Treffen vor den eigentlichen Vorträgen gab, gab es Gruppen von etwa zwanzig, und ich besuchte mindestens vier von ihnen, aber ich glaube, daß das in den dreißiger Jahren, nicht den Zwanzigern war. Fragen wurden beantwortet, und ich erinnere mich, daß er zu einer Frau sagte: »Niemand von ihnen hört zu, es gibt keine wirkliche Kommunikation zwischen ihnen.« Mir gefiel es, weil wir die Fragen stellen konnten, die wir stellen wollten.

EB: Wann gab es Ihren nächsten Kontakt mit ihm?

BW: Dies geschah, als ich nach Arya Vihara kam, um eine Nacht oder zwei zu bleiben.

EB: Lebten Sie damals in Ojai?

BW: Ich lebte damals in Ojai, und 1948 zog ich in ein Haus ein, das seinem Haus benachbart war, und deshalb sah ich ihn regelmäßig. Eine Zeitlang arbeitete ich für Rajagopal, aber meine Augen stellten ein Problem dar. Ich war nicht schnell und genau genug, um weiter für ihn zu arbeiten. Wir waren damals jung. Alle kannten sich untereinander.

EB: Und was hatte Sie nach Ojai gebracht?

BW: Oh, ich kam wegen Krishnamurti. Ich hatte ihn in New York getroffen, und ich hatte Rajagopal und Rosalind getroffen. Mein Herz war in einer Liebesgeschichte zerbrochen, und ich benötigte etwas, um überleben zu können. Ich kannte Krishnamurti, und so kam ich zu seinem ersten *Star-Camp*. Meine Arbeit als Künstlerin entwickelte sich wunderbar, seitdem ich hierher kam. Ich verschwendete nie einen Gedanken über meinen Umzug nach Ojai. Was mich betroffen machte, war, daß ich mich in dieser Liebesgeschichte verloren hatte. Mein Herz war wirklich zerbrochen, und ich brauchte etwas, das mir helfen konnte, das Leben zu verstehen. Ich gab meine letzten hundert Dollar für die Zugfahrt aus, und so kam ich hierher.

EB: Und es gab eine Gemeinde interessierter Leute um Krishnamurti?

BW: Oh ja, immer. Huxley natürlich, und Robert und Sarah Logan waren das, was wir die Aristokratie nannten. Ich hasse das Wort, aber es gibt ein

Wort, mit dem man dies beschreibt, irgend etwas mit Upper ...

EB: Upper Class?

BW: Upper Class. Sie gaben den Kontakt zur Gesellschaft auf, nachdem sie Dr. Besant und Krishnamurti begegnet waren. Er sprach im Haus der Logans in Sarobia, Pennsylvania, und dann kaufte Robert Logan ein Haus in der Nähe von Arya Vihara, und er und ich wurden gute Freunde. Wir sahen uns alle ständig.

EB: Ich möchte ein bißchen in der Zeit zurückgehen. War Ihnen bewußt, was geschehen war, als Krishnamurti seine sogenannte »Pfefferbaum«-Erfahrung durchlebte?

BW: Man hatte mir davon erzählt. Aber ich weiß nicht viel darüber.

EB: Konnten Sie bei ihm einen Unterschied, ein neues Erwachen oder ein anderes Verständnis erkennen?

BW: Nein. Dies kann ich nicht sagen, denn jedesmal, wenn ich Krishnamurti sah, war er einfach ein Mensch wie wir alle. Er saß nicht auf einem Podest und sagte große Dinge. Er half uns, wenn er in Arya Vihara war, bei der Aufzucht der Tiere, und ich glaube, eine Zeitlang molk er die Kuh. Er kümmerte sich um Radha, die kleine Tochter von Rosalind und Rajagopal, er erzog sie praktisch. Er tat, was jeder tun würde. Aber er lehrte mich ebenso – lehrte ist das falsche Wort – aber dadurch, daß ich ihm zuhörte, begann ich, die Bedeutung zu erkennen, das was man gerade tut, vollkommen zu tun. Ich bin recht nachlässig, und ich versuche, dies zu beobachten. So zeigte sich seine Wirkung auf mich. Als ich in den Vierzigern war, lieferte ich Töpferwaren an eines der großen Warenhäuser – mein Agent hatte mich verlassen – und die Managerin sagte: »Wo ist Ihre Rechnung?« und ich antwortete: »Rechnung, was ist eine Rechnung?« Sie sagte: »Es ist eine Liste.« Ich sagte: »Madame, ich bin eine Künstlerin, ich denke nicht an Listen.« Sie sagte: »Und was glauben Sie, wie Sie zu Ihrem Geld kommen?« Dies war eine große Revolution in meinem Leben. Die praktische Kraft seiner Exaktheit ließ mich Ordnung erkennen. Er ließ mich die Bedeutung des Seins innerlich erkennen. Er machte mir die Konditionierung durch meinen Verstand deutlich.

EB: Eines der bedeutungsvollsten Dinge, auf die er hingewiesen hatte, ist, was im Verstand vor sich geht. Diese Betonung des Verstandes, in der das Denken selbst als Hindernis erscheint, ist ziemlich ungewöhnlich.

BW: Oh ja, wie ich gesagt habe, las ich einen anderen Philosophen, von dem ich sehr viel hielt, und dann nahm ich eines von Krishnamurtis Büchern in die Hand, und Krishnamurti schien viel tiefer zu gehen.

EB: Was waren Ihre Gefühle, als Krishnamurti den »Sternenorden« auflöste?

BW: Nun, ich bin gegen Organisationen. Ich weiß nicht, wie ein Mensch in irgendeiner Organisation arbeiten kann. Weil man in dem Augenblick, in dem eine Organisation existiert, von Engstirnigkeit und Regeldenken bestimmt wird. Darum habe ich mich nie gekümmert. Sie sehen, ich empfinde das Leben als sehr geheimnisvoll, und wir sollten es betrachten. Beispielsweise Sex, der auf die eine oder andere Weise für beinahe jeden ein Problem darstellt – wir kennen nicht die unterschiedlichen Gebräuche, und das seltsame daran ist es, daß wir uns mit einem solchen Nachdruck darum kümmern, statt in uns selbst ehrlicher zu werden. Für mich steht dies an erster Stelle, und ich bin mir der Konditionierung durch meinen Verstand bewußt und kämpfe mehr darum, ehrlich zu sein, als mich um meine Töpferei oder alles andere zu kümmern, aber ich habe bisher keinen wirklichen Erfolg damit. Aber ich kämpfe, und das ist wichtig. Ich denke, daß es für uns alle wichtig ist, ehrlich und mitfühlend zu sein, und wir benötigen keinen »Sternenorden«.

Beatrice Wood mit Krishnamurti und Radha Rajagopal, der Tochter von Rosalind und Rajagopal.

EB: Glauben Sie, daß Krishnamurtis Schönheit eine Rolle gespielt hat? Glauben Sie, daß es für seine Rolle als Lehrer wichtig war?

BW: Ich weiß nicht, ich glaube aber, daß es hilfreich war, denn wir fühlen uns gut, wenn wir einen schönen Menschen sehen. Ich werde einem schönen Menschen bereitwilliger zuhören, als einem gewöhnlichen Menschen, und ich muß lernen, nett zu Menschen zu sein, die nicht attraktiv aussehen.

EB: Meinen Sie nicht, daß die Menschen so auf einen Irrweg geraten könnten? Wir werden von mächtigen Leuten, schönen Leuten angezogen, aber was er sagte, war durch seine Wirkung überwältigend. Glauben Sie, daß manche Menschen nicht so aufmerksam waren, weil sie sich in diesen schönen Menschen verliebt hatten?

BW: Ich war mir dessen nicht bewußt, aber ich nahm wahr, daß sich manche Frau persönlich näher zu ihm hingezogen fühlte, als ich es tat, obwohl ich ihn vielleicht öfters gesehen habe. Wahrscheinlich weil ich vor ihm Ehrfurcht hatte. Ich verlor ein wenig davon, als ich ihn in den Sechzigern in Indien traf. Ich weiß, daß es ihm mißfiel – dies ist das falsche Wort, er deutete auf all meinen Schmuck, und ich sagte, ich liebe Schmuck, und ich würde sogar einen Diamanten an meiner Nase tragen, wenn dies nicht schmerzhaft wäre und sagte: »Krishnaji, Sie sind nicht wie wir Frauen, Sie sind nicht so auf Schönheit fixiert wie wir.« Er deutete auf all die Ringe an meinem Arm. Eine indische Frau sagte lachend: »Wir sahen Sie, als wir in Amerika waren, und wir sahen all den Schmuck, den Sie trugen und mußten lachen, als wir uns vorstellten, wie es erst sein würde, wenn Sie nach Indien kämen.« Die indischen Frauen tragen eine Menge Schmuck. Ich habe Schmuck immer gemocht, und so trug ich noch viel mehr. Ich mochte Schmuck, seit ich sechzehn war. Man hält dies für vulgär und für schlechten Geschmack. Es ist mir egal, ich mag Schmuck, ich trage ihn. Ich bin glücklich, wenn ich an anderen Frauen Schmuck sehe. Ich glaube, es wäre ein falsches Verständnis, wenn ich keinen Schmuck mehr tragen würde, nur weil Krishnamurti dies nicht mochte. Er sagte: »Sie sehen wie eine Gefangene damit aus.« Ich hatte noch mehr an meinen Armen. Ich lachte: »Sie wissen nichts darüber, Sie sind keine Frau.« Doch Krishnamurti achtete sehr darauf, wie er sich anzog, mehr als ich es tat. Er war gepflegt, makellos und immer sehr schön, und so hatte er kein Recht, mir Vorschriften zu machen! Ich nahm an einem Treffen in Indien teil und erkannte, daß ich sehr unglücklich war, und daß das Alleinsein wahrscheinlich mein Grundproblem war. Am nächsten Tag ging ich zu seinem Vortrag, und es waren viele Inder da, und ich gewann den Eindruck, es sei ganz wunderbar, wie er die Tatsache beschrieb, daß der Mensch allein ist. Es war wunderbar, wie er dies sagte.

Die Transformation der Welt kommt, wenn wir uns selbst ändern.

– Bangalore, 1948

EB: Die Menschen fühlen, daß sie isoliert und allein sind, und sie sehnen sich nach jemandem, um mit ihm über wichtige Dinge sprechen zu können.

BW: Aber der Mensch ist hauptsächlich allein, obwohl er Teil der menschlichen Rasse ist, und Krishnamurti ließ mich erkennen, daß der größte Teil unserer Zerstreuung und Aktivitäten darauf zurückzuführen ist, daß wir der Einsamkeit entfliehen möchten; aber wenn wir genau hinsehen, ist es mit der Aktivität im Leben wie mit einem Lied. Es ist völlig anders, wenn man genau hinsieht.

EB: Was ist für Sie das Wichtigste, das Sie von K gelernt haben? Sie erwähnten die Ordnung, Ordnungssinn…

BW: Ich weiß nicht genau, was ich hier antworten soll, weil ich versuche, mich von den Konditionierungen meines Verstandes frei zu machen, davon, womit ich am meisten zu kämpfen habe. Das bedeutet nicht, daß man nicht lachen, alberne Dinge sagen sollte – dies ist etwas völlig anderes.

EB: Meinen Sie, daß es Dinge gab, in denen Krishnamurti klarer hätte sein können, in der Erklärung seiner Lehre?

BW: Ich weiß es nicht. Sehen Sie, er sprach über das Formlose. Wir können die Gedanken nicht in einer Form festhalten, und er geht in solche Tiefen; ich sehe nicht, wie er hätte klarer sein können, aber ich weiß nicht, wie sehr ich voreingenommen bin. Ich weiß nur, daß ich mich eher darum bemühe, ein ehrlicherer Mensch zu werden, als wenn ich ihn nicht getroffen hätte.

EB: Haben Sie Krishnamurti in den letzten Jahren auch noch gehört?

BW: Viele Jahre lang, bis ich vor etwa fünfzehn Jahren allmählich taub wurde. Die letzten Jahre, als ich aus Indien zurückkehrte, wurde ich taub, und so besuchte ich nicht länger seine Vorträge, sondern ich las seine Schriften. Nicht jeden Abend, aber häufig, denn ich wollte nicht fanatisch werden. In der Tat, jede Nacht, wenn ich ins Bett ging, las ich einen philosophischen Text – außer, wenn ich mich betrügen wollte, und ich betrüge mich hin und wieder, wenn ich einen Kriminalroman lese und es nicht erwarten kann, das Ende zu erfahren.

Während dieser Periode sprach Krishnamurti häufig im Anwesen von Robert und Sarah Logan in Sarobia, Pennsylvania (Bild unten). Die ungezwungene Atmosphäre stand im Gegensatz zu den eher formelleren Treffen, wie dem 1925 in Arnheim, Holland, wo sich zahllose Menschen um Krishnamurti und Annie Besant versammelt hatten. (Bild gegenüberliegende Seite).

EB: Ich denke nicht, daß man Sie dafür tadeln könnte. Es ist bekannt, daß Krishnamurti auch gerne Kriminalromane las.

BW: Vielleicht betrog er sich auch ein wenig. Ich glaube, was wir alle vermeiden müssen, ist der Fanatismus. Ich denke, daß wir darauf sehr sorgfältig achten müssen.

EB: Krishnamurti selbst stellte alles stets in Frage. Er stellte seine eigenen Gedanken, seine eigene Lehre in Frage, und deshalb wäre aus ihm nie ein Fanatiker geworden. Er definierte nie irgendwelche Gesetze für andere. Ich denke, daß er ein gutes Beispiel für das Gegenteil eines Fanatikers war.

Vielen Dank für Ihren Beitrag. Sie haben wirklich ein hervorragendes Gedächtnis.

BW: Ich denke nicht, daß es so gut ist.

EB: Also für ein Alter von einhundert Jahren, finde ich, sollten Sie sich nicht beklagen.

BW: Für mich selbst bin ich zweiunddreißig, Hundert nur für alle anderen.[44]

Weil du die Welt bist, werden deine Taten die Welt beeinflussen, in der du lebst, die Welt deiner Beziehungen. Aber die Schwierigkeit liegt darin, die Bedeutung der individuellen Transformation zu erkennen. Wir möchten, daß sich die Gesellschaft um uns herum ändert, aber wir sind blind und wollen uns selbst nicht verändern.

– BANGALORE, VORTRAG 2, 1948

In den Dreißigern, während der jährlichen Treffen in Ojai, fand Krishnamurti viele neue Freunde, nicht alle von ihnen Künstler oder Intellektuelle. Unter ihnen war Harry Wolfe.

HARRY WOLFE

GESCHÄFTSMANN, LOS ANGELES

EB: Mr. Wolfe, Sie haben mir erzählt, daß Ihre Frau Sie zu Krishnamurtis Vorträgen mitnahm. Könnten Sie davon erzählen?

HW: Als ich von einer langen Geschäftsreise nach Hause kam, schlug meine Frau vor, nach Ojai zu gehen, um einem außergewöhnlichen Menschen zuzuhören. Und ich sagte: »Laura, ich spiele lieber Golf, als einem Vortrag zuzuhören.« Sie wissen, die meisten von diesen Lehrern oder Vorträgen haben mit Religion oder ähnlichem zu tun, und ich interessiere mich nicht für Religion. Nachdem sie mich davon überzeugt hatte, mitzukommen und daß wir Golf spielen konnten, nachdem er seinen Vortrag beendet hatte, entschied ich mich, mitzugehen. Ich hörte sehr genau zu, weil ich die volle Bedeutung dessen mitbekommen wollte, worüber er sprach. Für mich war das, was er sagte, ohne Frage wahr, und nachdem ich ihm zugehört hatte, war ich nicht in der Stimmung zum Golfspielen. Ich sagte mir: »Wir werden morgen zurückkommen, weil ich ihm wieder zuhören möchte«, und wir kamen am nächsten Tag wieder, und ich hörte erneut sehr intensiv zu. Und ich wollte auch das folgende Wochenende kommen. Er hatte mein Interesse geweckt, so daß ich ihm zuhören wollte, und nach dem dritten Wochenende wollte ich mit ihm sprechen – er schenkte damals jedem etwa fünfzehn Minuten seiner Zeit. Ich denke, daß dies 1930 war. Die fünfzehn Minuten waren vorüber, und ich sagte: »Ich gehe nun besser.« Er sagte: »Nein, warten Sie eine Minute, ich möchte Sie etwas fragen, ich möchte noch länger mit Ihnen sprechen.« Ich erzählte ihm von meinem Geschäft, und ich erklärte ihm, wie korrupt die Diamantenindustrie war und wie die Großhändler die Einzelhändler betrogen, und daß es keine wirkliche Integrität in diesem Geschäft gab. In meinem eigenen Geschäft wie auch im Schmuckhandel. Ich arbeitete ausschließlich im Diamanthandel, und bei Juwelieren war es dasselbe. Er war interessiert an dem, was ich sagte, und er ließ mich reden – er legte seine Hand auf mein Knie und sagte: »Warten Sie, es ist alles o.k.« So sprachen wir weiter miteinander, und ich erinnere mich nicht genau, was ich danach sagte, aber er hatte erkannt, daß ich eine Bestandsaufnahme davon machte, was in einem so korrupten Geschäftszweig alles geschah ...

Andere Seite: Das erste Treffen in Ojai, im Jahre 1929, dauerte eine Woche.

EB: War dies neu für ihn?

HW: Also, er war überrascht, daß ich ein solches Interesse daran hatte, herauszufinden, wie die Situation in meinem Geschäft war. Ich erzählte ihm, daß die Diamanten, mehr als fünfundneunzig Prozent der Diamanten, die für den Weltmarkt geschnitten werden, schlecht geschnitten sind – wir nennen dies geschwindelt. Jeder Diamant hat achtundfünfzig Seiten, und diese kleinen Seiten sind wie winzige Spiegel, und falls die geometrischen Winkel jener kleinen Spiegel im richtigen Winkel stehen, ist es unmöglich, daß die kleinen Lichtstrahlen zurück zur Oberfläche kommen. Dies ist es, was einem Diamanten Licht und Schönheit verleiht.

EB: War Krishnamurti überrascht zu hören, daß es in der Geschäftswelt so korrupt zuging?

HW: Ja, er war überrascht.

EB: Sie hatten einige seiner Vorträge gehört, was war Ihre Reaktion auf dieses erste Treffen mit ihm?

HW: Oh, er war so freundlich und so zuvorkommend, daß ich keine Mühe damit hatte, mit ihm zu sprechen. Ich erzählte ihm genau, was ich dachte. Und wir kamen sehr gut miteinander aus. Und danach ging ich – ich weiß nicht genau zu wievielen Vorträgen ... ich ging mindestens ein halbes Dutzend Mal nach Ojai. Auf einer Reise fragte ich ihn: »Krishnaji, was glauben Sie, wird mit Indien geschehen, wenn Indien von der englischen Kolonialherrschaft befreit sein wird?« Und er antwortete: »Sie werden von den Indern statt von den Engländern ausgebeutet werden. Die gleiche Sache.« Er hatte erkannt, daß Menschen Menschen sind, und die Menschen sind nur interessiert an einem Vorteil für sich auf Kosten anderer.

„Er veränderte mein Leben völlig. Ich hörte auf, diese Art Geschäfte zu machen – ich hörte damit auf, weil ich erkannt hatte, daß ich die gleiche Art von Mensch war wie jeder andere auch."
– Harry Wolfe

EB: Wie würden Sie diese früheren Vorträge mit denen in späteren Jahren vergleichen?

HW: Dies ist schwer zu sagen. Es war alles ein wenig anders, aber die Grundlage war dieselbe. Der Kern seiner Lehre war später weitgehend derselbe wie damals. Andere Worte, eine andere Form der Darstellung. In der Tat bot ich ihm fünfhundert Dollar an – in jenen Tagen eine Menge Geld – als Zeichen der Wertschätzung für das, was er für mich getan hatte. Er sagte: »Ich kann nichts für andere tun, Sie müssen es selbst tun.« Nun, ich stellte fest, daß ich allmählich anders dachte, anders handelte und anderen Menschen gegenüber anders empfand, ich hatte erkannt, daß alle Menschen konditioniert und nicht verantwortlich dafür sind, was sie tun oder sagen, denn wie kann man ein Tonbandgerät dafür tadeln, daß es dazu konditioniert wurde, eine Melodie zu spielen. So begann ich, mich gegenüber Menschen, die mich ausnutzen wollten, ein wenig toleranter zu verhalten. Ich tadelte sie nicht, nur weil dies so üblich ist. Dies ist so im Geschäftsleben, in rechtlichen Dingen, jeder Bereich der zwischenmenschlichen Beziehungen ist korrupt.

EB: Krishnamurti muß Ihr Leben stark beeinflußt haben?

HW: Oh ja, absolut. Er veränderte mein Leben völlig. Ich hörte auf, diese Art Geschäfte zu machen – ich hörte damit auf, weil ich erkannt hatte, daß ich die gleiche Art von Mensch war wie jeder andere auch. Ich war korrupt. Ich nutzte das Vertrauen anderer aus, wenn ich ihnen mehr verkaufte, als sie brauchten, indem ich meinen Geschäftssinn einsetzte, und ich erkannte, was ich tat. Also hörte ich damit auf. Ich handelte mit der Art von Diamanten, die der gewöhnliche Juwelier gar nicht sieht, dem Diamanten, der wirklich rein ist, der die höchste Schönheit besitzt. Und ich entschied, daß ich sie nicht verkaufen mußte, sondern daß sie gekauft würden, wenn ich den Kunden erklären würde, was so besonders an ihnen ist. Deshalb mußte ich meine Kunden schulen, indem ich ihnen den Unterschied zwischen einem Stein erklärte, der nicht richtig geschliffen wurde und einem Stein, der richtig geschliffen wird. Ich verdiente weniger Geld, aber ich genoß es, ein Geschäft zu haben, in dem keine »perfekten« weiß-blauen Diamanten verkauft wurden. Es gibt kein perfektes weiß-blau. Es ist entweder blau oder es ist weiß, oder es ist gelb oder rosa. Es gibt keine doppelten Farben, weil die Farbe eines Diamanten nur von der Farbe seiner Masse, nicht durch den Glanz des Steines bestimmt wird. Wir stuften unsere Steine so ein, wie sie waren – nach der Farbe, dem Grad der Reinheit und dem Schliff. Der Schliff ist das wichtigste, weil der Schliff einem Diamanten Licht verleiht.

EB: Ging Ihr Umsatz zurück?

HW: Oh ja, sehr. Ich verdiente weniger Geld, aber ich genoß es, weil ich nichts verkaufen mußte – die Leute kauften von sich aus. Dies ist der Unterschied.

EB: Glauben Sie, daß Sie weniger moralisch denken würden, wenn Sie Krishnamurti nicht getroffen hätten? Oder wäre alles so gelaufen wie zuvor?

HW: Ich glaube nicht. Krishnamurti machte mir deutlich, daß ich nicht anders als andere war. Ich war so korrupt wie jeder andere auch. Und ich mußte dies in mir erkennen, um frei davon zu werden.

EB: Und Sie erkannten dies unmittelbar?

HW: Ja sicher, es war nicht schwer.

EB: Manche Menschen sagen, es koste Zeit, und Krishnamurti sagte immer, daß es unmittelbar geschehen könne.

Die Gespräche und Vorträge wurden auf der ganzen Welt abgehalten. Das Star-Camp, Kantine und Laden in Ommen, Niederlande.

HW: Es ist sofort möglich. Entweder Sie erkennen etwas oder Sie erkennen es nicht. Wenn Sie es erkennen, ist es sinnlos, einfach weiterzumachen. Sie erkennen es, und dies ist es. Die Wahrheit ist unmittelbar.

EB: So war es einfach das Wirken Ihrer Intelligenz. Sie erkannten es und handelten danach.

HW: In dem Augenblick, in dem Sie etwas erkennen, ist es eine Tatsache, Sie können damit aufhören. Meine Art zu Denken ist völlig anders, weil ich nicht vergleiche; ich sehe den Tatsachen ins Auge. Das Bewußtsein ist am wichtigsten, weil Sie nicht richtig leben, wenn Sie unbewußt leben. Falls Sie einen Raum betreten und nicht darauf achten, was in dem Raum ist, leben Sie unbewußt. Die meisten Leute leben unbewußt, sie wollen nur sehen, was sie sehen wollen. Aber die geistige Klarheit war mein Lehrer, weil ich nicht Englisch sprach, als ich als zwölfjähriger Junge in dieses Land kam, und natürlich ist mein Vokabular ziemlich begrenzt.

EB: Ich finde, daß Sie sehr gut sprechen.

HW: Ich tue mein Bestes.[45]

In den folgenden Jahren führten umfangreiche Vortragsreisen Krishnamurti und Rajagopal um die Welt. 1933 besuchten sie Kairo, Alexandria, Athen, Oslo, Paris und Rom. Es gab ein Camp in Ommen, in Holland, und schließlich fuhren sie für einen Monat nach Indien.

1934 stieß Krishnamurti in Australien auf ein großes und begeistertes Publikum, aber als er nach Neuseeland weiterfuhr, wiederum einer interessierten Zuhörerschaft entgegen, geschah etwas Unerwartetes mit ihm – und mit George Bernard Shaw.

DER NEUSEELÄNDISCHE RUNDFUNKBOYKOTT

NEUSEELAND. Der Boykott Krishnamurtis im Neuseeländischen Rundfunk führte zu einer beträchtlichen Aufregung. Die Sache wurde im Parlament diskutiert, und Krishnamurtis Name erschien häufig in der Presse und in politischen Reden. Dies verlieh seinem jüngsten Besuch viel Publizität und führte zu einem zunehmenden öffentlichen Interesse an seinen Vorträgen. Freunde in Neuseeland sagten, es sei wohl ein Problem, einen Saal zu finden, der groß genug war, um jene Menschen aufzunehmen, die Krishnamurti hören wollten, wenn er wieder ihr Land besuchte.

NEUSEELAND. Der *Verbatim Report,* der in Rajagopals Brief erwähnt wird, enthält Krishnamurtis Vortrag im Rathaus von Auckland, wo er vor einem vollen Haus von 3000 Menschen sprach; drei morgendliche Vorträge im Garten der Vasanta School; ein Vortrag vor Geschäftsleuten in Auckland und ein Vortrag vor Theosophen. Die neuseeländische Presse widmete dem Besuch Krishnamurtis viel Raum, und viele Zeitungen bedauerten die Weigerung der Behörden, ihm zu erlauben, im Rundfunk zu sprechen – aufgrund der Behauptung, seine Vorträge enthielten einen umstrittenen Inhalt. George Bernard Shaw war zur gleichen Zeit in Neuseeland, und der Epilog seines Stückes *Androcles and the Lion* kam ebenfalls auf den Index. Die folgenden Auszüge aus Zeitungen mögen einen Eindruck von der Aufregung vermitteln, die verursacht wurde.

KRISHNAMURTIS RUNDFUNKVERBOT

THE AUCKLAND STAR. Tausende von Zuhörern, die Jiddu Krishnamurti, den indischen Philosophen, durch das Medium der IYA-Radiostation hören wollten, wurden enttäuscht, da es Krishnamurti nicht erlaubt wurde, das Mikrophon der Station zu benutzen. Die Information war in einem Brief des Leiters des New Zealand Broadcasting Board enthalten.

Das Board wurde einige Wochen zuvor über Krishnamurtis Besuch benachrichtigt, und man bat darum, von Auckland aus einen ähnlichen Beitrag wie aus dem Rathaus von Sydney senden zu können. Eine Kopie des Vortrags war dem Schreiben beigelegt. Die Antwort war, daß es sich dabei um einen umstrittenen Inhalt handele, und es deshalb nicht gestattet werden könne, in Neuseeland einen Radiobeitrag zu senden.

Die Entscheidung des Boards wurde heute morgen vielerorts kritisiert, als bekannt wurde, daß Krishnamurtis öffentlicher Vortrag nicht im Rundfunk gesendet würde.

KRISHNAMURTIS MEINUNG

THE DOMINION, WELLINGTON. Krishnamurti sagte heute, es sei eine einzigartige Erfahrung für ihn gewesen. Er habe in Australien vier- oder fünfmal im Rundfunk gesprochen, und die Sendungen seien alle in Europa und Amerika ausgestrahlt worden. »Natürlich kann ich nichts tun«, sagte er, »falls die Regierung es nicht wünscht, daß ich durch ihr Mikrophon spreche; dies ist Angelegenheit der Regierung. Es ist so, als ob man von jemandem gebeten wird, nicht dessen Haus zu betreten. Man geht nicht hinein, und dies ist dann das Ende. Es kommt mir absurd vor.« Seiner Meinung nach sei eine Sache nutzlos und unbedeutend, wenn es darüber keinerlei Kontroverse gebe.

G. B. SHAWS KOMMENTAR

EVENING POST, AUCKLAND. George Bernard Shaw ist über die Weigerung, einen Epilog seines Stücks *Androcles and the Lion* aus Christchurch zu senden, nicht verärgert. Für ihn ist jedoch die Weigerung, den Beitrag des bekannten indischen religiösen Lehrers Krishnamurti zu senden, ein viel ernsterer Fehler. »Diese Weigerung ist weit weniger verzeihlich. Er ist ein außerordentlich seriöser religiöser Lehrer, der die Zustimmung von Mitgliedern aller Kirchen und religiösen Gruppierungen besitzt, und dieses Verbot ist ein schwerer Fehler.«

»Die Begründung, die Sendung besitze einen umstrittenen Inhalt, ist Unsinn. Alles, was über den Rundfunk gesendet wird, ist umstritten, außer dem Zeitsignal und dem Wetterbericht. Die Behörden wissen offenbar nichts von Krishnamurtis Ansehen und seiner bewundernswerten, allumfassenden Lehre, und sie stufen ihn einfach als indischen Heiden ein. Wenn er in Neuseeland bekannt sein wird, wird es ihnen leid tun.«[46]

Um 1880 arbeitete der junge George Bernard Shaw eng mit Annie Besant als Mitglied der Fabian Socialist Society zusammen, und viele hielten ihn für ihren Liebhaber. In den dreißiger Jahren hielt er die Weigerung, einen Rundfunkbeitrag Krishnamurtis zu senden, für einen ernsteren Fehltritt als die Zensur seines Stückes.

Die ermüdenden Jahre des Reisens brachten Krishnamurti in eine Zustand der Erschöpfung, und nach einem kurzen Aufenthalt in Hollywood, bei seinem langjährigen Freund John Ingleman, ging er für kurze Zeit nach Ojai. Das Trio – Krishnamurti, Rajagopal und Rosalind mit ihrer kleinen Tochter Radha – fuhr nach Carmel in Nordkalifornien, um dort einige Monate Pause zu machen.

Während des Aufenthaltes im Jahre 1934 machte Krishnamurti die Bekanntschaft des großen amerikanischen Dichters Robinson Jeffers. Beide waren oft zusammen, und obwohl der lakonische Jeffers sehr wenig sprach, schrieb er ein Gedicht namens »Credo«, was viele auf Krishnamurti bezogen.

Mein Freund aus Asien verfügt über Macht und Magie,
Er zupft ein Eukalyptusblatt
Und starrt darauf, gesammelt und ruhig
Der Gott in seinem Bewußtsein erschafft einen Ozean
wirklicher als der Ozean und sein Salz.

Jeffers war von Krishnamurti, der ihm beredsamer als seine Worte erschien, außerordentlich beeindruckt. Mrs. Jeffers sagte einmal, daß das »Licht den Raum zu betreten scheint, wenn Krishnamurti kommt.«[47]

Ein anderer Besucher in Carmel war der Autor Rom Landau, der Krishnamurti früher in England getroffen hatte und sich tief von ihm beeindruckt zeigte. Landau kam nach Carmel, um Krishnamurti für sein Buch *God Is My Adventure* zu interviewen. Nach langen täglichen Spaziergängen und gemeinsamen Gesprächen ging sein Besuch zu Ende. Er verlieh seiner Bewunderung folgendermaßen Ausdruck:

Weder in den Schriften westlicher Mystiker noch in den Büchern östlicher Yogis und Heiliger finden wir die Geschichte eines »Heiligen«, der sich nach fünfundzwanzig Jahren der Vorbereitung auf eine Mission entschied, ein gewöhnlicher Mensch zu werden, der nicht nur auf seine weltlichen Güter, sondern auch auf seine religiösen Ansprüche verzichtet hat.

Es war dunkel, und die ersten Sterne fingen an zu funkeln. Die Aufmerksamkeit wurde von den Lichtern, Farben und Formen des Tages nicht abgelenkt. Das geheimnisvolle Muster von Krishnamurtis bemerkenswertem Schicksal wurde deutlicher, und ich verstand allmählich, was es bedeutete, als er sagte, daß das Leben bis vor einigen Jahren für ihn wie ein Traum gewesen sei und er die Dinge um sich herum kaum bewußt wahrgenommen habe. Waren dies nicht die Jahre der Vorbereitung? Waren es nicht die Jahre, in denen der Mensch Krishnamurti versucht hatte, sich zu finden, um das frühere Selbst zu ersetzen, durch das Mrs. Besant und Charles Leadbeater, die Theosophie und eine seltsame Leichtgläubigkeit, zwanzig Jahre lang versucht hatten zu wirken?

Allerdings – ist nicht die Geschichte Krishnamurtis eine bedeutende Geschichte? Der Lehrer, der auf seinen Thron im Augenblick des Erwachens verzichtet hat, in dem Augenblick, als der Gott in ihm Platz für den Menschen machen mußte, in dem Augenblick, als der Mensch beginnen konnte, Gott in sich selbst zu finden? Waren nicht die Jahre, in denen sein Geist geträumt hatte, von einer Wahrheit erfüllt gewesen, die zu geheimnisvoll ist, als daß wir sie begreifen könnten?[48]

1935 ging Krishnamurti auf eine achtmonatige Reise durch Südamerika, Brasilien, Uruguay, Argentinien, Chile und am Ende Mexiko. Viele, die seine Photographie in Zeitungsberichten sahen, verfolgten ihn auf der Straße, um den jungen Inder anschauen zu können. In Buenos Aires allerdings war die Kirche ihm gegenüber negativ eingestellt, und ein Priester verteilte auf der Straße zahllose Broschüren »Gegen Krishnamurti«.

Obwohl er sich bemühte hatte, vor der Reise Spanisch zu lernen, sprach Krishnamurti bei seinen fünfundzwanzig Vorträgen in Lateinamerika nur Englisch. Wieviel man tatsächlich verstand, ist ungewiß.

Frage: Wie können wir der Menschheit am besten helfen, Ihre Lehre zu verstehen und zu leben?

Dies ist sehr einfach: dadurch, daß man sie selbst lebt. Was ist es denn, das ich lehre? Ich gebe Ihnen kein neues System oder neue Glaubenssätze, aber ich sage, erkennt die Ursachen, die zu diesem Mangel an Liebe, zu dieser Angst, zu fortwährenden Kriegen, Haß, Standesunterschieden und Isolation der Menschen geführt hat. Die Ursache ist der grundsätzliche Wunsch aller Menschen, sich durch Macht zu schützen. Wir alle möchten der Welt helfen, aber wir beginnen nie bei uns selbst. Wir möchten die Welt umgestalten, aber die grundlegende Veränderung muß in uns selbst zuerst stattfinden. Beginnen Sie also, Verstand und Herzen von der Besitzgier zu befreien. Dies erfordert nicht bloßen Verzicht, sondern Scharfsinn und Intelligenz.[49]

– RIO DE JANEIRO, BRASILIEN, 17. APRIL 1935

... in der Welt des Spirituellen äußert sich die Suche nach Sicherheit durch den Wunsch nach der Unsterblichkeit. In jedem von uns gibt es den Wunsch, ewig zu leben. Dies ist es, was alle Religionen versprechen, die Unsterblichkeit nach dem Tod, aber dies ist eine subtile Form einer egoistischen Suche nach Sicherheit. Jeder, der diese selbstsüchtige Form der Weiterexistenz verspricht, die man Unsterblichkeit nennt, wird bewußt oder unbewußt zur Autorität. Sehen Sie die unterschiedlichen Religionen in der Welt an, und Sie werden erkennen, daß Sie aus Ihrem eigenen Wunsch nach Sicherheit, nach Erlösung, nach Fortdauer eine feine und grausame Autorität geschaffen haben, durch die die Menschen gänzlich unterjocht wurden, was Ihre Gedanken, Ihre Liebe verletzt hat.

Um nun diese Autorität interpretieren zu können, benötigen Sie einen Mittelsmann, den man Priester nennt, der dann in Wirklichkeit Ihr Ausbeuter wird. (Beifall) Vielleicht applaudieren Sie etwas zu voreilig – denn Sie sind der Schöpfer dieser Ausbeuter. (Gelächter, Beifall) Einige von Ihnen mögen diese spirituellen Autoritäten nicht bewußt erschaffen haben, aber auf eine subtile, unbewußte Weise schaffen Sie andere Arten von Ausbeutern. Sie mögen sich vielleicht nicht an einen Priester wenden, aber dies bedeutet nicht, daß Sie nicht auch andere ausbeuten oder selbst ausgebeutet werden.

Wo der Wunsch nach Sicherheit, Gewißheit existiert, muß es Autorität geben, und Sie übergeben sich völlig jenen Leuten, die Ihnen versprechen, Sie zu führen und Ihnen dabei zu helfen, diese Sicherheit zu finden. Deshalb sind die Religionen der Welt durch einen organisierten, in sich geschlossenen Glauben korrumpiert worden. (Beifall) Darf ich Ihnen etwas vorschlagen? Bitte applaudieren Sie nicht mir, denn es ist eine Zeitverschwendung.[50]

– MONTEVIDEO, URUGUAY, 21. JUNI 1935

Frage: Glauben Sie an Gott?

Entweder stellen Sie diese Frage aus Neugier, um herauszufinden, was ich denke, oder Sie möchten herausfinden, ob es Gott gibt. Falls Sie nur neugierig sind, gibt es natürlich keine Antwort, aber falls Sie für sich herausfinden möchten, ob es Gott gibt, dann müssen Sie diese Frage ohne Vorurteil angehen, Sie müssen mit einem unverbrauchten Verstand, weder gläubig noch zweifelnd, an die Sache herangehen. Wenn ich sagen würde, es gebe Gott, würden Sie es als eine Glaubenswahrheit akzeptieren, und Sie würden diesen Glauben zu den schon existierenden toten Glaubenswahrheiten hinzufügen. Oder, falls ich nein sagen würde, würde ich damit nur zu einer Stärkung der Nichtgläubigen beitragen.

Falls ein Mensch wahrhaft auf die Suche geht, so sollte er nicht die Wirklichkeit, das Leben, Gott suchen, was nur eine Flucht von seinen Sorgen wäre, sondern er sollte die eigentliche Ursache der Sorge verstehen, und wenn der Verstand davon befreit wird, wird er auch wissen. Wenn der Verstand leicht verwundbar ist, wenn er alle Unterstützung, alle Erklärungen verloren hat, wenn er nackt ist, dann wird er die Glückseligkeit der Wahrheit erfahren.[51]

– SANTIAGO DE CHILE, 1935

Die südamerikanische Reise war anstrengend, und nach einer Ruhephase und dem Versuch, wieder die Kraft zurückzugewinnen, die er während der Reise verloren hatte, begann eine neue Vortragsreise. Zuerst nach Ojai, dann Sarobia, dem Anwesen der Logans, und nach Ommen und Anfang 1937 wieder nach Indien.

Die Zustände in Indien waren nach wie vor ein Schock, da die Armut unübersehbar war und der Aufstieg des Nationalismus die untergehende britische Herrschaft bedrohte.

Indien war nicht das einzige Land, in dem es Unruhen gab. Die drohenden Ereignisse in Europa liefen unerbittlich auf einen weltweiten Konflikt zu. Hitler konsolidierte seine Macht und beobachtete die Ereignisse in Spanien genau. Dort tobte der Bürgerkrieg, und mit dem Fall von Madrid (1939) gelang es Franco, von der Seele seines Landes Besitz zu nehmen.

Die spanischsprachigen Menschen hatten lange Zeit Interesse an Krishnamurti, aber als Madrid brannte, verbrannte auch der ganze Bestand an Krishnamurtis Büchern, die ins Spanische übersetzt worden waren. Es war ein enormer Verlust, und es dauerte Jahre, um ihn wieder zu kompensieren.

Vor der Rückkehr nach Ojai machte Krishnamurti in Rom erneut einen Zwischenstop. Das Verbot öffentlicher Vorträge durch Mussolini erlaubte nur Begegnungen im privaten Kreis, und der dortige Freundeskreis ermöglichte den Fortbestand der Kontakte in Italien. Er traf die junge Vanda Scaravelli, geborenene Passigli. Im Lauf der Jahre war er häufig in Scaravellis Haus in Florenz. In späteren Jahren war es Vanda, die seine Aufenthalte in der Schweiz im Chalet Tannegg ermöglichte, als die bedeutenden europäischen Treffen in den Sechzigern begannen.

Warum ist Krishnamurtis Lehre – das Ergebnis tiefen Mitgefühls und Liebe – so wichtig? Ein aufmerksamer Verstand ist ein intelligenter Verstand. Mit der Einfachheit seiner Sprache, der Klarheit seiner Gedanken und der Leidenschaft, mit der er spricht, kann er unsere Intelligenz erwecken. Dies ist das Wunderbare!

– VANDA SCARAVELLI

1938 zurück in Ojai, fand Krishnamurti neue Freunde. Gerald Heard und Aldous Huxley, beides Schriftsteller und Intellektuelle, hatten England angesichts des drohenden Krieges verlassen. Im südlichen Kalifornien wurden sie in den Bann Krishnamurtis gezogen. Huxley, seine Frau Maria und Krishnamurti wurden bald Freunde. Lange und ernste Diskussionen wurden von unbeschwerten Picknicks unterbrochen. Anita Loos, eine bekannte Dramatikerin und Drehbuchautorin, beschreibt ein solches Picknick:

ANITA LOOS

DRAMATIKERIN UND DREHBUCHAUTORIN, HOLLYWOOD, KALIFORNIEN

Aldous wie auch Maria liebten Picknicks; der Gedanke an ein Picknick machte sie glücklich wie kleine Kinder. Ich erinnere mich an einen besonderen Ausflug mit Teilnehmern, die so phantastisch waren, daß sie aus Alice im Wunderland *hätten stammen können. Es gab einige Theosophen aus Indien, der auffälligste von ihnen war Krishnamurti. Die indischen Damen waren in Saris gehüllt, die elegant waren, aber der Rest von uns war weniger förmlich gekleidet. Aldous hätte der Riese aus einer Zirkusaufführung sein können; Maria und ich hätten als Zwerge dienen können, aber mit unserer saloppen Kleidung wäre der Zirkus ziemlich zweitrangig erschienen …*

Greta (Garbo) war in Männerhosen und einem Hut mit gebogenen Rand gekleidet, der ihr Gesicht fast gänzlich bedeckte; Paulette (Goddard) trug eine einheimische mexikanische Ausstattung mit einem farbigem Tuch, das in ihr Haar geflochten war. Bertrand Russell, der damals in Hollywood lebte, Charlie Chaplin und Christopher Isherwood sahen wie Kobolde aus. Matthew Huxley war der einzige in der Gruppe, der wie ein normaler zerzauster Teenager aussah.

Die Picknickausrüstung war so ungewöhnlich wie die Charaktere. Krishnamurti und seine indischen Freunde, die ihre Lebensmittel nicht in Gefäßen kochten, die von tierischen Lebensmitteln »verschmutzt« worden waren, wurden mit Steingutgeschirr und einer Kollektion klappernder Töpfe und Pfannen versorgt. Greta, die damals strenge Vegetarierin war, bekam eine spezielle Diät aus rohen Mohrrüben, die an ihrer Seite in Büscheln herunterhingen. Die anderen aßen gewöhnliches Essen, aber Paulette, für die kein Anlaß ohne Sekt und Kaviar wirklich festlich war, hatte der Ausrüstung einen Weinkühler und Thermosflaschen hinzugefügt.

Wir hatten begonnen, mit mehreren Auto ohne eindeutiges Ziel irgendwo einen Ort zu finden, wo man problemlos Feuer machen konnte … Krishnamurti und die indische Delegation wollten ihren Reis kochen. Und während der Rest von uns Sandwiches, Gretas rohe Mohrrüben und Paulettes Kaviar auspackte, ertönte plötzlich eine schroffe Männerstimme: »Was zum Teufel geht hier vor?«

Völlig entgeistert drehten wir uns um und sahen uns einem Sheriff gegenüber, der ein Gewehr in der Hand hielt.

»Kann denn niemand von euch lesen?« sagte er in Aldous' Richtung.

Aldous sagte ruhig, daß er lesen könne, aber noch immer verstand niemand die Absichten des Mannes, bis er auf das Schild Kein Zutritt *deutete … und dann spielte Aldous seine Trumpfkarte aus. Er machte ihn auf die Anwesenheit Greta Garbos, Paulette Goddards und Charles Chaplins aufmerksam. Die kleinen Augen des Sheriffs glitten kurz über die Gruppe.*

»Ist das so?« fragte er. »Ich habe jeden verdammten Film gesehen, der gedreht wurde, und keiner von den Stars hier paßt dazu. Haut also ab, ihr Tramps, oder ich werde euch alle verhaften.«

Wir falteten unsere Zelte wie die Araber zusammen und stahlen uns schuldbe-

wußt davon. Erst im Garten von Huxleys Haus, wo wir mit dem Picknick weitermachten, dachten wir an die reißerischen Schlagzeilen ... Massenverhaftung in Hollywood. Greta Garbo, Paulette Goddard, Charlie Chaplin, Aldous Huxley, Lord Bertrand Russell, Krishnamurti und Christopher Isherwood festgenommen.«[52]

Die Freundschaft mit Huxley trug Früchte. Er drängte Krishnamurti, einige seiner Schriften zu veröffentlichen, nachdem er Beispiele von ihnen gesehen hatte. Einige Jahre später schrieb Huxley ein Vorwort zu Krishnamurtis Buch *Schöpferische Freiheit*.

ALDOUS HUXLEY

SCHRIFTSTELLER UND PHILOSOPH

„Das Wissen ist eine Angelegenheit von Symbolen, und es ist oft ein Hindernis auf dem Weg zur Weisheit, zur Enthüllung des Selbstes von Augenblick zu Augenblick."
– Aldous Huxley

Es gibt eine transzendente Spontaneität des Lebens, eine »schöpferische Wirklichkeit«, wie Krishnamurti gesagt hat, die sich einzig als immanent offenbart, wenn sich der Verstand des Wahrnehmenden in einem Zustand »aufmerksamer Passivität« oder eines »urteilsfreien Bewußtseins« befindet. Urteil und Vergleich bringen uns unwiderruflich in den Zustand der Dualität. Nur ein urteilsfreies Bewußtsein kann zur Nichtdualität, zur Versöhnung von Gegensätzen in einem absoluten Verständnis und einer vollkommenen Liebe führen. Ama et fac quod vis. *Wenn du liebst, kannst du tun, was du willst. Aber wenn du damit beginnst, zu tun, was du willst oder nicht willst, indem du einem traditionellen System oder Konzept, einem Ideal oder Verbot folgst, wirst du niemals lieben. Der befreiende Prozeß muß mit dem urteilsfreien Bewußtsein dafür beginnen, was man will und mit der Reaktion auf das System der Symbole, das dir sagt, was du tun oder nicht tun solltest. Dieses urteilsfreie Bewußtsein, das die unterschiedlichen Schichten des Egos durchdringt, wird Liebe und Verständnis erwecken, die aber eine andere Qualität besitzen als diejenigen Qualitäten, die wir bereits kennen. Das urteilsfreie Bewußtsein ist in jedem Augenblick und unter allen Umständen des Lebens die einzig wirksame Form der Meditation. Alle anderen Formen des Yoga führen entweder zu dem blinden Denken, das aus Selbstdisziplin herrührt, oder zu einer Art selbstinduzierter Erregung, einer falschen Form des Samadhi. Wahre Befreiung ist »eine innere Freiheit der schöpferischen Wirklichkeit«. Dieses ist kein Geschenk; es muß entdeckt und erfahren werden. Es ist keine Errungenschaft, die man erwirbt, um sich selbst zu verklären. Es ist ein Zustand des Seins, ein Schweigen, in dem es kein Werden mehr gibt. Diese Kreativität bedarf nicht notwendigerweise einer Ausdrucksform; es ist kein Talent, das äußerliche Offenbarung fordert. Man braucht kein großer Künstler zu sein; falls man dies versucht zu sein, wird man die innere Wirklichkeit verfehlen. Sie ist »weder ein Geschenk, noch ist sie das Ergebnis einer Begabung, dieser unvergängliche Schatz wird dort gefunden, wo sich das Denken von Begierde und Unwissenheit befreit, wo das Denken sich von weltlichen und persönlichen Begierden befreit, um einfach zu sein. Er wird durch richtiges Denken und Meditation erfahrbar.« Urteilsfreie Selbsterkenntnis wird uns zur schöpferischen Wirklichkeit führen, die all unseren zerstörerischen Phantasien zugrunde liegt, zu der ungetrübten Weisheit, die schon immer da war, trotz aller Unwissenheit, trotz allen Wissens, das eine reine Unwissenheit in einer anderen Form ist. Das Wissen ist eine Angelegenheit von Symbolen, und es ist oft ein Hindernis auf dem Weg zur Weisheit, zur Enthüllung des Selbstes von Augenblick zu Augenblick. Ein Verstand, der zur Stille der Weisheit gelangt ist, »wird wissen, was Sein, was Liebe bedeutet. Liebe ist weder persönlich noch unpersönlich. Liebe ist Liebe, sie kann nicht definiert oder vom Verstand als exklusiv oder umfassend beschrieben werden. Liebe ist ihre eigene Ewigkeit; sie ist die Wirklichkeit, das Absolute, das Unermeßliche.«*[53]

Die Lage in Europa unter Hitlers unversöhnlicher Drohung wurde immer verzweifelter. Die Angst hatte das Leben der Menschen verdunkelt, und das Treffen in jenem Jahr sollte das letzte sein. Der Zweite Weltkrieg brach aus, und das Leben unzähliger Menschen sollte unter dem Zwang der Umstände eine völlige Wende nehmen. Lex Muller, der lange in Holland für Krishnamurti gearbeitet hatte, war damals ein junger Student. Er war einer derjenigen, die in Hitlers Schleppnetz hängenblieben:

LEX MULLER

PROFESSOR DER INGENIEURWISSENSCHAFTEN

LM: Es war kurz vor dem Krieg, als ich im alten Star-Camp während des Krieges interniert war. Ich entdeckte plötzlich, daß ich von Tellern aß, die den Namen des Star-Camps in Ommen trugen.

EB: Könnten Sie beschreiben, wie Sie nach Ommen kamen?

LM: Während des Krieges hatten die deutschen Besatzer Probleme mit den Studenten. Bei einem bestimmten Anlaß entschieden sie, daß die Studenten ihre Loyalität den deutschen Besatzern gegenüber schriftlich bekunden sollten, aber dies führte zu heftigen Reaktionen unter den Studenten! Eine Menge Leute unterschrieben nicht, und ich tat es auch nicht. Ich blieb eine Zeitlang zu Hause und ging nicht zur Arbeit, und dann, nach einiger Zeit, etwa im Mai 1943, verfügten die Deutschen, daß die Studenten sich in einigen Lagern einfinden mußten. Für mich war dies in Utrecht, und ich mußte länger bleiben.

EB: War es eine Vergeltung für die Weigerung, den Loyalitätsakt zu unterzeichnen?

LM: Ja. Ich mußte mich entscheiden, was ich tun sollte, entweder in den Untergrund zu gehen, aber meine Mutter wollte nicht, daß ich in den Untergrund ging oder ins Lager; und so entschied ich mich, ins Lager zu gehen. Wir sammelten uns in Utrecht, und am nächsten Tag wurden wir mit dem Zug nach Ommen gebracht und blieben dort einige Tage. Schließlich wurden wir nach Deutschland geschickt.

EB: Aber Sie hatten nicht gemerkt, daß es das Star-Camp war, bis Sie die Teller sahen?

LM: Ja.

EB: Wenn ich Sie richtig verstehe, wurde das Lager in Ommen während des Krieges als Konzentrationslager benutzt.

LM: Ja.

EB: Waren dort alle Arten von Andersdenkenden oder waren speziell Juden oder andere dort?

LM: Man brachte dorthin die Juden vor dem Transport nach Deutschland und Polen.[54]

Baron van Pallandt, der dem jungen Krishnamurti einige Jahre früher Schloß Eerde und Ommen vermacht hatte, beschrieb in einem Brief an Freunde die fürchterliche Situation in Holland während des Zweiten Weltkriegs und besonders die Vorfälle in Eerde:

BARON PHILLIP VAN PALLANDT

EIN FRÜHER ANHÄNGER KRISHNAMURTIS

Es ist unmöglich, in Worten ein angemessenes Bild von Holland während der Zeit von Mai 1940 – April 1945 zu geben, und ich versuche es gar nicht erst damit. Hier sind nur einige Erinnerungen, hauptsächlich an Eerde, die mir in den Sinn kamen, als ich an diesem Sonntagmorgen des 10. Juni 1945 aufwachte und die ich hier für Sie niederschreibe. Da es nicht möglich ist, allen meinen Freunden einen langen Brief zu schreiben, lasse ich diesen Brief kopieren.

Nach vier Jahren und elf Monaten wurden wir in Eerde, am Morgen des 6. Aprils, von den kanadischen Panzern der Manitoba Dragoners befreit. Fünf Tage später wurde Ommen vom Black Watch Regiment (Königliches Hochland-Regiment) aus Kanada freigekämpft. Beim Anblick einer Pontonbrücke über die Regge trafen wir Major Robert Macduff aus diesem Regiment, der schließlich ein guter Freund wurde. Das Gefühl der Befreiung – nach so langer Verfolgung – kann ich kaum beschreiben. Jemand, der nicht von einem unbarmherzigen Feind fünf Jahre lang verfolgt wurde, kann nicht verstehen, was es bedeutet, wieder frei zu sein.

Praktisch wurde jeder in Holland, außer den sehr Jungen und sehr Alten, von den Deutschen verfolgt. Etwa 370.000 Arbeiter, 120.000 Juden und 20.000 politische Gefangene wurden nach Deutschland verschleppt. Von den 150.000 Juden in Holland konnten sich etwa 30.000 verstecken: unter Fußböden, zwischen doppelten Wänden, im Keller; 120.000 wurden nach Polen und Deutschland gebracht, und von ihnen sollen noch zwei- bis dreitausend am Leben sein. Eine Gruppe von 700 jüdischen Jungen aus Amsterdam sah ich im Februar 1941 in Buchenwald ankommen, und nur einer von ihnen lebt heute noch. Jetzt hat die ungeheure Arbeit der Rückführung der holländischen Zwangsarbeiter und politischen Gefangenen aus Deutschland begonnen, beinahe eine halbe Million Männer und einige Frauen. Eerde wird als Krankenhaus für diese politischen Gefangenen, Männer und Frauen, benutzt, die zu schwach und krank sind, um nach Hause gehen zu können. Viele von ihnen sind Skelette, und Sie wiegen weniger als die Hälfte ihres Normalgewichtes, obwohl sie vor sieben oder acht Wochen freigelassen wurden. Ihre Geschichten sind schrecklich, und sie alle halten es für ein Wunder, daß gerade sie der Gaskammer entkommen sind.

Vielleicht in keinem Land in der Welt war die Untergrundbewegung so leistungsfähig und verbreitet wie in Holland, und ich las vor einigen Tagen, daß Churchill damals entschieden hatte, kein Ergebnis dieser Untergrundarbeit zu erwähnen, um diese nicht zu gefährden. Sie müssen verstehen, daß nirgendwo in Westeuropa die Gestapo, der Sicherheitsdienst und die Polizei unbarmherziger waren als in Holland, das sie von 1940 an als Teil Großdeutschlands betrachteten.

Die V1-Waffen flogen in großer Zahl an Eerde vorbei in den Süden. Sie waren zu weit weg, als daß man sie hätte sehen können, aber sie machten einen Lärm wie große Flugzeuge. Aber die V2 brachte das Leiden Englands noch näher in unser Bewußtsein. Sie wurden in Archem auf der gegenüberliegenden Seite des Flusses Regge mit Treibstoff gefüllt und in Hellendoorn gestartet. Es war ein phantastisches Bild, wenn diese Raketen an einem klaren Tag oder nachts in den Himmel hinaufstiegen.

… Eerde selbst entkam alledem auf wundersame Weise. Keine der Eichentäfelungen hatte Schaden erlitten, aber die russischen Gefangenen, die nach den ge-

flohenen Deutschen einzogen, hatten Strohlager in allen großen Räumen der Burg errichtet und dort auch gekocht, und so war alles sehr schmutzig.

Das alte Familiensilber, das zur Zeit Napoleons unter dem inneren Burggraben von Eerde verborgen lag, begruben wir am 10. Mai in unserem Garten, als die Deutschen Holland besetzten.

Als die alten Kirchenglocken nach Deutschland gebracht wurden, um eingeschmolzen zu werden, nahm man auch die zwei gewaltigen Glocken der alten gotischen Kirche von Ommen aus dem Jahre 1517 mit. Ich ging hin, um zum letzten Mal ihr Mittagsläuten zu hören.

Das Star-Camp wurde mehrere Jahre lang von den Deutschen als Konzentrationslager benutzt, und es war die Untergrundbewegung in Holland, die uns rettete, kurz bevor die Kanadier kamen und bevor der Auftrag ausgeführt werden konnte, das Lager abzubrennen.

... am Morgen des 11. Oktober 1940 wurde ich mit anderen nach Buchenwald abtransportiert. Wir wurden innerhalb des Lagers isoliert, damit wir uns nicht unter die übrigen Gefangenen mischen konnten. Obwohl wir nicht als Vergeltung für die deutschen Gefangenen, die nach Holländisch-Ostindien gebracht wurden, arbeiten mußten, starben dennoch viele aus unserer Gruppe. Das Schlimmste aber war, zu sehen und zu wissen, was um uns herum geschah. Nichts, das über Buchenwald gesagt wurde, ist übertrieben. Die Polen und die Juden hatten eine noch kürzere Lebenserwartung als die politischen Gefange-

Deutsche Fallschirmjäger mit einem leichten Maschinengewehr bewaffnet – in Holland während des zweiten Weltkrieges.

nen, und beinahe alle waren verhungert, erschlagen oder erfroren, da sie am Tag zwölf Stunden oder länger, sieben Tage in der Woche, mit einigen Scheiben Brot und nicht genügend wässeriger Kohlsuppe andauernd arbeiten mußten.

Aber das Erstaunliche bei den gefolterten Männern und Frauen, die dieser Hölle lebendig entkommen konnten – und ich habe mit vielen von ihnen gesprochen – ist es, daß ich keinen Menschen getroffen habe, der diese Erfahrung bedauert hätte. Sie hatten zu einer inneren Stärke gefunden, die sie vermißten, auch mir ging es so, als sie wieder zurück waren und nach der sie sich sehnten, ebenso wie nach den Kameraden. Es dauerte lange, bis sie sich wieder in der Welt ohne die innere Intensität des Konzentrationslagers zu Hause fühlten. Diese innere Intensität ist sehr real. Ich erinnere mich gut, als ich in Buchenwald ankam und dachte, wir würden an eine Wand gestellt und erschossen, und ich sagte zu mir: »Falls sie dies tun, werde ich mit einem Lächeln auf dem Gesicht dastehen.« Und ich hatte stets den Eindruck, es sei bedeutsam, in Buchenwald gewesen zu sein, um durch diese Erfahrung, vom physischen Selbst befreit, gegangen zu sein, wenn auch nur für diesen kurzen Moment.[55]

In den ersten Jahren des Krieges stand Amerika eher abseits, und es beteiligte sich erst nach dem Angriff auf Pearl Harbor, am 7. Dezember 1942, mit voller Kraft. Reisen war in diesen Tagen praktisch nicht mehr möglich – und Ojai schien weit weg von den Turbulenzen dieser Zeit zu sein, obwohl junge Männer und Frauen aus allen Teilen des Landes zum Militärdienst gerufen wurden.

Vorträge und Diskussionen fanden in geringerem Maße statt und konzentrierten sich auf Ojai und Hollywood und eine Reise zum Haus der Logans in Sarobia bei Philadelphia. Krishnamurti machte kein Geheimnis aus der Tatsache, daß er Pazifist war, ebensowenig wie sein Freund Aldous Huxley.

Krishnamurti traf in jenen Jahren nur wenige Menschen. Die Rajagopals und ihre Tochter lebten in unmittelbarer Nähe; Krishnamurti wohnte im »Pine Cottage« und die Rajagopals in »Arya Vihara«, obwohl Rajagopal viel Zeit in Hollywood mit geschäftlichen Angelegenheiten verbrachte.

Ein alter Freund, Sidney Field, sah Krishnamurti ziemlich häufig – wenn die Rationierung des Benzins dies zuließ – und er machte sich Sorgen um die Worte seines Freundes gegen den Krieg:

Ich sah Krishnamurti in den Kriegsjahren recht häufig, denn er lebte hier für einige Jahre, ohne irgendwohin zu verreisen. Ich hatte Kontakt mit dem FBI, zu einem Mann namens McFarlane, der mir erzählt hatte, daß bei einigen Vorträgen Krishnajis in Ojai Leute vom Geheimdienst saßen, und sie seien besorgt über das gewesen, was er in seinen Vorträgen gegen den Krieg gesagt hatte. Als ich dies Krishnaji erzählte, lachte er. Während des nächsten Treffens – dem ersten Treffen nach dem Krieg – sprach er erneut gegen den Krieg, und ich wußte, daß zwei oder drei Männer vom Secret Service anwesend waren. Sie würden Aufzeichnungen machen. Menschen, die für den Krieg waren, unterbrachen ihn und beleidigten ihn, und jene, die gegen den Krieg waren, griffen die Kriegsbefürworter an, und es gab einen Streit unter den Eichen. Krishnaji blieb vollkommen still, und damals schrieb er mir, er benötige eine Verlängerung seines Passes, und er hätte Schwierigkeiten, diese Verlängerung zu bekommen und bat mich, ihm dabei zu helfen. Ich schrieb also dem Leiter der Einwanderungsbehörde, und es erschien mir so lächerlich, daß ich lachen mußte, und beschrieb Krishnaji als einen Menschen von hohem moralischen Ansehen, und wir seien alle sehr glücklich, bei seinen Vorträgen in Ojai gewesen zu sein. Schließlich erhielt er seine Verlängerung, aber er erzählte, es hätte Probleme gegeben wegen seiner Aussagen. Wie ich erwähnte, änderte er seine Meinung über den Krieg nie. Wie ich ebenfalls ausführte, gab es fast eine Schlägerei. In jedem Vortrag waren Menschen anwesend, die ihn grob unterbrachen, und er machte eine Pause und sagte leise: »Der Krieg, über den Sie sich Gedanken machen sollten, findet nicht außen statt.«[56]

Wenn ein Mensch in sich keinen Streit kennt, erzeugt er auch außen keinen Streit. Der innere Streit, projiziert nach außen, wird zum Weltchaos. Nach allem ist der Krieg das Ergebnis unseres täglichen Lebens, und ohne Änderung unseres Lebens wird es immer mehr Soldaten, Drill und Fahneneide geben und all den Unrat, der damit einhergeht.

– BOMBAY TALK 9, 1948

Das Wort »Wissenschaft« bedeutet eigentlich Wissen, und der Mensch hofft, durch die Wissenschaft in einen vernünftigen und glücklichen Menschen verwandelt zu werden. Der Mensch strebt so eifrig nach dem Wissen über alle Dinge dieser Erde und über sich selbst. Wissen ist kein Mitleid, und ohne Mitleid erzeugt das Wissen Unheil und unsägliches Elend und Chaos. Das Wissen kann dem Menschen keine Liebe schenken, es kann Kriege und die Instrumente der Zerstörung schaffen, aber kann keine Herzensliebe oder inneren Frieden erzeugen. Wenn man dies erkannt hat, muß man handeln, aber dies ist kein Handeln, das auf dem Verstand oder erlernten Mustern beruht. Liebe ist kein Gedächtnis, sie beruht nicht auf der Erinnerung an vergangene Vergnügungen.

– KRISHNAMURTIS TAGEBUCH, 1982

Ein anderer Freund aus jenen frühen Tagen, einer, der Krishnamurti bis zum Tod verbunden blieb, war William Quinn. Er war ein nachdenklicher, beschaulicher Mensch, der die Tiefen von Krishnamurtis Lehre ausgelotet hatte. Später wurde er einer der drei Gründungsdirektoren des bedeutenden Esalen Instituts in Big Sur, Kalifornien.

WILLIAM QUINN

MITBEGRÜNDER UND LEITER VON ESALEN, BIG SUR, KALIFORNIEN

„Krishnamurti war davon überzeugt, daß ein großer Teil unseres Chaos auf das repetitive Denken zurückzuführen ist, und die Gedanken sind repetitiv, weil sie unvollkommen sind.“
– William Quinn

WQ: Ich begegnete Krishnaji zuerst im November 1944. Ich war einundzwanzig. Ich kam nach Arya Vihara mit zwei anderen jungen Männern, und wir warteten auf ihn in einem kleinen Zimmer. Er kam atemlos an, nachdem er von seinem Haus heruntergelaufen war, und er öffnete die Tür und trat strahlend und jugendlich mit einem glänzenden Lächeln ein, und seine blitzenden Augen blickten uns an.

Ich fragte ihn nach der Bedeutung des Bewußtseins, und er sagte: »Falls Sie in Ihren Verstand blicken, werden Sie Tausende von Schmetterlingen erleben, die herumwirbeln. Sie können eine einzelne Idee in diesem Chaos kaum erkennen.

Eine Möglichkeit, um Klarheit in Ihren Verstand zu bringen, ist es, Ihre Gedanken und Gefühle als Antwort auf die Tagesereignisse aufzuschreiben und dann darüber zu reflektieren. Wenn Sie in diesen Aufzeichnungen auf ein besonderes Problem stoßen, wird es zu allen anderen führen.« Krishnamurti war davon überzeugt, daß ein großer Teil unseres Chaos auf das repetitive Denken zurückzuführen ist, und die Gedanken sind repetitiv, weil sie unvollkommen sind. Durch das Zuende-Denken dieser Gedanken stören diese uns nicht länger, und der Verstand wird freier und klarer, mehr »bewußt«. Krishnamurti arbeitete seit Jahren ausdauernd daran, seinen eigenen Verstand zu klären, und diese Arbeit war Teil seines Hintergrundes, der ihn befähigte, ein Lehrer zu sein. Krishnamurti war sich in den späten Zwanzigern und frühen Dreißigern enorm bewußt darüber, daß alles auf einen neuen großen Krieg zulief. Dieses wurde ein zentrales Thema in seinen Vorträgen auf der ganzen Welt.

EB: Sie haben mir erzählt, daß der Einfluß des Zweiten Weltkriegs auf Sie beträchtlich war. Waren Sie Kriegsdienstverweigerer?

WQ: Der Krieg begann 1939, als ich sechzehn war. Davor bereitete ich mich auf eine Laufbahn als Physiker vor. Aber von dem Augenblick an, in dem der Krieg begann, sah ich, wie Wissenschaftler sich dem großen Feuer hingaben. Vielleicht war es zu einfach, aber ich schlußfolgerte, falls ich ein Wissenschaftler wurde, würden meine Talente im Krieg eingesetzt werden, den ich inakzeptabel fand. Deshalb wollte ich mit der Wissenschaft nichts mehr zu tun haben. Ich beschloß ebenfalls, daß ich kein Soldat sein konnte, und erwartete, ins Gefängnis gesteckt zu werden, weil ich mich auf keinen religiösen Grund dafür berufen konnte, was die Regierung als Definition eines Kriegsdienstverweigerers forderte.

EB: War es jugendlicher Idealismus, der Sie glauben machte, daß die Wissenschaft die Probleme der Welt heilen könne?

WQ: Ohne Zweifel. Aber es gab in den zwanziger und dreißiger Jahren auch Wissenschaftler von Weltrang, die in einem ungeheuren Idealismus davon überzeugt waren, daß die Wissenschaft das Leben verbessern könne, und als Junge wurde ich von dieser Denkweise stark beeinflußt.

EB: Obwohl Sie bereit waren, ins Gefängnis zu gehen, geschah dies nicht?

WQ: Nein. Ich hatte Glück, und ich war frei, wie es nur wenige junge Männer damals waren. Aber die Fragen, die durch den Krieg und meine Einstellung zu ihm entstanden, vereinnahmten mich immer mehr und standen nun im Mittelpunkt meines Bewußtseins. Was wollte ich mit meinem Leben anfangen? Wie könnte die Wissenschaft zu diesem Übel beitragen? Dieses führte dazu, daß ich die Natur der Erkenntnis selbst in Frage stellte.

EB: Kamen Sie in dieser Stimmung zu Krishnamurti? Sie hatten ihn gelesen, und dann wollten Sie mit ihm persönlich sprechen.

WQ: Durch die Freundschaft mit einem ausgezeichneten Physiker hatte ich klar erkannt – damals war ich zwanzig – daß alle wissenschaftlichen Aussagen und Theorien einen vorläufigen und provisorischen Charakter besitzen. Dies war eine ungeheure Erleichterung für mich, aber ich nahm das Leid des Krieges weiterhin wahr, wie viele andere Hunderte von Millionen Menschen auch.

Im Sommer 1944 arbeitete ich als Feuerwächter auf einem Turm in den Bitterroot Mountains im nördlichen Idaho. Dort war damals Wildnis, weite Teile unberührten Waldes. Ich experimentierte mit Meditation, und zum ersten Mal geschah etwas Bemerkenswertes. Ohne daß ich je so etwas für möglich gehalten hätte, kam mein Verstand spontan zum Stillstand, und ich erwachte zur Herrlichkeit des Lebens.

Ich erkannte sofort, daß diese neue Dimension der Wahrnehmung die »Antwort« auf den Krieg war, der damals auf seinem Höhepunkt tobte, und die Antwort auf die Frage: »Was fange ich mit meinem Leben an?« Dieser außergewöhnliche Zustand hielt einige Monate an.

Als die Jahreszeit der Waldbrände vorüber war, fuhr ich zurück nach Los Angeles. Unterwegs hatte ich das Gefühl, von einem Schicksalsstrom getragen zu werden, auf etwas zu, das ich nicht kannte. Am Tag meiner Ankunft traf ich durch Zufall einen anderen jungen Mann meines Alters, der mir innerhalb einer Stunde von Krishnamurti erzählte. Ich sagte sofort zu mir: »Ich werde mit diesem Menschen leben!« Ich sprach mit meinem neuen Freund einige Tage lang über Krishnamurti und las einige seiner wenigen Vorträge, die er in den Dreißigern gehalten hatte. Dann schien alles zusammenzupassen, ich erkannte in einem Blick die Einheit von Angst und Begierde. Eine Woche lang streifte ich durch die Stadt in einem Zustand der Ehrfurcht, des Erstaunens und Nichtbegreifens. Bald danach besuchten wir beide und ein dritter junger Mann Krishnamurti. In unseren Gesprächen erwähnte ich nicht den Krieg, da ich den Eindruck hatte, sehr ähnlich wie er darüber zu denken.

EB: Was wäre geschehen, wenn Hitler gewonnen hätte? Wenn man einem unerträglichen Übel gegenübersteht, was ist die richtige Reaktion darauf?

WQ: Ich bin sicher, daß Krishnamurti wußte, was für ein Monster Hitler war, vielleicht mehr als wir alle. Er glaubte, man würde selbst böse werden, wenn man sich dem Bösen entgegenstellte. Dann eskaliert das Böse in einem blinden Konflikt, der kein Ende hat, sondern im Ruin und Untergang endet. Vor dem Krieg sagte er in der Öffentlichkeit, er sei ein bedingungsloser Pazifist. Später nahm er Abstand von diesem Begriff und der »Gewaltfreiheit« als Ideologie, weil er der Meinung war, es sei sinnlos, wenn es Ideologie und keine Herzensangelegenheit sei.

In seinen Vorträgen 1944 und 1945 in Ojai, als der Zweite Weltkrieg noch tobte, stand die Bedeutung des Krieges an zentraler Stelle. Jemand stellte 1945 bei einem Vortrag die Frage: »Kann ich Gott in einem Schützengraben finden?« Krishnamurti antwortete: »Ein Mensch, der Gott sucht, wird nicht in einem Schützengraben liegen – Sie und der Soldat haben eine Kultur geschaffen, die Sie zwingt, zu morden und ermordet zu werden, und inmitten dieser Grausamkeit möchten Sie die Liebe finden.«

Die Aufrichtigkeit, mit der Krishnamurti in den Vierzigern gegen den Krieg sprach, war damals einzigartig in diesem Land. Die Situation junger Kriegsdienstverweigerer war sehr schwierig, wir wurden praktisch von niemandem aus der Generation unserer Eltern unterstützt, und der soziale Druck war enorm.

Der Weg des Friedens ist einfach. Es ist der Weg der Wahrheit und Liebe. Er beginnt mit dem Individuum selbst. Wo das Individuum seine Verantwortung für Krieg und Gewalt annimmt, findet der Frieden Halt. Um weitergehen zu können, muß man in der Nähe beginnen, und die ersten Schritte finden in einem selbst statt. Die Quelle des Friedens liegt nicht außerhalb von uns, und das Herz des Menschen muß der Mensch selbst ordnen. Um Frieden zu erzeugen, müssen wir selbst friedlich sein. Um zu einem Ende der Gewalt zu kommen, muß jeder von uns sich selbst von den Ursachen der Gewalt befreien. Unaufhörlich muß man sich selbst ändern. Unser Verstand und unsere Herzen müssen einfach, leer, wachsam und schöpferisch werden. Dann allein kann die Liebe entstehen. Die Liebe allein kann Frieden in die Welt bringen, und dann wird erst die Welt die Seligkeit des wirklichen Seins erfahren. Den Weg des Friedens.

– RUNDFUNKBEITRAG, BOMBAY, 3. APRIL 1948

EB: Schlug er eine Lösung für jene Konflikte vor, die ihren Ausdruck im Krieg fanden?

WQ: 1945 zerbrachen sich die Menschen bereits den Kopf wegen eines Dritten Weltkrieges. Er sagte damals, jeder sei selbst verantwortlich für das gegenwärtige Blutbad des Krieges; wir alle seien daran beteiligt, wir seien als Individuen wie kleine Wirbel Teile eines großen Stroms. Die einzige »Antwort« für jeden von uns sei es, die eigene Verantwortung zu erkennen und sein eigenes Leben zu verändern.

Ich glaube, daß er viel über die politischen Strukturen in der Welt nachgedacht hatte. In den Anfangstagen sprachen er und sein Bruder Nityananda viel über diese Dinge. Krishnamurti stand in Kontakt zu bekannten Sozialisten, wie auch zu Mitgliedern der Aristokratie und Leuten im innersten Zentrum der Macht auf der ganzen Welt.

In den Zwanzigern glaubten K und viele andere schöpferische Menschen, daß es noch Hoffnung für die Menschheit gebe, und daß wir vielleicht etwas vom Ersten Weltkrieg gelernt hätten. Krishnamurtis Niederschriften und Vorträge aus jenen Jahren waren in einer Art von lyrischem Optimismus geschrieben, der heute in unseren desillusionierten Augen naiv erscheint.

EB: Hatten Ihre persönlichen Gespräche mit Krishnamurti in den Vierzigern eher individuelle Probleme zum Inhalt, als soziale Dinge oder den Krieg?

WQ: Ich glaube, ich versuchte zum Zentrum seines Denkens zu kommen. Ich wollte wissen, was die Natur des Bewußtseins ist. Dies war sein Schlüsselwort in jenen Tagen. Er sprach wenig in der Öffentlichkeit über Meditation, aber er sprach über die urteilsfreie Gewißheit, die handelnde Gewißheit und die meditative Gewißheit, als Konstante des Seins.

EB: Er benutzte das Wort »Gewißheit« (engl.: awareness) später nicht mehr, weil er es für überstrapaziert hielt.

WQ: Er benutzte den Ausdruck ständig, und jeder, der sich für seine Lehre interessierte, tat dies ebenso, und deshalb war der Begriff schließlich überstrapaziert. So gab er diesen Begriff auf und versuchte, an seine Substanz auf andere Weise zu kommen.

Aber ich mag heute dieses Wort. Gewißheit (Awareness) ist verwandt mit »wach« (aware), und das Wort suggeriert eine ursprüngliche Fähigkeit, wie das Sehen, aber es umfaßt auch die anderen Sinne und geht über die Sinne hinaus.

Krishnamurti »meditierte«, d.h., er reservierte dafür Zeit und Ort und saß aufnahmebereit und verfügbar da, falls etwas geschehen sollte, aber er erwartete nichts.

EB: Wie Sie wissen, lehnte er es in seinen späteren Jahren ab, zu bestimmten Zeiten zu meditieren und sagte, man könne selbst im Bus meditieren.

WQ: Ich fragte ihn genau darüber aus, was er unter Meditation verstehe. War die Meditation immer gleich intensiv? Er sagte: »Oh nein! Für mich ist die Meditation wie ein Strom, in dem es tiefe Senken gibt. Die letzten drei Tage konnte ich nicht meditieren, weil ich stark erkältet war, aber heute morgen ging es mir besser, und die Meditation war sehr intensiv.« »Aber«, sagte er, »ich ließ sie nur so weit zu, daß sie den Organismus reinigte!« Er sagte, daß die Qualität der Meditation in bestimmten Momenten sehr intensiv sei, beispielsweise beim Gehen, und dies sei die beste Art der Meditation.

EB: Wenn Krishnamurti sagte, daß er die Meditation nur zuließ, meinte er damit, daß sie zu intensiv für den Organismus sein könnte?

WQ: Vielleicht – um eine Analogie zu geben – könnte man sagen, daß es ähnlich ist, wenn man sich vor der Sonne schützt. Ich kann nicht die Hitze und das Licht der Sonne kontrollieren, aber ich kann die Intensität der Sonnenbestrahlung kontrollieren.

EB: Sagte er, was notwendig für diese Art der Meditation sei? Ist dazu eine innere Reinigung notwendig. Oder ist sie ein Geschenk?

WQ: Er glaubte, daß »Reinheit« sehr wichtig war, und all die Jahre, die ich ihn kannte, sprach er oft darüber.

EB: Was verstand er unter Reinheit?

WQ: Er sagte einmal zu mir: »Sie müssen einfach werden, wie ein Re-

Die Wahrheit ist gefährlich für die Gesellschaft.

– The Star Bulletin, 1932

gentropfen.« Ich glaube, daß er unter Reinheit eine klare Wahrnehmung verstand, die nicht durch Bilder und Projektionen beeinflußt ist.

EB: Meinen Sie, daß Krishnamurti ein Mystiker war?

WQ: Ich glaube, er war ein Mystiker, obwohl er das Wort nicht in den Mund nahm. Das Wort bedeutet im Griechischen »verborgen«, und in der alten christlichen Tradition versteht man darunter Bilder und Konzepte, die sich dem Verstand entziehen. Mit anderen Worten, es handelt sich um eine direkte Wahrnehmung. Der Hl. Johannes vom Kreuz wußte eine wunderbare Metapher dafür: »Falls ich meine Hand vor Augen halte, kann ich die Sonne nicht sehen; falls ich ein Bild von Gott habe, kann ich Gott nicht sehen.«

EB: Wie war es, mit Krishnamurti zusammen zu sein?

WQ: In unseren Vorträgen und unserer gemeinsamen Arbeit, etwa im Garten oder bei der Pflege der Bienen, empfand ich keinerlei Manipulation oder den Druck, ein anderer zu sein, als ich war. Ich hätte alle verborgenen Motive wahrgenommen, aber er war kristallklar. Dies war die Voraussetzung für Vertrauen und eine Kommunikation, die tiefgründig und warmherzig wie die Musik eines Cellos war.

Er »fachsimpelte« nie, außer zu Zeiten, die wir für gewissenhafte Gespräche reserviert hatten. Er war nie im Alltag der Mensch, der Vorträge hielt. Die öffentliche Person war dann nicht existent. Es war anders, so als ob der Verstand, den wir durch seine Schriften kannten, völlig abwesend war, wie ein Werkzeug, das gerade nicht gebraucht wird.

In unserem Alltag sprach er auf einer einfachen Ebene, als ob Abstraktion und Analyse für ihn unbekannt waren. Oft kam er mir wie ein wachsames und höfliches Kind vor, das oft schweigt, aber völlig anwesend war. Er war bescheiden und stellte sich nicht in den Mittelpunkt. Da er sich nie in den Mittelpunkt stellte, konnten wir zu ihm eine Beziehung finden.

EB: Würden Sie sagen, daß Krishnamurti unschuldig war?

WQ: Ich würde es so sagen! Und naiv und anfällig für die Manipulation durch seine Freunde. In gewisser Hinsicht war er wie ein Kind. Aber er hatte seine Grenzen, und in grundlegenden Fragen war er starr. Für mich war wirklich wichtig, daß er seine Rolle als Weltlehrer in Frage gestellt und dieser Rolle eine Absage erteilt hatte. In den späten Zwanzigern wies er das Bedürfnis nach geistiger Autorität zurück und sagte, Wahrheit sei ein pfadloses Land.

Die Idee, er solle der Weltlehrer sein, ist eine grenzenlose Manipulation. Er wurde in seiner Jugend mit der theosophischen Lehre zwangsweise vollgestopft, wie jene Gänse, die für die Leberpastete gestopft werden. Das Wunder ist, daß er dies überwand und paradoxerweise der Weltlehrer wurde.

EB: Hat Krishnamurti je darüber gesprochen, daß Fragen über die persönliche Liebe ihn beunruhigt hätten?

WQ: Er erzählte mir, daß er als junger Mann drei bedeutende Probleme kannte, die ihn viele Jahre quälten. Eines davon war Sex. War die Askese der richtige Weg? Oder, da Sex anscheinend natürlich und gegeben erscheint, sollen wir Sex ausleben?

EB: Falls man Reinheit und Keuschheit in einem Atemzug nennt, wäre es schwierig, eine natürliche Beziehung zum anderen Geschlecht zu entwikkeln.

WQ: Ich sprach mit ihm darüber, und er sagte, er wisse keine generelle Antwort auf diese Frage. Er sagte, es sei eine Frage, die jeder für sich beantworten müsse, und man könne nicht sagen, es sei nötig, keusch zu leben oder daß die persönliche Liebe und Sexualität gegen das geistige Leben gerichtet seien.

Was Freundschaft betrifft, so denke ich, daß die Erfahrung der persönlichen Liebe vielleicht die einzige Flamme ist, die uns erwecken kann, obwohl sie oft mit Besitzdenken verwoben ist. Schließlich war es der Tod seines Bruders, der ihn zur Ganzheit erweckt hat. Nach diesem Ereignis spürte jeder den neuen Menschen in ihm.

In seinem ganzen Leben hatte er viele enge und dauerhafte Freundschaften, darunter viele Beziehungen zu Frauen.

EB: War er der Meinung, daß die persönliche Liebe uns über uns selbst hinausführen kann, und sah er darin eine Art von Befreiung?

WQ: Nun ja, mit Einschränkungen. Er betonte die Bedeutung des Alltags, in dem auch unsere privaten Zuneigungen stattfinden. Offensichtlich können wir in der persönlichen Liebe gefangen werden. Aber falls wir deren Eigenwilligkeit verstehen, können wir darüber hinausgehen, und dennoch bleibt die Liebe da. Aber diese Liebe verfällt nicht ihrem Objekt, sondern sie befreit das Objekt und sich selbst. Und dieses bedeutet nicht, daß das Objekt verworfen wird, im Gegenteil, es wird erhöht.

EB: Glaubte er, daß ihn persönliche Freundschaften und Zuneigungen von seiner Mission hätten abbringen können? Das ist Teil der traditionellen Sicht der Abstinenz und sexuellen Keuschheit.

WQ: Er sagte einmal: »Befreiung geschieht nicht aus der Offenbarung heraus, sondern in der Offenbarung.« Dies heißt für mich, daß wir das, was er Befreiung nannte, nicht finden können, indem wir Dingen aus dem Weg gehen. Distanz bedeutet nicht Trennung! Es ist das Ende der Trennung zwischen mir und dir.

EB: Wie definierte er den Ausdruck »Befreiung«?

WQ: Er bedeutete Freiheit von der Knechtschaft der Konditionierungen und Konflikte, die die meisten von uns verunstalten. Es bedeutet Freiheit von uns selbst, nicht eine zügellose Freiheit ohne soziale Zwänge.

EB: Wie sah in jenen Kriegsjahren der Alltag in Arya Vihara aus? Alles muß sehr einfach gewesen sein.

WQ: Es gab nur uns vier, Krishnaji, Rosalind, ihre Tochter Radha und mich selbst, die sich täglich sahen. Rajagopal war selten da. Wegen der Rationierung im Krieg lebten wir fast vollständig von unserer Landwirtschaft. Wir hatten Obstgärten, Gemüsegärten, achtzig Hühner, eine Kuh und Bienen. Krishnaji kümmerte sich um die Hühner, und ich molk die Kuh. Wir arbeiteten im Garten und versorgten die Bienen. Rosalind, die immer fröhlich und fleißig war, machte Hüttenkäse und Butter und backte ein wunderbares Schrotbrot. Sie kochte das Essen. Krishnaji und ich wuschen das Geschirr ab, und ich empfand in dieser einfachen Aktivität ein erstaunliches Glück.

Ojai war damals ein Dorf und schien weit weg von der Welt zu sein. Wir hatten wenige Besucher wegen der Benzinrationierung, und öffentliche Transportmittel wurden vom Militär requiriert. Es war unglaublich schwierig, selbst von Los Angeles nach Ojai zu kommen.

EB: Glauben Sie, daß K sich in Ojai während der Kriegsjahre und während seiner Krankheit gefangen fühlte, und führte dies bei ihm zu einer inneren Spannung?

WQ: Ich weiß nichts davon, aber ich glaube, jene Jahre waren für ihn sehr wertvoll. Vor dem Krieg war er äußerst aktiv, er hielt Vorträge auf der ganzen Welt und traf eine große Zahl von Menschen. In den Vierzigern fand er Ruhe und Einsamkeit, und er lebte an einem sehr schönen Ort, der die Kreativität förderte. Unter dem Pfefferbaum hatte er sich in den frühen Zwanzigern gefunden. Das Ereignis war möglich, weil er sich zum erstenmal seit seiner Kindheit allein und außerhalb der Turbulenzen des öffentlichen Lebens befunden hatte. Ich glaube, daß diese Zeit in den Vierzigern eine Zeit der dauerhaften Meditation und »Besinnung« war – ein Wort, das er mochte – aus der heraus die wunderbare Klarheit seiner öffentlichen Vorträge in den folgenden Jahren herrührte.

EB: Glauben Sie, daß Krishnamurtis Reise nach Indien in gewissem Sinne ein Schritt auf dem Weg seiner Befreiung war?

WQ: Nicht wirklich, denn ich glaube, daß das grundlegende Ereignis in den späten Zwanzigern geschah, nach dem Tod seines Bruders. Aber was er »Prozeß« nannte, setzte sich in seinem Leben weiter fort. Und es war ohne Zweifel als Antwort auf die außergewöhnliche Herausforderung Indiens intensiver geworden.

Ich empfinde den Prozeß als Strom des meditativen Bewußtseins, von dem er mir erzählte, in dem es tiefe Senken gab. Und ich glaube, daß dieser Strom sein Leben bestimmte, oder das Leben, das durch seinen Organismus floß und sich dabei in seinem eigenen außergewöhnlichen Rhythmus ausdehnte und zusammenzog. Er nannte dies nicht »sein« Leben, sondern einfach das Leben.

Die Welt hatte sich in diesen für ihn ruhigen Jahren verändert. Europa lag in Schutt und Asche, und das Netzwerk, in dem Ommen die Mitte gebildet hatte, war zerstört worden. Als er nach Indien ging, verließ er die Sterilität und geistige Lähmung der Vereinigten Staaten, die viele Jahre in der McCarthy-Ära und auch später vorherrschte. Die Vereinigten Staaten wachten erst auf, als die jungen Menschen der Generation des Korea-Krieges begannen, sich vom Establishment in den Fünfzigern als Form der sogenannten Beatniks abzuheben, Vorläufern der Jugendbewegung der sechziger Jahre.

„Ich glaube, daß er von der Jugendbewegung und den jungen Menschen aus der Szene, die er getroffen hatte, anfänglich fasziniert war. Ihm gefiel ihre Offenheit und Zuneigung, ihre pazifistische Grundeinstellung und allgemeine Ablehnung von Autorität und der kapitalistisch geprägten Kultur. Aber er war über den weitverbreiteten Gebrauch von Drogen entsetzt."
– William Quinn

Krishnamurti kam in Indien Ende 1947 in einer außergewöhnlichen Zeit an, als er innerlich in der vollen Blüte stand. In Asien brodelte es. Indien hatte sich einige Wochen zuvor von der britischen Tyrannei befreit.

Mir gefiel, daß intelligente Menschen in Indien erwacht waren, auf eine Weise, die in den Vereinigten Staaten nicht möglich gewesen wäre, und Fragen über die Natur der Gesellschaft und das Individuum in der Gesellschaft gestellt hatten, welche Staatsform richtig für Indien sei, und so weiter, und dies alles geschah mit einer unerhörten Intensität. In Indien fand eine Erneuerung von Krishnamurtis öffentlichem Leben statt, und er sprach überall im Land. Er geriet in Kontakt zu einer bemerkenswerten Gruppe von Menschen, Menschen, die in der vordersten Linie jener Ereignisse gestanden hatten. Ein Freundeskreis, darunter Pupul Jayakar, Ahalya Chari und andere, begann einen Dialog mit ihm, der sich für den Rest seines Lebens fortsetzte.

EB: Glauben Sie, daß Krishnamurti von Geburt an ganz anders als andere Menschen war?

WQ: Ich glaube dies nicht, und darin liegt für mich seine Schönheit und Bedeutung. Er war ein außergewöhnlich selbstloses Kind, aber er reifte durch schwere Arbeit. Es war sein Sinn des Verwandtseins mit uns allen, der ihn zwang, zu uns zu reden.

Man könnte sagen, daß seine Reife auf einer grundlegenden Veränderung beruhte, in dem Sinn, daß der Egoismus zerschmettert wurde und er schließlich aus einer anderen Dimension des Lebens Kraft schöpfte.

Aber seine Botschaft lautet, daß diese Umwandlung für uns alle möglich ist.

Zur Frage, wie sich die geistigen Energien in uns entfalten sollten, gefällt mir das Bild aus dem Neuen Testament: *Der Wind weht, wo er will, und du hörst sein Sausen; aber du weißt nicht, woher er kommt noch wohin er geht: So verhält es sich mit jedem, der aus dem Geist geboren ist* – Johannes 3:8.

EB: Wie dachte Krishnamurti über junge Leute und ihren Gebrauch von Drogen in den Sechzigern?

WQ: Ich glaube, daß er von der Jugendbewegung und den jungen Menschen aus der Szene, die er getroffen hatte, anfänglich fasziniert war. Ihm gefiel ihre Offenheit und Zuneigung, ihre pazifistische Grundeinstellung und allgemeine Ablehnung von Autorität und der kapitalistisch geprägten Kultur. Aber er war über den weitverbreiteten Gebrauch von Drogen entsetzt. Wir sprachen oft darüber. Es kam so weit, daß ich nicht über junge Leute sprechen konnte, ohne daß er an die Drogen dachte und darüber in Tiraden ausbrach. Ich war ein genauer Beobachter der Entwicklung der Drogenszene, und wir hatten ähnliche Empfindungen. Wir waren der Meinung, Aldous Huxley und Alan Watts trügen eine besondere Verantwortung für diese Plage. Wie „Rattenfänger" hatten sie ihr Prestige benutzt, um den Jugendlichen einen Glauben an diese magische Abkürzung zur religiösen Wirklichkeit zu vermitteln. K glaubte, daß ein religiöser Verstand in einer demütigen, unbewußten, organischen Weise wachsen müsse und Drogen ein trügerischer Kurzschluß wären, der komplexe und empfindsame psychische und physische Strukturen zerstören könne. Er sagte, der Gebrauch von Drogen durch heilige Männer existiere seit Jahrhunderten in Indien und gelte dort als Sackgasse.

In den Siebzigern und frühen Achtzigern traf ich junge Leute, die nach Ojai zu Vorträgen gekommen waren und eine andere Gesinnung zeigten. Eine typische Geschichte war, daß ein Junge von etwa sechzehn auf Krishnamurtis Bücher stieß und sich sofort eine ruhige Revolution in seinem Leben entfaltete. Dann, Jahre später, kam er nach Ojai. Diese jungen Leute waren bescheiden und nachdenklich, und ich traf so viele von ihnen, daß ich Krishnamurti von ihnen erzählte, da er sie in den Kreisen, in denen er sich bewegte, wahrscheinlich nicht traf. Er bedrängte mich, ihm über den Hintergrund der amerikanischen Kultur zu berichten, aus der sie auftauchten, und was ihre Ansichten waren. Ich sagte, daß unsere Kultur keinen Ort für solche jungen Leute biete, und sie würden ihren eigenen Weg finden müssen. Er war außergewöhnlich aufgeregt und stand beinahe neben sich, als ich davon erzählte. Ich hatte den Eindruck, dies alles war für ihn ungeheuer wichtig, weil wir nicht wissen, wieviel junge Menschen auf der ganzen Welt von Krishnamurti berührt worden sind.[57]

Der Nachdruck, der auf die Psychologie des menschlichen Geistes und der Natur des Verstandes mit seiner labyrinthartigen Komplexität gelegt wurde, brachte Menschen, die auf dem Gebiet der Psychologie arbeiteten, unvermeidlich mit Krishnamurti und seiner Arbeit in Berührung. Er hatte eine langjährige Beziehung zu Menschen, die auf diesem Gebiet tätig waren. Einer dieser Menschen, die von Krishnamurti angezogen wurden, war Benjamin Weinniger, ehemaliger Leiter der Baltimore-Washington School of Psychiatry.

DR. BENJAMIN WEINNIGER

PSYCHIATER, SANTA BARBARA, KALIFORNIEN

„Krishnamurtis Wahrnehmung des menschlichen Verstandes war deutlicher, als die aller anderen, denen ich begegnet bin."
– Benjamin Weinniger

BW: 1946 stellte ich Krishnamurti den Psychoanalytikern der Washington Psychoanalytic Society vor. Er lebte eine Woche lang in meinem Haus und führte jeden Tag Gespräche. Die Besucher, die anwesend waren, waren von ihm sehr beeindruckt. Harry Stack Sullivan, Erich Fromm, David Rioch und Margaret Rioch. Während dieses Zeitraums bat mich Karen Horney, nach New York zu kommen. Ich verbrachte mit ihr zwei Stunden, und wir sprachen über die Lehre Krishnamurtis, und sie war nicht nur von ihm beeindruckt, sondern sie sah die Ähnlichkeit zwischen seiner Lehre und ihrer Schule, der Karen Horney Group of Psychiatrists. Sie interessierte sich für Krishnamurti und begann, über seine Lehre zu schreiben. Später beschäftigten sich David Shainberg und seine psychoanalytische Gruppe aus dem Kreis um Karen Horney mit Krishnamurtis Lehre. K besuchte diese Psychoanalytiker und hielt mehrere Vorträge. Sie beschäftigten sich auf die eine oder andere Weise mit seiner Lehre. Eines der Mitglieder dieser Gruppe gab die Psychoanalyse auf und wurde Künstler. Dies war eine der weitreichenden Auswirkungen.

EB: Konnte Krishnamurti den Psychoanalytikern seine Sicht des menschlichen Verstandes verdeutlichen?

BW: Krishnamurtis Wahrnehmung des menschlichen Verstandes war deutlicher, als die aller anderen, denen ich begegnet bin. Es war mir klar, daß er ein besseres Verständnis hatte, und als ich ihn nach Washington D.C. brachte, sprach er mit den Psychoanalytikern, und sie fragten mich: »Wie wußten Sie, daß wir an Krishnamurti interessiert sein würden?« Ich erzählte ihnen, daß es mir klar gewesen sei, daß dies der Fall sein würde. Sie interessierten sich ebenfalls stark für Krishnamurti, und dies zeigte eine Auswirkung auf ihre Praxis und ihr Leben.

EB: Krishnamurti muß sich auf diese Treffen vorbereitet haben.

BW: Also, ich habe erlebt, daß Krishnamurti Angst zeigte, und ich glaube, es ist wichtig, die Umstände zu beschreiben, unter denen dies stattfand. Als er zum erstenmal in Washington D.C. vor Psychiatern und Psychoanalytikern sprach, kam er zu mir und zitterte vor Angst. Er sagte: »Ich habe Angst.« Und ich versuchte, ihn zu beruhigen, sagte, alles sei in Ordnung, und dann ging er zu seinem Vortrag, und ich erkannte, daß er die Angst loslassen konnte. Er erlebte die Angst total und ließ dann los. Die meisten von uns tun dies nicht und bleiben an ihrer Angst kleben, statt sie loszulassen. Dieses meinte er, als er sagte: »Ich habe keine Angst«. Ich fragte ihn: »Hätten Sie Angst, wenn Sie sterben müßten?«, und er sagte: »Ich weiß es nicht. Ich müßte sehen, ich müßte wahrnehmen, ob ich Angst hätte.«

EB: Gab es ein Gebiet, das von besonderem Interesse für die Gruppe war?

In der Liebe gibt es weder »Du« noch »Ich«.

–The Star Bulletin, März/April 1933

BW: Es gibt ein beachtliches Interesse unter Psychoanalytikern und Psychiatern an der egozentrischen Aktivität, und egozentrische Aktivität ist etwas, über das Krishnamurti sein Leben lang gesprochen hat, und vielleicht fangen nun die Psychiater an, sich damit zu beschäftigen.

Es ist wichtig, daß die meisten von uns, die in der Kindheit starke Verletzungen erfahren haben, ihren Egoismus nicht ablegen können. Es ist leichter, weniger egoistisch zu sein, wenn man eine gute Kindheit hatte. Dann ist es leichter, seinen Egoismus abzulegen; anderenfalls ist es schwieriger. Einige Menschen können nie davon loslassen.

EB: Gibt es in der Psychologie heute ein besonderes Interessensgebiet?

BW: Die Psychoanalytiker betonen heute die Bedeutung der Liebe, sogar Freud betonte die Wichtigkeit von Arbeit und Liebe. Aber heute betont man mehr die Bedeutung der Liebe. Die meisten Psychoanalytiker und Psychiater haben eine begrenzte Sicht von der Liebe, und ich glaube, daß sie nicht weit genug gehen. Sie bleiben kurz vor dem Ziel stehen. Falls ein Mensch nicht geistig erwacht und zu einem Verständnis des ganzen Menschen findet, so bleibt er ein unvollständiger Mensch. Die meisten Psychiater und Psychoanalytiker arbeiten meiner Meinung nach unvollständig, und der Einfluß von Krishnamurti konnte mir helfen, in meinem eigenen Leben weiter zu gehen, als ich es ohne ihn getan hätte.

EB: Worüber redete Krishnamurti Ihrer Meinung nach tatsächlich?

BW: Bei meinen privaten Gespräche mit Krishnamurti erzählte er mir, worüber er seiner Meinung nach sprach. Psychologie, Philosophie und Religion, dies waren die Themen, über die er sprach – über alle drei. Es handelt sich nicht um mehrere Themen, sie sind miteinander verbunden, verwandt. Sie können nicht getrennt werden. Psychoanalytiker, moderne Psychoanalytiker glauben, daß es ohne Philosophie keine Psychoanalyse gebe. Das steht am Anfang, die philosophische Orientierung.

EB: Veränderte sich Ihre Praxis durch Ihr Interesse an Krishnamurti?

BW: In den ersten fünf Jahren meiner Ausbildung lernte ich die gewöhnliche Freudsche Psychoanalyse, aber nach meiner Ausbildung entdeckte ich, daß mein Interesse an Krishnamurtis Lehre in den Vordergrund trat. Eine Veränderung nahm ich wahr, als ich eine intensivere Beziehung zu meinen Patienten entfaltete. Ich wurde weniger unpersönlich und zögerte nicht, über meine Philosophie zu sprechen und sie mit meinen Patienten zu teilen. Ich gab ihnen Broschüren von Krishnamurti, und ich glaube, daß ich dadurch viel bewirkt habe und sich viele Patienten ebenfalls für Krishnamurti interessierten und seiner Lehre folgten. Meine psychoanalytische Praxis wurde wegen dieses Engagements für Krishnamurti kritisiert, aber ich machte weiter. Eine Menge Dinge, die zwischen mir und meinen Patienten geschahen, können nicht mit Worten beschrieben werden. Das Gefühl zwischen uns ist es, was durchkommt. Ich habe etwas Wichtiges gelernt, und dies ist etwas, das ich von Krishnamurti gelernt habe. Ich neige dazu, andere zu verurteilen, und ich lernte im Verlauf der Jahre, diese Eigenschaft wahrzunehmen. Dies äußerte sich zunächst als Ungeduld, die die Patienten spürten, wenn sie meine Praxis betraten; und wenn sie wieder gingen, hatten sie den Eindruck, jedes Mal verurteilt zu werden. Als sie später in meine Praxis kamen, gewannen sie den Eindruck, daß hier jemand war, der sie nicht verurteilte, und sie verließen die Praxis mit einem ähnlichen Gefühl, wie ich es empfand, wenn ich Krishnamurti verließ.

EB: In seinem ganzen Leben betonte Krishnamurti die Freiheit, die psychische Freiheit. Was ist Ihre Meinung dazu?

BW: Viele Psychologen glauben nicht an eine psychische Freiheit – sie glauben, der Mensch sei konditioniert und sei Opfer der eigenen Vergangenheit, und niemand sei psychisch frei. Nichtpsychologen sagen manchmal, man sei nicht so frei, wie man es gerne möchte, denn wenn es nur einen weiteren Menschen auf der Welt gebe, würde einen der andere daran hindern, das zu tun, was man möchte. Aber Krishnamurti sprach nicht von dieser Art von Freiheit, er sprach von der psychischen Freiheit, und dies ist leicht verwirrend. Wir sind Teil unserer gesamten Vergangenheit, aber psychisch können wir frei werden. Wir verstehen Krishnamurti oftmals nicht sofort, weil er von der psychischen Freiheit, dem psychischen Tod, dem psychischen Ende spricht und darunter nicht ein technisches Ende meint. Psychisch frei zu sein bedeutet, frei von den Konditionierungen der Vergangenheit zu sein.

„Meiner Meinung nach kann man Krishnamurti nicht mit Worten beschreiben. Man kann sagen, er sei ein Weltlehrer gewesen oder man kann ihn für einen großen Psychologen, Philosophen und großen religiösen Lehrer halten, und dies würde dem Zuhörer nichts vermitteln."
– Benjamin Weinniger

EB: Die meisten Religionen und Philosophien sprechen von der Bedeutung der Selbsterkenntnis. Was ist der Schlüssel zum Selbstverständnis?

BW: Der Schlüssel zum Selbstverständnis in der Psychoanalyse beruht auf der Enthüllung vergangener Geschichten, und Krishnamurti betont hier einen sehr wichtigen Punkt – einen geringfügig anderen Punkt. Für ihn liegt der Schlüssel in der Wahrnehmung der eigenen Reaktionen. Für gewöhnlich werden Ihre Vorstellungen darüber, wie die Dinge sein sollten, ständig bedroht, und wenn Ihr Bild bedroht wird, reagieren Sie, und manchmal reagieren Sie zornig oder verstimmt, und diese Reaktionen sind immer Teil Ihrer Vergangenheit. So können Sie an Ihre Vergangenheit durch das Verständnis Ihrer Reaktionen herantreten, statt in der vergangenen Geschichte herumzuwühlen.

EB: Können Sie den Menschen Krishnamurti und seine Lehre beschreiben?

BW: Meiner Erfahrung nach kann man Krishnamurti nicht mit Worten beschreiben. Man kann sagen, er sei ein Weltlehrer gewesen oder man kann ihn für einen großen Psychologen, Philosophen und großen religiösen Lehrer halten, und dies würde dem Zuhörer nichts vermitteln. Es gibt keinen Weg, in meinem begrenzten Vokabular Krishnamurti anders zu beschreiben, als durch das Studium seiner Lehre. Man erhält einen Eindruck durch die Filme und die Videos, man kann so einen Eindruck von Krishnamurti erhalten, ohne seine Bücher zu lesen. Seiner Gegenwart konnte man sich nicht entziehen, er war tatsächlich der Mensch, der er war; als ich ihn 1945 bei einem Vortrag erlebte, kam er ein wenig spät an, fünf Minuten später – und er kam heraus, um mir zu sagen, daß er sich ein wenig verspätet hatte und gab mir die Hand und ging schnell wieder. Die Wirkung seiner zittrigen Hände, seiner Gegenwart war aber so nachhaltig, daß ich, nachdem er wieder weg war, den Eindruck hatte, ich könnte nach Hause gehen, so stark war die Wirkung. Seine Gegenwart war es, die sich mitteilte, und viele, die seine Vorträge hörten, können sich vielleicht nicht mehr genau an das erinnern, was er sagte. Einige von ihnen erinnern sich und können davon erzählen, aber andere erinnern sich nicht, weil das, was Krishnamurti mitteilte, sich non-verbal mitteilte; der heilige Teil, der schweigende Teil äußerte sich non-verbal, und darauf reagierten die Menschen, auch wenn er nichts sagte.[58]

Krishnamurti besaß ein langjähriges Interesse an Erziehung. Für ihn war dies ein Unternehmen, an dem Studenten, Lehrer und Eltern gleichermaßen beteiligt sind. Alle sollten gemeinsam lernen. 1928 wurde in Indien die erste Schule in Rishi Valley eröffnet neben seinem Geburtsort Madanapalle. Eine zweite Schule, die Rajghat School, liegt am Ufer des heiligen Ganges neben der alten Stadt Benares, heute Varanasi genannt. Die Schule wurde 1934 eröffnet, obwohl das Land bereits einige Jahre früher gekauft worden war. Ahalya Chari hatte eine langjährige Beziehung zu Krishnamurtis Arbeit. In ihrem Buch *Krishnamurti at Rajghat* beschreibt sie die ernsthafte Absicht, mit der Krishnamurti Erziehung betrachtete.

AHALYA CHARI

AUTORIN UND ERZIEHERIN, RAJGHAT SCHOOL, VARANASI, INDIEN

Ahalya Chari, Autorin und Erzieherin an der Rajghat School am Ufer des Ganges, 1989.

1928 wurde Krishnamurti von der bekannten Universität von Berkeley in Kalifornien dazu inspiriert, selbst Bildungsanstalten zu gründen. Bei der Suche nach Land schien Krishnamurti von Anfang an zu wissen, was er wollte: »Vierhundert Morgen Land am Ufer des Flusses bei Benares (Varanasi).« Die Aufgabe wurde Sanjeeva Rao anvertraut, einem jungen Mann, der Dr. Besant nahestand, die ebenfalls Mitglied des Indian Educational Service war. Sanjeeva Rao machte sich zu »diesem wahnsinnigen Abenteuer« auf, das Land zu kaufen, auch wenn es ihm als »unsicheres Projekt« erschien. Nachdem er hundertfünfzig Morgen Land am Ufer der Ganga (Ganges) gefunden hatte, das dem British Military Cantonment Board gehörte, gelang es ihm mit Hingabe und Zähigkeit, die Behörden zu überreden, ihm das Land zu verkaufen. Geld wurde aufgetrieben, und dann, zu gegebener Zeit, verhandelte Sanjeeva Rao über den Kauf der 225 Morgen, die über dem Varana-Fluß, neben dem Dorf Sarai Mohana liegen.

Zwischen 1928 und 1948 baute Sanjeeva Rao ein Internat in Rajghat und nannte es Rajghat Besant School. Später wurde dort das Vasanta College für Frauen und Vasantashrama, ein Frauenhaus, gegründet.

Als Krishnamurti 1948 nach einer längeren Abwesenheit nach Varanasi zurückkehrte, wohnte er in Rajghat in einem Haus über dem Ganges. Und während der nächsten achtunddreißig Jahre kehrte er immer wieder zu diesem Haus zurück und hielt Vorträge vor Studenten, Gelehrten und Besuchern aus aller Welt.

Der Ganges entspringt im Himalaya und fließt über die großen Ebenen Nordindiens zur Bucht von Bengalen. Außer entlang einer Strecke zwischen den Ghats von Varanasi, wo der Fluß sich plötzlich wendet und nach Norden auf seine Quelle zufließt, folgt er einem südöstlichen Kurs. Für die alten Geographen war der Fluß, der sich sich selbst zuwendet, wie der meditierende Geist eines Weisen, und dies war ein Symbol für die Heiligkeit des Flusses.

In Krishnamurtis Schriften taucht der Ganges als Bild für den meditierenden Verstand als eine immer wiederkehrende Metapher auf. Krishnamurti schrieb in Rajghat in sein Tagebuch: »Die Meditation war wie der Fluß, nur hatte sie keinen Anfang und kein Ende; sie begann, und ihr Ende war ihr Anfang.«

Die Metapher geht weiter, denn die lebenspendenden Wasser des Ganges haben Ähnlichkeit mit dem meditierenden Geist:

Der Fluß krümmt sich majestätisch, als er nach Osten weiterfließt und die Dörfer, Stadt und den Wald hinter sich zurückläßt, aber hier, genau unterhalb der Stadt und der Brücke, ist der Fluß und sein gegenüberliegendes Ufer wie die Essenz aller Flußufer; jeder Fluß kennt sein eigenes Lied, seine eigene Freude und sein eigenes Unheil, aber hier, aus dem Schweigen heraus, enthält er Himmel und Erde. Es ist ein heiliger Fluß, wie es alle Flüsse sind, aber wiederum hier, in dem Teil des langen, gekrümmten Flusses, liegt die Milde einer ungeheuren Tiefe und Zerstörungskraft.

»Das Leben ist wie ein Fluß«, erzählte er den Kindern in der Rajghat School. »Nie ruhig, immer lebendig und vielfältig – wir alle müssen uns darauf vorbereiten – ein Ort wie [Rajghat] sollte eine Atmosphäre herstellen, wo ihr jede Gelegenheit habt, unbeeinflußt und unkonditioniert zu wachsen, damit ihr, wenn ihr (diesen Ort) verlaßt, das Leben intelligent und ohne Furcht lebt.«

Die Erziehung war für Krishnamurtis erklärtes Ziel »den Menschen von seinen Konditionierungen zu befreien« äußerst wichtig, und das Lernen über das Leben war wesentlich für diesen Prozeß. Seine Forderung, eine neue Generation zu schaffen, die dazu fähig ist, die grundlegenden Fragen zu stellen, frei von einem Handeln, das auf Angst, Zorn und Neid beruht und frei von der Last der Tradition, des Dogmas und des Glaubens ist, ist einzigartig. Es integrierte den Lehrer wie auch den, der erzogen werden sollte. Und dies ist der Same für die Erneuerung der Menschheit und der Gesellschaft.

Die Art, in der Krishnamurti diese Herausforderung betonte, war beunruhigend. Er gab den Erziehern keine Möglichkeiten, um pädagogische Theorien auszuarbeiten. Er wußte, wie sehr uralte Traditionen den Verstand der Lehrer beeinflußt haben, er war leidenschaftlich, ungeduldig, unerbittlich in seinen Diskussionen mit ihnen, er forderte höchste Aufmerksamkeit. »Gibt es Menschen, die mit uns arbeiten wollen, um eine radikale Veränderung bei sich und den Studenten zu bewirken?«, fragte er immer wieder. Und im Verlauf der Jahre kamen viele Lehrer nach Rajghat und versuchten auf ihre Weise, diese Absicht lebendig zu halten. Aber die Aufgabe war immer schwer gewesen, denn hier an diesen Orten, die von Krishnamurti gegründet worden waren, regieren nicht Systeme oder Methoden, sondern die Welt im Inneren lebt, bewegt sich, verändert sich und läßt einen nie entkommen. Der Weg mit Krishnamurti war wie der Weg durchs Feuer, und wenn man die Flamme in sich am Leben hielt, konnte man die Entdeckerfreude plötzlich, in einem Augenblick empfinden, andernfalls nicht.

Zu den Schülern war Krishnamurti höflich und liebevoll. Er sprach über die Angst und entwirrte mit ungeheurer Geduld die vielen Möglichkeiten, die Eltern, Lehrer, die Gesellschaft im Großen und die Religion nutzt, um den Verstand der Kinder zu formen. Er machte auf unterschiedliche Weise deutlich, wie Gewohnheit, Nachahmung und Übereinstimmung Verstand und Herzen zerstören. Und er schockierte die Älteren, die anwesend waren, indem er zu den Schülern von der »Gewalt des Gehorsams« sprach. Krishnamurti war von den Kindern in Rajghat durch deren Fähigkeit beeindruckt, ruhig sitzen zu können und mit ihrem Sinn für Wunder zuhören zu können. »Wo in aller Welt können Sie eine solche Unschuld finden?« bemerkte er einmal. Und die Schüler stellten in seiner Gegenwart alle möglichen Fragen.

Krishnamurti war zutiefst über die Situation der Frauen in Indien besorgt. Er wandte sich den jungen Frauen im College geduldig und mit ungeheurer Zuneigung zu. Die Mädchen hörten ihm zu und fragten sich, ob sie je ein unabhängiges Leben, frei von Argwohn und frei von der Vorherrschaft der Männer führen konnten.

Krishnamurtis Mitgefühl mit den Armen des Landes war tief. Er wollte, daß die Schulen der K.F.I. (Krishnamurti Foundation of India) lernten, für ihre

Nachbarn zu sorgen. Immer wieder spornte er die Kinder an und fragte sie, ob sie sich in irgendeiner Weise verwandt mit den Armen fühlten. In einem seiner öffentlichen Vorträge sagte er zu seinen Zuhörern: »Eines der seltsamen Dinge ist es, daß Indien ein sehr trauriges Land ist und es dennoch immer ein Lächeln schenkt. Das Lächeln der Armen. Sie verhungern, sind unterdrückt, kennen kein Glück, arbeiten ständig und dennoch, wenn Sie durch die Straßen gehen, vor allem auf dem Land, lächeln sie ihnen zu. Dieses geschieht nirgendwo sonst auf der Welt. Dieses ist das Wunder dieses Landes.«[59]

Die Krishnamurti Foundation of India betreibt seit langem Schulen für arme Kinder und Kinder vom Land. Die Rajghat Agricultural School ist ein weiteres Vorhaben Krishnamurtis. (Bilder oben)

Krishnamurti wollte schon seit langer Zeit eine Schule in Ojai gründen. Vor vielen Jahren, 1926 und 1927, hatte Annie Besant versucht, Geld für den Landkauf aufzutreiben. Als 200.000 Dollar zusammen gekommen waren, wurde die Happy Valley Association gegründet und 450 Morgen wurden im oberen Teil von Ojai und 240 Morgen im unteren Teil von Ojai bei Meiners Oaks erworben. Dieses untere Gebiet enthielt Oak Grove, wo Krishnamurti viele Jahre lang Vorträge hielt. Die drei ursprünglichen Gründungsmitglieder waren Krishnamurti, Rosalind Rajagopal und Aldous Huxley. Es war ein bescheidener Anfang, aber die Leidenschaft für die Erziehung in all ihren Formen, von Kindern wie auch Erwachsenen, zwang Krishnamurti, ein Zentrum in der »Neuen Welt« zu gründen, wo seine erzieherischen Vorstellungen in die Praxis umgesetzt werden konnten. Mit Rosalind als Direktorin sah er die Schule gut aufgehoben. Er plante dann, nach Australien und Indien aufzubrechen, aber ein Rückfall in eine Krankheit verhinderte die Reise bis 1947.

In Indien nahm der Druck auf die britische Regierung zu, Indien zu verlassen. An der Spitze dieser Bestrebungen standen der visionäre M. K. Gandhi und dessen Anhänger. Aber diese Bewegung hatte nicht nur das politische Ziel, das Joch der englischen Kolonialherrschaft über Indien abzustreifen und das britische Empire zu verkleinern, sondern sie hatte gleichermaßen das Ziel, eine Sozialreform in Indien durchzuführen. Diese idealistischen jungen Sozialisten sahen, daß ihr Land nicht nur von Fremdherrschaft befreit werden mußte, sondern sie demonstrierten auch solidarische Gleichheit seiner Bürger.

Im August 1947 gewann Indien seine Unabhängigkeit von England, und in der berauschenden Atmosphäre der Freiheit kehrte Krishnamurti allein in seine Heimat zurück, nach einer Abwesenheit von neun Jahren. Allerdings war es nicht nur die Freiheit von der Kolonialherrschaft, die ihn erfreute, sondern auch ein expansiver Sinn der Freiheit von den diktatorischen Impulsen der Rajagopals. Seit Jahren hatte Krishnamurti in engem täglichen Kontakt mit ihnen gelebt, die einzige Abwechslung waren lange einsame Spaziergänge gewesen. Nun kam er in Kontakt mit einer vitalen und ernsthaften Gruppe von Menschen mit einem alten geistigen Erbe. Der Gedankenaustausch war ein täglicher Teil des Lebens, und Krishnamurti blühte in dieser Atmosphäre auf.

Eine Gruppe formte sich um ihn, die die besten Geister jener Tage enthielt. Angefeuert durch ihre neue politische Freiheit, durchdrungen von einer uralten Tradition des Dialogs, wurde aus der Gruppe eine dauerhafte Vereinigung. Von 1947 bis heute wurde diese Verbindung durch einen steten Zustrom von neuen Mitgliedern bereichert und belebt. Sie kamen aus unterschiedlichen politischen und literarischen, künstlerischen und akademischen Kreisen. Viele waren Freiheitskämpfer gewesen, die wegen ihres Kampfes für die Unabhängigkeit eine gewisse Zeit im Gefängnis verbringen mußten.

... Dann kam ich nach Indien, und ich sah, daß die Menschen sich selbst täuschten, die gleichen alten Traditionen weiterführten, die Frauen grausam behandelten. Zur gleichen Zeit nannten sie sich religiös und rieben Asche in ihr Gesicht. In Indien mag es die heiligsten Bücher der Welt geben, mag sich die größte Philosophie entfaltet haben, mag es die wunderbarsten Tempel der Geschichte geben, aber nichts davon vermochte mir zu geben, was ich suchte. Weder in Europa noch in Indien konnte ich das Glück finden.

– LIFE IN FREEDOM, 1928

Eine der jungen Frauen, die damals gegen die Kolonialherren kämpften, war Pupul Jayakar, stets eine engagierte Sozialarbeiterin, die sich für Indiens untere Gesellschaftsschichten einsetzte. Heute ist sie eine bekannte Autorin und Biographin Krishnamurtis und Indira Gandhis, mit der sie eng zusammenarbeitete. Sie ist eine von Indiens angesehenen Intellektuellen.

PUPUL JAYAKAR

AUTORIN UND BIOGRAPHIN, BOMBAY, INDIEN

PJ: Krishnaji kehrte 1947 nach dem Krieg und einer Abwesenheit von mehreren Jahren nach Indien zurück. Im Januar 1948 besuchte ich meine Mutter. Ich war eine engagierte Sozialarbeiterin und politisch aktiv tätig. Ich hatte damals überhaupt kein Interesse an einem religiösen Leben. Mein Vater war einige Jahre zuvor gestorben, und meine Mutter hatte diesen Einschnitt nie überwunden. Es gab einen alten Freund meines Vaters, Sanjeeva Rao, der mit Dr. Besant seit Jahren in Kontakt stand und der damals für die Organisation von Krishnajis Besuch in Indien verantwortlich war. Er besuchte meine Mutter, und als ich ging, erzählte er mir, daß er meine Mutter zu Krishnaji mitnehmen wollte. Als Kind hatte ich die theosophische Mädchenschule in Benares besucht. Ich erinnere mich, daß ich Krishnaji für eine Minute sah und von der außergewöhnlichen Schönheit des Menschen Krishnaji überwältigt war. Ich hatte nichts anderes vor, und deshalb wollte ich meine Mutter begleiten, um diesen schönen Menschen zu sehen. Wir gingen zur Carmichael Road, wo er wohnte, und nach einer Weile kam Krishnaji herein. Wenn Sie ihn damals gesehen hätten, es war wie der plötzliche Auftritt einer Präsenz, anders als alles, was ich vorher je erlebt habe. Er war sehr schön, eine Schönheit, die er auch im Alter besaß, aber als ich ihn zum ersten Mal sah, war die Wirkung umwerfend. Er trug eine indische Kleidung. Ich erinnere mich, daß er in jenen Tagen viel lachte, und er lachte, als er den Raum betrat. Sanjeeva Rao stellt uns vor, Krishnaji setzte sich hin und meine Mutter fing an, ihm von meinem Vater zu erzählen. Nach einer Weile wandte er sich ihr zu und sagte: »Amma, Sie sind zur falschen Person gekommen. Ich kann Ihnen keine Anteilnahme schenken.« Dieses kam wie ein Schlag, und ich wußte nicht, was er damit sagen wollte. Er sagte: »Welchen Mann vermissen Sie? Den Mann, den Sie geheiratet haben, den Mann, der der Vater Ihrer Kinder ist oder den Mann, der er gewesen wäre, falls er noch leben würde. Haben Sie den Menschen noch im Gedächtnis?« Es war alles sehr eigenartig. Ich fühlte mich ein wenig unbehaglich und verärgert, daß er meiner Mutter nicht den Trost geben konnte, den sie brauchte. Dann wandte er sich mir zu und fragte: »Und was machen Sie?« Ich sagte: »Ich bin Sozialarbeiterin.« Er fing an zu lachen. Ich war verwirrt, warum er

Pupul Jayakar und Krishnamurti, 1979.

darüber lachte. Er sagte, das sei wie bei einem Menschen, der mit einen Eimer zum Brunnen geht, der ein Loch hat, und je mehr Wasser man aus dem Brunnen schöpft, desto mehr fließt durch das Loch wieder aus dem Eimer hinaus. Er sprach so eine Weile. Wir waren etwa eine Stunde lang bei ihm. Als wir nach Hause kamen, schwor ich, nie wieder zu ihm zu gehen, aber ich konnte diesen Schwur nicht halten; als ich hörte, daß er einige öffentliche Vorträge hielt, ging ich hin, um ihn wieder zu hören. Ich könnte kein Wort von dem verstehen, worüber er sprach, aber ich ging wieder hin. Dann kam Sanjeeva Rao zu mir und sagte mir, daß mich Krishnaji zu seinen Vorträgen in einem kleineren Kreis einladen wolle.

Ich nahm teil, und danach gab es kein Umkehren mehr.

EB: Was wurde damals gesagt, das für Sie so entscheidend war?

PJ: Ganz am Anfang gab es sehr kleine Gesprächsgruppen in Indien, in denen zwölf, fünfzehn Leute um ihn zusammenkamen. Damals saß er jeden Morgen und Abend da, und die Leute kamen, setzen sich zu ihm und stellten Fragen. Es war eine enorme Offenheit vorhanden, und großes Mitgefühl war von seiner Seite zu spüren.

Ich war tief bewegt. Ich erinnere mich, daß er damals mit Menschen sprach und sie dabei mitleidslos herausforderte, sie befragte, ihnen dann zuhörte und dann an einen Punkt kam, an dem man plötzlich etwas klarer sehen konnte. Dieser Augenblick der Erkenntnis, den ich nicht beschreiben kann, verwandelt das Selbst in der Tiefe. Es geschah mit mir, und ich glaube, daß der Moment des Zuhörens und Erkennens für mich das bedeutungsvollste Ereignis war, das ich erlebt habe.

EB: Dies muß eine überwältigende Erfahrung gewesen sein, und sie fühlten, daß von da an keine Umkehr mehr möglich war?

PJ: Ja, und von da an entfaltete sich die Lehre. Er gab diesen enormen Energiestrom. Er wand sehr viel Zeit dafür auf; er traf morgens und abends Gruppen von Menschen, es gab kleine und große Diskussionsrunden, er hielt öffentliche Vorträge und sprach mit Menschen in privaten Sitzungen. Krishnaji war auf jedem dieser Gebiete völlig anders, und wenn er private Gespräche führte, war es, als ob er ein Spiegel war, den er einem vorhielt. Den Menschen Krishnaji gab es dann nicht, er war gerade wie ein Spiegel, in dem die Gegenwart Krishnajis sie veranlaßte, anzusehen, was Sie waren. Er erlaubte nicht, daß man sich diesem Blick entzog. In den Diskussionen war für mich am interessantesten, zu sehen, wie er auf dem gleichen Niveau anfing, wie die Leute um ihn herum.

Als er die Menschen befragte, befragte er sich ebensosehr wie die anderen. Er war vorbereitet, sich zurückzuziehen und anzusehen, was er sagte. Ich denke, daß bei Krishnaji ein anderes sehr wichtiges Element die Qualität des Zuhörens war. Man kannte einfach diese Art des Zuhörens noch nicht. Ich glaube nicht, daß sie irgendwo sonst in der Welt existierte. Eine Art des Zuhörens, in dem sich das Selbst nicht bewegt. Ein Zuhören, das in gewissem Sinne das Absolute ins Spiel bringt. Man fühlte es. Es war wirklich greifbar.

EB: Waren Sie in jenen Jahren fähig, ihn in einem anderen Zusammenhang zu sehen, als in dem des Lehrer, eher weniger förmlich?

PJ: Ja. Er machte mit uns Ausflüge. Er kam oft zu uns zum Abendessen. Zwei oder drei Situationen gibt es, an die ich mich sehr lebhaft erinnere. Es ist schwer zu sagen, daß Krishnaji persönliche Beziehungen hatte. Jeder Mensch empfindet eine Art von Einzigartigkeit in seiner Beziehung zu Krishnaji. Er reagierte auf jeden Menschen dadurch, daß er das bot, was jedem speziell fehlte. Er lachte viel, und meine Mutter, die eine sehr gute Köchin war, kochte früher gerne für ihn. Er aß gerne. Er genoß das gute Leben. Ob es die Art war, in der ein Haus eingerichtet war oder die Art, auf die das Essen vorbereitet oder serviert wurde. Er erlebte solche Situationen auf eine sehr menschliche Weise.

EB: Sie erwähnten seine Beziehungen und sagten, daß es vielleicht eine Grenze gab, über die hinaus die Menschen nicht in eine totale Beziehung zu ihm treten konnten.

PJ: Nein, ich meinte, daß man sich nicht vorstellen konnte, eine Beziehung zu ihm zu haben, wenn er auf seinem Podest saß, als der Lehrer, weil man da dieses Absolute empfand; er war wie ein leeres Gefäß, und dennoch gab es in ihm diese Fülle. Man fand bei ihm nichts Persönliches. Wenn er ein Interview gab, konnte man auch hier die Wärme fühlen, das Mitgefühl, die Milde und Liebe dieses Mannes, doch nichts Persönliches. Wenn man mit ihm an einem Eßtisch saß oder mit ihm unterwegs war, erzählte er Anekdoten, stellte Fragen über Indien, unsere Kinder, unsere Familien und unsere Probleme. Er war auch besorgt um die Stellung der Frauen in Indien. In vielen seiner Vorträge wird dies reflektiert.

EB: Würden Sie sagen, daß sein Verständnis der Stellung der indischen Frau mit einem Verständnis der äußersten Armut in diesem Land verbunden war?

PJ: Nein, es hatte nichts mit der Armut in Indien zu tun. Es war die damalige soziale und wirtschaftliche Stellung der indischen Frau, in der sie von ihrem Mann abhängig war. Die Gesetze ließen sie nicht am Erbe ihres Vaters teilhaben. Krishnaji sprach in seinen Vorträge häufig über die Notlage der indischen Frauen.

EB: Sie erwähnten, daß er die Sozialarbeit mit der Benutzung eines Eimers mit einem Loch verglich. Sah er es später auch noch so? Gibt es nichts, das auf ein Interesse an der sozialen Frage hindeutet?

PJ: Er sagte oft zu mir: »Warum verschwendest Du Deine Zeit, Pupul?« Aber er war sehr interessiert an den Webern, um die ich mich kümmerte. Es war sehr eigenartig, nachdem ich alles aufgegeben hatte, was letztes Jahr gewesen war, sagte er: »Du hast dies über die Jahre hin geschaffen, willst Du dies nun aufgeben?« Ich sagte: »Warum fragst Du? Es ist nun vorbei.« Er sagte: »Aber Du wirst damit aufhören?« Ich glaube, für ihn war der schöpferische Augenblick sehr wichtig. Aus dem schöpferischen Augenblick heraus geschehen die Dinge.

EB: Würden Sie sagen, daß Krishnamurti in seinem Leben enge Freundschaften besaß?

PJ: Ja. Ich glaube schon. Er sagte zu mit etwas sehr seltsames, kurz nachdem ich ihm begegnet war. Er sagte: »Die Menschen verehren mich normalerweise, behandeln mich wie ihre Gottheit, oder sie hassen mich. Ein Freund zu sein, ist sehr schwierig.«

EB: Krishnaji hat in seinem Leben großes Interesse an einer Vielfalt von Dingen gezeigt, an Autos, an Kleidung, waren dies die Bereiche, in denen er spielen konnte?

PJ: Er war spielerisch. Es gibt eine Seite an ihm, die lachte, sich entspannte, menschlich war. Manchmal konnte jemand, der Krishnaji nicht kannte, seine Fähigkeit zur Entspannung mißverstehen. Ich glaube nicht, daß Krishnaji später so spontan war wie früher. Er wurde viel ernster.

EB: Sie erzählten zuvor, daß Sie und Ihre Schwester mit Krishnamurti 1948 in Ootacamund waren. Könnten Sie uns davon erzählen?

PJ: Ich kannte Krishnaji damals gerade fünf Monate lang. Ich fing an, ihn zu kennen, aber er war noch sehr der unbekannte Fremde, wenn ich es so sa-

gen kann. Er bat uns, nach Ooty mitzukommen. Wir hatten nicht die Absicht, nach Ooty mitzukommen.

EB: Könnten Sie uns zuerst erzählen, wo Ooty liegt?

PJ: Ootacamund oder Ooty ist ein Ort in den Bergen im Süden, in den Nilgiris, in einer Höhe von beinahe dreitausend Metern gelegen. Es gibt dort viel Wald. Es gibt große Kiefer-Alleen und –wälder, Wiesen, und alles ist sehr grün. Krishnaji wollte dort mit einem Freund etwa sechs Wochen lang bleiben. Ich erhielt von ihm einen Brief, in dem er meine Schwester Nandini und mich plötzlich bat, mit ihm nach Ooty zu fahren. Wir gingen mit. Nandini hatte viel um die Ohren, sie mußte eine ganze Familie versorgen, aber wir kamen mit. Nach vierzehn Tagen fragte er uns plötzlich, ob wir abends bleiben wollten. Er bat uns, in sein Zimmer zu kommen. Wir gingen in sein Zimmer. Er sagte: »Was auch immer geschehen mag, habt unter keinen Umständen Angst. Falls ich in Ohnmacht falle und mein Mund offen bleibt, schließt ihn. Setzt euch etwa einen Meter von mir entfernt hin und beobachtet mich einfach.

EB: Nur Sie und Ihre Schwester waren da?

PJ: Ja, nur wir beide. Er begann damit, über enorme Schmerzen in einem Zahn zu klagen. Wir dachten, er hätte Zahnschmerzen, aber er sagte: »Nein, nein, ihr versteht nicht. Sitzt einfach leise da.« So saßen wir also da. Dann beklagte er sich über enorme Schmerzen im Kopf und im Rükken. Er sprach in einer poetischen Sprache. Er stöhnte, und dann sprach er in dieser wunderbaren Sprache.

EB: War diese Sprache Teil seiner Lehre?

PJ: Er sprach über die Natur, die Blätter und Steine, und dann sagte er: »Sie haben mit mir viel Spaß. Weißt du, was sie tun? Sie leeren meinen Verstand.« Ich erinnere mich heute nicht mehr an die genauen Worte. Er deutete an, daß es Kräfte in seinem Kopf gab, die tätig waren, seinen Kopf aufräumten, völlig leerten, damit er in diesen Zustand kommen konnte. Dieses ging stundenlang so, dauerte manchmal vier Stunden, fünf Stunden, sechs Stunden.

EB: Über mehrere aufeinanderfolgende Nächte?

PJ: Fünfzehn oder sechzehn Nächte ohne Unterbrechung. Der ganze Ort war von dem Gefühl der Heiligkeit erfüllt. Wir waren neu dabei, aber wir hatten wirklich den Eindruck, in einem Tempel zu sein. Nicht in einem gewöhnlichen Tempel, sondern vor einer großartigen Präsenz. Es geschah etwas anderes sehr eigenartiges. Er rief seinen eigenen Namen. »Krishna ist gegangen, er hat mich verlassen. Oh nein, nein, er hat mich gebeten, ihn nicht zu rufen. Ich darf ihn nicht rufen, er wird sehr wütend sein. Ich darf ihn nicht rufen.« Dann, eines Tages, sagte er: »Sie sind zurück, seht ihr sie nicht. Vom Regen gewaschen, makellos.« Nachdem dieses einige Zeit so ging, fiel er in Ohnmacht. Dann kam er wieder zu sich, und er war für einige Zeit wieder ganz Krishnaji. Dann begann es erneut, die drei Dinge – der enorme Schmerz, der enorme Eindruck einer Präsenz im Raum und der wunderbare Fluß der Sprache.

EB: Wenn er so sprach, war es dann seine eigene Stimme?

PJ: Wenn er über die Natur sprach, war es seine eigene Stimme, aber wenn er nach Krishna rief, war es eine andere Stimme. Es war eine Stimme, die eine leere Stimme war. Völlig leer, wie soll ich es sagen?

Es war eine leere Blase, die ihn rief. Manchmal schien der Körper plötzlich zu wachsen. Ich hatte den Eindruck eines enormen Umfangs.

EB: Erschien er physisch größer?

PJ: Es klingt vielleicht dumm, wenn ich sage, daß es schwer zu erklären ist, aber es war, als ob plötzlich ein Licht kommen würde.

EB: War er dann bewußtlos?

PJ: Er war dann bewußtlos. Ich erinnere mich sehr gut, daß er einmal am Ende in Ohnmacht fiel. Als er in Ohnmacht fiel, wurde sein Gesicht schmerzverzerrt, aber plötzlich veränderte es sich. Es wurde völlig entspannt. Jede Spur von Schmerz verschwand. Es wurde ein meditatives Gesicht, mit einer Schönheit, die mit keinen Worten beschrieben werden kann. Wir beobachteten das Ganze einfach, wir fühlten eigenartigerweise, daß wir unsere Hände falten wollten. Dann schien er aus seiner Ohnmacht zurückzukommen. Er lag da und wandte sich uns zu. Er sagte: »Habt ihr das Gesicht gesehen?« Wir sagten: »Ja.« Er sagte: »Der Buddha war hier.« Ich weiß nicht, wie wir so ruhig und gefaßt blieben, weil wir nicht wußten, wo wir waren. Hier waren wir wie zwei Kinder im Wald, die sich plötzlich in einer Situation befanden, die unerwartet war, jenseits von allem, das wir je erlebt hatten.

Ich erinnere mich sehr gut an einen anderen Vorfall in diesem Zeitraum. Wir gingen spazieren. Er sagte, er wolle in den Wald gehen. Es fing an zu regnen, und deshalb nahmen wir den Wagen, da wir dachten, er würde naß werden, und wir könnten ihn zurückbringen. Wir fuhren die Straße entlang, aber konnten ihn nicht finden, und deshalb fuhren wir zurück. Innerhalb von zwei Minuten betrat er den Raum. Er war völlig trocken. Wir sagten: »Krishnaji, wo warst Du spazieren?« Er sagte: »Entlang der Straße.« Ich sagte, »Du warst nicht da, und wir fuhren die Straße lang, und Du warst nicht da.« Plötzlich wandte er sich von uns ab, legte sich aufs Bett und begann zu sprechen. Er sagte: »Sie bedeckten mich mit Blättern, ich war mit allen Blättern bedeckt, die von den Bäumen gefallen waren. Ich kam beinahe nicht zurück.« Bis heute weiß ich nicht, wo er spazieren war. Er sagte, daß er auf der Straße spazierenging, aber er war nicht auf dieser Straße. Es war eine äußerst seltsame Erfahrung für uns.

EB: Machte er während dieser Zeit mit seinen gewohnten Aktivitäten weiter?

PJ: Oh ja. In diesen Geschehnissen war er vollkommen in Ordnung. Er hatte sich damals einen Bart wachsen lassen. Er ging weiterhin spazieren. Ich erinnere mich, daß er damals sehr schnell ging.

EB: Er tat dies auch noch später.

PJ: Er ging den Hügel hinunter, und wir beobachteten ihn manchmal, wie er herunterkam. Ich erinnere mich an eine Gruppe von Frauen, die auf ihren Köpfen Holz trugen, und als sie ihn sahen, die Last von ihren Köpfen abluden und sich auf dem Boden niederwarfen, als er vorbeiging.

EB: Hatten Sie je daran gedacht, einen Arzt zu rufen?

PJ: Ja, dies war am Anfang der Fall. Wir sagten: „Sollen wir einen Zahnarzt rufen?« Dann sagte er: »Nein, nein, nein, sitzt gerade da. Habt keine Angst. Was auch immer geschieht, habt keine Angst.« Er war sehr besorgt, daß wir uns fürchten könnten. Es gab einen Vorfall, der sich in Ojai ereignete, als er sagte, daß er im Haus den Eindruck hatte, alles sei schmutzig. Er konnte keine Berührung ertragen, und deshalb nahm er eine Matte und legte sich unter einen Baum. Es hatte so etwas noch nicht gegeben. Er hatte nie über irgendeine Art von Schmutz gesprochen. Wenn es ein Gefühl dabei gab, dann den Eindruck von Heiligkeit. Einer großen Heiligkeit.[60]

EB: Glauben Sie, daß dieses auch noch später geschah? Ging dieser Prozeß noch weiter?

PJ: Nicht auf diese Weise. Die Präsenz, die den Raum erfüllte, diese Präsenz konnte man auch später manchmal fühlen.

EB: Jene Dinge, von denen Krishnamurti in seinem Notizbuch sprach.

PJ: Ja. Dies geschah nicht ununterbrochen.

EB: Hatte er zu dieser Zeit jemals von den Meistern oder ähnlichem gesprochen?

PJ: Nur dieses eine Mal: »Sie sind hier, sie sind hier. Makellos!« Ich glaube, daß er eine Redewendung wie Tautropfen oder Regentropfen benutzte, aber er sprach über die Meister. Er sagte früher, daß sie Spaß mit ihm hatten. Sie würden ihn nicht verlassen. Er fühlte, daß sein Gehirn völlig geleert wurde.

EB: In dem Notizbuch spricht er darüber, daß sein Gehirn herausgeschnitten wurde.

PJ: Was immer dieses Geschehen war, es handelte sich um eine intensive physische Angelegenheit. Was es sonst noch war, wissen wir nicht.

EB: Was war Ihrer Meinung nach die Beziehung zwischen dem Physischen, dem Schmerz, und dem anderen.

PJ: Wenn der Schmerz zu groß wurde, fiel er früher in Ohnmacht.

EB: Ich versuche, die Rolle des Schmerzes zu verstehen.

PJ: Ich kann Ihnen dies leider nicht sagen. Wir wissen es nicht. Ich erinnere mich, daß ich ihn fragte: »Du sprichst über Krishna, als ob er eine außenstehende Gestalt sei? Gibt es zwei Wesenheiten?« Er sagte: »Nein, nein, Pupul, es ist nicht ganz so, es ist nicht ganz so.« Er deutete an, daß es nur eine Wesenheit gebe.

EB: Konnten Sie irgendwelche Veränderungen in seiner Lehre nach diesen Erfahrungen feststellen?

PJ: Ich glaube, daß sich nach 1948 seine Lehre anders als zuvor gestaltete. Ob dies in Folge dieser Ereignisse der Fall war oder ob es noch etwas anderes gab, weiß ich nicht. Ich habe festgestellt, daß es jedesmal, wenn er durch diese Art von Erfahrung gegangen war, eine Wirkung gab. Die Lehre war nicht vollkommen anders, doch sie hatte eine neue Dimension erfahren. Ich sehe in der Lehre folgende Hauptphasen: 1948, 1960-1961 und 1972-1973. Dies sind die drei Hauptperioden. 1948 führte er einen direkt zur Selbsterforschung. Er führte einen von einem Gedanken zum nächsten, bis die Gedanken aufhörten. Er tat dies beispielsweise mit der Gier. Er tat dies mit der Furcht. Er sagte: »Und dann, was passiert nun?« – weshalb man genauer hinsah, »was ist nun«, wenn es geschah. Man beobachtete auch »was sein sollte«, wenn es in den Gedanken auftauchte. Weshalb man unmittelbar zu diesem »was ist nun« erwachte. 1961 war diese Phase vorbei. 1961 sagte er, geschieht der Prozeß Schritt für Schritt. Er löschte dies alles aus und sagte, Selbsterkenntnis sei notwendig, sei wesentlich. Aber er sah das Ganze, nicht den Teil in einem Ding. Alles wurde, wie ich Krishnaji oft erzählt habe, viel abstrakter. 1948 war alles viel persönlicher. 1972 gab es in seiner Lehre keine persönliche Beziehung. Es war eine absolute Lehre, ohne Beziehung zu einem persönlichen Ich. Dagegen gab es 1948 eine Beziehung zu einem persönlichen Ich. Es hatte eine Vertiefung und Reife stattgefunden, eine Ausweitung seiner Lehre. Sie wurde viel universeller. Zum erstenmal sprach er nun über ein Leben der Korrektheit, ein Leben, das völlig frei von egozentrischer Aktivität ist. Er sagte, dies sei wesentlich, bevor irgend etwas sonst entstehen könne. Er sagte dies 1948 nie.

EB: Es hat eine beständige Veränderung stattgefunden.

PJ: Es gab eine beständige Veränderung, es gab eine Zeit, als er den Mitgliedern der Foundation sagte: »Ich habe nichts zu tun mit den Foundations. Ich habe nichts zu tun mit Institutionen. Benutzt nicht meinen Namen in den Institutionen und benutzt mich nie als Autorität. Ich beschäftige mich nur mit dem individuellen und erwachenden Selbst-Bewußtsein des Menschen. Ich befasse mich mit nichts anderem.« Er hat einmal gesagt: »Mein wirkliches Dharma ist das.«[61]

Viele Jahre vor der Begnung mit P.J., sprach Krishnamurti mit großer Intensität über ein Thema, das auch sechzig Jahre später noch weltweit große Dringlichkeit besaß. Er sprach vor dem indischen Frauenverband:

Das Leben ist eine Einheit, ob bei Männern oder Frauen. Weil Frauen wie Männer Leid kennen, kennen beide diese Pein, und deshalb ist es falsch, zwischen Männern und Frauen zu unterscheiden. Weil jeder einen anderen Körper hat, glauben wir – die Männer glauben dies – daß Frauen anders behandelt und anders erzogen werden müßten. Aber leiden nicht Frauen auf die gleiche Weise wie die Männer? Kennen sie nicht die gleichen Zweifel, die gleiche Mühe, das gleiche Leid wie Männer? Wenn Sie also alles von einer höheren Warte aus betrachten, verschwindet das Geschlecht. Mit dem Verschwinden dieser Unterschiede – zwischen Männern und Frauen – wird das Leben viel einfacher und die Probleme, mit denen wir uns konfrontiert sehen, werden lösbar.

... Frauen sind viel eher als die Männer Hüter der Tradition. Falls sich die Frauen entschließen würden, die Welt zu verändern, könnten sie es morgen tun. Sie sind zu einer größeren Selbstaufopferung fähig als Männer und sind stärker. Aber die Frau, die die Hüterin der Tradition ist, muß ihre innere Einstellung verändern, falls sie das Leben verstehen möchte. Sie sollte nicht länger Sklavin sein. Ich verwende dieses Wort ausdrücklich, weil die Frauen zulassen, dominiert zu werden. Ich weiß, daß viele Frauen mit mir übereinstimmen, wenn sie weit entfernt von ihren Männern sind, aber wenn sie nach Hause zurückkehren, beginnen die Probleme. Dann beginnen die Männer, sie zu beherrschen. Warum sollt ihr euch anstrengen? Ihr seid so gut wie die Männer; ihr seid stärker! In Amerika haben die Schüler in einigen Schulen gestreikt, weil die Professoren die Schüler ohne Mitgefühl behandelt haben. Die Frauen sollten eine Gewerkschaft gründen und streiken, wenn sie es für richtig halten.[62]

– MADRAS, INDIEN, 1928

Sie trug einen großen Korb auf dem Kopf und hielt ihn mit einer Hand fest; er muß sehr schwer gewesen sein, aber ihr Gang blieb von dem Gewicht unberührt. Sie ging gerade, ihr Gang war leicht und rhythmisch. Auf ihrem Arm trug sie große metallene Ringe, die klingelten, und an ihren Füßen trug sie alte, abgenutzte Sandalen. Ihr Sari war schmutzig und durch den langem Gebrauch zerrissen. Sie hatte gewöhnlich einige Gefährten um sich, die alle Körbe auf dem Kopf trugen, aber an diesem Morgen war sie allein auf der Straße. Die Sonne war noch nicht so heiß, und hoch oben am blauen Himmel zogen einige Geier breite Kreise, ohne mit ihren Flügeln zu flattern. Der Fluß floß still neben der Straße her. Es war ein sehr friedlicher Morgen, und die einsame Frau mit dem großen Korb auf dem Kopf schien der Brennpunkt von Schönheit und Anmut zu sein; alles schien auf sie zu deuten und schien sie anzunehmen als Teil des eigenen Seins.

Sie war keine getrennte Einheit, sondern Teil von dir und mir und des Tamarind-Baumes. Nicht sie ging vor mir, sondern ich ging mit dem Korb auf dem Kopf dort entlang. Es war keine Illusion, kein Gedanke, sondern eine Erfahrung, die natürlich und unmittelbar war. Die wenigen Schritte, die uns trennten, waren verschwunden, die Entfernung, die der Verstand erzeugt, war völlig verschwunden. Es gab nur die Frau, nicht mich, der sie ansah. Und es war ein langer Weg zur Stadt, wo sie den Inhalt ihrer Körbe verkaufen würde. Am Abend würde sie auf der Straße zurückkommen und würde die kleine Bambusbrücke auf dem Weg zu ihrem Dorf überqueren, um am nächsten Morgen erneut mit ihrem Korb auf dem Kopf zu erscheinen.[63]

– VERSTAND UND LIEBE, 1960

Ein weiterer Schüler Krishnamurtis war Achyut Patwardhan. Er war stets ein Mensch, der von revolutionärem Elan getrieben war, und er war eine Führergestalt. Er hatte lange Zeit im Untergrund gelebt und sich so vor den Behörden versteckt gehalten. 1947 kam er verzweifelt zu Krishnamurti, denn er hatte erkannt, daß der Kampf um die Macht, der entbrannt war, solange die Briten ein gemeinsamer Feind gewesen waren, unter den Indern ausgebrochen war, als die Engländer das Land verlassen hatten. Dazu kam, daß die Ermordung Gandhis, im Januar 1948, das Land zersplittert und ohne Hoffnung zurückgelassen hatte. Diese Ereignisse hatten Patwardhan bewogen, das politische Leben aufzugeben und sich der Kontemplation zuzuwenden.

ACHYUT PATWARDHAN

ANTIKOLONIALISTISCHER KÄMPFER UND PHILOSOPH, MADRAS, INDIEN

»In dieser Hinsicht war Krishnamurti etwas Besonderes, denn er sagte, daß die Dualität zwischen Lehrer und Schüler verschwinden müsse, bevor man etwas verstehen könne.« – Achyut Patwardhan

EB: Krishnamurti schien stets ein großer Guru zu sein. In welcher Hinsicht war er Ihrer Meinung nach anders?

AP: Dies ist eine sehr interessante Frage. Vor allem für jemanden wie mich, der anfänglich zu ihm wie zu einem Guru aufgeblickt hat. In welcher Hinsicht hat Krishnamurti betont, kein Guru zu sein? Unsere Beziehungen beruhen darauf, daß wir von anderen Wissen erwerben, von anderen inspiriert werden, von anderen geleitet werden. Dabei hat Krishnamurti immer wieder darauf hingewiesen, daß wir Menschen zweiter Klasse bleiben, wenn wir von anderen abhängig sind, egal wie hoch deren Stellung auch immer sein mag. Wir müssen deshalb die Erfahrung machen, daß es Dinge gibt, die ein anderer nicht für einen selbst erledigen kann. Es gibt natürlich Psychologen und Philosophen, die einem dabei Hilfestellung geben können; ein Yoga Lehrer beispielsweise kann einem sagen, wie man geradesitzen und seinen Tagesablauf organisieren sollte. All dies mag nützlich sein, aber Krishnaji wollte, daß man verstand, daß es etwas Wichtiges gibt, das man für sich selbst tun muß und das niemand anders für einen erledigen kann – man muß seinen eigenen Ego-Prozeß erkennen. Das Erkennen des eigenen Ego-Prozesses ist etwas, das kein anderer für einen erledigen kann, und deshalb half Krishnamurti uns dabei, genau zu verstehen, was die Bedeutung des Denkens ist, wie die Begierde funktioniert, und wie der ganze Prozeß der Gier funktioniert. Dabei folgte er der großen Tradition des Buddha. Und er nannte dies auch: »Der selbsterhaltende Prozeß des Unwissens, der keinen Anfang und nur ein Ende hat.« Diese Worte erinnern an Buddha. Krishnamurti betonte immer wieder, daß der Mensch verstehen müsse, daß seine Entwicklung durch Wissen, Erinnerung, Vernunft, Denken und Reflexion vorangetrieben wird, und daß es ebenfalls einen Punkt gibt, an dem der Mensch die Grenzen des Denkens erkennt und sieht, daß das Denken das Problem erzeugt und es nicht die Probleme lösen kann, die es erzeugt.

Was ist die inhärente Begrenztheit des Denkens? Er glaubte, dies sei etwas, das der Mensch für sich selbst erfahren müsse, und er müsse die Antwort in sich selbst suchen. Die Fähigkeit und der Wunsch, das Problem zu erkennen und eine Antwort in sich selbst zu finden, bedeute, daß man nicht in anderen die Inspiration für die eigene Erleuchtung suche. Was vor allem nötig sei, sei ein Verständnis des Ego-Prozesses. Nun ist es mit dem Ego-Prozeß etwas Besonderes: Wenn man »Ich« sagt, so versteht man hier einen Ich-zentrierten Standpunkt, aber wenn man »Ego-Prozeß« sagt, so meint man hier das »Ich« aller; es beinhaltet alle anderen.

Deshalb braucht man das »Ich«, den eigenen Verstand und den eigenen Denkprozeß, um den Ego-Prozeß zu verstehen. Dieses ist ein bedeutender nicht-persönlicher Faktor. In dieser Hinsicht war Krishnamurti etwas Besonderes, denn er sagte, daß die Dualität zwischen Lehrer und Schüler verschwinden müsse, bevor man etwas verstehen könne, und das Verständnis beruhe darauf, daß man diese Dualität beende.

EINE ANEKDOTE: Ich erinnere mich, daß einige von uns zusammensaßen und jemand sagte: »Welches ist Deine Lehre, Krishnaji?« Krishnaji schaute ein wenig streng in die Runde und sagte: »Es gibt keine Lehre.« Für diejenigen von uns, die ihm zuhörten, stellte diese Antwort kein Problem dar, denn wir wußten, was er uns damit sagen wollte, denn wenn er irgend etwas gesagt hätte, so wäre daraus ein Wissen geworden, das im Gedächtnis gespeichert worden wäre, und das jederzeit, wenn es benötigt würde, wieder zurückgeholt worden wäre, und in diesem Sinne wollte er uns nichts anbieten, das aus uns Menschen zweiter Klasse gemacht hätte. Wir fühlten uns also zurechtgewiesen und blieben ruhig. Aber nach einigen Augenblicken drehte er sich wieder zu uns hin und sagte: »Es ist sehr einfach. Wo ihr seid, sind die anderen nicht«, und er wandte sich ab von uns.[64]

Die Revolution, diese psychologische, kreative Revolution, in der das »Ich« nicht mehr existiert, entsteht nur, wenn der Denker und das Gedachte eins werden, wenn es keine Dualität mehr gibt, in der der Denker das Denken kontrolliert. Für mich ist es die Erfahrung selbst, die die kreative Energie freisetzt, die ihrerseits zu einer grundlegenden Revolution führt, dem Aufbrechen des psychologischen Egos.

–THE FIRST AND LAST FREEDOM, 1954

Sunanda Patwardhan, die Schwägerin Achyuts, war damals Mitglied der Gruppe um Krishnamurti. Sie ist immer noch aktiv für Krishnamurti tätig, und sie setzt sich mit ihrem Mann Pama für die Gründung einer weiteren Schule Krishnamurtis in Poona ein.

DR. SUNANDA PATWARDHAN

SOZIOLOGIN, POONA, INDIEN

SP: Krishnaji war einer der größten Lehrer der Menschheit. Für mich und sicherlich auch für unzählige andere Menschen, die ihn gehört haben, war seine Lehre etwas ganz Besonderes.

Zunächst war das Schicksal der Menschheit ein ungeteiltes Ganzes. Deshalb dreht es sich nicht um das persönliche Heil, darum, einfach zu meditieren und den Konflikt für sich zu beenden. Im Gegenteil, in dem Ausmaß, in dem man sich selbst verändert, wird man auch die Welt verändern, und deshalb besitzt jeder die Verantwortung zur eigenen Veränderung. Deshalb ist dies seine wichtigste Bemerkung: »Du bist die Welt, und die Welt ist Du.« Ich glaube, dies ist sehr wichtig. Jeder von uns ist dafür verantwortlich, daß diese Welt, die so voll von Haß, Konflikten und Widersprüchen ist, in unterschiedliche Gruppen wie Hindus, Moslems oder Inder getrennt, verändert wird. Ich meine, dies ist das Einzigartige an seiner Lehre.

EB: Könnten Sie etwas über die physische Dimension von Krishnamurtis Lehren sagen?

SP: Krishnaji zeigt die Bedeutung der Sinne für die Beruhigung des Geistes und das Erwachen zu einer neuen Sensibilität auf. Dies ist nicht möglich durch die Unterdrückung der Sinne, auch nicht durch ihre Sublimierung, sondern durch das Erwachen von Sehen, Hören, Riechen und Fühlen. Generell konzentrieren wir uns in einem Moment immer nur auf einen Sinneseindruck, wogegen Krishnamurti von allen Sinnen spricht, die gleichzeitig aktiv sind. Dann ist eine Basis für einen tiefen, nicht-verbalen Zustand vorhanden. Dieses Erwachen der Sinne ist in sich vital, ohne ein Zentrum zu besitzen.

EB: Sie haben früher gesagt, daß ein Lehrer wie Krishnamurti nur alle tausend Jahre einmal erscheint. Könnten Sie genauer erklären, was Sie damit gemeint haben?

SP: Sehen Sie, der Buddha ist Teil der großen Traditionen Indiens. Er lebte vor 2500 Jahren. Er lehnte alle Traditionen, Riten, Rituale, orthodoxes Denken usw. ab. Wie der Buddha hat auch Krishnaji mit dem wesentlichen Teil der indischen Traditionen gebrochen. Durch seine Erziehung verleugnete er seine Muttersprache und lernte Englisch und Französisch. Er wurde so erzogen, daß er zur ganzen Menschheit Englisch sprechen konnte, einer Sprache, die in vielen Ländern der Welt verstanden wird. Ich glaube, dies ist sehr wichtig, denn alles, was er sagte, konnte direkt von Menschen in vielen Teilen der Welt verstanden werden.

EB: Es gibt hunderte von Gurus, und Krishnamurti war in gewisser Hinsicht ebenfalls ein Guru. Auf welche Weise war er anders?

»Ich glaube, daß Krishnaji völlig anders und einzigartig war, denn er betonte nachdrücklich, daß es keine spirituellen Autoritäten gebe, keine Autoritäten in irgendeiner Hinsicht.«
– Sunanda Patwardhan

SP: Ich glaube, daß Krishnaji völlig anders und einzigartig war, denn er betonte nachdrücklich, daß es keine spirituellen Autoritäten gebe, keine Autoritäten in irgendeiner Hinsicht. Für viele Menschen war er ein Guru; er war bekannt als der Guru, der ein Nicht-Guru war. Er forderte jeden von uns auf, auf seiner Reise für sich selbst verantwortlich zu sein; für ihn gab es im Leben keine spirituellen Autoritäten. Deshalb gab er nie Antworten. Er sagte: »Erkenne das Problem. Das Problem wird sich selbst enthüllen; Du mußt hinsehen, Du mußt beobachten, *was ist*, und genau im Vorgang der Beobachtung selbst wird sich dieses *was ist* enthüllen, und die Transformation wird stattfinden. Dabei kann einem kein Guru helfen. Wenn man leidet, wenn man erregt ist, kann einem kein Guru helfen. Man muß das Ganze beobachten und dies erweckt von Anfang an den Sinn für die Unabhängigkeit und innere Freiheit.«

EB: Gab es in Krishnamurtis Lehre einen Platz für die Liebe?

SP: Ich glaube, Emotionen hatten keinen Platz in seiner Lehre. Gefühle hatten in ihr keinen Platz. Die bloße Reaktion des Intellekts ist ebenso begrenzt; der Intellekt bietet keine Grundlage für die Liebe und Gefühle zwischen den Menschen. Nur wenn wir Menschen in Liebe zusammenkommen, werden wir in unserem Alltag eine neue Qualität finden. Krishnamurti hat sicherlich der Liebe und der Zuneigung einen großen Stellenwert eingeräumt.

Ich erinnere mich an ein Gespräch mit ihm. Ein Freund erzählte mir: »Weißt Du, in Krishnajis Lehren gibt es nur Platz für Mitgefühl. Es gibt

»Krishnaji sprach zur gesamten Menschheit, die bereits zu einem globalen Dorf zusammengerückt ist. Er sprach zur Menschheit als Einheit.«

keinen Platz für gewöhnliche menschliche Zuneigung, Lust oder Liebe. Wie kann man danach leben?« Später, als ich Krishnaji begegnete, sprach ich mit ihm darüber. Er sagte: »Mitgefühl ist etwas sehr Umfassendes, es kann sehr abstrakt sein. Viele Menschen können nicht verstehen, was Mitgefühl wirklich ist. Es ist sehr schwierig. Aber das Mitgefühl kann einen Menschen packen. Es kann einen Menschen ergreifen, und wenn dies geschieht, wird man das Mitgefühl verstehen. Das Mitgefühl kann ein Konzept bleiben, aber Zuneigung kann man verstehen, wenn weder Vorurteile noch Verlangen nach einer Gegenleistung existieren. Dann ist ein müheloses Verständnis und eine Zuneigung zu anderen möglich.

EB: War die Präsenz des Lehrers in irgendeiner Hinsicht wichtig für das Verständnis dessen, worüber er sprach?

SP: Was bewirkt die Präsenz eines Menschen, den man »verwirklicht« nennen könnte, eines Zeugen für die höchste Intelligenz und das absolute Mitgefühl? Es gibt in den Schriften, in den Büchern Beschreibungen dieses Zustandes des »Andersseins«, der Transzendenz. Aber wenn ein Mensch wirklich in der Gegenwart eines solchen verwirklichten Menschen lebt, so ist dies eine ganz andere Qualität, denn es wird dann eine Kommunikation in der Stille möglich, die ohne Worte, Symbole oder Gedanken stattfindet. Die lebendige Gegenwärtigkeit eines Menschen, der Zeuge und Bewahrer dieser außergewöhnlichen Dimension des Heiligen und der reinen Energie ist, ist über alle Maßen bedeutsam.

EB: Wie sehr hat sich Krishnamurti verändert, als er älter wurde, und hatte diese Veränderung Auswirkungen auf seine Vorträge?

SP: Ich glaube, daß sich Krishnamurti in den Jahren sehr verändert hat. Ich traf ihn zuerst in Madras, als er 1947 nach Indien kam. Natürlich mochte ich seine Lehre, liebte ihn sehr, und dies alles veränderte mein Leben. Es war ein Vergnügen, in seiner Nähe zu sein; wir gingen gemeinsam spazieren, sprachen miteinander, es war wirklich ein Vergnügen, mit ihm außerhalb der ernsten Lehre selbst zu sein. Ich glaube, Ende der fünfziger Jahre verschwand dieser persönliche Faktor immer mehr. Ich habe erlebt, daß er ernster, sehr ernst wurde, und von da an befand sich in ihm nur ein geringer persönlicher Faktor. Ich sah, daß er tief über den Zustand der Menschheit betroffen war. Seit fünfzig Jahren hatte er in der ganzen Welt gesprochen. Er war von den Problemen tief berührt. Deshalb gab es kaum mehr Raum für einen persönlichen Faktor.

EB: Glauben Sie, daß Krishnamurtis Lehre die Grundlage für eine neue Zivilisation darstellen könnte?

SP: Ich bin dieser Meinung, auch wenn ich es nicht mit den geeigneten Worten beschreiben kann; es ist mehr ein Gefühl. Krishnaji sprach zur gesamten Menschheit, die bereits zu einem globalen Dorf zusammengerückt ist. Er sprach zur Menschheit als Einheit. Deshalb wird auch das menschliche Bewußtsein angesprochen, es wird durch Worte und Nicht-Worte in seiner Unmittelbarkeit berührt, und deshalb wird der ganze Strom des menschlichen Bewußtseins in der Tiefe angesprochen. Dieses Erwachen des kollektiven Bewußtseins der Menschheit könnte die Ursache für die Entstehung eines neuen kreativen Prozesses darstellen. Neue Energien in der Wahrnehmung, in Beziehungen können freigesetzt werden. Man kann ohne Bilder in eine Beziehung zu anderen Menschen treten, ein neuer Prozeß kann begonnen werden, ein Dialog mit sich selbst, ein Dialog mit der Natur, ein Dialog mit den Menschen.

EB: Gibt es Aspekte in Krishnamurtis Lehre, die man nur jenseits der Worte verstehen kann?

SP: Wir wissen alle, daß das Wort und das Denken sehr begrenzt sind. Unsere

Beziehungen zu anderen beruhen auf gegenseitiger Freude, auf Schmerz, Abhängigkeit oder Unsicherheit. Wir haben dies alles beobachtet – und das Wort ist nicht das Objekt. Nicht nur, weil Krishnaji dies gesagt hat, sondern weil wir es ebenfalls verstanden haben. Etwas wirklich Wichtiges, das er gesagt hat, war, daß einen die Bilder in den Beziehungen davon abhalten, mit anderen wirklich in Beziehung zu treten. Nur wenn es Empfindsamkeit, ein Zuhören, ein Teilen ohne Verlangen gibt, dann ist wirkliche Beziehung möglich. Einer der Ursprünge einer schweigenden Beziehung ist die empfindsame und liebevolle Hinwendung zu anderen. Wenn die Menschen sich gegenseitig lieben, werden wir vielleicht einen Weg aus dem Chaos finden, in dem sich die Welt heute befindet.[65]

»Das Wort und das Denken sind sehr begrenzt. . . Wir haben dies alles beobachtet und das Wort ist nicht das Objekt.«
– Sunanda Patwardhan

»... ich sah Menschen, die dienen wollten und in die Viertel gingen, in denen die Armen und Minderbemittelten lebten. Sie wollten helfen, aber sie waren selbst hilflos. Kann man andere heilen, wenn man selbst ein Opfer derselben Krankheit ist?«

– LIFE IN FREEDOM, 1928

Pama Patwardhan hatte wie sein Bruder Achyut und seine Frau Sunanda eine langjährige Beziehung zu Krishnamurti. Er war in jungen Jahren vom revolutionären Eifer ergriffen worden und hatte gelernt, das Leben schließlich durch eine andere Brille zu sehen, als durch die Brille, die der Sozialismus zu bieten hat. Antworten suchte er nicht mehr nur in der Veränderung der äußeren sozialen Strukturen, sondern er suchte eher die Veränderungen, die die Menschen in sich selbst beginnen können.

PAMA PATWARDHAN

HERAUSGEBER UND SEKRETÄR DER KRISHNAMURTI FOUNDATION OF INDIA

EB: Krishnamurti wurde einmal gefragt, ob er von einem gewöhnlichen Menschen verstanden werden könne. Was hat er geantwortet?

PP: Ich glaube, er machte seine Lehre anderen Menschen zugänglich, er hatte die Absicht, von anderen ohne besondere Vorbildung oder spezielle Kenntnisse verstanden werden zu können, und er wollte, daß andere an seiner Lehre arbeiten sollten. Er glaubte, daß diejenigen, die Fachleute auf dem Gebiet der Philosophie oder einem anderen Fachgebiet waren, eher Probleme mit dem Verständnis seiner Lehre hatten. Das eigene Wissen zu verleugnen und Krishnamurti wirklich zuzuhören, ist für einen Gelehrten oft schwierig. Durch sein Wissen wird ein Gelehrter immer vergleichen und bewerten. Er hört dann nicht zu. Ich glaube, daß ein einfacher Mensch besser versteht, was Krishnamurti sagte, als ein gebildeter.

EB: Wie dachte Krishnamurti über das soziale Handeln?

PP: Seine Einstellung zum sozialen Handeln war für die Menschen in Indien schwer zu verstehen. Es gibt soviel Ungleichheit, soviel Elend, soviel Armut, daß jeder empfindsame Mensch, jeder Mensch mit Weitblick, der Meinung sein müßte, daß soziales Handeln das Richtige sei. Diese Einstellung war vor allem ausgeprägt in der »Back to the Land«-Bewegung des Vinoba Bhave. Er hatte seinen Fußmarsch durch Indien, auf dem er darum kämpfte, daß den Armen Land geschenkt werden solle, damit begonnen, daß »das Land wie das Wasser niemandem gehören«, daß Menschen, die ein Übermaß an Land besäßen, dieses abtreten sollten. Er fand viele Anhänger. Krishnaji war davon überzeugt, daß diese Art von sozialem Dienst sinnlos sei, denn es führe nicht zu den grundlegenden Veränderungen, die ihre Befürworter im Sinn hatten. Es handle sich stets um eine kosmetische, äußerliche Veränderung. Seiner Meinung nach waren diejenigen anders, die wirklich sozial handelten, denn sie besäßen ein großes Potential, großes Mitgefühl für die einfachen Menschen, für ihr Leid. Man findet schneller die Ursache des Problems, wenn man die menschliche Psyche fundamental ändern will, statt sich dem sozialen Handeln zuzuwenden. Wir haben herausgefunden, daß es stimmt, was Krishnamurti sagte.

Meine Familie und ich waren an der Friedensbewegung und der Landreform beteiligt. Wir konnten nicht verstehen, warum Krishnaji dagegen war, und unter uns sagten wir: »Nun, diesen Aspekt, über den Krishnaji spricht, verstehen wir nicht.« Aber nach fünfundzwanzig Jahren sind alle diese Bewegungen gescheitert – nichts kam bei ihnen heraus. Wir haben die Wahrheit mit unseren eigenen Augen gesehen. Wir waren weit von unserem Ziel entfernt. Die Bewegung hat zu keinem der Resultate geführt, die wir im Blick hatten. Es wäre besser gewesen, wenn wir uns der Ursache der menschlichen Probleme zugewandt hätten, wenn wir nach innen geschaut hätten, wenn wir die Ursache des Problems in uns selbst gesucht und nicht versucht hätten, die Gesellschaft zu verändern. Aber wenn man von Armut umgeben ist, kann man nicht einfach an sich selbst arbeiten und nichts tun. Krishnaji hat immer gesagt, man müsse sein Zimmer sauber halten, man müsse seine Pflicht erfüllen, man schulde es sich selbst und der Gesellschaft, alles zu tun, um die Ungleichheit, das menschliche Elend zu verringern. Aber man könne dies nicht zum Ziel seines Handelns machen. Wenn das Innere nicht ruhig ist, wenn man die zahllosen Ursachen des Elends nicht versteht, bleibt bloßes äußerliches Handeln vergeblich.

EB: Wie hat Krishnamurti Ihr Leben beeinflußt?

PP: Sein Einfluß war weitreichend. Obwohl ich Krishnaji im Jahre 1948 hörte, kam ich erst in engeren Kontakt zu ihm, als ich 1976 Sekretär der Gesellschaft wurde. Ich glaube, sein Einfluß war so groß, daß ich nicht mehr derselbe Mensch bin. Ich war vom Erfolg getrieben, als ich noch aktiv im Geschäftsleben stand. Ich war mir meiner Probleme nicht bewußt. Ich verleugnete sie, indem ich sie verdrängte, was mir damals nicht bewußt war. Nun schaue ich zurück und erkenne, wie sehr ich mich abgekapselt habe, wie egoistisch ich war. Aber als ich Krishnamurti enger kennenlernte, machte er mir dies bewußt, als ich versuchte, seine Lehre zu verstehen; ich weiß nun, daß ich nicht mehr derselbe Mensch bin. Ich will nicht behaupten, daß ich völlig verwandelt bin, aber ich bin empfindsamer geworden. Ich habe viele Probleme, Konflikte und Sorgen zurückgelassen, die die meisten Menschen quälen. Ich glaube, daß die Lehre mich in der Tiefe verändert hat. Es war für mich ein bedeutendes Ereignis. Ich glaube, daß ein Mensch, der auf das hört, was Krishnaji sagte, eine ganz andere Qualität in seinem Leben erfährt, ich glaube, daß aus ihm ein besserer Mensch wird.[66]

Wir möchten die Welt verändern – in ökonomischer, sozialer Hinsicht, aber es scheint mir, daß eine wesentliche äußerliche Veränderung nicht möglich sein wird, wenn es keine radikale psychologische Revolution, eine Transformation gibt.

– LONDON TALK 5, 1949

Wir suchen die Veränderung durch Gesetze, durch äußere Revolutionen, durch Systeme, aber dennoch bleiben wir in uns unverändert. In uns sind wir zerrüttet, wir sind verwirrt, und ohne eine innere Ordnung, inneren Frieden und inneres Glück gibt es außen in der Welt keinen Frieden und Glück.

– BOMBAY TALK 3, 1948

Ingram Smith war Krishnamurti erstmals 1938 begegnet, aber 1949, als er für die Programmgestaltung von Radio Sri Lanka verantwortlich war, hatte er mehrere Gelegenheiten, um mit Krishnamurti spazierenzugehen und mit ihm zu sprechen. Er führte diese ertragreiche Arbeit einige Jahre lang weiter. Seine Anekdoten und Erzählungen sind zahllos und vielseitig. Die folgende ist nur eine von vielen.

Sie beschreibt eine Begegnung mit dem Meister. Während Krishnamurtis jugendlicher Verbindung mit der Theosophischen Gesellschaft war der Glaube an die Meister von grundlegender Bedeutung für die Organisation gewesen, wie bereits an früherer Stelle betont wurde. Blavatsky, Annie Besant, Leadbeater und die anderen sprachen alle davon, wichtige Botschaften von sichtbaren und unsichtbaren Meistern empfangen zu haben.

Krishnamurti selbst hatte das Büchlein *Zu Füßen des Meisters* anläßlich seiner Initiation geschrieben. Bei diesem Ereignis hatte ihm sein mutmaßlicher Meister Kuthumi Anweisungen gegeben, die in nämlichem Buch niedergeschrieben sind.

Vielleicht die bedeutungsvollste von Krishnamurtis persönlichen Erfahrungen erzählte er mir im Dezember 1949.

Es war während Krishnamurtis Besuch in Colombo, als wir die Stadt verließen, um einen Abendspaziergang zu machen. Gordon Pearce, der Krishnamurti seit seiner Kindheit kannte und der später der Direktor der Rishi Valley School werden sollte, saß auf dem Vordersitz, und Krishnaji und ich saßen hinten. Gordon sprach gern über die alten Zeiten, und heute abend fragte er Krishnaji über diese frühen Jahre aus.

»Ist es wahr«, fragte er, »daß Sie früher mit Meister Kuthumi gesprochen haben?«

»Haben Sie ihn tatsächlich gesehen und mit ihm gesprochen?«

Ich war sehr überrascht, als Krishnaji »Ja« sagte. Nach einer Pause wiederholte er: »Ja, ich habe mit ihm gesprochen.«

Dann erzählte er, was geschehen war. Er erzählte uns, daß er bei verschiedenen Anlässen, gewöhnlich am frühen Morgen, mit Kuthumi gesprochen habe, während er meditierte. Eines morgens, gleich nach Sonnenaufgang, erschien Kuthumi in der Tür von Krishnamurtis Zimmer. Sie sprachen eine Zeitlang miteinander, bis Krishnaji, der vorher ähnliche Gespräche geführt hatte, entschied, daß er mehr wollte, als eine reine mündliche Kommunikation, mehr als nur Worte. Er suchte die Berührung und wollte Kuthumi tatsächlich anfassen. So stand er auf und ging zur Tür.

Dann kamen die erklärenden Worte.

»Ich ging geradewegs durch die Figur hindurch. Ich drehte mich um. Er war verschwunden. Ich sah Meister Kuthumi nie wieder.«

Wir hatten keine Fragen mehr. Wir schwiegen.[67]

– INGRAM SMITH, COLOMBO, SRI LANKA, 1949

Um weit zu gehen, muß man sehr nahe beginnen, und die Nähe bist Du selbst, dieses »Du«, das Du verstehen solltest. Wenn Du beginnst zu verstehen, wirst Du erkennen, daß sich das Wissen auflöst, daß der Geist vollkommen wach, bewußt, leer und ohne Zentrum wird, und nur ein solcher Geist ist offen für die Wahrheit.

– BOMBAY, 1957

»Meine Güte, ich glaubte einmal an einen Mythos.« Er sagte: »Ich glaubte an den Mythos, ich sei der Weltlehrer, als ich ein normaler junger Mann war – und ich wollte all das tun, was ein junger Mann tun will. Sich verlieben, mit einem Motorrad fahren, herumziehen – ich war ein gewöhnlicher junger Mann. Es gab einen Kampf zwischen dem Mythos und dem Tatsächlichen.«
– Doris Pratt

In den frühen Fünfzigern unternahm Krishnamurti viele Reisen und hielt zahllose Vorträge. Im August 1950 war Krishnamurti der Meinung, er müsse sich vollkommen zurückziehen – in ein Retreat, welches ein Jahr lang dauern sollte, das aber tatsächlich bis Januar 1952 dauerte. Obwohl er ein wenig unterwegs war, hielt er keine öffentlichen Vorträge. Am Ende dieses Zeitraums hielt er in Vasanta Vihar bei Madras zwölf Vorträge und setzte seine regelmäßigen Gesprächen in London, Holland, Ojai usw. fort.

1953 wurde sein erstes bedeutendes Buch *Education and the Significance of Life* veröffentlicht, wenn man hier von dem umstrittenen früheren Werk *Zu Füßen des Meisters* absieht. Es folgte 1954 *The First and Last Freedom,* mit einem Vorwort von Aldous Huxley, von dem ein Teil an früherer Stelle in diesem Buch abgedruckt ist. Diese Werke waren die ersten von etwa fünfzig Büchern, die im Lauf seines Lebens und nach seinem Tod veröffentlicht wurden.

Er besaß in jenen Jahren einen angegriffenen Gesundheitszustand, und er litt häufig unter fiebrigen Anfällen, von denen einige schwer waren. Krishnamurti war ein gebrechlicher Mensch, sein Befinden wurde von Kinderkrankheiten beeinträchtigt. Er wurde nur durch die gewissenhafte Pflege seines Körpers alt. Mit größter Sorgfalt stellte er seine Diät (er war Zeit seines Lebens Vegetarier) und regelmäßigen Übungen zusammen. Seine tägliche Yoga-Praxis ließ ihn biegsam und beweglich bleiben – er behauptete, daß Yoga auf ihn keine andere Wirkung ausgeübt hatte, als ihn körperlich stark und flexibel bleiben zu lassen, und daß es für ihn »keine spirituelle Übung« gewesen sei. Sein Leben lang ging er täglich spazieren. Die Spaziergänge waren nicht nur Teil seiner körperlichen Pflege, sie ließen ihn in ein beständiges Gespräch mit der Natur eintreten.

Während dieser Jahre wurde in Bombay von Nandini Mehta, einer Schwester von Pupul Jayakar, eine weitere Schule gegründet. Sie war ein frühes Mitglied der Gruppe um Krishnamurti, seit er 1947 zum ersten Mal nach Indien zurückgekehrt war. Sie und Pupul waren in »Ooty« gewesen, als sich der seltsame »Prozeß« fortgesetzt hatte.

Die Schule namens Bal Anand wird von mittellosen Kindern besucht, um ein Handwerk oder Yoga zu lernen. Die Schule ist seitdem Teil der Krishnamurti Foundation in Indien.

Einige Jahre später änderten einige Ereignisse während der Reisen, die Krishnamurti unternahm, dramatisch seinen weiteren Weg. Während er in Indien war, wurde er erneut ernsthaft krank. Eine geplante Reise nach Helsinki, London, Biarritz, Ojai und Sydney mußte abgesagt werden. Bei einem Erholungsaufenthalt in der Schweiz mit Rajagopal erreichte die zerbrechliche Beziehung zwischen beiden Männern einen Siedepunkt und erholte sich nie wieder ganz. Unter anderem hatte Rajagopal gesagt, er sei es leid, immer Krishnamurtis »Reiseplaner« zu spielen. Er fuhr allein weiter und ließ nur soviel Geld zurück, damit die Hotelrechnung bezahlt werden konnte.

In diesen unruhigen Zeiten entstand auch eine neue Idee. Warum sollte man nicht, statt so viel zu reisen, in Europa ein Zentrum gründen, an dem jährliche Treffen abgehalten werden könnten? Die Reisen könnten auf drei bis vier Orte im Jahr beschränkt werden. Es war die Geburt der Saaner Treffen, die schließlich fünfundzwanzig Jahre lang stattfanden.

Drei Engländerinnen waren vor allem verantwortlich für die Belebung der Aktivitäten in England und später in Europa. Es waren Doris Pratt, Mary Cadogan und Dorothy Simmons.

Doris Pratt hatte einige Jahre lang die Arbeit in England organisiert. Sie war gewissermaßen Assistentin von Rajagopal, sie berichtete ihm und übergab ihm die Finanzen mit einer präzisen Aufstellung aller ausgegebenen Beträge. Doris blieb bis zu ihrem Tod eine Freundin und Mitarbeiterin Krishnamurtis.

DORIS PRATT

ORGANISATORIN DER GESPRÄCHE KRISHNAMURTIS, LONDON

Ich erinnere mich an ein Gespräch mit Krishnamurti, bei dem ich ihm mitteilte, ich wolle über eines meiner Probleme sprechen. Das Problem war, daß ich mit dem Rauchen aufhören wollte. Und er sagte zu mir: »Mrs. Pratt, Sie haben mit mir über Ihr Problem gesprochen, aber in Wirklichkeit gibt es hier vier Dinge: Zum ersten haben wir hier die Tatsache, daß Sie rauchen. Zum zweiten den Mythos, daß Sie gerne das Rauchen aufgeben wollen, und dann folgt eine Idealvorstellung, Sie wünschen, sie könnten jemand sein, der noch nie geraucht hat, und viertens, es gibt diese innere Leere, die Sie zum Rauchen, der Suche nach sexuellen Erlebnissen und ähnlichem veranlaßt. Also gibt es hier einen Kampf zwischen dem Tatsächlichen und der Leere, und inmitten beider befindet sich der Mythos«, und dann sagte er: »Meine Güte, ich glaubte einst an einen Mythos.« Er sagte »ich glaubte an den Mythos, ich sei der Weltlehrer, als ich ein normaler junger Mann war – und ich wollte all das tun, was ein junger Mann tun will. Sich verlieben, mit einem Motorrad fahren, herumziehen – ich war ein gewöhnlicher junger Mann. Es gab einen Kampf zwischen dem Mythos und dem Tatsächlichen.«

Doris hatte die frühe Gelegenheit, mit Krishnamurti lange und ausführlich diskutieren zu können. Bei einem dieser Gespräche äußerte er sich über die Natur des Denkens und dessen Beziehung zur Liebe:

Das Denken zerstört die Liebe, ist es nicht so? Weil der Geist mit dem Denken beschäftigt ist, ist er ein nutzloser Geist, denn er ist beschäftigt. Er dreht sich immer um sich selbst, um seine Interessen, und es kann nur Liebe geben, wenn es Raum für die Leere und das Schweigen gibt, den die Liebe erfüllen kann. Liebe ist nicht möglich, wenn das Denken vorherrscht. Ich glaube nicht, daß dies möglich ist. Wir mögen es Liebe nennen, aber diese Liebe ist besitzergreifend. In ihrer Nähe weilt Eifersucht, Neid und Angst, die Angst, sie zu verlieren, aber die Liebe, über die er sprach und die er so großartig vorlebte, ist eine Liebe, die keine solche Grenzen kennt und die aus einem großen inneren Schweigen resultiert.

Krishnamurtis Eingeständnis seiner Rolle offenbart sich in dieser frühen Aussage Doris Pratt gegenüber:

»Die Tränen der Welt haben den Weltlehrer hervorgebracht.«[68]

Frage: Wie sollte man sein tägliches Leben leben?

Wenn Du nur noch eine Stunde zu leben hättest, was würdest Du tun? Würdest Du nicht Deine Angelegenheiten in Ordnung bringen? ... Familie und Freunde um Verzeihung bitten? ... und ihnen vergeben? Würdest Du nicht vollkommen alle Vorstellungen, alle Wünsche und die Welt aufgeben? Und wenn dies in einer Stunde möglich ist, so ist es auch in den Tagen und Jahren möglich, die uns bleiben mögen?

– COMMENTARIES ON LIVING, 1956, 1959, 1960

Der Krieg hatte getobt und er hatte die Welt verändert, er war die Ursache dafür, daß alte Werte und Denkweisen hinterfragt wurden. Ein Mensch, der damals neue Antworten suchte, war Mary Cadogan. Sie erzählt die Geschichte, wie ihre Suche begann und wie sie weiterging. Seit mehr als dreißig Jahren arbeitet Mary Cadogan nun für den Krishnamurti Foundation Trust. Sie koordinierte vor allem die Arbeit der unterschiedlichen europäischen Komitees und war an der Veröffentlichung von Krishnamurtis Werken beteiligt. Sie ist selbst eine bekannte Schriftstellerin.

MARY CADOGAN

SCHRIFTSTELLERIN, LONDON

EB: Mary, wie kamst Du ursprünglich in Kontakt mit Krishnamurti, und was bedeutet Dir seine Lehre?

MC: Es ist interessant, darüber zu sprechen, denn ich gehöre zu einer Generation, die in den späten vierziger Jahren zu Krishnamurti kam, kurz nach dem Ende des Zweiten Weltkrieges. Davor waren seine Zuhörer meist Theosophen. Menschen, die einmal Mitglied im »Sternenorden« gewesen waren. Nach dem Krieg zog Krishnamurti plötzlich junge Menschen an, die nicht diesen Hintergrund hatten und die ihn in einem ganz anderen Zusammenhang sahen. Dies war der Beginn eines explodierenden Interesses an ihm in den frühen Sechzigern.

Er war während des Kriegs in Amerika und hatte keinen Kontakt zu europäischen Zuhörern. Mitte der vierziger Jahre war ich eine junge Frau, und ich hatte, wie viele andere, die auch den Krieg überlebt hatten, das Leben als sehr wertvoll wahrgenommen. Wir wollten herausfinden, wie man es nutzen kann und wollten nicht erneut in einen Nationalismus hineingezogen werden. Ich spürte, daß das, was ich suchte, in den Religionen gefunden werden konnte, aber ich vermochte nicht genau zu sagen, was es war. Ich überprüfte die Religion, in der ich aufgewachsen war, das Christentum, und fand, daß es mir nicht alle Antworten geben konnte. Ich war einfach vorgeprägt.

In den Kriegsjahren hatte ich erkannt, daß eine religiöse und politische Prägung auf den Zufall des Geburtsortes zurückgeht, und daß es etwas geben muß, das über orthodoxen Lehrgebäuden und überlieferten Meinungen steht. Wenn ich beispielsweise nur einige hundert Kilometer weiter östlich geboren worden wäre, so wäre ich Deutsche gewesen und hätte während des Krieges »auf der anderen Seite« gestanden. Ich kannte das kulturelle jüdische Erbe, denn viele Juden waren vor den Nazis nach Südengland geflohen; ich war gemeinsam mit Mädchen aus unterschiedlichen Ländern zur Schule gegangen, die ich niemals getroffen hätte, wenn nicht Krieg gewesen wäre.

Ich suchte also Mitte der vierziger Jahre in anderen Religionen – im Yoga, im Vedanta des Ramakrishna und schließlich in der Theosophie. Die Theosophie fand ich wegen ihrer internationalen Prägung besonders interessant, aber sie schien mir mit ihren mystischen Erklärungen zu leichtfertig umzugehen. Sie brachte mich jedoch auf einige Bücher Krishnamurtis, und sobald ich diese gelesen hatte, erkannte ich, daß es noch etwas gab, das anders war als das, was ich bereits kennengelernt hatte, etwas, das geschrieben worden war von jemandem, der die Fähigkeit besaß, Worte zu gebrauchen, die einzigartig waren. Ich las natürlich auch seine späteren Bücher und mochte sie. Krishnamurti gebrauchte die Sprache nicht nur auf eine sehr empfindsame Weise; das, was er sagte, konnte selbst auf der Ebene der Logik nicht geleugnet werden. Zuerst spürte ich jedoch einen gewissen Widerstand. Ich sagte zu mir: »Dieser Mann nimmt unsere Krücken weg, bevor er uns überhaupt zeigt, wie man läuft.« Was er in der Tat machte! Er sprach über eine Revolution – eine persönliche, individuelle Revolution: eine fundamentale Veränderung aller Werte, an die man seit jeher geglaubt hatte, darin enthalten die subtilen und tiefen Eindrücke, die man von sich selbst hatte. Bis zu diesem Moment wollte ich mich in meiner religiösen Suche absichern, aber durch Krishnamurti sah ich die Transparenz des komplizierten Gewebes, das ich um mein Ego herumgesponnen hatte.

EB: Könntest Du beschreiben, was in Dir vorging, als Du Krishnamurti zum ersten Mal begegnet bist?

MC: Ich traf ihn zum ersten Mal in den frühen fünfziger Jahren, als er in London sprach. Ich lebte damals auf dem Land, achtzig Kilometer entfernt. Als mein Mann und ich hörten, daß er nach London kam, war ich sehr begeistert, aber ich war überrascht, als ich Krishnamurti wirklich sah. Ich hatte erwartet, einen schönen und charismatischen Mann zu sehen, was er ja war, aber ich fand ihn nüchterner, als ich ihn mir vorgestellt hatte. Ich muß das Bild von jemandem gehabt haben, der Wärme und eine heitere Gelassenheit ausströmte. In Wirklichkeit war er leidenschaftlich und intensiv, aber er war zu seinen Zuhörern in gewisser Hinsicht sehr streng.

Im Laufe der Jahre, in denen ich ihn kannte, wurde er zunehmend empfindsamer. Ebenso pflegte er eine individuellere Art der Kommunikation, so daß es schien, als ob er zu einem engen Freund sprechen würde, selbst wenn er vor hunderten bis tausenden von Menschen sprach. Ich glaube, in den frühen Jahren war dies nicht der Fall.

Glücklicherweise fragte mich Doris Pratt, die Frau, die diese Gespräche in London organisierte, ob wir Krishnamurti nach dem Vortrag sprechen wollten, und natürlich sagte ich zu. Wir trafen uns alle in einem kleinen Raum, und hier gewann ich von ihm einen ganz anderen Eindruck, denn hier war all die Wärme der Gegenwart eines Menschen, der einem seine volle Aufmerksamkeit schenkte. Auf der empfangenden Seite zu stehen, war eine zutiefst beglückende Erfahrung. All die Nuancen eines menschlichen Mißbrauchs waren in seiner Gegenwart einfach nicht vorhanden. Obwohl eine lebendige Spannung in der Luft lag, waren keinerlei Emotionen zu spüren. Dies weckte meine Neugier; ich erkannte, wie offen er selbst bei dieser ersten kurzen Begegnung war – ich habe dies in der Zwischenzeit oft gespürt. Obwohl er ein Mann war, hatte er in gewisser Weise die Grenzen des Mann- oder Frauseins überwunden. Er war weder Mann noch Frau, weder Ost noch West, weder jung noch alt. Es gab nur die wahre Universalität.

EB: Ein Mensch, der in keine Kategorie paßte.

MC: Das ist richtig. Es mag vielleicht ein wenig den Eindruck erwecken, daß er etwas langweilig war, aber dies war überhaupt nicht der Fall. Um ihn herum verbreitete sich eine immense Lebensfreude, die ich nie wieder bei jemand anderem empfunden habe.

EB: Du hast von einer anderen Qualität bei ihm gesprochen, einer Art von Anderssein. Wie äußerte sich dies?

MC: Es gibt viele Geschichten, die ich hier erzählen könnte, aber vielleicht läßt sich dies am besten durch seine außergewöhnliche Gemütsruhe und Schönheit beschreiben, die nicht von außen, sondern von innen kam.

EB: Nach dieser ersten Begegnung, was war dann der nächste Schritt?

MC: Ich besorgte mir einige seiner Bücher – es gab damals ja von ihm keine Platten, Bänder oder Videos, und als Krishnamurti wieder in London war, wurde ich oft zu einem Gespräch mit ihm eingeladen. Ich fragte, ob ich mit ihm sprechen könne (in dieser Zeit sprach er häufig persönlich mit Menschen). Meine Frage bezog sich darauf, daß ein Teil von mir – der Teil des bewußten, intellektuellen Geistes – einfach nicht still werden konnte, und daß ich spürte, daß ich ohne die Gedankenstille, die er beschrieben hatte, einfach nicht weiterkommen würde. Ich fragte ihn also: »Warum kann ich nicht ruhig werden?« Bevor ich dieses Gespräch führte, dachte ich, es sei eine wichtige Frage. Ich betrat also den Raum, und er saß sehr ruhig und sehr still da, beinahe zu still. Ich hatte den Eindruck, ich sollte nicht einmal meinen Mund öffnen, um eine Frage zu stellen. Auf eine gewisse Weise zeigte er mir bereits eine teilweise Antwort. Als ich dann doch fragte, nahm er dies in vollkommener Stille auf. Dann stellte ich ein wenig nervös – man sitzt nicht immer mit einem anderen Menschen in vollkommener Stille zusammen – eine weitere Frage. Erneut reagierte er nur unmerklich – und dann wurde auch ich still. Ich fühlte: »Dies ist eine schreckliche Enttäuschung, eine vollkommene Zeitverschwendung. Hätte ich doch nie versucht, ihn zu sehen. Ich bin noch nicht bereit dazu, und ich sollte einfach den Raum verlassen und nicht wieder zurückkommen.«

Dann wandte er sich mir zu und fragte mich: »Nun, worüber möchten Sie wirklich sprechen?« Er begann, mit mir über die Stille zu sprechen, aber dann bewegte er sich davon weg. Was er tat – und ich erkannte, daß dies sein wirklicher Wert war – er hielt mir ganz einfach einen Spiegel vor. Was mir noch nie zuvor gelungen war – ich sah mich selbst. Und die Frage, die ich ursprünglich im Sinn gehabt hatte, war nun nicht mehr wichtig. Es gab in der Tat gar keine Frage, und es gab auch keine Antwort mehr. Ich hatte erkannt, daß ich mich mit Dingen auf eine Art und Weise beschäftigt hatte, die nicht produktiv war, und dies war bemerkenswert, denn er hatte wenig gesagt.

EB: Wie hielt er Dir einen Spiegel vor? Er muß etwas gesagt haben, das es Dir ermöglichte, Dich selbst zu erkennen.

MC: Ich glaube, es war seine vollkommene Stille. Sie war der Spiegel – und seine kreative Art des Zuhörens. Früher hatte ich eine künstliche Ruhe auf eine künstliche Art und Weise gesucht.

Er stellte mir Fragen, die mir unwichtig erschienen, obwohl sie es wahrscheinlich nicht waren. Oder vielleicht wollte er mich damit etwas entspannen. Ich glaube, er sagte die ganze Zeit über: »Wach auf und schau hin. Du hast Dich noch nie in der Tiefe gesehen.« Er machte mir deutlich, daß ich nun wirklich durch die Leinwand hindurchsehen konnte.

Alles, was ich sagen kann, ist, daß ich den Raum als ein völlig anderer Mensch wieder verlassen habe, als der, der ich war, als ich den Raum betrat. Es war, als ob ich auf einen Röntgenschirm geblickt hatte, der mir alle Schichten aufgezeigt hätte.

Danach gewann ich den Eindruck, daß meine Beziehung zu dem, was er sagte, Wirklichkeit wurde. 1958, als ich mit Krishnamurti und Rajagopal (der für die Büros von Krishnamurti Wrintings Inc. in Amerika, Indien und England verantwortlich war) gesprochen hatte, fragte mich Doris Pratt, ob ich das Londoner Büro leiten wollte, das die Aktionen in Europa, im Commonwealth und vielen anderen Teilen der Welt koordinierte. Natürlich sagte ich, ich würde dies gerne tun, aber ich würde hauptsächlich von Zuhause aus arbeiten, da ich ein Baby hatte, um das ich mich kümmern mußte. Das Büro war damals noch nicht so aktiv, wie es bald darauf sein sollte.

Ich fragte ihn, ob das Interesse an seiner Arbeit, das in den Sechzigern zunahm, bereits früher hätte stattfinden können. Er deutete an, daß die »Revolution« begonnen hatte, weil damals die Zeit eben reif gewesen sei. Überall auf der Welt veränderten sich die Dinge. Viele alte Traditionen und Begrenzungen brachen auf – die Art, wie sich die Menschen kleideten, wie sie sprachen, dachten; Klassenschranken, rassische und nationale Unterschiede wurden überschritten. Diese Veränderungen wurden teilweise durch die erste internationale Publikation von Krishnamurtis Buch *Vertrauen zum Leben* im Jahr 1953, dem *Schöpferische Freiheit* folgte, initiiert. Diese und folgende Bücher erreichten eine breite Öffentlichkeit. Viele seiner Zuhörern sagten, sie hätten zuerst von Krishnamurti durch sein Buch *The First and Last Freedom* gehört.

Krishnamurti rief 1961 die internationalen Treffen in Saanen in der Schweiz ins Leben. Damals wurden die Beschlüsse des Managements (wenn ich dies so sagen darf) nicht mit Krishnamurti diskutiert. Ich glaube, damals zog er sich aus der Leitung von Krishnamurti Writings Inc. zurück, aber er war dort bereits längere Zeit nicht aktiv gewesen.

EB: Diente er dort als eine Art von Galionsfigur?

MC: Er wollte mitentscheiden, da in der Zwischenzeit in seinem Namen eine Menge Geld geflossen und Aktivitäten begonnen worden waren. Er hatte anderen vertraut, die die Arbeit machten, aber er hatte wohl erkannt, daß er sich selbst ernsthaft und aktiv dafür interessieren mußte. Denn die Arbeit florierte nicht so, wie man es erwartet hätte.

Ich erinnere mich, daß ich Anfang der sechziger Jahre zu ihm sagte: »Ich wünschte, Du könntest mehr Interesse für die Arbeit, die getan werden muß, aufbringen«, und er machte mir klar, daß er dies auch tun wollte. Er hat dies immer honoriert, auch in einigen schwierigen Situationen.

1961 gab er den Anstoß zu den internationalen Treffen in Saanen, denn Saanen war traditionell ein neutraler Ort. Er kannte und liebte die Region des Berner Oberlandes. Man einigte sich also auf Saanen, und einige von uns bildeten das Komitee für die Organisation der Saaner Treffen, welches nicht direkt mit Krishnamurti Writings Inc. oder einer anderen Organisation verbunden war. Diese mehrwöchigen jährlichen Treffen gaben der Arbeit einen ganz neuen Impuls. Das Ganze fand in Europa statt, denn damals schien in Kalifornien, wo einige Jahre zuvor das Zentrum seiner Arbeit zu finden war, noch nicht so viel zu geschehen. Die Dinge liefen gut in Indien, wo es Schulen der Foundation for New Education gab, die von Krishnamurti gegründet worden waren.

Die Saaner Treffen fanden fünfundzwanzig Jahre lang statt, und sie wurden jedes Jahr größer. Saanen war ein Brennpunkt; die Entscheidung, in Europa eine Schule zu gründen (die schließlich in Brockwood Park in England liegen sollte), hätte es niemals ohne die Vitalität und die Anregung durch die Arbeit so vieler ernsthaft motivierter Menschen gegeben.

Das große Zelt, in dem die Treffen stattfanden, konnte physisch und psychisch am Ende jedes Treffens »weggepackt« werden und erschien für Krishnamurtis Gespräche in der Schweiz hervorragend geeignet. Viele junge Menschen aus der ganzen Welt kamen während der sogenannten »Flower-Power«-Zeit dorthin, aber die Zahl der jungen oder alten Menschen, die sich im Verlauf der Jahre dort einfanden, um Krishnamurti in Saanen zu hören, war niemals zurückgegangen. Wenn man irgendeines dieser Treffen herausnimmt, so scheint es mir, daß stets ein repräsentativer Querschnitt der Menschheit anwesend war.

In Saanen (siehe oben) fanden fünfundzwanzig Jahre lang Treffen statt, die den Brennpunkt der Arbeit Krishnamurtis in Europa darstellten.

Krishnamurti sprach mit einigem Nachdruck darüber, wie wir die Arbeit nach seinem Tode fortführen könnten. Dann – augenscheinlich »ins Blaue gesprochen« – sagte ich plötzlich: »Wenn Krishnamurti stirbt, was geschieht dann mit all der Energie und dem Verständnis, das er ist? Geht es damit in irgendeiner Form weiter – geht es durch uns alle weiter?« Seine Antwort war klar und kompromißlos; er ergriff meine Hand und sagte mit einer Intensität, die seine ernstesten Momente bestimmte: »Ja, natürlich, solange ihr die richtige Grundlage dafür schafft.« Seine Antwort auf meine tief empfundene Frage erschien damals und im Rückblick überschwenglich und positiv. Krishnamurti antwortete auf Fragen immer in bezug auf ihren Zusammenhang; es gab für ihn keine statischen, isolierten Fragen oder Probleme. Und es gab keine starren Antworten. Teil seines Erbes ist es, daß er uns mehr mit Fragen zurückgelassen hat, als mit Antworten und Versicherungen.[69]

Als letzte im Trio der englischen Frauen haben wir Dorothy Simmons. Vital und leidenschaftlich in der Tiefe ihrer Sorge um Krishnamurtis Werk, war sie die Gründungsdirektorin des Brockwood Park Education Centers und dessen »guter Geist« in der Anfangszeit. Die Erziehung war teils an akademisch herausragenden Leistungen orientiert, teils an der Sorge um das Wohl der Studenten, die nicht nur mit Informationen vollgestopft werden sollten, um die Prüfungen bestehen zu können.

Der andere Aspekt von Brockwood Park ist das gemeinsame Leben von Studenten und Lehrern in der räumlichen Nähe eines Internats. Dies ist vielleicht die größte Herausforderung im Leben, in der man sich auf beiden Seiten anpassen mußte.

DOROTHY SIMMONS

GRÜNDUNGSDIREKTORIN DES BROCKWOOD PARK EDUCATION CENTER, BRAMDEAN-NEAR-ARLESFORD, ENGLAND

Brockwood Park Educational Center, Hampshire, England.

DS: Für mich ist es ein großes Privileg, mit Krishnaji gearbeitet und zur selben Zeit gelebt zu haben. Es hat alles für mich erschlossen. Er war ein Lebenskünstler, und dies war für seine Schönheit bestimmend. Er gab großzügig. In seinem Leben verbreitete er Generosität und Freude, und er sah glücklich aus, auch wenn er sich all seiner Leiden und Gebrechen bewußt war. Ich glaube, sein Ziel war es, zu zeigen, wie man selbst das Leid beenden kann, indem man sich kennenlernt. Ich glaube, dies wollte er mit uns allen teilen.

Krishnaji hatte sich selbst erzogen, und er hatte dies getan, ohne sich auf irgendeine Tradition zu beziehen. Er sah auf die Geschichte und meinte, wir stammten aus ihr. Er ging von einem anderen, nicht-akademischen Ansatz aus, er betrachtete die Dinge mit seinen Sinnen, er sammelte kein Wissen, das auf das bezogen war, was bereits geschehen war, sondern er zeigte uns, wie man einem Tag begegnen kann, der sich noch nie zuvor ereignet hatte. Dies ist ein großer Unterschied. Er betrachtete die Dinge nicht gefiltert durch sein Wissen, sondern durch seine Wahrnehmung, und er war offen für alles übrige.

EB: Was meinst Du mit »Wahrnehmung und offen für alles übrige«?

DS: Du bist der Eigentümer deines Lebens. Du bist einzigartig, aber du bist auch identisch mit jedem anderen; dort draußen ist die Welt, die geboren wird, die neu ist, und dies ist ein Wunder, und es spricht für ihr eigenes Leben und ihre eigene Energie. Das bist nicht du, es ist dort draußen. Das, was nicht du bist, ist das Leben.

Das Leben ist Energie, und Krishnaji achtete sehr auf seine eigene Energie; er stärkte sie, er sorgte für sie, er achtete mit großer Sorgfalt auf das, was er zu sich nahm, alles spielte für ihn eine Rolle. Und dann, als sein Körper so empfindsam geworden war, wie es nur möglich war, ging er hinaus in die Welt, um zu sehen, was es noch gab. Er entwickelte eine Beziehung zu dieser Welt und erfuhr etwas über die Bedeutung der Energie für das Leben. Alles ist miteinander verbunden und wird bestärkt durch diese Konzentration auf sich selbst, diese Kommunikation mit allem, was das Leben ununterbrochen über sich mitteilt.

Die Liebe ist der Beginn einer Annäherung an das Leben. Nichts kann ohne die Liebe wahrgenommen werden, aber ich glaube, es ist nötig, noch weiter zu gehen. Man muß Energie aufbringen, Leidenschaft, wenn man sich mit allem und allen austauschen möchte. In dieser Leidenschaft hat Krishnaji das Leben erfahren und gelebt, sie bestimmte die Qualität, die er der Welt geschenkt hat. Es war eine große Leidenschaft, es war Liebe, die meiner Meinung nach die vitale Qualität seines ganzen Ansatzes bestimmt hat. Es handelt sich hier um die wunderbarste Sache – man kann nichts ohne sie machen, man kann überhaupt nichts tun.

EB: Welche Beziehung hatte Krishnamurtis Präsenz zu seiner Lehre?

DS: Nun, er war die Lehre, obwohl ich das Wort »Lehre« nicht so gerne in den Mund nehme. Es klingt so endgültig, und ich glaube, seine Lehre ist eine Suche, die immer weitergeht, ein Abenteuer, und darin war er die Lehre. Er lebte sie, durch die Fürsorge und Aufmerksamkeit, die er jedem entgegenbrachte, und durch die Tiefe seiner Leidenschaft und seine Liebe zur Menschheit – ja, ich glaube, er hat etwas bewirkt. Man fühlte sich in seiner Gegenwart frei. Er strahlte eine Qualität aus, die einzigartig war, und die Menschen kamen von selbst zu ihm und versuchten, die Ernsthaftigkeit und Leidenschaft zu empfinden, die er dem Leben geschenkt hat.

Was Einstein in bezug zu Newton war, war Krishnaji für uns. Er hatte neues Terrain bereitet. Er hatte erkannt, daß unser Verhalten töricht war. Daß wir uns selbst zerstören, denn wir können nicht wirklich sehen, wir können unsere Emotionen nicht kontrollieren. Wir sind Kinder mit den schrecklichen Mitteln zur Zerstörung, zur Vernichtung in der Hand, und er sagte: »Ich werde euch die Werkzeuge geben, die euch helfen, erwachsen zu werden und für eure Handlungen und euer Leben Verantwortung zu tragen«, und genau das war es, was er tat. Er sagte: »Eure Gier, eure Angst, euer Egoismus, euer Ärger und eure Aggressionen, dies alles hält euch davon ab, diese unglaubliche Welt wahrzunehmen. Beginnt also eure Reise nach innen und entdeckt euch selbst und werdet erwachsen. Hört auf damit, euch wie Kinder zu benehmen.« Und dies sind wir in Wirklichkeit.

Er hatte erkannt, daß die Welt seit langem stillgestanden war; sie befindet sich noch in Entwicklung, und er hat unser Bewußtsein erhoben und hatte erkannt, daß unser Verhalten einem höheren Sein, einer Verantwortung für den Zustand der Welt im Wege steht.

»In dieser Leidenschaft hat Krishnaji das Leben erfahren und gelebt, sie bestimmte die Qualität, die er der Welt geschenkt hat. Es war eine große Leidenschaft, es war Liebe, die meiner Meinung nach die vitale Qualität seines ganzen Ansatzes bestimmt hat.«
– Dorothy Simmons

EB: Welches Ziel verfolgte Krishnamurti mit Brockwood und den anderen Schulen?

DS: Wenn man es genau betrachtet, so kann man in einer Schule alles bewirken, und Krishnaji zeigte wohl mit den Schulen, daß ein anderer Lebensstil möglich ist. Dies ist alles, was man einem Menschen vermitteln kann, alles ist Verhalten, und genau dies wollte Krishnaji offenlegen. Ich glaube nicht, daß man dies mit Worten vermitteln kann, man muß es durch sein eigenes Leben ausdrücken, durch die Art, wie er gelebt hat. Es gibt einiges, was man tun kann und anderes, das man nicht tun kann, und dies sollte man jungen Menschen vermitteln. Man muß zu einem richtigen Verhalten in der Welt erzogen werden.

EB: Was verhindert ein richtiges Verhalten und ein Verständnis von Krishnamurtis Lehre?

DS: Warum leben wir die Lehre nicht? Weil wir eine so schwach ausgeprägte Aufmerksamkeit besitzen. Wir schenken den Dingen nicht unsere ganze Aufmerksamkeit. Wir denken über sie nach, aber dies ist nicht genug; wir betrachten sie durch den Intellekt, wir halten sie auf Distanz. Aber wir empfinden die Dinge nicht mit Leidenschaft. Wenn wir dies täten, würden all die törichten Verhaltensweisen einfach von uns abfallen. Wir wollen alles später tun, weil uns das gefällt, was wir im Augenblick tun, und alles ist einfach und ist uns vertraut.

EB: Wie lernt man in Brockwood? Krishnamurti beschrieb, wie man dort einem kleinen Kind nicht vormacht, wie man geht, spricht usw.

DS: Es gibt eine nette Geschichte, die in der Anfangszeit von Brockwood erzählt wurde und die mich sehr beeindruckt hat. Es gab da ein kleines Mädchen, das versuchte, einen Faden durch ein Nadelöhr zu fädeln, aber sie schaffte es nicht, und ihre Mutter kam zu ihr, nahm Faden und Nadel und sagte: »Es geht so!« Und das Kind sagte: »Mutti, ich wollte nicht den Faden durch die Nadel stecken. Ich wollte die Nadel auf den Faden stekken.« Und ich merkte, daß dies der Beginn des Lehrens war. Man kann nichts lehren; alles, was man tun kann, ist es, die Barrieren wegzuräumen und es einem Kind zu ermöglichen, selbst zu lernen.[70]

Die erste Forderung, die erste Herausforderung ist es, zu beobachten, was existiert; dies bedeutet, daß man sich so kennenlernt, wie man ist, nicht wie man sein sollte, denn letzteres ist ein kindisches Spiel, eine unreife Anstrengung ohne Bedeutung – man kann die Gewalt ansehen und beobachten. Kann man hinsehen – und wie sieht man hin? Dies ist außerordentlich schwierig, denn es gibt bestimmte Faktoren, die man sehr klar verstehen muß. Zuerst müssen wir beobachten, ohne uns zu identifizieren, ohne zu beschreiben, ohne den Zwischenraum, der gewöhnlich zwischen Beobachter und Beobachtetem existiert; wir müssen hinsehen, ohne uns ein Bild zu machen, ohne Gedanken, damit wir die Dinge so sehen, wie sie sind. Dies ist sehr wichtig, denn wenn wir nicht wissen, wie wir zusehen müssen, wie wir beobachten können, was wir sind, so werden wir unweigerlich in einen Konflikt geraten zwischen dem, was wir sehen, und dem Beobachter selbst.

– GESPRÄCHE ÜBER DAS SEIN 1970

Als sich das Interesse und die Begeisterung für Krishnamurtis Werk in England verbreitete, entstand eine neue Beziehung, eine Beziehung, die für den Physiker David Bohm ebenso wie für Krishnamurti von größtem Interesse war.

Bohm besaß einen ausgeprägten Intellekt, er konnte Fragen in der Tiefe erforschen, wenn auch mit wissenschaftlichem Skeptizismus.

Im Krieg arbeitete er an der »Beugung von Kernteilchen« unter der Aufsicht von J. Robert Oppenheimer. 1946 wurde er Professor an der Universität von Princeton, wo er mit Einstein diskutierte. Zur Zeit der McCarthy-Ära entstand ein Klima der Angst, das viele Künstler, Wissenschaftler und Intellektuelle dazu brachte, Ansichten zu vertreten, die nicht notwendigerweise in Einklang mit denen des amerikanischen Repräsentantenhauses standen. Bohm wurde vom »Komitee gegen unamerikanische Aktivitäten« beschuldigt. Weil er sich aus Prinzip weigerte, vor dem Komitee auszusagen, wurde er der Mißachtung des Kongresses beschuldigt. Es war deshalb für ihn nicht mehr möglich, in den Vereinigten Staaten zu arbeiten, und er verließ das Land, um in Brasilien und in Technion in Israel weiterzuarbeiten, und er wurde später als Professor für Theoretische Physik an das Birkbeck College in London berufen. Das Verfahren gegen ihn wurde wieder eingestellt, und er konnte schließlich wieder die USA betreten.[71]

Die Begegnungen mit Krishnamurti erhielten einen legendären Ruf, und sie gaben dem Wort »Dialog« als Grundprinzip von Krishnamurtis Lehre eine neue Bedeutung. Dieser Prozeß wurde durch Ausdrücke wie »gemeinsam suchen, wie zwei Freunde, die unter einem Baum sitzen«, oder »gemeinsam denken« beschrieben. Um einen Dialog zu beschreiben, könnte man folgendes sagen: Ein Dialog ist eine alte und gleichzeitig neue Methode, die man benutzt, um die Lebensumstände des Menschen zu beobachten und zu hinterfragen.

DR. DAVID BOHM

PHYSIKER, LONDON, ENGLAND

EB: Dr. Bohm, könnten Sie uns erzählen, wie Sie mit Krishnamurti und seiner Lehre zuerst in Kontakt kamen?

DB: Nun, der Hintergrund ist, daß ich in meiner Arbeit in der Physik immer an allgemeinen philosophischen Fragestellungen interessiert war, wenn sie mit der Physik zu tun hatten, und wenn sie, allgemeiner, mit dem Aufbau der Natur und der Bedeutung des Menschen zu tun hatten. Eine der Fragestellungen aus der Physik steht ein wenig in Beziehung zu Krishnamurtis Arbeit, nämlich die Quantenmechanik, in der die Tatsache existiert, daß Energie in Form von diskreten, unteilbaren Einheiten gefunden wird.

David und Saral Bohm, London, 1987.

EB: Könnten Sie verdeutlichen, was Sie unter dem Wort »diskret« verstehen?

DB: Eine Sichtweise ist, daß Materie etwas kontinuierliches, fließendes ist, und eine andere Sichtweise ist, daß Materie aus Atomen besteht, die diskret sind, aber es gibt so viele Atome, daß es den Anschein hat, daß die Materie etwas Beständiges ist. Wie Körner in einer Sanduhr fließen Atome, als ob es Wasser wäre. Aber offenbar besteht die Materie aus diskreten Einheiten. Der Begriff des atomaren oder diskreten Charakters der Materie existiert bereits seit vielen Jahrhunderten, aber im frühen zwanzigsten Jahrhundert entdeckte man, daß die Energie ebenfalls diskret ist. Energie tritt in Einheiten auf, auch wenn diese sehr klein sind. Deshalb nehmen wir diese Einheiten auch kaum wahr, und ihre Zahl ist so groß, daß uns die Energie als kontinuierlich erscheint. Dies bringt nun wichtige Konsequenzen mit sich, denn es bedeutet, daß die Dinge nicht

Es gibt keine Methode. Es gibt nur Achtsamkeit.

– New Delhi, 1966

voneinander getrennt sind. Wenn zwei Dinge miteinander in Wechselwirkung stehen, bedeutet dies, daß die Energie nicht geteilt werden kann, daß die Verbindung unteilbar ist. Deshalb ist das ganze Universum unteilbar, und insbesondere das beobachtete Objekt und der beobachtende Apparat können nicht wirklich voneinander getrennt werden. Nun hatten wir bereits den Punkt, daß der Beobachter nicht vom beobachteten Objekt getrennt werden kann, denn wenn man etwas beobachtet, verändert dies das Objekt. Deshalb gibt es hier die Transformation des Objekts durch den Vorgang der Beobachtung. Ich hatte bereits auf die Ähnlichkeit zum Bewußtsein hingewiesen: Wenn man seine Gedanken genau beobachtet, verändert dies den Fluß der Gedanken. Das ist doch klar, oder nicht? Deshalb gibt es im Bewußtsein keine Trennung in Beobachter und Beobachtetes. Der Beobachter verändert das Beobachtete, und das Beobachtete verändert den Beobachter, und deshalb gab es diese mysteriöse Qualität, die die Physik nicht wirklich verstanden hat.

EB: War dies alles Teil ihrer wissenschaftlichen oder philosophischen Beobachtungen, als Sie Krishnamurti zuerst begegnet sind?

DB: Das ist richtig; lassen Sie mich hierzu ein wenig sagen. Mein Interesse an der Physik … ich hatte immer die Tendenz zu sagen, daß das, was ich über die Physik denke, in mir stattfinden sollte. Ich fühlte, daß es eine Parallele zwischen dem gibt, was im Bewußtsein und was in der Materie vor sich geht, und ich fühlte, daß ebenso die Frage nach der Bewegung existiert, die man außen sieht und innen wahrnimmt. Allgemein gesagt, hatte ich deshalb den Eindruck, daß wir die Natur der Wirklichkeit in uns selbst empfinden.

EB: Sind Sie durch den Kontakt mit anderen Lehrern oder Philosophen darauf gekommen, oder ist dies auf die Wissenschaft und Ihre eigene Selbstbeobachtung zurückzuführen?

DB: Eigentlich auf mich selbst. Die Frage nach dem Beobachter und dem Beobachteten spielte besonders in der Quantenmechanik wegen ihrer Tragweite eine Rolle, vor allem bei Nils Bohr, der selbst von dem Philosophen William James, einem Amerikaner, beeinflußt war. Letzterer hatte den Gedanken eines Bewußtseinsstroms entwickelt, entlang der Argumente, von denen ich gesprochen habe. Aber tatsächlich hatte ich unabhängig davon die Idee, als ich mich mit der Quantentheorie beschäftigte. Es gab eine Analogie zwischen diesem Bewußtseinsstrom und dem Verhalten der Materie. Dies ist der Hintergrund meines Interesses an der Wissenschaft. Ich hatte also versucht, die Universalität der Natur der Materie zu verstehen. Fragen nach Kausalität, Raum, Zeit und der Gesamtheit.

EB: Ist dies etwas, das andere Wissenschaftler mit Ihnen teilen, gibt es ähnliche Beobachtungen?

DB: Diejenigen, die eine ähnliche Neigung haben, stimmen dem zu, aber die meisten tun es nicht. Die meisten Wissenschaftler denken sehr pragmatisch, und sie möchten Resultate sehen. Sie würden gerne eine Theorie entwickeln, die das Verhalten der Materie exakt vorhersagen und die sie kontrollieren würde, aber einige wenige Wissenschaftler interessieren sich für diese Fragestellungen. Einstein zum Beispiel – ich hatte einige Diskussionen mit Einstein über die Quantentheorie, als ich in Princeton war. Die meisten Physiker verstehen die Quantentheorie nicht, sie dient ihnen als Rechenmethode, als Möglichkeit, Resultate zu erhalten, Vorhersagen zu machen. Sie sagen: »Nur darauf kommt es an, und ein tieferes Verständnis wäre zwar schön, aber es ist eigentlich überflüssig.«

EB: Mit diesem Hintergrund lasen Sie also ein Buch Krishnamurtis?

DB: Ja. Wie ich sagte, sind Wissenschaftler an der Kosmologie interessiert, viele von Ihnen versuchen, ein wenig von der Totalität des Kosmos zu begreifen. Einstein wollte ihn vor allem als Ganzes verstehen. Was also mit Hinblick auf Krishnamurti geschah, war, daß meine Frau und ich in Bristol waren. Wir gingen in die öffentliche Bibliothek, da ich Interesse an philosophischen oder sogar mystischen und religiösen Büchern gefunden hatte, z.B. über Ouspensky und Gurdjieff, denn ich war ein wenig unzufrieden mit dem, was im gewöhnlichen Alltag geschah. Meine Frau Saral und ich entdeckten zuerst *Schöpferische Freiheit*. Sie fand dort die Stelle: »Der Beobachter und das Beobachtete«, und hatte so den Eindruck, das Buch hätte mit der Quantentheorie zu tun, und sie gab es mir. Als ich das Buch las, fand ich es sehr interessant. Ich gewann den Eindruck, daß es sehr bedeutend war, und es hatte auf mich eine ziemliche Wirkung. Die Frage nach dem Beobachter und dem Beobachteten wurde auf der psychologischen Ebene diskutiert, und ich hoffte, daß man hier physikalische und psychologische Themen zusammenbringen könnte. Ich las ebenfalls *Ideal und Wirklichkeit*. Es waren die einzigen Bücher in der Bibliothek. Ich schrieb an den Herausgeber in Amerika und fragte, ob ich noch andere Bücher bestellen könnte oder ob Krishnamurti in unserer Gegend sein würde. Jemand sandte mir einen Brief, der mir empfahl, mich an Leute in England zu wenden. Ich schrieb ihnen, und sie sandten mir eine Bücherliste.

Dr. Bohm sagte über Krishnamurtis Buch Schöpferische Freiheit*: »Die Frage nach dem Beobachter und dem Beobachteten wurde auf der psychologischen Ebene diskutiert, und ich hoffte, daß man hier physikalische und psychologische Themen zusammenbringen könnte.«*

EB: Können Sie sich daran erinnern, in welchem Jahr dies war?

DB: Es war wohl das Jahr 1958 oder 1959. Er kam schließlich 1960 nach England und hielt einige Vorträge. Es war wahrscheinlich 1960. In meiner Buchbestellung fragte ich, ob Krishnamurti jemals nach England kommen würde, und man antwortete mir, ja, er würde kommen, und es würden einige Leuten kommen, die ihm zuhören wollten. Ich ging also mit Saral hin, und während ich dort war, schrieb ich einen Brief an Doris Pratt und fragte sie, ob ich mit Krishnamurti sprechen könne; ich erhielt einen Anruf von ihr, in dem sie einen Termin mit mir vereinbarte. Sie hatten ein Haus in Wimbledon gemietet, und dort wartete ich mit Saral auf ihn. Er betrat den Raum, und wir schwiegen einige Zeit, aber dann begannen wir mit dem Gespräch. Ich erzählte ihm von meinen Ideen in der Physik, die er wahrscheinlich nicht alle im Detail verstanden hat, aber er verstand die Grundidee. Ich benutzte Worte wie »Totalität«, und als ich dieses Wort »Totalität« gebrauchte, ergriff er meinen Arm und sagte: »Ja, das ist es.«

EB: Was war Ihr ursprünglicher Eindruck. Sie hatten die Bücher Krishnamurtis gelesen. Welchen Eindruck hatten Sie, als Sie diesem Menschen zuerst gegenüberstanden?

DB: Sehen Sie, ich achte für gewöhnlich nicht auf solche Eindrücke, ich beginne einfach. Aber mein Eindruck war, daß wir ... wir schwiegen also eine Zeitlang, was ungewöhnlich war, aber ich langweilte mich nicht, ich war nicht gespannt. Dann sprachen wir miteinander. Als ich sprach, gewann ich den Eindruck einer engen Kommunikation, einer unmittelbaren Kommunikation, einer Art von Kommunikation, die ich oft in der Wissenschaft finde, wenn andere am gleichen Thema interessiert sind. Er besaß diese intensive Energie, Offenheit und Klarheit, ohne irgendwelche Anspannung zu zeigen. Ich kann mich nicht an Details erinnern, aber er konnte sicherlich nicht sehr viel von dem verstehen, was ich sagte, er verstand mehr die allgemeine Richtung des Ganzen.

EB: Diskutierten Sie auf einer wissenschaftlichen Ebene?

Gegenüberliegende Seite: Krishnamurti in den sechziger Jahren in London. (Photographie von Cecil Beaton)

DB: Ich diskutierte mit ihm über die Fragen, die ich vorher erwähnte, wie Quantentheorie und Relativitätstheorie, und ich fragte dann, ob es möglich sei, die Totalität zu verstehen. Ich möchte ergänzen, daß sich mein Interesse dem Verständnis des Denkens zugewandt hatte. Ich hatte allmählich entdeckt, daß es nötig ist, das Denken zu verstehen. Wenn man sich mit der Philosophie und speziell mit der Kausalität und ähnlichen Fragestellungen beschäftigt, so ist dabei die Frage wichtig, wie wir denken. Ich wurde früher von Leuten beeinflußt, die sich selbst für den Dialektischen Materialismus interessiert hatten, und als ich nach Brasilien ging, sprach ich mit einem Mann, der Hegel gelesen und die Frage nach der Natur unseres Denkens gestellt hatte. Nicht nur das, worüber wir denken, sondern die Struktur des Denkens und das Denken an sich funktioniert durch Gegensätze. Unser Denken vereint unvermeidlich die beiden gegensätzlichen Begriffe der Notwendigkeit und der Kontingenz. Als ich in Israel lebte, traf ich jemand anderen, der an Hegel interessiert war. Er sagte: »Sie sollten sich für den Prozeß des Denkens interessieren. Betrachten Sie das Denken selbst als Prozeß, nicht dessen Inhalt, sondern sein eigentliches Wesen und seine Struktur.«

EB: Sie haben also Ähnlichkeiten zwischen dem entdeckt, was Krishnamurti und was Hegel gesagt haben.

DB: Ja, es gibt einige Ähnlichkeiten. Ich fand eine Beziehung, und dies war der Grund, warum mich Krishnamurti faszinierte. Er befaßte sich mit dem Denken in der Tiefe, tiefer als Hegel, und in gewisser Weise befaßte er sich ebenfalls mit dem Empfinden und dem ganzen Leben. Er blieb nicht nur beim abstrakten Denken stehen.

Die Wahrheit oder Gott ist vollkommen unbekannt. Du magst darüber nachdenken, magst darüber spekulieren, aber die Wahrheit bleibt noch immer unbekannt. Das Bewußtsein muß erst die Vergangenheit abstreifen, muß frei werden von allen Dingen, die es gewußt hat, und das Gewußte besteht aus den akkumulierten Erinnerungen und Problemen der täglichen Existenz. Wenn also eine radikale Veränderung, eine fundamentale Transformation entstehen soll, muß das Bewußtsein das Gewußte hinter sich lassen. Denn Liebe ist nichts, das man gestern erfahren hat und morgen wieder aus der Erinnerung holt; die Liebe ist etwas völlig Neues, Unbekanntes.

– VORTRAG IN ATHEN, 1956

EB: Über den Zeitraum eines Jahres machten Sie sich also mit Krishnamurtis Gedanken vertraut. Wie sahen Sie dabei den Ursprung von Krishnamurtis Lehre?

DB: Nun, ich fragte zuerst nicht danach. Ich traf ihn jedesmal, wenn er in London war und führte ein oder zwei Gespräche mit ihm. Im ersten Jahr wollte ich mit ihm über das Universelle und das Besondere diskutieren, und wir kamen auf die Frage: »Ist der Geist universell?« und er sagte damals »Ja«. Wir verwendeten das Wort »individuell«; ist Intelligenz »individuell« und er sagte ebenfalls »Ja«. Wir hatten einige gute Gespräche darüber. Als wir auseinandergingen, hatte ich das Gefühl, daß sich der Geisteszustand verändert hatte, ich merkte, daß es keine Gefühlseindrücke mehr gab, sondern Klarheit.

Um weit zu kommen, muß man in der Nähe beginnen, und der nächste Schritt ist der wichtigste.

– Think of these Things, 1964

EB: Wenn Sie sagen, der Geisteszustand habe sich verändert, meinen Sie den Zustand von Ihnen beiden?

DB: Ich weiß es nicht, ich nehme an, dies war ebenfalls bei ihm der Fall, da wir in enger Verbindung standen. Ich sagte, ich fühlte nichts besonderes, und er sagte: »Ja, das stimmt«, was mich überraschte, denn ich hatte zuvor gedacht, daß Intensität von Gefühlseindrücken begleitet werden müsse, aber als ich den Raum verließ, hatte ich den Eindruck einer Präsenz am Himmel, doch ich glaube normalerweise nicht an solche Dinge ... ich halte es für meine Vorstellungskraft.

EB: War es ein Sinneseindruck?

DB: Ja.

EB: Sie haben also wirklich etwas gesehen ... ?

DB: Gefühlt. Nichts gesehen, aber etwas gefühlt, etwas Universelles gefühlt.

EB: Haben Sie je zuvor so etwas empfunden?

DB: Ich hatte ähnliche Eindrücke, aber wenn ich beispielsweise zu meinen Eltern gegangen wäre und mit ihnen darüber gesprochen hätte, hätten sie wohl gesagt: »Du hast Dir das nur eingebildet.«

EB: Haben Sie gefühlt, daß eine Beziehung zwischen der Intensität ihrer Diskussion und dem, was danach geschah, bestand?

DB: Ja, ich fühlte wohl, daß da ein Zusammenhang existierte. Ich habe es eigentlich damit erklärt, daß ich die Universalität an den Himmel projizierte, wie ich es vielleicht als Kind getan hätte.

EB: Wann kamen Sie das nächste Mal zusammen?

DB: Ich sah ihn nicht oft, aber wir diskutierten jedes Jahr in London, als er im Juni dorthin kam, und wenn ich in Saanen war. Es gab Gespräche, bei denen ich den Eindruck gewann, daß sich das Bewußtsein verändert hatte, aber als ich nach England zurückkam, war alles wieder weg – man kehrt in den Alltag zurück.

EB: Welches sind Ihrer Meinung nach die herausragenden Eigenschaften oder Qualitäten seiner Lehre, die sie von anderen Lehren unterscheidet?

DB: Nun, zunächst einmal befaßt sie sich mit dem Leben als Ganzes, mit all seinen Phasen und Bewußtseinsstufen, und sie beschäftigt sich mit der Frage, was hinter dem Bewußtsein steht; in Saanen sprachen wir darüber.

EB: Hat Krishnamurti je über den Einfluß anderer auf seine Lehre gesprochen? Er sagte, er habe keine Bücher religiösen oder philosophischen Inhalts gelesen, aber in früheren Jahren mag dies ja vielleicht der Fall gewesen sein.

DB: Nun, mir gegenüber äußerte er sich dazu nicht, aber ich habe von anderen gehört, er habe die »Wolke des Nichtwissens« und andere Bücher gelesen. Mein Eindruck ist, daß er mit dem, was die Theosophen sagten, vertraut sein müßte. Andere Bücher, die er vielleicht gelesen haben mag, haben ihn möglicherweise zu einem bestimmten Grad beeinflußt.

EB: Hatten Sie je den Eindruck, er könnte versuchen, sie von Ihren wissenschaftlichen Interessen abzubringen?

DB: Nein, denn ich folgte meinen wissenschaftlichen Interessen – damals wollte ich die Frage nach dem Beobachter und dem Beobachteten wissenschaftlich verstehen, und die Frage nach der Totalität des Universums. Es lenkte mich also nicht von meiner wissenschaftlichen Arbeit ab. Ich interessierte mich immer mehr für die Frage nach dem Wesen des

Denkens, die auch für die Wissenschaft sehr wichtig ist, denn das Denken ist das einzige Instrument, das es gibt. Als ich in London mit Krishnaji sprach, fragte ich ihn, was ich in meiner wissenschaftlichen Arbeit machen sollte, und ich erinnere mich, daß er sagte: »Fangen Sie mit dem Unbekannten an. Versuchen Sie, mit dem Unbekannten zu beginnen.« Ich erkannte, daß die Loslösung vom bereits Bekannten eine Schlüsselfrage für die Wissenschaft ist, ebenso für andere Bereiche. Wenn man beispielsweise die wissenschaftlichen Entdeckungen nimmt – ich gebe Ihnen ein einfaches Beispiel: Sie haben vielleicht über Archimedes und seine Entdeckungen gelesen. Er hatte das Problem, das Volumen einer unregelmäßig geformten Krone zu bestimmen, um zu sehen, ob sie aus Gold bestand, denn sie war zu unregelmäßig geformt, als daß das Volumen durch Messen hätte bestimmt werden können. Er dachte also über die Sache nach und fand plötzlich beim Baden heraus, daß sein Körper das Wasser verdrängte, und er erkannte sofort, daß das verdrängte Wasser dem Volumen des Körpers entsprach. So konnte er also das Volumen der Krone bestimmen. Er rief das bekannte Wort »Eureka«. Betrachten wir nun, was geschehen war. Die grundlegende Barriere zur Erkenntnis war gewesen, daß die Menschen über die Dinge in unterschiedlichen Kategorien nachgedacht hatten; Volumen wurden durch Abmessen bestimmt, und die Verdrängung von Wasser durch einen Körper hatte nichts damit zu tun.

EB: Exakt.

DB: Der Geist mußte also diese starren Kategorien überwinden. Als dies geschehen war, konnte jeder Mensch, jeder normal begabte Schüler mit durchschnittlichem Verstand den Rest erledigen. Das gleiche war der Fall bei Newton. Archimedes, Newton und Einstein befanden sich in einem besonderen Energiezustand, als sie arbeiteten, und im Augenblick der Einsicht lösten sich die Schranken des Denkens. Es handelt sich um die Einsicht in die Natur des Denkens, nicht in die Natur des Problems. Jede Erkenntnis ist dieselbe. Es handelt sich immer um die Einsicht in die Natur des Denkens. Nicht die Erkenntnis des Inhalts, sondern die Erkenntnis der Natur des Denkens an sich überwindet die Schranken. Ich glaube, dies wollte uns Krishnamurti sagen, daß nämlich die Erkenntnis die Struktur des Denkens verwandelt und das Bewußtsein verändert. Bei Wissenschaftlern mag dies für kurze Zeit der Fall sein, aber schließlich interessieren sie sich für das Ergebnis und arbeiten daran, aber Krishnamurti betonte, daß die Einsicht das Wesentliche im Leben sei – ohne zu einer Schlußfolgerung zu kommen. Man sollte sich also nicht zu sehr um das Ergebnis kümmern, wie wichtig es auch sein mag. Einsicht, eine neue Einsicht ist nötig. Diese Einsicht löst kontinuierlich die starren Kategorien des Denkens. Unser Bewußtsein ist momentan starr und spröde, denn es ist in festen Denkstrukturen gefangen, denn wir sind konditioniert und halten an diesen Strukturen fest, da sie uns vertraut sind.

EB: Krishnamurti schien immer auf das Denken als Werkzeug hinzuweisen, das man beiseite legen kann, wenn man es nicht mehr zu einem bestimmten Zweck benötigt. Wenn man etwas beiseite legt, wird Platz frei für weitere Untersuchungen.

DB: Ja, man konnte diese Freiheit in unseren Diskussionen fühlen.

EB: Was ist Ihrer Meinung nach die wichtigste Eigenschaft von Krishnamurtis Lehre?

Wahre Erziehung bedeutet zu lernen, wie man denkt, nicht was man denkt. Wenn man weiß, wie man denkt, wenn man wirklich dazu fähig ist, so ist man ein freier Mensch – frei von Dogmen, Vorurteilen, Ritualen – und deshalb wird man herausfinden können, was Religion ist.

–THINK ON THESE THINGS, 1964

Nur ein religiöser Geist wird sich selbst erforschen, wird sich seiner eigenen Aktivität bewußt werden, die der Beginn der Selbst-Erkenntnis ist – nur ein solcher Geist ist ein revolutionärer Geist. Und ein revolutionärer Geist ist ein sich verändernder Geist, ist ein religiöser Geist.

–LONDON, ERSTE ÖFFENTLICHE REDE, 1961

DB: Ich glaube, es gibt Merkmale bei Krishnamurti, von denen man sagen könnte, sie seien charakteristisch. Die Betonung des Denkens als Ursprung unserer Probleme. Krishnamurti sagte, das Denken sein ein materieller Prozeß, er betonte dies stets. Die meisten Menschen sehen es anders, und ich sehe dies nirgendwo anders betont. Nun ist es sehr wichtig, das Denken als materiellen Prozeß zu verstehen, anders gesagt, das Denken kann so beobachtet werden, wie man jegliche Art von Materie beobachten kann. Wenn wir nach innen sehen, so beobachten wir nicht den Inhalt unseres Denkens, nicht die Idee, die Gefühle, sondern den materiellen Prozeß selbst. Wenn etwas im Denken falsch läuft, so ist dies der Fall, weil fehlerhafte Dinge im Gedächtnis kontrolliert werden, die einen wiederum selbst kontrollieren, und das Gedächtnis muß physisch geändert werden. Sie wissen, daß man ein Tonband mit einem Magneten löschen kann, aber man löscht dabei die notwendigen Inhalte ebenso wie die unwichtigen.

EB: Krishnamurti schien darauf hinzuweisen, daß man durch eine klare Wahrnehmung eine gewisse *Tabula rasa* schaffen könne.

DB: Das ist richtig, aber dies geschieht natürlich durch den Intellekt, weshalb man nicht die notwendigen Erinnerungen, sondern nur die Erinnerungen, die zur Betonung des Egos geführt haben, löscht. Er sagte, es gebe eine Energie jenseits der Materie, die die Wahrheit darstelle, und diese Wahrheit wirke in der Kraft der Notwendigkeit. Sie sei an der materiellen Basis des Denkens und des Bewußtseins aktiv und bringe beides in eine geordnete Form. Sie beende damit die Unordnung. Das Denken wird nur funktionieren, wenn es benötigt wird, und der Geist wird für höhere Aufgaben frei.

EB: Viele Menschen sagen, sie hätten nicht genug Energie, um diese Analyse im Alltag durchzuführen. Was würden Sie darauf antworten?

DB: Es ist wahrscheinlich der Fall, weil sie nicht die Natur der Energie verstehen. Lassen Sie mich dies mit einer anderen Aussage verknüpfen, die man oft hört. Viele Menschen haben diesen Eindruck, aber er verschwindet schließlich.

EB: Es ist eine Klage, die man häufig hört.

DB: Ich sehe es so: Man sollte sehen, was wesentlich und universell ist, und dies verändert das Bewußtsein. Das Universelle gehört jedem, es deckt alles ab, jede mögliche Form. Es stellt das allgemeine Bewußtsein der Menschheit dar. Wir kommen nun zur Frage nach der Energie; das Ego kostet Energie, es hält uns unten und verwirrt uns.

EB: Mit anderen Worten, die individuelle Wahrnehmung der eigenen Person als isoliertes Wesen ist eine Verschwendung von Energie.

DB: Ja, denn wenn man sich als isoliert erlebt, wird man ständig versuchen, sich zu schützen und wird dabei Energie vergeuden.

EB: Früher haben Sie gesagt, es sei nötig, mehr den Prozeß des Denkens als dessen Inhalt zu beobachten, da das Denken ein materieller Prozeß sei. Wie sollte man dies anstellen? Wie kann man diesen Sprung tun und den materiellen Prozeß beobachten, wenn man den Anschein hat, daß das Bewußtsein nur seinen Inhalt wahrnehme?

DB: Nun, es gibt mehrere Ansätze. Bevor ich dazu komme – ein anderer wichtiger Unterschied bei Krishnamurti ist es, daß er das wirkliche Leben betont – sich Dinge bewußt zu machen und Autoritäten abzulehnen, ist ein sehr wichtiger Punkt. Einige Buddhisten sagten, daß Krishnamurti ähnlich wie Buddha sprach, aber er sagte: »Warum mit Buddha beginnen, warum nicht mit dem beginnen, was augenblicklich der Fall ist?« Dies ist sehr wichtig, er wollte nicht mit dem verglichen werden, was andere Menschen gesagt haben. Um nun auf die Beobachtung des materiellen Prozesses zurückzukommen; man sollte erkennen, was man am Denken neben Bildern, Gefühlen und ihrer Bedeutung erkennen kann. Was man denkt, erscheint im Bewußtsein als Show. So bildet das Denken seinen Inhalt ab, als Show von Ideen. Wenn man also glaubt, der Beobachter sei etwas anderes als das Beobachtete, so erscheinen beide im Bewußtsein als zwei getrennte Größen. Die Worte scheinen vom Beobachter zu kommen, der weiß, der sieht, und deshalb scheinen sie wahr zu sein, sie erscheinen als Beschreibung der Wahrheit. Dies ist Illusion. Ein Zauberkünstler arbeitet ganz genau so. Jeder Zauberer lenkt die Aufmerksamkeit ab, damit man nicht erkennt, wie die Dinge zusammenhängen. Plötzlich scheint etwas durch Magie zu geschehen. Man erkennt nicht, was der Zauberkünstler getan hat.

»Ein anderer wichtiger Unterschied bei Krishnamurti ist es, daß er das wirkliche Leben betont – sich Dinge bewußt zu machen und Autoritäten abzulehnen, ist ein sehr wichtiger Punkt«.
– David Bohm

EB: Sie übersehen das Bindeglied ...

DB: .. und verändern die Bedeutung.

EB: Was als Magie erscheint, ist in Wirklichkeit die fehlende Wahrnehmung all dieser Zusammenhänge.

DB: Ja, und diese Art von Magie geschieht im Bewußtsein, der Beobachter und das Beobachtete nehmen die Dinge wahr, und der Beobachter scheint vom Beobachteten getrennt zu sein. Deshalb scheint alles aus dem Nichts zu kommen. Und wenn dies der Fall wäre, so wäre es nicht die Wahrheit. Etwas, das plötzlich im Bewußtsein aus dem Nichts auftaucht, erfahren wir als real und wirklich. Wenn man den Zusammenhang mit dem Denken erkennt, so erfährt man dies weniger intensiv.

EB: Sie sagen, das Denken sei oberflächlicher, als es uns erscheint.

DB: Ja, das Denken geht in der Tat wenig in die Tiefe. Das Bewußtsein bleibt an der Oberfläche.

Wenn am Ende die Freiheit steht, dann muß die Freiheit am Anfang stehen, denn Anfang und Ende sind eins. Es kann nur Intelligenz und Selbsterkenntnis geben, wenn am Anfang die Freiheit steht, und Freiheit ist nur möglich, wenn die Autorität abgelehnt wird.

– Vertrauen zum Leben, 1953

EB: Und das, was wir für unsere tiefsten Erkenntnisse halten mögen, sind in Wirklichkeit eher oberflächliche Beobachtungen.

DB: Ja, oder vielleicht nicht einmal Beobachtungen. Vieles davon ist Schein, ein großer Teil dessen, was wir über uns selbst denken, ist eine Illusion. In der indischen Literatur findet man oft die Analogie vom Seil, das man für eine Schlange hält, und deswegen beginnt das Herz heftig zu schlagen, der Verstand ist getrübt, und in dem Augenblick, in dem man erkennt, daß das Seil keine Schlange ist, verändert sich alles. Eine bloße Wahrnehmung genügt, um den Zustand des Bewußtseins zu verändern, und die Erkenntnis, daß der Beobachter und das Beobachtete nicht voneinander unabhängig sind, bedeutet, daß das, was der Beobachter denkt, nicht mehr als real erfahren wird. Es verliert an Macht. Wenn man also das Ganze sieht, könnte man sagen, die Energie des Gehirns sei entstanden und gesteuert durch die Show, die das Denken veranstaltet. Der gesamte Inhalt wird so als wahr, als notwendig erlebt. Das Gehirn orientiert sich dann an dieser Show. Alles wird so organisiert, daß die Show noch besser wird. In dem Augenblick jedoch, in dem man alles als Show erkennt, hört alles auf. Das Gehirn kommt zur Ruhe und gerät in einen anderen Zustand. Es ist nicht mehr gefangen und kann etwas vollkommen anderes tun. Aber damit dies möglich wird, ist es nötig, nicht nur darüber zu sprechen, sondern es so zu sehen, wie ich es beschrieben habe.

Ich dachte an einen anderen Fall, an dem man die Macht der Wahrnehmung erkennen kann. Es handelt sich um den Fall der Helen Keller – vielleicht haben Sie von ihr gehört – sie war blind, taub und stumm. Als sie nicht mit anderen in Kommunikation treten konnte, war sie wie ein wildes Tier. Man fand für sie eine Lehrerin, Ann Sullivan. Sie spielte mit ihr ein Spiel, in dem sie Helens Hand in Kontakt mit einem Gegenstand brachte, denn dies war ihre einzige Wahrnehmungsmöglichkeit, und Ann schrieb mit dem Finger den Namen des Gegenstandes in Helens Hand. Zuerst war alles nur ein Spiel, bei dem Helen noch nicht verstand, was vorging. Dann erinnerte sich Helen Keller, daß sie eines Morgens mit einem Glas voll Wasser in Berührung kam, nachmittags mit Wasser aus einer Pumpe, und jedes Mal schrieb Ann den Namen in ihre Hand, und plötzlich erkannte sie, daß alle Dinge einen Namen haben. Wenn Wasser eine Sache in unterschiedlichen Erscheinungsformen war, konnte der Name »Wasser« einem anderen Menschen mitgeteilt werden, der denselben Namen verwendete. Von da an nutzte sie die Sprache, und in einigen Tagen lernte sie mehrere Wörter, einige Tagen später formte sie einige Sätze, und ihr Leben veränderte sich. Sie hörte auf, ein wildes Kind zu sein, sie wurde ein ganz anderer Mensch. Sie sehen also, daß die Wahrnehmung einen Menschen vollkommen verändern kann. Als Helen diese Erkenntnis erlangte, gab es kein Zurück mehr. Ich glaube, Krishnamurtis nachdrückliche Betonung, doch zu erkennen, daß der Beobachter das Beobachtete ist, stellt eine Erkenntnis dar, die weit über Helens Erkenntnis hinausgeht. Es ist noch viel revolutionärer.

EB: Sie haben den Eindruck, daß das Konzept von Beobachter und Beobachtetem ein Schlüsselpunkt für Krishnamurtis Lehre ist?

DB: Ja, beide sind in der Tat miteinander identisch.

EB: Könnten Sie einige andere wichtige Punkte an seiner Lehre erwähnen?

DB: Nun, die Frage nach der Zeit, der psychischen Zeit, die nur vom Denken erzeugt wird. Mit der Zeit ist es wie mit dem Beobachter und dem Beobachteten. Wenn man aufhört, die Dinge so zu sehen, wird auch das Ende der psychischen Zeit kommen, und es wird ein Zustand der Zeitlosigkeit eintreten.

EB: Und mit der Wahrnehmung der Identität von Beobachter und Beobachtetem werden alles Leid, alle menschlichen Probleme zu Ende kommen.

DB: Das ist richtig, denn alles geht zurück auf die mangelhafte Erkenntnis der wahren Natur dieser Fragestellung. Dann tritt das Mitgefühl in den Vordergrund. Mitgefühl für alle Lebewesen, nicht nur Mitgefühl für diejenigen, die leiden. Dies ist Teil des Mitgefühls, das das Leiden überwindet.

EB: Autorität ist sicherlich ein anderer wichtiger Faktor in seiner Lehre.

DB: Ja, Sie sehen, warum Autorität so wichtig ist. Es gibt die enorme Fähigkeit des Bewußtseins zur Selbsttäuschung. Autorität ist eine Form der Selbsttäuschung. Es gibt Autorität im Bewußtsein, die nicht notwendigerweise eine Selbsttäuschung darstellt. Wenn jemand als Träger von Autorität oder Wahrheit auftritt, so besteht die Gefahr, daß jemand vielleicht damit begonnen hat, die Dinge zu hinterfragen, aber dieser Mensch nun akzeptiert, was jemand anders gesagt hat. Weil man es so will. Man mag sich als problembeladen, ängstlich, voller Sorgen wahrnehmen, und dann wenn jemand kommt – eine Autorität – und sagt: »Gott wird für dich sorgen, solange du Gutes tust und an ihn glaubst.« Deshalb möchte man schließlich glauben und hält dies für die Wahrheit. Man stellte die Dinge bereits in Frage, und nun kommt jemand und macht dies alles überflüssig. Man sollte sich fragen, warum man eine Autorität akzeptiert. Autorität beweist nichts, warum akzeptiert man sie also? Weil man es so will, nötig hat, nicht wahr? Man sucht Bequemlichkeit, Trost und Sicherheit. Und da kommt dieser eindrucksvolle Mensch, sieht gut aus, ist vielleicht in schöne Gewänder gekleidet, die er bei unterschiedlichen Zeremonien trägt, es gibt schöne Musik und gepflegte Umgangsformen, und es heißt: »Du bist o.k., alles ist o.k., Du brauchst nur daran zu glauben.«

EB: Ein Merkmal von Autorität ist Macht, und diese Macht offenbart sich, wie sie sagten, in Ritualen und Zeremonien. Ebenso zeigt sich ein weltlicher Herrscher, ein König, durch seine Krone usw.

DB: Das ist richtig. Aber sehen Sie, es ist eine leere Show. Autoritäten errichten eine leere Demonstration ihrer Macht um sich herum. Es ist nichts dahinter, nur unser Glaube.

EB: Konnten Sie in Krishnamurtis Werken eine Stelle entdecken, an der seine Lehre abwich oder in eine ganz andere Richtung weiterging?

DB: Nein, ich konnte keine fundamentale Änderung entdecken.

EB: Auch als er ein junger Mann war, war seine Lehre implizit in allem, was er sagte.

DB: Ja, ja.

EB: Und er lernte nichts von anderen Schulen?

DB: Nein. Ich glaube, es kam alles aus einer Quelle jenseits seines Verstandes, die im Grunde jedem offensteht.[72]

Wir müssen uns mit Hinblick auf die Gesellschaft, in der wir leben, psychisch verändern. Deshalb ist eine Flucht in die Berge des Himalayas, in die Gewänder eines Mönchs oder einer Nonne, in die Sozialarbeit und ähnliche Aktivitäten nicht möglich. Wir müssen in dieser Welt leben, wir müssen uns mit Hinblick auf andere verändern – nicht in ferner Zukunft, sondern jetzt.

– BOMBAY, 14. FEBRUAR 1965

In den Vereinigten Staaten hatte in den fünfziger Jahre der Zeitabschnitt, der als McCarthy-Ära bekannt ist, das Leben vieler verschiedener Menschen verändert. Ähnlich wie David Bohm des »Anti-Amerikanismus« verdächtigt wurde, war jemand auf einem anderen Gebiet ebenfalls davon betroffen.

Howard Fast, ein bekannter Schriftsteller und Dramatiker, ist der Autor von *Citizen Tom Paine* und *Spartacus*. Bis heute schrieb er viele beliebte Bücher und Theaterstücke.

HOWARD FAST

SCHRIFTSTELLER UND DRAMATIKER, NEW YORK

EB: Mr. Fast, gibt es für Sie als Schriftsteller eine Beziehung zwischen Krishnamurtis Erkenntnis über den Zustand der Psyche und dem Prozeß des Schreibens selbst?

HF: Oh, natürlich. Der Einfluß von Krishnamurtis Denken auf einen Schriftsteller ist sehr wichtig. Der Schriftsteller hat das Problem, sich in den Geist eines anderen zu versetzen, Charaktere zu definieren, Charaktere zu verstehen, zu verstehen, warum ein Mensch tut, was er tut, zu verstehen, warum der schlimmste, wertloseste Kriminelle tut, was er tut, und ihn nicht einfach zu verdammen, sondern ihn zu verstehen. Und diese Notwendigkeit zum Verständnis der menschlichen Illusionen, des Selbstbetrugs ist eigentlich ein Teil von Krishnamurtis Lehre.

EB: Was hat Sie zuerst an Krishnamurtis Werk fasziniert?

HF: Ich kam vor vielen Jahren über Zen-Meditation zu Krishnamurti. Als ich mit der Zen-Meditation begann, war dies die Antwort auf eine Welt, die um mich herum zerfiel und die verzweifelte Suche nach einer Wahrheit in diesem Sumpf geistiger Verirrung. Ich fand einen Zen-Lehrer, der mich als Schüler annahm, und am Anfang meiner Übungen begann ich, wie viele Menschen, die Zen betreiben, zu lesen, und ich las alles, was ich über Zen finden konnte. Schließlich stieß ich auf ein Buch eines belgischen Psychologen über Zen, der Zen und Krishnamurti in einem Atemzug nannte. Bei ihm hieß es: »Wie im Zen oder bei Krishnamurti.« Nun war dies mein erster Kontakt mit dem Namen und der Lehre Krishnamurtis. Nachdem ich das Buch gelesen hatte, suchte ich nach Büchern Krishnamurtis, und ich fand eine ganze Reihe von Büchern und las sie mit großer Begeisterung und großem Interesse. Das anfängliche Interesse war auf die Begeisterung für einen Mann zurückzuführen, der den Dingen auf den Grund ging, der keinen Unsinn sprach und der die Illusionen hinwegfegte und absolut deutlich, präzise und provozierend in seinen Argumenten, in seiner Lehre war.

EB: Was war Ihrer Meinung nach Krishnamurtis wichtigster Beitrag?

HF: Ich dachte oft darüber nach, was Krishnamurtis Hauptbeitrag war. Ich glaube, es war seine Fähigkeit, Illusion und Wahrheit zu trennen. Er sagte stets: »Hören Sie mir zu. Ich sage Ihnen etwas von großer Wichtigkeit. Passen Sie auf. Hören Sie mir zu!«

In diesem Anfang, wenn er um Aufmerksamkeit bat, war er anders als andere. Er sagte: »Sie hören mir wie alle anderen nicht zu. Hören Sie mir jetzt zu!« Und man schenkte ihm die Aufmerksamkeit und dann packte er die Illusionen an und vertrieb sie. Wenn jemand beispielsweise sagte: »Ich glaube absolut an die So-und-So-Religion«, sagte Krishnamurti: »Was gibt es denn da in der So-und-So-Religion? Was ist dort möglich?

Was ist dort wahrhaftig? Was ist dort so bedeutend? Warum glauben Sie daran? Haben Sie wirklich hingesehen? Haben Sie versucht zu verstehen?« Und dies ist ganz anders als alle anderen Lehren in unserer Zeit, völlig anders.

EB: Hatte Krishnamurti Antworten auf die Fragen von heute und die zeitlosen Fragen, denen wir uns ausgesetzt sehen?

HF: Krishnamurtis Standpunkt war stets, daß die einzig wirkliche Lösung für die Probleme und Tragödien unserer Zeit eine innere Lösung sei. Und ich stimme dem zu, als Traum, als Ideal, aber die Veränderung eines Menschen, die Veränderung des Denkens eines Menschen, des Bewußtseins, ist nur mit einer Handvoll Menschen möglich, nicht mit Menschenmassen. Solange die Massen sich nicht geändert haben, soweit es jedenfalls ihre innere Einstellung betrifft, ist soziales Handeln wichtig. Und dies ist, wie ich meine, der einzige Punkt, den Krishnamurti nicht so intensiv betont hat, wie er es hätte tun sollen. Aber dies ist ja nicht nur bei Krishnamurti der Fall, sondern bei anderen, wie ich es nenne, mystischen und materialistischen Lehr- und Denkweisen. Diese glauben, die einzige Hoffnung sei die Veränderung des Menschen, es müsse ein neuer Mensch geschaffen werden, ein anderer Mensch. Wir haben dafür keine Zeit mehr. Wir haben Atombomben und diese anderen schrecklichen Tötungsmittel, und wir müssen mit denjenigen leben, die noch keine innere Veränderung durchgemacht haben. Wir müssen sie davon überzeugen, daß die endlosen Kriege und diese grenzenlose Dummheit ein Ende haben muß.

»Als ich hörte, daß er in New York in der Carnegie Hall einen Vortrag halten sollte, ging ich hin und war überrascht, daß jeder Platz besetzt war und die Menschen darüber hinaus noch standen. Beim zweiten Mal in New York war es dasselbe.
– Howard Fast

EB: Für einige ist Krishnamurti ein pragmatischer Lehrer, andere halten ihn für einen echten Mystiker. Was war er für Sie?

HF: Krishnamurti, der sich selbst für einen strengen Materialisten hielt, ist auch ein Mystiker. Daran besteht kein Zweifel; wahre Mystik ist materialistisch. Dies kann durch die Veränderungen nachgewiesen werden, die in einem Mystiker stattfinden. Wenn man nun in diesem Sinn über mystische Wege spricht, über das Denken Krishnamurtis, den Buddhismus, über andere mystische Wege, so gibt es Menschen, die vor Tausenden von Jahren Theorien über die Natur des Universums aufgestellt haben. Und heute, nachdem so viel Zeit vergangen ist, kommen unsere Wissenschaftler, unsere Physiker, vor allem diejenigen, die sich mit Kernphysik beschäftigen, zu denselben Schlußfolgerungen. In einigen der faszinierendsten Gespräche zwischen Krishnamurti und dem Physiker David Bohm sprechen beide über die Ähnlichkeit zwischen der mystischen und der wissenschaftlichen Erkenntnis. Der Physiker kommt an den Punkt, an dem es nur noch Energie gibt und alle feste Materie demzufolge nur eine Illusion ist. Wir beginnen, etwas von Krishnamurtis Einstellung gegen die endlose Gier nach den Dingen zu verstehen, von der die menschliche Rasse heute besessen ist.

EB: Welche Zuhörer hat Krishnamurti Ihrer Meinung nach erreicht?

HF: Die Zahl der Menschen, die kamen und sich mit seinen Ideen verbunden fühlten, hat mich immer überrascht. Als ich Krishnamurti in Ojai zuhörte, war dort eine große Menschenmenge versammelt. Aber ich sagte mir: »Es ist ganz klar. Es ist ja seine eigentliche Wirkstätte.« Mir fiel auf, daß auf dem Parkplatz die unterschiedlichsten Autos standen, vom alten Käfer bis hin zum Rolls Royce und anderen sehr teuren Wagen. Als ich hörte, daß er in New York in der Carnegie Hall sprechen sollte, ging ich hin und war überrascht, daß jeder Platz besetzt war und die Menschen darüber hinaus noch standen. Beim zweiten Mal in New York war es dasselbe. Nun, ich hatte keine Vorstellung von der Größe seiner Anhängerschaft, denn in einem Saal sieht man nur jenen Teil der Menschen, die in den Raum kommen und dem Sprecher zuhören können. Krishnamurtis Einfluß war also sehr groß. Im Bezug zum Zen würde ich nach der Lektüre, dem Zuhören und Überdenken von Krishnamurtis Lehre mit der Haltung übereinstimmen, die besagt, daß es Krishnamurti ist, der das Wesen des Zen wiedergibt, falls es heute überhaupt eine Zen-Ideologie gibt. Im Zen gibt es keine Predigt. Man sitzt und reinigt seinen Geist und arbeitet daran, die eigene Existenz zu erkennen, und dies genügt, um einen Menschen zu verändern.

Von allen Zen-Sprüchen gefällt mir dieser am besten: »Wenn du den Buddha triffst, so töte ihn, zerstöre ihn.«

Dies ist eine profunde Aussage; wenn man einen Menschen nimmt und ihn als Gott verehrt, so wird in dieser Verehrung alle Möglichkeit der Wirklichkeit, alles Satori, alle Erleuchtung verlorengehen. Wenn man den Buddha sieht, sieht man eine Illusion. Gib diese Illusion so schnell wie möglich auf. Es gibt keinen Buddha, er ist vor vielen, vielen Jahrhunderten gegangen, und er sollte nie auf diese Weise verehrt werden.

EB: Was war Ihrer Meinung nach das Ergebnis aus all den Jahren, in denen Krishnamurti zu den Menschen gesprochen hat?

HF: Wenn ich über die Tatsache nachdenke, daß Krishnamurti gesagt hat, sein einziger Existenzgrund sei es gewesen, die Menschen frei zu machen, so frage ich mich manchmal, ob er dies erreicht hat? Nun, in einigen Fällen war dies sicherlich der Fall, und niemand weiß, wo überall seine Saat aufgehen wird. Wenn zehn, hundert oder tausend Menschen den zentralen Punkt seiner Lehre begriffen haben, ihren Geist leeren und sich täglich hinterfragen und an andere weitergeben, was Krishnamurti sie gelehrt hat, so war Krishnamurti sicherlich ein wichtiger Teil des Prozesses der Befreiung des Menschen. Ich glaube, er hat gefühlt, daß die Zeit knapp ist. Entweder wir beginnen, den Dingen mit Achtsamkeit zu begegnen, oder wir werden uns selbst zerstören.

Es gibt jemanden, der uns gelehrt hat, darüber nachzudenken, weil wir sonst nicht länger existieren werden, wenn wir weiterhin auf die falsche Weise denken. Man muß also zugeben, daß hier ein Mensch war, der auf die eine oder andere Weise die Welt beeinflußt hat. Ich weiß nicht, wie groß sein Einfluß war, aber vielleicht war er sehr groß, vielleicht aber auch nicht. Aber sein Einfluß ist erkennbar. Und ich komme zurück auf meinen Standpunkt, demzufolge es besser ist, eine kleine Kerze anzuzünden, statt sich über das Dunkel zu beklagen.[73]

Nur wenige Menschen sind so weit herumgekommen wie Krishnamurti. In jedem Land, das er besucht hat, hielt er sich zwar relativ kurz auf, einige Monate vielleicht, aber er schlug Wurzeln in denjenigen, die mit ihm in Kontakt kamen. Er war nie Teil einer Liste von Menschen, die man neben vielen anderen hätte treffen sollen, sondern er war ein einzigartiger Brennpunkt im Leben jedes einzelnen.

Tief berührt von Krishnamurti war auch die junge Medizinstudentin Asha Singh, jetzt Asha Lee nach der Heirat mit R. E. Mark Lee, dem geschäftsführenden Direktor der Krishnamurti Foundation of America. Asha erinnert sich an ein bedeutsames Erlebnis in ihrer Beziehung zu Krishnamurti.

DR. ASHA LEE

KINDERÄRZTIN, OJAI, KALIFORNIEN

AL: Ich nahm als Medizinstudentin meine Mutter zu einem Vortrag von Krishnamurti mit, als er zum ersten Mal in Delhi war. Als ich ihm zuhörte, empfand ich ganz stark die Wahrheit, von der Krishnamurti sprach. Die Einfachheit, die Schönheit seiner Worte hatte mich berührt.

EB: In welchem Jahr war das, Asha?

AL: Das war wohl 1964. Damals begann ich, seinen Vorträgen zuzuhören. Ich habe nie einen seiner Vorträge verpaßt. Ich arbeitete im Krankenhaus und besuchte seinen Vortrag im Constitution Club. Ich betrat das Gebäude durch den Hintereingang, weil ich ankam, kurz bevor er mit seinem Vortrag begann. Ich blieb im Hintergrund, hörte ihm zu und ging sofort wieder, um den Bus nach Hause zu erwischen.

Als ich 1965 durch Andhra Pradesh im Süden fuhr, besichtigte ich die Schule in Rishi Valley. Diese Reise war wie eine Pilgerfahrt, da ich Krishnamurti zugehört hatte und nun seine Gemeinde besuchte ... das Tal war schön und unberührt. In der Talmitte lag die Schule, und es gab einige Dörfer, die von den Bergen umgeben waren, alles sah ähnlich aus wie in Ojai, es war felsig, und das Tal war von Hügeln eingerahmt. Ich blieb eine Woche oder zehn Tage, und es war alles ruhig und schön. Dann kam ich zurück und beendete mein Studium, bevor ich nach England ging, wo ich als Kinderärztin arbeitete. Nach meiner Rückkehr nach Indien heiratete ich und lebte schließlich in Rishi Valley; dies war etwa März 1969. Im November kam Krishnaji, und für mich begann eine sehr schöne Zeit.

»In der Talmitte lag die Schule, und es gab einige Dörfer, die von den Bergen umgeben waren, alles sah ähnlich aus wie in Ojai, es war felsig, und das Tal war von Hügeln eingerahmt.«
– Asha Lee

EB: Als du in Rishi Valley warst, bist du mit dem Ziel dorthin gegangen, dort zu leben?

AL: Ja, ich ging hin, um dort zu leben. Ich wurde Direktorin der Schule, und bald hatten die Leute aus den umliegenden Dörfern herausgefunden, daß ich Ärztin war und kamen zur Behandlung. Ich gründete eine Klinik für die Dorfbewohner, die Schüler und die Mitarbeiter der Schule.

In der Schule gab es viele Gärten, und deshalb stellte ich Blumen in Krishnajis Zimmer, wenn er da war. Jeden Morgen um vier oder spät am Nachmittag, wenn die Sonne untergegangen war, ging ich durch die Gärten und schnitt frische Blumen. Wenn ich sie abends schnitt, stellte ich sie in einen Eimer Wasser, damit sie bis zum Morgen frisch blieben. Ich ging dann in Krishnajis Zimmer, bevor er aufwachte, um ihn mit frischen Blumen zu erfreuen. Ich ging mit diesem Eimer auf Zehenspitzen hinein, holte die Vasen mit den alten Blumen und brachte sie zum Eingang in der westlichen Veranda. Es war genügend hell, und deshalb brauchte ich keine Lampe. Ich saß am Eingang und ordnete die Blumen. Ich stellte sie dann in die unterschiedlichen Räume und ging in meine Hütte zurück, die direkt daneben lag.

EB: Wußte Krishnamurti, daß Sie dies taten?

AL: Ich war später hinübergegangen, um ihm Briefpapier und Bleistifte zu bringen und hatte Saft mitgebracht. Nach zwei oder drei Tagen ging ich hinein, und alle saßen beim Frühstück zusammen, und der Leiter der Schule, Dr. Balasundaram, sagte zu mir: »Setzen Sie sich zu uns und essen Sie mit.« Ich setzte mich hin, und er sagte zu Krishnamurti: »Das ist Asha, sie ist diejenige, die morgens die Blumen und den Saft bringt.« So erfuhr er, daß ich die Blumen brachte.

Ich weiß nicht, ob folgendes nun vor oder nach dem Frühstück geschehen ist. An einem dieser Tage, als ich die Blumen brachte, hörte ich aus dem Schlafzimmer (das am Ende des großen Zimmers lag, in dem ich die Blumen zusammensteckte) Geräusche, als ob jemand aufstehen würde, und deshalb blieb ich ruhig. Ich erkannte, daß die Geräusche aus Krishnajis Schlafzimmer kamen; vielleicht stand er auf und würde nicht wissen, daß ich da war, und ich wollte ihn nicht stören und blieb also ruhig. Dann hörte ich Holzpantoffeln, die er immer in Indien trug, die Kharows, die den kleinen Knopf haben, den man zwischen den großen und den zweiten Zeh steckt. Wenn man mit diesen hölzernen Pantoffeln geht, klappert das Holz auf dem Fußboden. Ich hörte also, wie er ins Badezimmer ging. Ich sagte zu mir: »Ja, nun wird er wieder zurück ins Bett gehen.« Aber dann ging er weiter durch den nächsten Raum, den Empfangsraum, in dem er mit den Menschen sprach. Er durchschritt das Zimmer und kam über die Veranda ins Wohnzimmer auf der östlichen Seite des Hauses, wo ich saß und die Blumen zusammensteckte. Ich zog mich aus dem hellen Teil in den dunkleren Teil des Zimmers zurück, damit ich ihn nicht erschrecken würde. Ich saß ruhig da, als er ins Eßzimmer weiterging.

Was ich sah, erstaunte mich, denn es war nicht die Gestalt Krishnajis, die vorbeiging. Es war eine ungewöhnlich große Gestalt, die vorbeiging. Sie sah aus wie die Gestalt Buddhas, dieselbe Statur. Die Gestalt ging zur Küche und kam kurz darauf wieder zurück. Dieses Mal, als er durchs Wohnzimmer ging, blieb er stehen, drehte sich um und lächelte: »Ich weiß, daß du da bist.« Ich saß absolut still. Ich verstand dies alles nicht. Ich hatte keine Angst, es war alles sehr ungewöhnlich und schön.

EB: War es Krishnamurti?

AL: Nun, es war Krishnamurti, denn es war sein Schlafzimmer. Er war von dort gekommen, er ging durch sein Badezimmer über die Veranda zum Eßzimmer hinüber, in die Küche und wieder zurück. Es war sonst niemand im Haus.

EB: Könnten Sie beschreiben, auf welche Weise er anders erschien?

AL: Krishnaji war sehr schlank und klein. Diese Gestalt war doppelt so hoch und viel größer. Es schien, als ob ein Licht in seinem Körper strahlen würde. Das Gesicht war friedlich, und etwas schien über dem Kopf zu schweben. Da ich Bilder aus Ajanta, Ellora und anderen Orten gesehen hatte, erinnerte er mich an den Buddha, mit seinem Kopf und seiner Figur. Ich saß einige Zeit lang sehr still da und packte dann meine Sachen sehr schnell zusammen und ging die Stufen hinunter. Es fröstelte mich. Ich erzählte meinem Mann Mark, was ich gesehen hatte, und ich habe nie jemandem sonst davon erzählt, denn es war etwas so Erhabenes, daß ich es nicht dadurch mindern wollte, indem ich darüber sprach. Ich habe noch jemandem davon erzählt – Krishnaji selbst – bevor er starb. Ich besuchte ihn und bat ihn darum, ihn unter vier Augen sprechen zu können, wie ich es jedes Jahr getan hatte. Mich beschäftigte eine Frage, die ich stellte: »Krishnaji, ich möchte mit dir über etwas sprechen, das ich gesehen habe. Ich bin nicht abergläubisch, ich habe normalerweise keine Visionen, und wenn ich etwas in der Dunkelheit sehe oder höre, gehe ich hin und sehe nach, was es ist; ich habe einen engen Bezug zu Fakten und zur Wirklichkeit.« Ich erzählte ihm, wie ich in seinem Haus war, nachdem ich geheiratet hatte und nach Rishi Valley gegangen war, und wie ich dort

Die Brüder Krishna und Nitya kamen 1922 in das Ojai Valley in Südkalifornien.

gesessen war und was ich gesehen hatte. Er saß mit gefalteten Händen da, seinen Kopf hatte er geneigt. Nachdem ich fertig war, sah er auf und sagte: »Du hast etwas gesehen. Warum stellst du es in Frage?« Ich sagte: »Ich stelle es nicht in Frage, weil ich es gesehen habe, sondern ich versuche nur, es zu verstehen. Ich dachte, ein Gespräch mit dir würde mir einiges erklären.« Er sagte: »Du hast es gesehen, es gibt keine andere Erklärung.« Wir saßen ruhig da, während er meine Hand hielt, und dann ging ich.

Dieses Ereignis im ersten Jahr in Rishi Valley führte in mir zu einer Beziehung mit Krishnaji. An diesem Morgen war etwas jenseits des Alltäglichen anwesend. Als ich seine Vorträge besuchte, spürte ich die Gegenwart von etwas Erhabenem, und ich bin sicher, daß andere dies ebenfalls gespürt haben.

EB: Handelt es sich mehr um eine Wahrnehmung oder ein Gefühl, oder hast du wirklich etwas gesehen oder wahrgenommen, das an seiner Gestalt anders war?

AL: Ich habe das, was ich in Rishi Valley gesehen habe, später nie wieder wahrgenommen, aber oft habe ich gefühlt, daß eine Präsenz in meiner Nähe war, die nicht aus meiner Ebene stammte, es war etwas Erhabenes, das hier anwesend war.

EB: Hast du jemals etwas ähnliches davor oder danach erlebt?

AL: Nein, denn ich hatte keine Beziehung zu Tempeln, Meditation, zum Singen. Ich betrieb mein Studium, ich war sehr wirklichkeitsbezogen. Deshalb wollte ich mit Krishnaji sprechen, weil ich dies nicht mit meinem gewöhnlichen Leben in Einklang bringen konnte.

EB: Aber er gab dir doch keine wirkliche Erklärung.

AL: Er erklärte nichts, aber er sagte, ich hätte etwas gesehen, und warum ich es hinterfragen wollte?

EB: Gab es eine Verbindung zwischen dem, was du gesehen hast und Krishnamurtis Lehre?

AL: Für mich ist seine Lehre eine Wahrheit, eine sehr grundlegende Wahrheit, die auf das Leben und die Welt bezogen ist, auf ihren Rhythmus und auf eine Zeitlosigkeit. Vielleicht wurde ich von dieser Zeitlosigkeit berührt, und dies ist es, was ich gesehen habe.[74]

Krishnamurti wurde über alle Facetten des menschlichen Lebens befragt. Die folgende Frage wurde in ähnlicher Form häufig gestellt.

Frage: Ich bin voller Haß. Können Sie mir zeigen, wie man liebt?

Niemand kann Ihnen zeigen, wie man liebt. Wenn man den Menschen lehren könnte, wie man liebt, würde das Problem der Welt sehr einfach zu lösen sein, nicht wahr? Wenn wir aus einem Buch lernen könnten, wie man liebt, so wie wir Mathematik lernen, würde dies eine wunderbare Welt sein; es würde keinen Haß, keinen Mißbrauch, keine Kriege, keine Trennung in arm und reich geben, und wir würden alle besser miteinander umgehen. Aber Liebe kann nicht so einfach gelernt werden. Es ist einfach zu hassen, und der Haß bringt die Menschen zusammen wie die Mode; er erzeugt alle möglichen Arten von Phantasien, er veranlaßt die Menschen, zusammenzuarbeiten, etwa im Krieg. Aber Liebe ist viel schwerer zu praktizieren. Man kann nicht lernen, wie man liebt, aber man kann den Haß beobachten und langsam damit aufhören. Bekämpfen Sie nicht den Haß, sagen Sie nicht, wie fürchterlich es ist, daß die Menschen sich hassen, sondern erkennen Sie den Haß als das, was er ist, und lassen Sie ihn los; stellen Sie ihn beiseite, er ist nicht wichtig. Wichtig ist, daß sich der Haß nicht in ihrem Verstand festsetzt. Verstehen Sie dies? Ihr Verstand ist wie der Erdboden, und wenn in einem bestimmten Zeitraum irgendein Problem vorbeikommt und wie Unkraut Wurzeln schlägt, dann haben Sie Mühe, es wieder herauszuziehen; aber wenn Sie dem Problem nicht ausreichend Zeit geben, Wurzeln zu schlagen, so hat es keinen Platz zum wachsen und es wird verdorren. Falls Sie dem Haß nachgeben, es ihm erlauben, Wurzeln zu schlagen, zu wachsen und zu reifen, wird daraus ein enormes Problem. Aber wenn Sie jedes Mal, wenn der Haß auftaucht, ihn loslassen, so werden Sie feststellen, daß Ihr Verstand sehr empfindsam wird, ohne sentimental zu werden; so werden Sie Liebe erfahren.

Der Verstand kann Gefühlen oder Wünschen folgen, aber er kann nicht der Liebe folgen. Liebe muß zum Verstand kommen. Und wenn die Liebe einmal da ist, gibt es keine Trennung in sinnliche und göttliche Liebe: es ist einfach Liebe. Das ist das Außergewöhnliche an der Liebe: es ist die einzige Qualität, die zur vollständigen Erkenntnis der ganzen Existenz führt.[75]

–THINK ON THESE THINGS, 1964

Wie bereits früher in diesem Buch gesagt wurde, nahm Krishnamurti in allen Bereichen seines Lebens alles sehr genau, auch die körperliche Seite. Vielleicht, weil er wußte, daß sein Körper schwach war, widmete er jeden Tag einige Zeit der Praxis des Yoga. In diesem Zusammenhang kam er zu Desikachar, einem damals jungen Yoga-Lehrer, der nun ein weltbekannter Yoga-Meister ist.

T. K. V. DESIKACHAR

YOGA-MEISTER, MADRAS, INDIEN

»Er lehrte mich vieles durch sein Beispiel. . . Sauberkeit, Pünktlichkeit, Würde in der Arbeit, Respekt für andere, Achtung vor dem Lehrer ungeachtet dessen Alter oder geistiger Größe, den Willen zu lernen, Hochachtung vor anderen Kulturen.«
– T.K.V. Desikachar

Ich hörte zuerst von Krishnamurti durch einen Brief, den mein Onkel B.K.S. Iyengar (der bekannte Yoga-Lehrer) an meinen Vater aus der Schweiz schrieb. Für meinen Onkel war es ein großes Ereignis, als Krishnaji an seiner Asana-Demonstration teilnahm. Mein Vater zeigte mir den Brief, aber dies hatte wenig Einfluß auf mich.

Schließlich brachten mich die Ereignisse sehr nahe an Krishnaji heran. Wir trafen uns später jedes Jahr, reisten zusammen, tauschten Gedanken aus und sprachen über gemeinsame Freunde, und alles trotz oder vielleicht wegen der sehr traditionellen Lehrer-Schüler-Beziehung, die ich zu meinem Vater hatte, dem großen Yoga-Meister und Philosophen T. Krishnamacharya.

Wie es dazu kam, will ich hier mitteilen.

Im Dezember 1965 rief Alain Naudé, der Sekretär J. Krishnamurtis, meinen Vater in unserer kleinen Wohnung in Gopalauram bei Madras an. Er hatte eine Botschaft von Krishnaji. Es war eine Bitte an meinen Vater, ihn besuchen zu dürfen, damit er Krishnaji zeigen konnte, wie Asanas und Pranayamas (Yoga-Stellungen und Atemübungen) praktiziert werden. Mein Vater stimmte bereitwillig zu, und am vereinbarten Tag kam Alain Naudé bei ihm vorbei, um ihn nach Vasanta Vihar zu bringen. Mein Vater bat meinen Bruder Shribhashyam und mich, ihn zu begleiten.

Als wir eintrafen, kam Krishnaji mit gefalteten Handflächen heraus und dankte meinem Vater überschwenglich für dessen Besuch. Meine erste Erinnerung an Krishnaji ist die an einen älteren Mann in einem langen, wehenden Hemd und einem sehr geraden Rücken. Er ergriff Krishnamacharyas Hand und führte uns in sein Zimmer. Er äußerte bald darauf den Wunsch, zu sehen, wie wir Yoga praktizierten.

Nach den Anweisungen meines Vaters begannen mein Bruder und ich mit der Demonstration einiger Übungen. Nach etwa einer halben Stunde bat Krishnaji voller Enthusiasmus meinen Vater: »Sir, ich möchte Asanas von Ihnen lernen, aber es sollte Sie nicht von Ihrer Arbeit ablenken. Könnten Sie nicht einen Ihrer Söhne zu mir schicken? Ich übersetzte meinem Vater diese Bitte. Mein Vater versicherte Krishnaji, daß er bald etwas arrangieren würde.

Bei diesem ersten Besuch, im Dezember 1965, begann eine Verbindung zu Krishnaji, die erst durch seinen Tod beendet wurde.

Am folgenden Tag rief Alain Naudé erneut an, und mein Vater bat mich, zu Krishnaji zu gehen, und er bestand darauf, daß ich den größten Respekt an den Tag legen solle.

Als ich zu seiner Wohnung in Vasanta Vihar kam, stand er dort am Eingang mit offenen Armen, um mich Willkommen zu heißen. Er führte mich in sein Zimmer und fragte mich teilnahmsvoll über meinen Vater aus, als ob er ihn bereits seit langer Zeit kennen würde. Bevor wir mit unserer ersten Unterrichtsstunde begannen, äußerte ich den Wunsch, zu sehen, wie Krishnaji Yoga praktizierte. Er war sofort bereit. Trotz seiner neunundsechzig Jahre waren die Übungen, die er praktizierte, sehr ausgereift – alle Variationen von Kopfstand, Schul-

terstand, Handstand und viele schwierige Rückenbögen. Und obwohl er klein war und die Übungen variierten, war seine Brust so fest wie ein Faß. Ich bemerkte, daß sein Atem kurz war und er keuchte, seine Hände zitterten, sein Nakken war steif wie Granit und seine Augen mit Tränen gefüllt. Trotzdem schwand sein Enthusiasmus nicht.

Du bist der Lehrer, der Belehrte und die Lehre.
– 1977

Ich erklärte Krishnaji, daß er Yoga-Übungen und Atemtechniken praktizieren müsse, die seine Probleme reduzieren könnten, und nicht welche, die sie noch verschlimmerten. Er nahm meinen Rat an und versicherte, daß er lernen wolle, was immer ich ihn lehren würde. Er gab mir noch mehr Informationen über seinen Gesundheitszustand. Es war klar, daß er besondere Aufmerksamkeit benötigte, und natürlich brauchte ich hier auch etwas Unterstützung. Ich verließ ihn und wollte meinen Vater um Rat fragen. Krishnaji war darüber sehr erfreut. Wir vereinbarten, uns am nächsten Tag wiederzusehen.

Ich besprach Krishnajis Yoga-Übungen und Gesundheitsprobleme mit meinem Vater. Er war der Meinung, Krishnaji sollte sehr einfache Übungen ausführen. Er gab mir klare Instruktionen, von denen einige so einzigartig waren, daß ich verblüfft war. Beispielsweise wollte er, daß ich Krishnaji eine Stellung beibrachte, bei der er die Füße an die Wand stellen sollte. Er sollte dabei tief atmen. Kein Kopfstand mehr! Ich führte eifrig die Instruktionen meines Vaters aus. Krishnaji war so lernwillig, daß ich ihn jeden Tag sah, an einigen Tagen mehrmals. Ich war über seine außergewöhnliche Fähigkeit erstaunt, sich an diese neuen Instruktionen anzupassen, da sie so ganz anders waren, als die Anweisungen, die er bisher erhalten und praktiziert hatte. Nach einigen Wochen gab es keinen Hinweis mehr auf ein früheres Training.

Er übte so regelmäßig und pünktlich, daß ich erstaunt war. Jeden Tag stand er an der Veranda bereit und erwartete mich. Sein Übungsraum war aufgeräumt. Alles war an seinem Platz, bis hin zu Bleistift und Block. Er wollte stets die Bedeutung dessen verstehen, was ich ihn lehrte. Dank der prüfenden Fragen war ich gezwungen, selbst mehr über den Yoga von meinem Lehrer zu lernen. Er fragte mich oft: »Was ist Yoga? Was ist Yoga?« Und die einzige Antwort, die ihn zufriedenzustellen schien, war meine Definition als Shanti (»Friede« ist die entsprechende Übersetzung).

Seine Einstellung mir gegenüber war wie die eines Schülers zu seinem Lehrer. Er setzte sich nicht, bevor ich es tat. Er führte mich in seinen Raum. Er ließ nie zu, daß ich ihm dabei half, den Übungsteppich auszurollen. Es war nicht leicht für mich, mit meinen siebenundzwanzig Jahren, dies zuzulassen – vor allem, wo der Schüler neunundsechzig war und J. Krishnamurti hieß – aber er ließ mir keine andere Wahl.

Seine Gesundheit zeigte Anzeichen einer Besserung. Als er von Madras zur Schule von Rishi Valley aufbrach, lud er mich ein, ihn zu begleiten. Später lud er mich nach Saanen ein. Er bestand darauf, daß ich dorthin kommen müsse, um meinen Unterricht weiterzuführen und einigen seiner Freunde ebenfalls etwas Yoga beizubringen. Ich versicherte ihm, ich müsse zuerst meinen Lehrer in Madras fragen, und ich würde ihm dann antworten.

Zurück in Madras riet mir mein Vater, die Einladung anzunehmen. Aber ich glaubte, daß zuerst mein Onkel Sri B.K.S. Iyengar, der viele Jahre lang Lehrer Krishnajis und seiner Freunde in Saanen gewesen war, dieser Einladung zustimmen müsse. Ich teilte dies Krishnaji mit.

Krishnaji traf meinen Onkel in Bombay, und ich erhielt bald einen positiven Brief. Mir blieb also keine andere Wahl, als Krishnajis Einladung anzunehmen.

Im Juni 1966 fuhr ich nach Saanen, wo ich in Krishnajis Chalet Tannegg wohnte. In einigen Wochen kam mein Onkel an, um Kurse abzuhalten. Er wohnte ebenfalls im Chalet.

Ich war also dort, lehrte Krishnaji, während im gleichen Chalet mein Onkel mit seinen Schülern arbeitete. Und ich hatte erst ein Jahr zuvor begonnen, Krishnaji zu unterrichten. Die Möglichkeit von Spannungen war also gegeben, aber Krishnaji tat alles, damit ich mich trotz dieser Situation wohlfühlen konnte. Dank seiner Fürsorge lief mein erster Besuch in Europa gut ab, und nichts störte die Beziehung zu meinem Onkel, zu dem ich noch immer das beste Verhältnis habe.

Krishnaji stellte mich vielen besonderen Besuchern vor. Er zeigte mir die schönsten Orte in der Schweiz. Er selbst fuhr seinen Mercedes und sprach über die Vorzüge dieses Wagens. In allen Gesprächen stellte ich fest, daß er über die unterschiedlichen Teile der Welt und die Gebräuche im Westen gut Bescheid wußte.

Meine erste Lektion in Tischmanieren kam in der Tat von ihm: »Stütze Dich nicht mit den Ellbogen auf dem Tisch auf. Halte die Gabel mit der linken Hand, halte die Ellbogen am Körper. Führe Deinen Mund nicht zum Teller. Nimm Dir nicht selbst einen Nachschlag.« Er machte mir ebenfalls deutlich, warum Früchte zuerst gegessen werden, warum Salat vor dem Gekochten serviert wird, welche Nüsse am besten sind, wie man brasilianische Nüsse knacken kann. Er nahm selbst die Arbeiten im Haushalt sehr wichtig. Er putzte selbst das Badezimmer. Ich sah ihn sehr oft das Badezimmer putzen, und er sagte: »Man sollte den Raum so sauber verlassen, wie er es gewesen ist, als man ihn betreten hat.« Seine Ratschläge an Menschen und Situationen waren eindeutig:

»Sei kein neuer Affe.«

»Sei du selbst.«

»Paß auf die anderen Narren auf (wenn er Auto fuhr).«

Er bestand darauf, mir die besten Plätze zu zeigen, wenn wir auswärts aßen. Was für ein Geschmack! Was für eine Sorge um die Gäste! Er stellte mir seinen Sekretär zu meiner Verfügung für alles, das ich während meines Besuches benötigte.

Oft gingen wir gemeinsam spazieren. Während dieser Spaziergänge drängte er mich, zu studieren, alles zu lernen, was mir mein Vater zeigen könne. Er bot mir ein Stipendium an, damit ich mich voll auf mein Studium konzentrieren konnte und keine finanziellen Sorgen haben sollte, wie er selbst, als er studierte. Eines Tages sagte er zu mir: »Sir, wenn nötig, verkaufe ich mein Hemd und sende Dir das Geld, aber bitte studiere hart; Du mußt es tun.«

Im folgenden Jahr, als Krishnaji nach Madras zurückgekehrt war, rief ich in Vasanta Vihar an und bat um ein Treffen mit ihm. Der Herr, der mich empfing, kannte mich nicht. Er erwiderte barsch: »Sie können Krishnaji nicht treffen. Vielleicht in einigen Wochen, aber nicht jetzt.« Ich antwortete ihm: »Es ist nicht der Fall, daß ich Krishnaji sehen möchte; vielleicht möchte Krishnaji mich sehen.« Er war überrascht. »Nennen Sie mir Ihren Namen.« Ich nannte ihm meinen Namen, und er antwortete mir knapp: »Warten Sie hier.« In einigen Sekun-

den kam er zurück und sagte: »Entschuldigen Sie bitte. Krishnaji ist auf dem Weg, um Sie zu sehen.« Als Krishnaji kam, entschuldigte er sich nochmals, obwohl ich die ganze Sache gar nicht erwähnt hatte.

Krishnaji sagte mir, er würde gerne meinen Vater treffen. Er kam in unsere kleine Wohnung nach Mandaveli. Er saß mit meinem Vater auf dem Fußboden. Obwohl mein Vater nicht Englisch spricht, stellte er sicher, daß er die folgende Botschaft erhielt: »Sir, bitte lehren sie Ihrem Sohn Desikachar alles, was Sie wissen.«

Jedes Jahr, etwa zehn Jahre lang, unterrichtete ich Krishnaji – manchmal in England, manchmal in der Schweiz, oft in Madras. Jedes Mal erlebte ich ihn als einen lernwilligen Schüler. Ich hatte stets das Privileg, ihn besuchen zu können, wenn ich es wollte. Nachdem der Unterricht beendet war, sah ich ihn mehrere Jahre nicht mehr, da ich ihn nicht stören wollte.

1984 trafen wir uns nach einer Pause von zwei Jahren. Ich war überrascht, als er mich fragte: »Warum haben wir uns in den letzten Jahren nicht gesehen? Vielleicht bist Du ja in der Zwischenzeit berühmt geworden.«

Im Januar 1985 trafen wir uns erneut. Er lud mich zum Lunch ein. Ich meinte, daß eigentlich ich ihn einladen sollte. »Vielleicht kann ich einen Abend mit vedischen Gesängen organisieren?« Er antwortete unvermittelt: »Ja, mach dies gleich.« Ich schlug vor, einige Leute mitzubringen, damit es noch interessanter werden würde.

Der Abend begann. Er saß neunzig Minuten lang aufmerksam da und sang manchmal mit uns. Am Ende wollte er gerne ein bestimmtes Stück hören, es war das Gebet an Krishna, von Mukunda Mala.

Im Januar 1986 traf ich ihn einige Tage vor seiner Abreise in die Vereinigten Staaten. Er war immer noch ganz derselbe. Er fragte mich über meine Familie aus. Er bat mich, meinem Vater seine Grüße zu übermitteln. Spontan bat ich ihn: »Darf ich Dich um Deinen Segen bitte?« Er antwortete: »Nein, denn wir sind Freunde.«

Dies war die letzte Botschaft, die er mir mitgab.

Krishnaji akzeptierte nie die Rolle des »Gurus«, aber diejenigen, die die Gelegenheit hatten, ihm etwas beizubringen, wissen, daß er das perfekte Beispiel eines Schülers war. Ich wüßte gerne, ob es in seinem Sinn war, daß wir dies ebenso tun, bevor wir losgehen und einen Lehrer suchen. Es heißt: »Der Lehrer erscheint nur dem eifrigsten Schüler.«

Ich behaupte nicht, zu wissen, was Krishnaji in Worten lehrte, aber er lehrte mich so vieles durch sein Beispiel … Sauberkeit, Pünktlichkeit, Würde in der Arbeit, Respekt für andere, Achtung vor dem Lehrer ungeachtet dessen Alter oder geistiger Größe, den Willen zu lernen, Hochachtung vor anderen Kulturen.«

Man behauptet oft, er hätte die Probleme der einfachen Menschen ignoriert. Aber die Sorge um die Inder, die armen Inder, die von jedermann ausgenutzt werden, war im Überfluß vorhanden. Er war traurig, wenn die Religion die Armen ausnutzte. Er teilte all diese traurigen Gefühle, die man an seinen Augen ablesen konnte.

Krishnaji existiert nicht mehr. Ich kann auf jeden Fall sagen, daß er sich nie weniger um mich gekümmert hat, als um diejenigen, die in seiner direkten Umgebung gelebt haben. Er ermahnte mich stets: »Werde nie ein Guru, beute die Leute nicht aus, werde nicht reich.«

Danke, Krishnaji. Ich werde Dich und Deinen Rat nie vergessen.

Sehen heißt handeln. Und wenn man nicht sehr deutlich sieht, handelt man chaotisch. Und wir werden zu jemand anderem gehen, der uns dann sagen wird, was wir tun sollen, denn wir können nicht selbst erkennen, was wir tun sollen … Niemand anders kann uns helfen, klar zu sehen … deshalb ist es sehr wichtig, daß ihr zuhört, denn ihr müßt herausfinden, ob es möglich ist, euch radikal zu ändern, damit wir ein völlig anderes Leben führen können.

– MADRAS, 1965

Alan Rowlands ist ein bekannter Pianist, und er war viele Jahre lang Lehrer für Klavier an der Brockwood Park School. Er erzählt von den Anfängen seiner Verbindung zur Schule und zu der zwanglosen Seite Krishnamurtis.

ALAN ROWLANDS

KONZERTPIANIST UND LEHRER, LONDON, ENGLAND

Ich hatte Krishnamurti noch nie vorher gehört, aber etwas in mir wollte, daß ich zu seinem Vortrag hinging. Das Ganze fand statt im Friend's House, Euston Road (am 10. Mai 1966), und ich fand vor dem Haus keinen Hinweis, der erklärt hätte, wer Krishnamurti war oder was geschehen sollte. Innen fand ich einen Saal, gefüllt mit außergewöhnlich ruhigen Leuten und eine Bühne mit einem leeren Stuhl und einem Mikrofon davor. Ich dachte, wahrscheinlich würde ihn jemand vorstellen, aber es geschah nicht. Exakt um sieben Uhr betrat ein kleiner Mann die Bühne, setzte sich hin und begann zu sprechen, und um acht Uhr ging er wieder.

Ich ging fast betäubt hinaus und sprach mit niemandem, denn ich hatte erkannt, daß diese eine Stunde wahrscheinlich eine der wichtigsten Erfahrungen meines Lebens gewesen war. Von dem Augenblick an, an dem er zu sprechen begonnen hatte, fühlte ich mich persönlich angesprochen, und der Vortrag schien direkt auf den geistigen Zustand abgestimmt zu sein, in dem ich mich damals befand. Er strahlte eine außergewöhnliche Autorität aus (im Sinne eines Menschen, der wußte, worüber er sprach) und die ganze Erfahrung trug das seltsame Gefühl einer Vollkommenheit in sich, die ich nicht berühren wollte.

»Ich ging beinahe etwas betäubt (aus Krishnamurtis Vortrag) hinaus und sprach mit niemandem, denn ich glaube, ich hatte erkannt, daß diese eine Stunde wahrscheinlich eine der wichtigsten Erfahrungen meines Lebens gewesen war.
– Alan Rowlands

(Ich erinnere mich daran, daß ich in dieser Woche auch Billy Graham gehört hatte. Es gab dort ein beachtliches Spektakel – Vorredner, eine Band, einen Chor und dann den großen Mann selbst. Er hatte unsere Herzen ergriffen, aber als er die Leute dazu einlud, für Christus einzutreten, ging ich in die andere Richtung. Und dann der vollkommene Gegensatz zu dem ruhigen Vortrag in der Euston Road!)

Im nächsten Jahr, 1967, hörte ich durch eine Zeitungsanzeige von den Treffen in Saanen und fuhr hin. Dorothy Simmons war dort, aber ich traf sie erst später, 1969, bei den Vorträgen in Wimbledon, als alle, die an Brockwood interessiert waren, eingeladen wurden, mit ihr im Foyer zu sprechen. Dies tat ich auch und war ziemlich nervös. Dorothy war sehr aufgeschlossen und sie lud mich ein, nach Brockwood Park zu kommen und ihr ein wenig bei der Organisation zu helfen, was ich in diesem Jahr regelmäßig tat, und ich traf Krishnaji das erste Mal, als er im Mai dorthin kam.

Brockwood Park Education Center, Hampshire, England.
Oben: Vortrag
Unten: Küchengarten

Später in diesem Jahr fragte sie mich, ob ich dort zeitweise Klavier lehren würde. Ich begann damit im September 1970 und habe dies seitdem immer wieder getan – seit nunmehr dreiundzwanzig Jahren. Wir hatten zuerst ein geliehenes Piano im großen Aufenthaltsraum, bis ich über das College für £ 200 den heutigen Brockwood-Flügel kaufte.

In diesen Anfangstagen des Jahres 1969, als Alan Hooker kochte, saßen wir alle um den runden Tisch in der Küche herum. Krishnaji sprach manchmal mit uns, während oder nach dem Essen.

Er erzählte gerne Witze, und ich hielt den mit den Heiligen drei Königen, die das Kind in Bethlehem besuchen, für einen der besten: Nachdem sich einer der drei verbeugt hat, richtet er sich wieder auf und stößt mit dem Kopf an einen Balken. »Jesus Christus!« ruft er. »Ach, das ist ein schöner Name«, sagte Maria, »wir wollten ihn eigentlich Fred nennen.«

K war von Natur aus eher schüchtern, und er erwähnte dies in einem Gespräch, das ich mit ihm etwa 1970 führte. Ich versuchte, ihm einige Probleme darzulegen, die mich beschäftigten, aber er wollte nicht im Detail darüber sprechen und sagte nur: »Kannst du dies alles loslassen?« Ein wenig später sprach er über Schüchternheit (ich hatte dies nicht erwähnt) und beschrieb die Erfahrung, wie man einen Raum voller Menschen betritt und wie man sie dazu bringen kann, das Gespräch zu führen – die anderen sind genau wie man selbst verlegen und suchen nach einer Antwort. Er sagte: »Laßt die anderen Teile von Euch selbst die Geschichte erzählen.« Dieser Ausspruch – »die anderen Teile von Euch selbst« – beeindruckte mich sehr.

Er sagte bei dieser Gelegenheit noch andere Dinge, an die ich mich erinnern kann, wie »schau einfach hin«, »schau, was geschieht« und »Du kannst diese Wolken nicht ändern«.

Einige Treffen mit den Lehrern waren damals sehr intensiv. Zuerst stellte er mit Nachdruck die Frage: »Was ist das Wichtigste in eurem Leben?« Wir versuchten unterschiedlich zu antworten, idealistisch wie konkret, aber nichts stellte ihn zufrieden. Am allerwenigsten akzeptierte er etwas, das er bereits früher selbst gesagt hatte, und er fragte weiter. Schließlich, nach etwa einer Stunde, sagte er: »Ich wüßte gern, ob es hilfreich ist, wenn ich Euch sage, was mir am wichtigsten ist.« Er zögerte ein wenig und sagte dann: »Nichts zu sein, absolut nichts zu sein.«

»Ich hatte nie den Eindruck, diesen Mann zu kennen, denn für mich war er die Qualität des Nichts, das da war. . .«
– Alan Hooker

Alan Hooker lebte in Columbus, Ohio, und er war oft als theosophischer Redner unterwegs, als er 1945 mit Krishnamurtis Schriften in Kontakt kam. Dies war der Beginn einer Verbindung, die bis zu Alans Tod im Jahre 1993 dauerte.

In den späten Vierzigern war er nach Ojai gezogen, und er kochte und kümmerte sich um die Besucher. Er kochte auch viele Jahre in Saanen und Brockwood.

Einige Jahre früher hatten seine Frau Helen und er ein Gartenrestaurant, das Ranch House in Ojai, eröffnet, in dem eine ungewöhnliche Küche mit frischem Gemüse und Kräutern serviert wurde. Er bot ebenfalls Geflügel, Fisch und Fleisch an, da es damals nicht genügend Vegetarier gab, von denen das Restaurant hätte existieren können. Alan Hooker wurde »Der Pate der California Cuisine« genannt.

ALAN HOOKER

KOCH, OJAI, KALIFORNIEN

Obwohl ich für Krishnamurti kochte – und dies viele, viele Jahre lang – hatte ich nie den Eindruck, diesen Mann zu kennen, denn für mich war er die Qualität des Nichts, das da war; es war da kein Mensch, den ich treffen konnte, wie ich andere Menschen traf, mit all ihren Gewohnheiten und speziellen Neigungen oder Abneigungen. Hier war ein Mensch, der vollkommen frei von alledem zu sein schien, soweit ich dies sagen kann, und es war niemand da, den man hätte treffen können, aber es war ein Privileg, am Tisch zu sitzen und ihm zuzuhören, wenn er mit anderen Leuten sprach. In meinem Leben habe ich nichts so wunderbares erlebt wie das Privileg, ein solches Essen mit ihm genießen zu können.

Ich finde, daß der wichtigste Beitrag Krishnamurtis für den denkenden Menschen auf diesem Planeten war, daß er uns dazu gebracht hat, die Natur des Glaubens zu untersuchen, denn die meisten Religionen beruhen auf dem Glauben; und er stellt die ganze Angelegenheit als einen Denkprozeß dar. Er scheint einer der ersten Menschen zu sein, der außer Buddha dies gesagt hat, und es ist schockierend für diejenigen Menschen, die im Glauben verwurzelt sind.

Früher in diesem Buch schrieb Ingram Smith über ein Ereignis, das in Columbo, Sri Lanka stattfand. Hier ist eine andere Anekdote, die in Sydney spielte:

1955 saßen wir zu sechst im Spencer House in Sydney mit Krishnamurti beim Essen. Als wir mit dem Essen fertig waren, brach ein heftiger Sturm los, Blitze zuckten über den Himmel – ein echter Novembersturm im Spätfrühling der südlichen Hemisphäre. Wir hörten auf zu reden, Krishnamurti schob seinen Stuhl zurück und ging ohne ein Wort zu sagen hinaus auf die offene Terrasse und begann, im Regen zu tanzen und sprang vergnügt in diesem Gewittersturm herum. Es war schön, einen Menschen spontan, wild und dankbar inmitten der Naturgewalten tanzen zu sehen.

Das Verständnis ist heute wichtig, nicht morgen. Wenn du an etwas Interesse hast, tust du es sofort, es ist ein unmittelbares Verständnis, eine unmittelbare Transformation möglich. Wenn du dich nicht sofort änderst, wirst du dich nie ändern, denn die Veränderung, die morgen stattfindet, ist keine Transformation, sondern eine leichte Veränderung. Eine Transformation kann nur unmittelbar stattfinden; die Revolution findet jetzt statt, nicht erst morgen.

– BOMBAY VORTRAG, 1948

Wir machen uns bewußt »was ist«, wir möchten es verändern, und hier beginnen die Probleme. Denn mit dem Ende der Probleme geht der Beginn der Weisheit einher, und das Ende der Probleme ist das Verstehen dessen, »was ist«.

– OJAI VORTRAG, 1966

Krishnamurti hatte Rajagopal während der letzten sechs Jahre nur gelegentlich gesehen, aber noch immer schien eine Versöhnung nicht möglich zu sein. Die Aufforderung, eine Bilanz zu erstellen, war von Rajagopal stets zurückgewiesen worden. Krishnamurti wollte wieder Mitglied der Geschäftsführung von Krishnamurti Writings Inc. oder KWInc., wie es genannt wurde, werden. Er wollte Zugriff und Kontrolle über seine eigenen Bücher haben und wollte ebenfalls die Finanzen kontrollieren. Davon war er bisher weitgehend ferngehalten worden. Es war teilweise sein eigener Fehler gewesen, da er wenig Interesse für Geschäfte oder Verwaltungstätigkeit gezeigt hatte. Krishnamurti wußte jedoch, daß man große Geldsummen für seine Arbeit gespendet hatte, aber er wußte nicht, wieviel Geld es war und wo es sich befand.

Die zunehmende Größe der Saaner-Gespräche wurde als mögliche Bedrohung für die Tätigkeiten gesehen, die gewöhnlich in Ojai stattfanden. Im Juli 1964 gab man $ 50.000.- für den Erwerb von Land aus, auf dem die Saaner-Gespräche später stattfinden sollten; es wurde dabei vereinbart, daß dieses Land nach Krishnamurtis Tod in den Besitz von KWInc. übergehen würde.

Doris Pratt schrieb an Rajagopal und schlug ihm vor, daß das Saaner Komitee die Reise- und sonstigen Kosten Krishnamurtis tragen würde, solange er in Europa war, und daß KWInc. die Kosten der USA- und Indienreisen tragen sollte. Krishnamurti besaß selbst nie Geld, mit Ausnahme der jährlichen £ 500, die ihm 1913 von der Amerikanerin Mary Dodge zugesprochen worden waren.

Als die Situation kritisch wurde, wußte Krishnamurti, daß er eine Verpflichtung denjenigen gegenüber hatte, die seine Arbeit finanziell unterstützten. Er fühlte sich ihnen gegenüber verantwortlich.

Im Juli 1968 brach er mit Rajagopal, seinem langjährigen Vertrauten, und annullierte die Verbindung zur Krishnamurti Writings Inc.. Er erklärte den Vertrag von 1955, mit dem er sein Copyright überschrieben hatte, für ungültig und entzog Rajagopal die Unterschriftsbefugnis.

Am 7. Juli 1968 gab er vor Tausenden in Saanen eine öffentliche Erklärung ab.

Krishnamurti möchte bekanntgeben, daß er sich von der Krishnamurti Writings Inc. vollkommen getrennt hat. Er hofft, daß das Resultat dieser öffentlichen Verlautbarung sein wird, daß diejenigen, die seine Arbeit und Lehre unterstützen möchten, in Zukunft ihre Zuwendungen nur noch an den Krishnamurti Foundation Trust in England geben werden, dessen Aktivitäten eine Schule finanzieren. Die Foundation garantiert, daß die Pläne Krishnamurtis auch verwirklicht werden können.

– SAANEN VORTRAG, 1968

Die neue Gesellschaft, der Krishnamurti Foundation Trust, war ab sofort verantwortlich für die Veröffentlichung der Bücher, deren Übersetzung in andere Sprachen und die Organisation von Krishnamurtis Vorträgen und anderer Aktivitäten. Komitees wurden in Europa gegründet, die die Veröffentlichung der Bücher in den einzelnen Ländern übernehmen sollten.

Im darauffolgenden Jahr, 1969, wurden die Krishnamurti Foundation of America und 1970 die Krishnamurti Foundation of India gegründet. Einige Zeit später begann ein Rechtsstreit, bei dem die Gelder zurückgefordert werden sollten, die für den Erwerb von Land in Ojai ausgegeben wurden. Erna Lilliefelt, die Krishnamurti zuerst 1952 in Indien getroffen hatte, schloß sich der Foundation an. Ihr Mann Theodor und sie waren Gründungsmitglieder der Krishnamurti Foundation of America. Erna zog sich 1994, nach einer beinahe dreißigjährigen Mitarbeit, von ihrer Arbeit für die Foundation zurück. Sie erzählt nachfolgend von den Anfangsjahren ihrer Arbeit.

ERNA LILLIEFELT

GESCHÄFTSFRAU, OJAI, KALIFORNIEN (GRÜNDUNGSMITGLIED DER KRISHNAMURTI FOUNDATION OF AMERICA)

»Der Zweck der Foundation war es, die Lehren Krishnamurtis zu verbreiten. Es gab eine neue Organisation, die in England einige Monate zuvor gegründet worden war... Ihr Zweck war es... den Menschen mitzuteilen, wo Krishnamurti sprechen würde und diese Vorträge in den Vereinigten Staaten zu organisieren.«
– Erna Lilliefelt

EB: Als Rajagopal ausschied, wer übernahm dann die Organisation der Vorträge?

EL: Es gab einen Ableger der Organisation, die dort von Doris Pratt und Mary Cadogan betrieben wurde. Doris Pratt organisierte damals die Vorträge in England und, ich glaube es zumindest, später die Treffen in Saanen mit der Unterstützung von Frau Scaravelli, die in Gstaad ein Chalet besaß. Als Krishnamurti dort hinfuhr, meinten die Leute, er solle doch einige Vorträge halten, und so begannen die Gespräche in Saanen. In Indien wurden die Vorträge von seinen indischen Freunden organisiert.

EB: Wovon lebte Krishnamurti damals?

EL: Die Leute unterstützten ihn. Englische Freunde baten um Spenden, um seine Reisen bezahlen zu können, und andere halfen ebenfalls.

EB: Wie würden Sie die Gründung der gegenwärtigen Krishnamurti Foundation of America beschreiben?

EL: Ich schrieb ein Dokument, das die *KFA-Geschichte* genannt wurde. Es liegt in den Archiven der KFA (Krishnamurti Foundation of America) Bibliothek. Bevor wir den Rechtsstreit begannen, versuchten wir etwa zwei oder drei Jahre lang, zu einer Einigung zu kommen. Als Krishnamurti 1968 nach Malibu kam, bat er Theo und mich, ihm zu helfen. Ich war der Meinung, es sei wichtig, in den USA ein neue Organisation zu gründen. So wurde die KFA gegründet.

EB: Wer waren die Gründungsmitglieder?

EL: Es gab vier Gründungsmitglieder, von denen jedes $ 500 beisteuerte, um die Gesellschaft gründen zu können. Es waren Theo Lilliefelt, Ruth Tettemer, Mary Zimbalist und Krishnamurti. Die ursprünglichen Verwalter waren diese vier Leute, weiterhin Alain Naudé und ich selbst – Erna Lilliefelt.

EB: Was waren ihre Absichten bei der Gründung der Organisation?

EL: Der Zweck der Foundation war es, die Lehren Krishnamurtis zu verbreiten. Es gab eine neue Organisation, die in England einige Monate zuvor gegründet worden war, den Krishnamurti Foundation Trust, dessen Zweck es war, eine Adressenliste zu erstellen und die Menschen darüber

»Ich habe nie den Menschen und die Lehre voneinander getrennt. Wenn er sprach, sprach aus ihm die Lehre.«
– Erna Lilliefelt

zu informieren, wo Krishnamurti sprechen würde und dann die Vorträge in den Vereinigten Staaten zu organisieren. Alles dies führten wir aus. Er hatte damals in Ojai keine Möglichkeit, einen Vortrag zu halten, denn er konnte nicht nach Oak Grove, und so sprach er in Santa Monica, in San Francisco und in New York. Es entfaltete sich alles von dort aus.

EB: Während dieser Zeit dauerte der Rechtsstreit an?

EL: Ja, der Rechtsstreit mit Krishnamurti Writings Inc. und Rajagopal dauerte bis 1975, währenddessen wir durch alle Instanzen gingen. Damals erhielten wir unseren Besitz, Oak Grove und Meiners Oak, zurück, was ermöglichte, daß wir die Oak Grove School gründen konnten. Wir erhielten ebenso den Besitz von Arya Vihara zugesprochen, wo Krishnamurti wohnen und von wo aus er nach Ojai fahren konnte.

EB: In diesen Jahren haben Sie Krishnamurti in den unterschiedlichsten Situationen erlebt. Wie reagierten Sie auf den Menschen Krishnamurti und seine Lehre?

EL: Ich habe nie den Menschen und die Lehre voneinander getrennt. Wenn er sprach, sprach aus ihm die Lehre. Wenn er nicht redete, waren unsere Kontakte mit ihm auf die Arbeit an der Foundation und der Schule beschränkt, unsere Pläne und was wir tun sollten. Es gab keine philosophischen Diskussionen, es sei denn, er organisierte dafür ein kleines Gruppentreffen.

EB: Sie haben Leute um Krishnamurti herum erlebt, die den Vorträgen seit Jahren zuhörten. Er beeinflußte die Menschen, und er muß sich dessen bewußt gewesen sein. Wie reagierte er darauf?

EL: Er war kein Mensch, der reagierte, wenn Sie wissen, was ich meine.

EB: In Indien und anderswo wurde er verehrt, aber meiner Beobachtung zufolge hat er immer versucht, dies zu unterbinden.

EL: Dies ist es, was ich unter »nicht reagieren« meine. Ich glaube, es war etwas schwierig für ihn, ich glaube nicht, daß er positiv auf diese Verehrung reagierte. Ich glaube, daß Leute, die dies taten, das Wesentliche in seinen Vorträgen nicht mitbekommen hatten.

EB: Glaubte Krishnamurti, eine Mission zu haben?

EL: Ob das Wort »Mission« richtig ist oder nicht, jedenfalls nannte er es selbst »Lehre«, und ich glaube, daß er natürlich eine erzieherische Mission hatte, wenn man das Wort in diesem Zusammenhang so gebrauchen will. Er hatte etwas zu sagen, das meiner Meinung nach den Menschen helfen konnte und eine große Wirkung auf sie ausübte.

EB: Was war in Ihren Augen Krishnamurtis Vermächtnis?

EL: Ich finde, daß das, was er damals gesagt hat, heute noch ebenso wahr ist, denn es ist so wirklichkeitsnahe. Er änderte sich nie in dem, was er sagte, er hat dasselbe auf eine unterschiedliche Weise gesagt, aber es war immer dieselbe Botschaft. Er entwickelte diese Botschaft, er erweiterte sie, er entwickelte sie weiter, doch sie änderte sich nie.

EB: Wie sehr hat Krishnamurti Ihr eigenes Leben beeinflußt?

EL: Es war, als wäre eine Tür geschlossen gewesen und wurde nun plötzlich erneut geöffnet. Ich kann nicht mehr als dies sagen. Aber ich fühlte mich nie in irgendeiner Weise von ihm abhängig. Es ist wahr, daß wir einen Rechtsstreit führen mußten, aber dies hatte einen bestimmten Grund. Wir verließen Indien, nachdem ich ihn das erste Mal gehört hatte, und ich wußte nicht, ob ich ihn je wieder hören würde. Es war nie der Fall, daß ich ihm folgte und von Vortrag zu Vortrag hinterherfuhr. Ich merkte, daß meine Suche zu Ende war und ich von nun an auf eigenen Beinen stehen mußte. Er gab mir etwas, das es mir möglich machte, das Leben mit meinen eigenen Augen zu betrachten, ohne nach anderen Ausschau zu halten, die mir psychologische Hilfestellung, einen Ratschlag oder Antworten geben konnten.

EB: Was ist das Herzstück seiner Lehre? Wenn Sie auf seine Absage an die Autorität im Jahre 1929 zurückblicken, so war die Konzentration auf die eigene Verantwortung ein ständiges Thema.

EL: Ich denke, dies war seine große Botschaft. Wie können wir als Individuen ohne psychische Abhängigkeiten leben? Es ist eine bedeutende Botschaft.

EB: Würden Sie sagen, daß ihre Wende vom Katholizismus zur Theosophie, von der Sie früher erzählt haben, Teil derselben Bewegung war? Sie haben diese Formen verlassen, nachdem Sie gehört hatten, was Krishnamurti zu sagen hatte. Könnte die Erklärung von 1929 die Menschen aus jeder Art von religiöser Abhängigkeit befreien?

EL: Ja, aus einer dogmatischen religiösen oder psychischen Abhängigkeit.

Einer von vielen Vorträgen Krishnamurtis in Oak Grove.

EB: K wollte eine neue Organisation gründen, und dennoch sprach er sich stets gegen Organisationen aus; was ist hier der Unterschied?

EL: Die Krishnamurti Foundation war keine neue spirituelle Organisation. Sie wurde gegründet, um für ihn und seine Vorträge eine Basis zu schaffen. Die Organisation eines Vortrags in New York oder Boston hat nichts zu tun mit dem spirituellen Aspekt des Ganzen. Was er sagte, mag als spirituell betrachtet werden, je nachdem wie man das Wort versteht.

EB: Verstand sich Krishnamurti selbst als religiösen Führer?

EL: Ich kann dies nur schwer beantworten. Man müßte Religion oder religiöser Führer definieren. Ich glaube, ich kann dies nicht für ihn beantworten. Er könnte wahrscheinlich ohne seine enorme Energie nicht das getan haben, was er tat, was er empfand, was seine Botschaft für die Menschen war, damit diese erkennen konnten und nicht mehr durch ihre Konditionierung und das, was sie bereits seit Generationen gehört hatten, geblendet wurden.

EB: Wenn Sie von Krishnamurtis enormer Energie sprechen, die ziemlich eindrucksvoll war ... hatte er beschrieben, was deren Ursprung war?

EL: Ich glaube, er hat sich dazu nie geäußert. Sie war da. Er sprach darüber ausführlich in seinen Büchern, über diese Energie, die da war, und es besteht kein Zweifel, daß er spürte, daß sie etwas anderes als er selbst war. Ich möchte hier keine mystische Diskussion beginnen, aber es besteht kein Zweifel daran, daß diese Energie zu ihm kam oder fast immer bei ihm war.

EB: Glauben Sie, daß Krishnamurti eine besondere Zuneigung für Ojai besaß?

EL: Ich glaube, dies war so, denn er kam immer wieder dorthin zurück. Aber ich glaube, daß Krishnamurti ein sehr unpersönlicher Mensch war; er hatte nicht dieselben Gefühle für Personen oder Dinge. Ich glaube, er hatte großes Mitgefühl und eine große Empfindsamkeit, aber ich glaube, er war kein Gefühlsmensch.[76]

Die Meditation ist das Licht des Bewußtseins,

das den Weg des Handelns erhellt,

und ohne dieses Licht gibt es keine Liebe.

– REVOLUTION DURCH MEDITATION

Krishnamurti enthielt sich der rechtlichen Anschuldigungen und Gegenanschuldigungen. Wenn er gefragt wurde, antwortete er soviel wie nötig, aber man empfand nie eine emotionale Beteiligung oder persönlichen Haß.

Der Krishnamurti Foundation Trust in England glaubte jedoch, es sei nötig, im Bulletin Nr. 3 der Sommerausgabe von 1969 für seine Leser eine Erklärung abzugeben. Sie lautete:

Viele Menschen haben ihre Sorge über die Trennung Krishnamurtis von der Krishnamurti Writings Inc. geäußert und haben gefragt, warum dies geschehen sei.

Krishnamurti ist der Meinung, daß die Öffentlichkeit hier informiert werden sollte, denn sie hat in den letzten vierzig Jahren seine Arbeit unterstützt und beachtliche Zuwendungen an die Krishnamurti Wrintings Inc. geleitet.

In den letzten zehn Jahren hat Krishnamurti wiederholt Rajagopal, den Präsidenten von Krishnamurti Writings Inc., gebeten, die weiteren Aktivitäten mit ihm abzustimmen. Rajagopal hat dies beständig abgelehnt und Krishnamurti den Zugang zu seinen eigenen Manuskripten und Archiven bei der Krishnamurti Wrintings Inc. verweigert. Krishnamurti hat kürzlich erfahren, daß in

den letzten Jahren Krishnamurti Writings Inc. versucht hatte, ihm den rechtlichen Zugriff zu entziehen. Krishnamurti hat mehrmals versucht, die Angelegenheit mit Rajagopal und den Mitgliedern der Geschäftsleitung freundschaftlich zu regeln, doch ohne Erfolg.

Er bedauert selbst, daß es in den letzten Jahren notwendig gewesen sei, um Spenden zu bitten, aber das Geld, das an Krishnamurti Wrintings Inc. gegangen ist, ist augenblicklich dort blockiert und steht nicht zu seiner Verfügung.

Jegliche Vorsichtsmaßnahmen wurden bei der Gründung des Krishnamurti Foundation Trusts und der Krishnamurti Foundation of America angewandt, um zu vermeiden, daß in Zukunft ähnliche Problem entstehen könnten.[77]

Es gibt Aspekte in Krishnamurtis Leben, über die er nur selten sprach. Bei einigen Anlässen erwähnte er jedoch seine Heilkräfte.

Giddu Narayanan war viele Jahre lang Lehrer an der Schule von Rishi Valley und wurde später ihr Direktor. Er ist heute in einer ähnlichen Position an der Valley School in Bangalore tätig.

GIDDU NARAYANAN

LEHRER, VALLEY SCHOOL, BANGALORE, INDIEN

EB: Sie haben eine Geschichte erzählt, in der Krishnamurti über eine Art von Wunder berichtet hat. Würden Sie uns davon erzählen?

GN: Vor Jahren ging ich mit Krishnamurti am Strand von Madras spazieren. Dies war etwa im Jahr 1959. Als wir so gingen, sprach ich mit ihm über Wunder und über seine Meinung dazu. Er sagte: »Ich werde Dir eine Geschichte erzählen.« Er sagte, ein Ehemann sei zu ihm gekommen und habe Krishnaji gebeten, seiner Frau zu helfen. Ihr Bein war nach einem Bruch in einem schlimmen Zustand, es wuchs zwischen den Bruchstellen neues Gewebe nach, man konnte nicht operieren, und es entstand die Notwendigkeit, das Bein am Knie zu amputieren. Krishnamurti sagte: »Was kann ich da für euch tun? Wenn du willst, kannst du deine Frau mitbringen.« Am nächsten Tag wurde die Frau also auf einer Liege in sein Zimmer getragen, und als sie kamen, trat Krishnamurti aus seinem Zimmer, und die Frau sah Krishnamurti und ihre Augen begegneten sich – sie stand einfach auf und ging weg. Dieses ist die Geschichte. Krishnamurti wandte sich mir zu und sagte: »Ich sage Dir, ich dachte, sie würden sich einen Scherz mit mir erlauben.« Ich sagte nichts und dachte wohl, alles sei in der Tat ein Witz. Dann sagte er nach einer Pause: »Am nächsten Tag kam morgens die Tochter dieser Frau mit einer Girlande und sagte: »Wissen Sie, was Sie für meine Mutter getan haben? Es ist ein Wunder.« Ich fragte Krishnaji: »Ist es geschehen, weil die Frau in dich vertraut hatte?« Er sagte: »Nein, dies war nicht der Grund.« »Wie war dies also möglich?« fragte ich. Er antwortete: »Irgend etwas, irgend etwas machte Klick.« Ich fragte weiter: »Was machte denn Klick?« Und er sagte: »Energie – Energie fließt dabei.« Dies war das Ende des Gesprächs. Krishnaji äußerte sich uns gegenüber nur sehr zurückhaltend über Heilkräfte. Aber er gab uns dazu einen sehr interessanten Kommentar. Er sagte: »Die Heilung des Körper ist eine sehr einfache Sache. Ein guter Arzt kann dies. Aber die Heilung des Geistes ist viel schwieriger und wichtiger. Die Befreiung des Geistes von Sorgen, Angst und Einsam-

»Krishnaji äußerte sich uns gegenüber nur sehr zurückhaltend über Heilkräfte. Aber er gab uns dazu einen sehr interessanten Kommentar. Er sagte: ›Die Heilung des Körpers ist eine sehr einfache Sache. Ein guter Arzt kann dies. Aber die Heilung des Geistes ist viel schwieriger und wichtiger. Die Befreiung des Geistes von Sorgen, Angst und Einsamkeit erfordert eine viel größere Aufmerksamkeit und Tiefe.‹ «
– Giddu Narayanan

keit erfordert eine viel größere Aufmerksamkeit und Tiefe.« Krishnaji wollte nicht, daß seine Freunde über Heilkräfte sprachen, denn er betrachtete dies nicht als seine Aufgabe. Seine Mission – wenn man es Mission nennen mag – bestand darin, den Geist zu heilen. Und dies wird deutlich, denn der Hauptzweck seiner Lehre ist es, den Menschen von seinen Konditionierungen zu befreien.

EB: Sie sagten, Krishnaji habe mehr durch das Schweigen gesprochen, als durch Worte. Was meinen Sie damit?

GN: Krishnaji war ein sehr guter Redner, er wählte seine Worte mit Bedacht und besaß eine verfeinerte Ausdrucksweise, aber man mußte ihn persönlich kennen, um das Wesen der Stille zu erfahren, denn wenn man mit ihm spazierenging, war es schwer, Fragen zu stellen. Man konnte die Qualität von Stille, Schönheit und Mitgefühl erleben, und es ist schwierig, alles voneinander zu trennen; Fragen, Stille und Beobachtung gingen Hand in Hand, und man konnte die Verkörperung dieser drei Qualitäten in Krishnamurti in der Art und Weise sehen, in der er sprach und lebte.[78]

In den Siebzigern kehrte Krishnamurti nach einer Abwesenheit von achtzehn Monaten erneut nach Indien zurück und begann eine ungewöhnliche Reihe von Gesprächen, Dialogen und Konferenzen. Da der Rechtsstreit mit Rajagopal um den Besitz von Vasanta Vihar bei Madras noch die Gerichte beschäftigte, konnte er nicht dort wohnen, wie er es in den früheren Jahren getan hatte. Die Diskussionen mit dem Vertreter des Justizministers von Kalifornien und der anderen Partei waren noch nicht beendet. Rajagopal war nicht an einer Einigung interessiert.

Im März 1970 sprach Krishnamurti im Santa Monica Civic Auditorium vor über dreitausend Menschen – hunderte mußten abgewiesen werden. Es gab immer einige, die bei den Vorträgen aufstanden und weggingen, weil sie an einer Bemerkung über den Nationalismus, die Religion oder einem anderen Thema Anstoß genommen hatten, das ihnen wichtig war. Dies geschah in jedem Land, in dem er sprach, egal ob in Indien mit seinen tief verwurzelten und traditionellen philosophischen Wegen oder in Europa bei den internationalen Treffen oder in den Vereinigten Staaten, in denen der wachsende Fundamentalismus bei einigen seiner Vorträge seinen Einfluß zeigte.

Unter denen, die über solch engstirnigen Interpretationen zu stehen schienen, waren die Psychotherapeuten, die in den Fünfzigern, Sechzigern und Siebzigern großes gesellschaftliches Interesse erlebten.

David Shainberg ist ein bekannter Psychotherapeut. Er war verantwortlich für das Weiterbildungsprogramm in psychoanalytischer Medizin am Postgraduate Center for Mental Health in New York und ist Autor von *The Transforming Self* und zahllosen weiteren Veröffentlichungen, er hat viele Gespräche mit Krishnamurti geführt, von denen einige auf Video aufgezeichnet wurden. Die Gesprächsreihe *The Transformation of Man* mit Krishnamurti, Professor David Bohm und Dr. Shainberg wurde von vielen Menschen mit Interesse verfolgt.

In diesem Artikel, den er für das Sommerbulletin der Krishnamurti Foundation verfaßt hat, beschreibt er dieses wichtige Treffen.

In dir selbst ist die ganze Welt verborgen, und wenn du weißt, wie man schaut und lernt, dann ist die Tür da und der Schlüssel ist in deiner Hand. Niemand kann dir diesen Schlüssel geben oder die Tür zeigen, nur du bist dazu in der Lage.

– DU BIST DIE WELT, 1972.

DR. DAVID SHAINBERG

PSYCHIATER, NEW YORK

»Krishnamurti stellte eine andere psychoanalytische Annahme in Frage, als er sagte, es sei unnötig, die tieferen Schichten des Bewußtseins aufzudecken.«
– David Shainberg

Am 29. und 30. April 1975 traf Krishnamurti in New York fünfundzwanzig Therapeuten. Die Gruppe bestand aus Vertretern unterschiedlicher Schulen, darunter Anhänger Freuds, Horneys, Sullivans und Rogers. Ebenso waren einige Direktoren von psychoanalytischen Ausbildungsinstituten anwesend, der Direktor der psychologischen Abteilung eines Krankenhauses, zahllose Professoren, und einige Anwesende hatten wesentlich zum psychoanalytischen Wissensschatz beigetragen.

Die Gruppe wollte den Einfluß von Krishnamurtis Lehre auf ihre tägliche Arbeit kennenlernen. Jeder wußte, wie schwer es sein kann, anderen Menschen zu helfen. Von dem Augenblick an, an dem die Diskussion begann, war der Dialog ernsthaft und von gegenseitigem Respekt bestimmt.

Die erste Frage war: Welches sind die Ursachen der Angst? Es tauchte sofort eine sinnvolle Unterscheidung auf: Es gibt eine biologische Form der Angst vor dem Feuer, vor Schlangen, usw. Einige nannten dies »praktische Angst«. Krishnamurti sagte, dies sei keine psychische Form der Angst, sondern ein »intelligenter Selbstschutz«. Psychische Angst sei etwas anderes. Krishnamurti sagte, die psychische Form der Angst sei auf das Denken zurückzuführen: »Ohne das Denken gibt es keine Angst.« Ein Psychiater antwortete ihm: »Ohne das Denken wären Sie kein menschliches Wesen.« Krishnamurti brachte die Diskussion auf den Punkt, die Möglichkeit des Nicht-Denkens als etwas an sich Menschliches zu sehen. Anfänglich gab es mit dieser Sicht Probleme, aber die Gruppe kam zum Zentrum des Dilemmas, als Krishnamurti die Notwendigkeit betonte, zu den Wurzeln der Angst vorzudringen, statt zu ihren Zweigen. Angst und ihre Zweige entstehen, wenn man denkt und nicht handelt.

Ein Psychotherapeut konzentriert sich normalerweise auf die Gedanken seiner Patienten, oder, wenn nicht auf ihre Gedanken, dann auf ihr Sein und Werden. Der Therapeut versucht, dem Patienten zu weniger Angst, zu mehr Reife, zu einer besseren Position in der Gesellschaft zu verhelfen. So war es wie ein Schock für viele der anwesenden Therapeuten, zu akzeptieren, daß das Denken die Ursache für die geistigen Störungen darstellen könnte. Aber viele konnten es noch weniger akzeptieren, als Krishnamurti betonte, daß das Sein selbst die eigentliche Quelle für die Angst sei. Nur wenige verstanden ihn, aber viele waren verunsichert. Krishnamurti fragte, wie es möglich sei, überhaupt nicht krank zu werden.

Von hier an entfaltete sich eine ganz andere Position: Psychotherapeuten, grundsätzlich alle Menschen denken prozeßorientiert. Dies bedeutet, daß eine Veränderung Zeit in Anspruch nimmt. Jemand meinte beispielsweise, Krishnamurtis Meinung über die Transformation des Bewußtseins scheine einen Prozeß vorauszusetzen. Patienten ginge es »im Laufe der Zeit« besser, als Ergebnis ei-

nes Dialogs, den wir Therapie nennen. Man könne beobachten, daß diese Patienten am Ende weniger Angst empfänden, da sie mehr über sich selbst und die Welt wüßten. Wie, fragten sich die Therapeuten, sei es möglich, den Prozeßgedanken aufzugeben, wenn man wahrnehmen könne, daß im Lauf der Zeit häufig eine Besserung eintrete? Krishnamurti stellte die Frage, ob jene Menschen nicht eine andere Form der Abhängigkeit entwickelten, um ihre Angst loszuwerden. Er fragte: »Ist es möglich, vollkommen angstfrei zu sein, nicht nur etwas weniger Angst zu empfinden« (was als das normale Ergebnis der Psychotherapie gesehen wird)?

Sorgt euch um die Wurzeln der Angst und weint nicht über den Schmerz.

Diese Art von Frage tauchte in anderer Form in der Diskussion über die Entwicklungspsychologie auf, ein Thema, für das sich die meisten Therapeuten interessierten. Von zentraler Bedeutung für die psychoanalytischen Theorien ist die Idee, daß sich ein Kind im Laufe der Zeit entwickelt und sich geistige Störungen auf eine fehlerhafte Reaktion gegenüber unterschiedlichen Außeneinflüssen zurückführen lassen, die sich in Form eines Prozesses entwickeln. In ähnlicher Weise beobachtet der Therapeut einen Prozeß, in dem der Patient schrittweise seine Ängste verliert. Im Verlauf dieses Prozesses finden Veränderungen statt; neue Ängste tauchen auf. Der Patient lernt allmählich, seinen Horizont zu erweitern und »produktiver« und »freier« zu leben. Krishnamurti betonte, daß jeder Organismus eine Entwicklung durchlebe. Aber der Organismus sei etwas anderes als dieses »Ich«. Das »Ich« sei demzufolge ein Gedankenkonstrukt, das man erzeugt, um ein direktes Handeln zu vermeiden. Dieses Ich oder Ego, auf das sich die Therapeuten beziehen, sei das Merkmal eines Werdensprozesses, und es sei die Krankheit selbst.

Dies führte zu weiteren Fragen über die Art der Veränderung, die der Therapeut am Patienten wahrnimmt, bei dem er schließlich eine Verbesserung erkennt. Der Patient mag zwar »besser« an diese korrupte Welt angepaßt sein, aber bedeutet dies auch, daß er automatisch liebevoller oder weniger angstvoll ist? Krishnamurti fragte, ob es ein Handeln gebe, das nicht aus dem »Ich« oder der Zeit resultiere. Steht dies in Verbindung zum Wissen oder Lernen? Und ist die Liebe in irgendeiner Form mit dem Wissen verbunden?

Die Idee eines Prozesses tauchte in einer anderen Form auf, als ein Therapeut sagte: »Wir erleben viele Patienten, die von sich glauben, nichts zu sein. Dies bedeutet, daß sie sich, wie Sie sagen, ohne Ich und ohne Bewußtsein empfinden.« Krishnamurti antwortete, diese Menschen hätten das Problem, daß sie eigentlich glaubten, etwas sein zu wollen. Ein anderer Therapeut behauptete, dies sei ein größeres Problem, als Krishnamurti meine. Er betonte, der Zustand der Ichlosigkeit entstehe, weil die Patienten Angst hätten. Er sei nicht das Ergebnis der Angstüberwindung. Es sei ein Zustand, der vor der Empfindung, der Erfahrung oder dem Kontakt mit dem Leben stehe. Dieser und andere Teilnehmer meinten, es sei nötig, daß jene Patienten durch den Prozeß der Ich- bzw. Selbsterfahrung gingen, bevor sie das »Ich« aufgeben könnten.

Krishnamurti meinte, es sei kein Prozeß notwendig, um die Natur des Denkens und die Entstehung von Idealen zu erkennen, und der Unterschied zwischen dem Seienden und der Illusion durch das Denken könne sofort beendet werden. Er stellte eine andere psychoanalytische Annahme in Frage, als er betonte, es sei unnötig, die tieferen Schichten des Bewußtseins schrittweise zu erschließen. Die Therapeuten glauben, ein solcher Prozeß sei notwendig, aber Krishnamurti sagte, eine vollständige Konzentration auf den Augenblick des Handelns reiche völlig aus. Es sei klar, daß die Therapeuten den Eindruck hätten, die Patienten könnten nicht im Augenblick leben und müßten darauf vorbereitet werden, die Grenzen des Denkens zu erkennen.

Ein stets wiederkehrendes Thema war, wie man zu einer Art von Handeln finden kann, das jenseits des Denkens und der Zeit liegt. Es war für viele Teilnehmer schwer zu akzeptieren, daß es unmöglich sei, bewußt und gleichzeitig ganzheitlich zu handeln, und daß die Wahrheit nichts mit einer irgendwie gearteten Wirklichkeit zu tun habe, die ein bloßes Gedankengebilde darstelle. Implizit in der Diskussion tauchte die Frage auf: Wie kann ein Therapeut einem Patienten helfen, wenn dieser selbst nicht integer und in sich gefestigt ist? Natürlich war sich jeder Anwesende der eigenen Unvollkommenheit bewußt, und dies führte alle zu der Frage, wie weit jeder eigentlich seinen Patienten helfen könne.

Um dies zu klären, betonte Krishnamurti, daß es keine psychische Sicherheit gebe. Das Denken sei selbst unsicher. Die einzige Sicherheit bestehe in der Erkenntnis, daß es keine psychische Sicherheit gebe. Durch diese Erkenntnis komme das Denken zu einem Ende. Die Diskussion stellte den analytischen Prozeß in Frage, an dem die meisten Anwesenden beteiligt waren. Krishnamurti betonte, daß die Analyse und das Denken das Handeln lähme. Man bewege sich dadurch von einem Punkt zum nächsten und sei stets unvollständig. Der Weg von einer Schlußfolgerung zur nächsten führe zu einer endlosen Fragmentierung und sei selbst Teil der Fragmentierung; alles sei ein Spiel des Denkens. So könne man niemals frei werden.

Die meisten Psychotherapeuten, die an der zweitägigen Konferenz teilnahmen, wurden durch die Diskussionen tief bewegt. Viele hatten große Probleme damit, zu akzeptieren, daß kein Prozeß notwendig sei. Dies stellt die psychoanalytische Annahme von Wachstum und Entwicklung in Frage. Nichts zu sein und vollkommen im Augenblick zu leben, weckte die Neugierde vieler Anwesender, die erkannt hatten, daß eine endlose Analyse ihren Patienten nicht wirklich helfen konnte. Viele berichteten, sie seien bewegt und aufgewühlt; einige sagten, sie fühlten sich nach der Arbeit mit Krishnamurti erleichtert. Ein Mann sagte: »Es war wie eine frische Brise.« Aber es ist klar, daß weitere Dialoge notwendig sind, um den Prozeß des Denkens zu verstehen.[79]

Am anderen Ende des Spektrums steht der Bilderstürmer Henry Miller. Seine freizügigen autobiographischen Bücher schockierten eine ganze Generation von Lesern, aber bei Krishnamurti fand er die intellektuelle Freiheit, für die er so leidenschaftlich eingetreten war.

HENRY MILLER

SCHRIFTSTELLER, PARIS UND BIG SUR, KALIFORNIEN

Ich bin Krishnamurti nie persönlich begegnet, obwohl es keinen Menschen gibt, den zu treffen ich als ein größeres Privileg betrachtet hätte, als ihn ... [Seine] Sprache ist nackt, klar und packend. Sie durchdringt die Wolkigkeit der Philosophie, die unsere Gedanken benebelt und stellt den Faden der Handlung wieder her. Sie nivelliert den wackligen Überbau unserer Sprachkünstler, und sie säubert den Boden vom Abfall. Aus dem täglichen Rattenrennen macht er ein beseligendes Erlebnis ... Seine Karriere, die einzigartig in der Geschichte der geistigen Lehrer ist, erinnert uns an das bekannte Gilgamesch-Epos. In seiner Jugend als der kommende Erlöser verehrt, verzichtete Krishnamurti auf diese Rolle, die ihm übertragen wurde, er lehnte eine Anhängerschaft ab, erteilte allen Mentoren und Besserwissern eine Absage. Er stellte keinen neuen Glauben oder ein neues Dogma auf, stellte alles in Frage, kultivierte den Zweifel (besonders in Augenblicken der Begeisterung), und befreite sich durch einen heroischen Kampf und Ausdauer von Illusion und Blendwerk, von Stolz, Eitelkeit und jeder noch so subtilen Form der Herrschaft über andere. Er ging zur Quelle des Lebens und fand dort Nahrung und Inspiration. Er befreite seine Seele gleichsam aus der Unterwelt und der Überwelt und erschloß ihr so »das Paradies der Helden«. Ich kenne keinen lebenden Menschen, dessen Gedanken mich mehr inspiriert hätten.[80]

Die vornehmste Aufgabe der Erziehung ist es, einen Menschen hervorzubringen, der fähig ist, das Leben in seiner Ganzheit zu erfahren.

–VERTRAUEN ZUM LEBEN, 1953

Ein bedeutendes Ereignis in den Siebzigern war die Gründung der Oak Grove School in Ojai. In den ersten Jahren war diese in einer kleinen Ecke in Arya Vihara, Krishnamurtis altem Haus, untergebracht. Später, nach dem gewonnenen Rechtsstreit mit Rajagopal, baute man neue Gebäude auf einem unbewohnten Gelände in der Nähe von Oak Grove, wo Krishnamurti seit dem 21. Mai 1928 seine Vorträge gehalten hatte. Seit einiger Zeit hatte er davon gesprochen, in den Vereinigten Staaten eine neue Schule zu gründen. Die Mitglieder der Foundation waren darüber nicht gänzlich begeistert, denn als die Diskussion begann, dauerte der Rechtsstreit noch an, und man hatte alle Hände voll zu tun.

Mark Lee, der heutige engagierte Direktor der Krishnamurti Foundation, war Lehrer in Rishi Valley und anderen Schulen. Er war der beste Kandidat für die kleine, nun immer größer werdende Oak Grove School. Aus der Schule, in die anfangs eine Handvoll Kinder ging, wurde eine angesehene Ausbildungsstätte für Kinder, von der Krippe bis zur High School.

R. E. MARK LEE

DIREKTOR DER KRISHNAMURTI FOUNDATION OF AMERICA, OJAI

»Krishnamurti wollte eine ›zeitlose‹ Schule, eine Schule, die hundert Jahre lang existieren würde. Er selbst ging soweit, den Vorschlag zu machen, daß die Gebäude nicht in einem der üblichen architektonischen Stile errichtet werden sollten.«
– R. E. Mark Lee

»Der Zweck der Kindererziehung ist es, die Güte in ihnen wachsen zu lassen und die Kinder zu der Erkenntnis zu führen, daß das Wissen eine kleine Ecke in einem großen Feld darstellt.« Mit Hilfe von Freunden und Erziehern gründete Krishnamurti ein halbes Dutzend Schulen mit genau dieser Überzeugung. Anders als die Internate in England und Indien ist die Schule in Ojai eine Tagesschule, bei der die Eltern einen aktiven Anteil an der Erziehung ihrer Kinder haben, damit keine Trennung zwischen Schule und Zuhause entstehen kann. Als Krishnamurti in den zwanziger Jahren in die USA kam, wußte er viel über die Amerikaner. Ihre große Energie und ihre Großzügigkeit gefielen ihm, und er nahm dort den glücklichen Umstand wahr, daß keine belastende Tradition da war, aber er sah auch, daß ihre kulturelle Entwicklung gefährdet war.

Im Dezember 1974 kam ich mit meiner Frau Asha und unserer einjährigen Tochter Nandini auf eine Einladung Krishnamurtis hin nach Ojai, um die Oak Grove School zu gründen. Die Krishnamurti Foundation of America besaß ein geräumiges weißes Farmhaus, das als Arya Vihara bekannt war – der Ort, an

Schüler in Oak Grove, Ojai.

»Ich erkenne nun, daß wir Pioniere ohne eine Richtung waren; die Grenzen unseres Weges trugen wir in uns.«
– R. E. Mark Lee

dem sich Krishnamurti in Amerika zwischen 1920 und seinem Tod 1986 oft aufhielt. Asha und ich begannen sofort mit der Restaurierung des Gebäudes, damit es wenigstens zeitweise als Schule dienen konnte. Von Anfang an gab es keinen Unterschied zwischen unserem Familienleben und der Arbeit an der Schule; alles fand vierundzwanzig Stunden lang an sieben Wochentagen statt.

Im September 1975 gab es eine bescheidene Schule, die aus drei Lehrern und drei Schülern bestand. Sie vergrößerte sich in den nächsten drei Jahren auf fünfzehn Schüler und fünf Lehrer. Innerhalb von zwei Jahren erlebten wir den Bau eines wunderbaren Schulhauses mit hellen, sonnendurchfluteten Räumen an dem Ort, an dem Krishnamurti bisher jedes Jahr gesprochen hatte.

Krishnamurti war gern in Ojai. Die Schönheit des Tals wirkte belebend auf ihn, wenn er dort an jedem Abend mit langen Schritten spazierenging und seine großen Augen alles und jeden beobachteten. Er kam jeden Januar nach einer anstrengenden Reihe von Vorträgen und Konferenzen in Indien, England und der Schweiz hierher zurück und genoß den Frieden, die Ruhe und die Abgeschiedenheit Ojais. Das Feuer, ein neues Bewußtsein und eine neue Generation zu schaffen, die wahrhaft religiös gesinnt sein würde, loderte in Krishnamurti noch immer. Es war eine Leidenschaft, die niemals endete.

Wenn er jedes Jahr nach Ojai kam, wandte er sich sofort den Aktivitäten im Zusammenhang mit der Schule zu, sprach mit den Lehrern, den Verwaltern und den Eltern. Die Lehrer suchten Krishnamurtis Rat zum Lehrplan und zu Fragen der Erziehung, aber seine Antwort – »das akademische Leben und das spirituelle Leben sind eins« – hielt unsere gemeinsame Beziehung auf dem höchsten und universellsten Niveau. Seine Sorge galt sicherlich den Lehrern, die die Fragen der Schüler im Unterricht mit einer inneren Klarheit und Intelligenz beantworten mußten. Krishnamurti sah seine Aufgabe darin, uns für die Schule ein religiöses Fundament zu geben.

Er fragte uns immer wieder: »Welchen Sinn hat die Erziehung?« »Glauben die Lehrer, eine unbegrenzte Energie zu besitzen?« Unsere einzige Aufgabe sollte die Erziehung sein – eine Umgebung für das Lernen zu schaffen, dieses Lernen auch in uns zuzulassen.

Krishnamurti wollte eine ›zeitlose‹ Schule, eine Schule, die hundert Jahre lang existieren würde. Er ging selbst so weit, den Vorschlag zu machen, daß die Schulgebäude nicht in einem der üblichen architektonischen Stile errichtet werden sollten. Erstaunlich war, daß er die erzieherischen Strukturen in Frage

stellte, an die die fortschrittlichsten Mitglieder unter den Lehrern glaubten; wir waren eben weder »experimentell« noch avantgardistisch eingestellt.

In der Mitte der siebziger Jahre war das Bewußtsein für die Umwelt erwacht, und jeder sprach vom Zurück zur Natur und einem einfacheren Leben. Krishnamurti sagte mir: »Es ist ein vollkommen falscher Ansatz, wenn man mit einem Kind spazierengeht und ihm die Natur zeigt. Es sind nur Worte. Man sollte das Interesse vielmehr dadurch wecken, daß man dem Kind die Kunst des Zuhörens und Zusehens lehrt. Unsere Sinneswahrnehmung geht verloren, wenn wir uns Wissen aneignen. Das Wissen sollte aus der Sinneswahrnehmung resultieren.« Seine Mahnung, »das Kind davon abzuhalten, die Fähigkeit zur Konzentration zu erwerben« und »Wissen ist ein Hindernis« forderten Lehrer und Eltern dazu heraus, die Grundlage des Denkens zu hinterfragen.

Wir lernten ständig mehr über Populärkultur und Erziehungstheorien. Krishnamurti, der die Mentalität der jungen Amerikaner kannte, die unsere Schule besuchten, warnte uns oft vor den Gefahren einer »Kooperation«, vor dem Wunsch nach »Zusammengehörigkeit« und – am gefährlichsten – vor einer »Gemeinschaft« mit ihnen, die sich um einen Gruppengeist herum bildet und einem Ideal folgt. Er half uns zu erkennen, daß dies Wege sind, die uns voneinander trennen, und daß nur ein wirklich religiöser Mensch die falsche Richtung verlassen kann, die die Menschheit vor langer Zeit eingeschlagen hat. Jahr für Jahr sprach Krishnamurti mit denselben Menschen, und seine Fragen waren wie Steine, die im Wasser gleichmäßig untergehen, die uns immer wieder im Kopf herumgingen. Es ist schwer, die Wirkung seiner Fragen auf das Wesen der Erziehung und unser Engagement für die Schule anders zu beschreiben, als zu sagen, daß die Zeit stillzustehen schien. Die Jahre vergingen einfach.

»Welchen Sinn hat die Erziehung?« »Glauben die Lehrer, eine unbegrenzte Energie zu besitzen?« Unsere einzige Aufgabe sollte die Erziehung sein – eine Umgebung für das Lernen zu schaffen, dieses Lernen in uns zuzulassen.
– R. E. Mark Lee

Dennoch veränderte das intensive und leidenschaftliche Infragestellen unsere unerschrockene Gruppe. Langsam erkannten wir, daß es der Zweck der Schule war, die Kunst des Zuhörens und Lernens herauszubilden. Erst dann löste sich das Rätsel, das uns Krishnamurti aufgab, als er gegen das Wissen sprach, während er gleichzeitig sagte, die Schule müsse einen erstklassigen akademischen Ruf erwerben. »Ein ruhiger Verstand ist am aktivsten«, sagte Krishnamurti zu uns. »Wenn euer Gehirn aktiv ist, habt ihr nicht wirklich zugehört.« Aussagen, die so radikal und tiefsinnig sind, legt man entweder als unverständlich beiseite oder sie führen zu einem Quantensprung – einer echten, zeitlosen Einsicht – in das Wesen des Lernens.

In unserem täglichen Bemühen, die Schule zu erweitern und ihr Ansehen zu vergrößern, half uns Krishnamurti dabei, keinen erzieherischen Katechismus festzulegen, der auf seiner Lehre beruhte. Er konfrontierte uns mit unserer Flucht in fixe Ideen. Seine Zuneigung zu uns war offensichtlich, und er gab nie bei einem von uns nach. Er mischte sich nicht in unser Privatleben ein, aber wir wußten, daß er tief um unser eigenes Selbstverständnis besorgt war, darum, ob wir lernten oder »aufblühten«, wie er es nannte. Wenn er den Eindruck hatte, daß jemand voller Energie war, wenn jemand nicht mit sich selbst beschäftigt war, wenn er ein »leeres Gefäß« war, dann arbeitete er mit diesem Menschen – mit seinen eigenen Worten gesagt – er »kochte ihn weich«, in Diskussionen, beim Essen und bei Spaziergängen.

Die Herausforderung war so hoch, daß wir zum Lernen angetrieben wurden, aber dennoch war die Frustration in den ersten zehn Jahren groß. Wir untersuchten, warum Lehrer oft ausgebrannt waren und das Interesse verloren hatten, und wir fanden heraus, daß diejenigen, die nur gekommen waren, weil sie einen Job suchten oder sich von Krishnamurti angezogen fühlten, normalerweise ausbrannten oder enttäuscht weggingen. Die Frustration war so hoch, weil die Herausforderung so hoch war. Wir alle waren Teil eines Abenteuers, und wir arbeiteten hart daran, die Schule zu einem wichtigen Teil der Krishnamurti Foundation zu machen, aber an jeder neuen Wegkehre sahen wir unsere selbstgeschaffenen Grenzen. Der persönliche Einfluß, das Training und eine unerkannte Motivation konnten Krishnamurti während seines viermonatigen Aufenthaltes nicht verborgen bleiben, den er jedes Jahr in Ojai verbrachte.

Im Rückblick sehe ich, daß wir uns damals als Pioniere in keine bestimmte Richtung bewegten; wir trugen unser Ziel in uns. Der Lehrplan wurde in langen Stunden gemeinsam entwickelt, mit dem Ergebnis, daß die Anforderungen des kalifornischen Staates an die Schulen genau beachtet wurden, während gleichzeitig alles auf das kreative Ziel der Schule hin abgestimmt wurde. Die Oak Grove School erwarb sich in akademischen Kreisen Anerkennung. Sie reifte in dem Maße mit ihren Lehrern, in dem diese an Selbstverständnis und Erfahrung dazugewannen.

Die Oak Grove School ist ein Ort des Lernens im besten Sinne des Wortes.

Ich bin zuversichtlich, daß sie noch lange existieren und zu keiner Institution werden wird. Sie besitzt keine belastende Geschichte oder Tradition.

Durch meinen Anteil an dem Werdegang der Schule als Elternteil, Lehrer und Direktor fühle ich, daß mit diesem ungewöhnlichen und intensiven Leben eine große Energie verknüpft ist. Krishnamurti sagte einmal zu mir, daß ein Mensch, der die Lehre lebe, »geschützt« sei. Ich fragte ihn, was dies bedeuten solle, und er antwortete mir: »Sir, finden Sie es selbst heraus.« Ich habe es seitdem herausgefunden. Ich habe erkannt, daß die Energie zur Einsicht führt, daß diese Einsicht zur Bewußtwerdung führt, und daß es – vielleicht – diese Bewußtheit ist, die uns schützt. Es muß noch mehr getan werden, aber während man es herausfindet, verändert sich das Bewußtsein von Grund auf.[81]

Die Liebe ist nicht das Ergebnis des Denkens; Liebe, wie die Demut, ist nichts, das man kultivieren kann. Man kann Demut nicht kultivieren, es ist sinnlos, dies zu versuchen; wenn ein Mensch versucht, Demut zu »kultivieren«, ist dies sinnlos – wie bei einem Menschen, der Gewaltlosigkeit praktiziert und gleichzeitig Gewalt ausübt.

Wahre Liebe ist deshalb ein Geisteszustand, der eintritt, wenn die Zeit, wenn »Beobachter« und »Beobachtetes« nicht existieren. Wenn wir sagen, daß wir einander lieben – und ich hoffe, Sie tun dies – so ist eine Intensität, ein Gespräch, eine Kommunion gleichzeitig auf derselben Ebene möglich, und diese Kommunion, dieser Zustand der Liebe, ist nicht das Ergebnis des Denkens oder der Zeit.[82]

– GESPRÄCHE ÜBER DAS SEIN, 1970

Wenn wir die Trennung zwischen dem »Ich« und dem »Du«, dem »Wir« und dem »Andern« aufheben, was geschieht dann? Erst dann und nicht vorher können wir das Wort »Liebe« benutzen. Und die Liebe ist die außergewöhnlichste Sache, die es gibt, wenn kein ausschließendes oder trennendes »Ich« mehr existiert.

– DU BIST DIE WELT, 1979

Das Brockwood Park Educational Center in England wurde von eher älteren Schülern besucht, die vierzehn bis etwa achtzehn Jahre alt waren. Die junge amerikanische Schülerin Julie Desnick kann uns einiges über den Einfluß Krishnamurtis auf ihr Leben mitteilen. Sie besucht augenblicklich in Kalifornien eine Schauspielschule.

JULIE DESNICK

STUDENTIN, BROCKWOOD PARK EDUCATIONAL CENTER

Als ich etwa siebzehn war, erzählte mir eine Freundin von einem Buch Krishnamurtis, in dem ich etwa drei Seiten las und beinahe meine Beherrschung verlor. Ich war völlig mitgerissen. Ich hatte andere Bücher gelesen, aber Krishnamurti schien viel weiter zu gehen. Ich habe nie etwas ähnliches wie dies gelesen. In Brockwood Park hatte ich einige Probleme mit seiner Lehre. Ich glaube, daß viele Menschen diese Erfahrung machen, die versuchen, die Lehre festzuhalten, indem sie sie als Heilsweg betrachten und dabei vergessen, daß sie in dieser Welt als das leben müssen, was sie sind. Heute bin ich noch immer genauso beeindruckt wie damals, wenn ich Krishnamurti lese. Alles ist immer noch sehr schön, klar und außergewöhnlich.

»(wir) erkennen diese außerordentliche Schönheit in seinen Worten. Für mich ist es so, als ob man in die Sonne eintaucht oder ein einzigartiges Juwel sieht und es packen möchte, aber es nicht kann, weil es so nicht möglich ist.«
– Julie Desnick

Für mich scheint Krishnamurtis Lehre auf einen reinen Ursprung zurückzugehen. Das einzige, womit ich seine Lehre vergleichen könnte, ist die Natur selbst, Mozarts Musik oder ein großartiges Gedicht, etwa ein Gedicht von Keats. Dies alles scheint so unkompliziert zu sein. Die meisten Lehren scheinen aus dem Intellekt zu kommen. Ich hatte dagegen den Eindruck, daß Krishnamurti auf einem reinen Ursprung gründet, einem direkten Kontakt mit einer Quelle, und nicht auf intellektuellen Theorien.

Neben der Logik seiner Lehre, die mir sehr vernünftig vorkommt, finde ich, daß sie auch sehr schön ist, eine Art poetische Schönheit besitzt. Ich habe den Eindruck, daß er sein Leben sehr integer führte und besonders gegenwärtig war, ähnlich der intensiven Stille und dem Mitgefühl, die ich empfinde, wenn ich auf einen Berggipfel steige oder einem sehr schönen Musikstück lausche. Ich glaube nicht, daß wir jemals einem anderen Menschen mit dieser Art von Gefühl begegnet sind.

Krishnamurtis Lehre ist radikal, und die meisten Menschen zögern, sie an sich heranzulassen, obwohl ich häufig den Eindruck habe, daß auch sie von ihr berührt werden, wenn sie sich dieses vielleicht auch nicht eingestehen wollen. Ich habe Menschen kennengelernt, die gesagt haben, sie hätten absolut keine Ahnung von seiner Lehre, die in seiner Gegenwart aber regelrecht hingeschmolzen sind. Seine Lehre ist rein, und sie bietet keinerlei einfache Hilfestellung oder irgendeine Art von Trost, und genau letzteres suchen die meisten Menschen. An-

dererseits scheinen diejenigen, die glauben, sie verstünden ihn, leicht frustriert zu werden, denn sie erkennen diese außerordentliche Schönheit in seinen Worten. Für mich ist es so, als ob man in die Sonne eintaucht oder ein einzigartiges Juwel sieht und es packen möchte, aber es nicht kann, weil es so nicht möglich ist.[83]

Im Bereich der Erziehung ist Professor P. Krishna eine Besonderheit. Als Professor für Physik an der Benares Hindu University hatte er eine wichtige Position, aber als Krishnamurti ihn fragte, ob er nicht Rektor der Schule in Rajghat werden wolle, zögerte er nicht. Die Schule besteht aus der Rajghat Besant School, einem Internat für Kinder im mittleren Alter, dem Vasanta College, einer bedeutenden Schule für die Ausbildung von Frauen und der Rural Primary School, die vierhundert Kinder aus den umliegenden Dörfern besuchen.

PROFESSOR P. KRISHNA

DIREKTOR DES RAJGHAT EDUCATION CENTERS, VARANASI, INDIEN

»Ich lernte aus seiner Lehre, daß eine wahre Veränderung von innen kommen muß und nicht außen beginnen kann, weshalb es nicht darum geht, tugendhaft zu handeln, sondern tugendhaft zu sein.«
– P. Krishna

Zum ersten Mal begegnete ich den Lehren Krishnamurtis, als ich ins College ging und etwa siebzehn war. Es war ein kleines Büchlein, das Reden an indische Schüler enthielt. Ich war fasziniert von der Direktheit seines Ansatzes, der Einfachheit dessen, was er sagte, und der Tatsache, das alles mit dem täglichen Leben zu tun hatte. Es war kein abstrakter philosophischer Diskurs von der Art, den man findet, wenn man mit einem Philosophieprofessor spricht. Ich begann also, in dem Buch zu lesen, und als ich las, entdeckte ich dort all die Fragen, die ich mir gestellt hatte. Ich fand einen Weg, der mir intelligent und gleichzeitig wirklichkeitsnah erschien. Krishnamurti stellte beispielsweise einfache Fragen wie: »Warum steht ihr auf, wenn der Lehrer den Raum betritt?« »Warum zieht ihr euch so an, wie ihr es tut?« »Warum macht ihr auf eure Stirn eine Tika (ein punktförmiges Symbol)?« »Warum vollzieht ihr eine Puja?« »Ist Respekt eine Form der Angst?« Er stellte alles in meiner Umgebung und in meinem Alltag in Frage. Dies interessierte mich sehr, denn ich hatte den Eindruck, ich verstand nicht, warum ich so lebte, wie ich es tat. Als ich weiterlas, entdeckte ich immer mehr, was mich fesselte. Beispielsweise lernte ich aus seiner Lehre, daß eine wahre Veränderung von innen kommen muß und nicht außen beginnen kann, weshalb es nicht darum geht, tugendhaft zu handeln, sondern tugendhaft zu sein. Es ist nicht so wichtig, Freundlichkeit zu praktizieren, es ist wichtig, von innen her freundlich zu sein. Dies war etwas, was mir zuvor noch nie begegnet war, denn alle Religionen haben uns gelehrt, ein tugendhaftes Leben zu führen und sie haben die Tugend auf das Handeln bezogen. Hier war nun ein Mensch, der sagte, das Handeln sei unbedeutend, wenn man nicht von innen her freundlich sei; die Praxis der Freundlichkeit führe nur zu einem Zwiespalt zwischen dem, was man ist und dem, was man sein möchte, und dieser Konflikt sei für einen Menschen schädlich.

Das Buch machte mich mit Krishnamurti bekannt, und ich traf später den Menschen und fand, daß er überhaupt nicht dem Bild des unbeeinflußbaren

Die Meditation ist das Licht im Bewußtsein, das den Weg für das Handeln erhellt; ohne dieses Licht gibt es keine Liebe

– Revolution durch Meditation, 1970

Krishnamurti traf regelmäßig Indira Gandhi, wenn er in Indien war.

Weisen entsprach, das ich mir von ihm gemacht hatte. Diese Begegnung führte zu einer Vielzahl weiterer Fragen. Krishnamurtis Lehre stellt meinen Glauben an den Verstand in Frage. Bis ich ihm begegnet war, hatte ich geglaubt, daß man alles dadurch erreichen könne, indem man sich rational verhalte und über Dinge präzise nachdenken könne. Nachdem ich seine Bücher gelesen hatte, lernte ich, dies zu hinterfragen, denn Krishnamurtis Lehre machte mir deutlich, daß unser Verstand oft wie unser persönlicher Anwalt fungiert, der urteilt und verteidigt, unabhängig davon, welche Meinung wir gerade haben mögen. Wir identifizieren uns normalerweise mit Ansichten, die uns gefallen, und der Verstand findet alle möglichen Gründe, um zu beweisen, daß dies alles auch richtig ist. Er täuscht uns damit, daß er uns glauben läßt, wir täten das Richtige, wobei wir in Wirklichkeit das tun, was wir tun wollen.

Es wurde mir klar, daß die reine Schulung des Intellekts, der ständige Drang, mehr über die Philosophie zu wissen oder die Meinungen anderer Leute zu kennen, nicht viel bewirkt. Ein rein intellektuelles Verständnis verändert einen Menschen nicht. Ein Philosophieprofessor unterscheidet sich nicht wesentlich von einem Physikprofessor oder irgendeinem anderen Menschen. Krishnamurti machte wirklich deutlich, daß dies für alle Menschen gilt, vom Mittellosen bis zum einflußreichsten Geschäftsmann, vom Philosophen zum religiösen Menschen. Alle werden mit denselben Problemen konfrontiert. Alle möchten etwas erreichen, und wenn ihnen dies nicht gelingt, sind sie enttäuscht.

Als ich ihn traf, erkannte ich, daß er kein gewöhnlicher Intellektueller war, der einen guten Vortrag hielt, der Dinge besser als andere analysieren konnte, ich erkannte, daß er dagegen ein Sehender war, der die Lehre selbst lebte. Dies war für mich der Unterschied. Ich sprach nicht mit einem Professor oder Philosophen, sondern ich befand mich in der Gegenwart eines Weisen, der erkannt hatte, was er anderen zeigen wollte, der sagte, er könne anderen keine Einsichten vermitteln, denn sie müßten diese für sich selbst entdecken. Es gibt keine Autorität in der Welt, die einem Einsicht schenken könnte und die mich erkennen ließe, daß ich nicht auf andere schauen sollte, sondern auf meinen eigenen Füßen stehen und die Wahrheit in mir selbst erkennen muß. Die Grundlage von Krishnamurtis Lehre ist, daß sie die Türen und Fenster des Bewußtseins öffnet. Wenn man diese nicht wieder verschließt, lernt man sein ganzes Leben lang – man lebt mit Fragen statt mit Antworten.

Wenn du ein Gefangener bist, werde ich nicht beschreiben, was Freiheit ist. Mein wesentliches Anliegen ist es, zu zeigen, wie ein Gefängnis gebaut wird und wie du es wieder einreißen kannst, wenn du es möchtest. Wenn nicht, so ist dies natürlich deine eigene Sache.

– OMMEN, HOLLAND, 1933

Angel Patrick Boyar, geboren in El Paso, Texas, lebt nun in Kalifornien, und er wurde kürzlich nach einigen Jahren Haft aus dem Pelikan Bay Staatsgefängnis entlassen. Dort und auch bereits früher im Gefängnis von San Quentin hatte er damit begonnen, sich selbst durch Lesen Wissen anzueignen. Unter den Büchern in der Gefängnisbibliothek, die er las, befand sich auch ein Buch Krishnamurtis. Er erhielt später weitere Bücher von der Krishnamurti Foundation of America.

In der Isolation des Gefängnisalltags suchte Boyar nach einer Bedeutung für sein Leben inmitten einer feindseligen Umgebung mit und ohne Gefängnismauern.

In einem längeren Manuskript mit dem Titel *Nobody, Somebody the Experience of Being Alive: A Desultory Prison Journal,* aus dem der folgende Abschnitt entnommen ist, beschreibt Boyar detailliert den Verlauf seiner Beobachtungen in den dreizehn Jahren im Gefängnis. Die Zitate Krishnamurtis im Text stammen alle von Angel Patrick Boyar.

ANGEL PATRICK BOYAR

SCHRIFTSTELLER, FRÜHERER GEFANGENER

Mein größter Wunsch war es stets, jemand zu sein. Ich war ständig von der Angst bestimmt, daß mich die Menschen als Nobody wahrnehmen könnten. Ich war vom Ehrgeiz getrieben, aufzufallen, und ich wurde buchstäblich zu einer intriganten Persönlichkeit, die die Aufmerksamkeit der Welt auf sich ziehen und sich im Ruhm der Prominenz sonnen wollte.

Ich kam im Januar 1982 ins Staatsgefängnis von San Quentin. Ich war zu einer Freiheitsstrafe von acht Jahren wegen Totschlags verurteilt worden. Nach einigen Monaten in San Quentin fand ich einige Bücher von Erich Fromm, und ich verschlang sie regelrecht. Von da an wußte ich, daß mein Überleben im Gefängnis von meiner Intelligenz abhängig sein würde, denn ich war nicht der körperlich aggressive Typ, der zur Gewalt neigt. Ich bin darüber hinaus klein, und ich brauchte etwas, das dieses Manko in einer Umgebung kompensieren würde, in der ich von gefährlichen und gewalttätigen Kriminellen umgeben war, die nicht zögern würden, mich beim geringsten Anlaß zu verletzen oder zu töten.

Jeder Gefangene hatte seine eigene Überlebenstechnik. Mein Schutzschild war eine gehörige Portion Selbstkontrolle, die sich später als zerstörerische Ursache erwies, die zu inneren Störungen und schließlich zu einer Psychose führte.

»Mein größter Wunsch war es stets, jemand zu sein. Ich war ständig von der Angst bestimmt, daß mich die Menschen als Nobody wahrnehmen könnten.«
– Angel Patrick Boyar

Warum schreibe ich also? Nun, ich schreibe aus vielen Gründen, von denen meiner Meinung nach keiner wirklich wichtig ist. Ich schreibe wahrscheinlich nur, um wiederzugeben, was vorhanden ist, was mir an sich nicht leicht fällt, da mir mein ungeordneter Verstand stets im Wege steht.

Was kann man eigentlich sagen, wenn nichts wirklich aus der Leere kommen kann, die uns bestimmt?

Wir versuchen, diese Leere mit »etwas« auszufüllen – mit allem, das wir finden, um vor der Wirklichkeit unserer Existenz zu fliehen. Wir können nicht vor allem davonlaufen, vor dem wir Angst haben – es gibt nichts, an dem wir uns festhalten können – es gibt keine isolierte Identität – es gibt nur die Leere, und unser eigenes Sicherheitsbedürfnis verleitet uns dazu, alles festzuhalten, als ob wir uns an den Gefühlen festhalten könnten, die uns das Erlebnis, lebendig zu sein, ermöglichen.

Identität und das Leben sind dasselbe. Lebendig zu sein heißt, jemand zu sein!

»Möchtest du ein Held sein?« Nach fünfzehn Jahren klingen diese Worte noch immer in mir, und sie haben sich als eine Prophezeiung erwiesen.

Es war mein Vater, der mich fragte, ob ich ein Held sein wollte. Aber die völlige Bedeutung dieser Worte entfaltet erst jetzt ihre größte Wirkung, wo ich über ihren existentiellen Inhalt nachdenke.

Mein Vater wußte, was er sagte, als er mich fragte: Ich wollte gern ein Held sein!

Wie Nostradamus blickte mein Vater in die Zukunft wie ein Visionär, und er machte eine Prophezeiung, die sich in meinem Leben erfüllen sollte.

Mein Vater benötigte keine besondere Inspiration, um zu sehen, was sich vor seinem durchdringenden Blick auftat … an diesem Tag blickte ich in die Augen meines Vaters … des einzigen Helden, dessen Aufmerksamkeit mir das Leben gegeben hätte, die ich so vergeblich und verzweifelt gesucht hatte, indem ich Unfug anstellte, um mir in der Nachbarschaft einen Ruf zu erwerben, durch den man mich als jemanden akzeptierte und wodurch ich ein Leben führte, das im Rückblick die irrsinnige Projektion eines Menschen war, der davor Angst hatte, nichts und niemand zu sein, der aber paradoxerweise von den unausweichlichen Gedanken und Gefühlen eingenommen war, daß die Erfahrung, lebendig zu sein, nur möglich ist, wenn man in den Augen der anderen etwas darstellt.

Im Gefängnis verletzen die meisten Gefangenen andere, um jemand zu werden – vor allem diejenigen Gefangenen, die Mitglieder einer Gang sind.

Ein Image ist das wichtigste Hilfsmittel, und es ist verbunden mit der Überzeugung, daß man Macht besitzt, wenn man »jemand« ist – und es gibt keine Regeln, was man tun muß, um sich ein Image zu erwerben, das im Gefängnis Anerkennung und Bewunderung vermittelt.

Die Gefängniserfahrung hat mich gelehrt, daß einem Menschen allein Macht heilig ist. Und im Gefängnis ist man machtlos, wenn man niemand ist. Wenn man im Gefängnis jemand sein möchte, gehört man zu einer Gruppe, wobei das einzige Prinzip, das diese Gruppe leitet, Nietzsches Philosophie des »Übermenschen« ist.

Die Menschen im Gefängnis wissen instinktiv, daß in einem Universum, das sich ausdehnt, kein Platz für Schwäche existiert, daß Macht alles ist, was der Mensch respektiert, und diese Gangs sind zu gefürchteten Zellen der organisierten Kriminalität herangewachsen, und sie genießen den Ruf von Killern. Ihre Identität ist es nicht, das zu sein, was sie sind, sondern das, wozu sie Macht haben – Leben zu nehmen.

Die mexikanische Mafia ist eine der gefürchteten Gangs, die lange Zeit die Gefangenen in kalifornischen Gefängnissen terrorisiert hat. Sie wird von den nichtorganisierten und schwächeren mexikanischen Gefangenen aus dem Gefühl der Angst heraus respektiert, und sie wird von denen verehrt, die ebenfalls zu denen dazugehören möchten, die sich gerne als Helden und Halbgötter betrachten.

Viele Chicanos im Gefängnis möchten Mitglied der mexikanischen Mafia werden, denn den größten Teil ihres Lebens haben sie eine geringe Selbstachtung, ein schwach ausgeprägtes Selbstbewußtsein und eine Pseudoidentität als Gangster besessen, die seit jeher ein Stigma geworden ist, ein Bild, das die Chicanos nur schwer wieder ablegen können.

Die Chicanos, die von der von Weißen dominierten Gesellschaftsschicht verachtet werden und gezwungen sind, in schäbigen Barrios zu leben und denen man den Zutritt zur Gesellschaft verwehrt, diese Chicanos haben sich von ihren Familien entfremdet, die einst durch patriarchalische Strukturen zusammengehalten wurden und nun auseinanderfallen, da das Familienoberhaupt nicht mehr imstande ist, seinen Kindern ein angemessenes und anständiges Zuhause zu bieten. Durch die lange Arbeit in schlechtbezahlten Jobs begann die Autorität des Oberhaupts in der Familie zu zerfallen. Die Mutter konnte ein Haus voller Kinder nicht mehr angemessen kontrollieren.

Ohne ein stabiles Zuhause und wegen der mangelhaften Aufsicht und Vernachlässigung der Kinder gingen diese, die eigentlich Aufmerksamkeit und das Gefühl, geliebt und umsorgt zu sein, gebraucht hätten, auf die Straße und hingen dort mit ihren Freunden herum und fanden im Barrio dadurch eine Ersatzfamilie.

Wer in diese Gefängnisleere gerät, ist verloren, einsam, entfremdet und fügt anderen Leid zu, um selbst jemand zu sein. Und das einzige Image, das er hat, ist das stereotype Bild des Gangsters, der wegen seiner Macht bewundert wird, der wertvolle Dinge besitzt, der von anderen gefürchtet und respektiert wird, weil er jemand ist, denn er ist nun die Verkörperung des amerikanischen Traums, der in Wirklichkeit eine Illusion darstellt. Für einige flüchtige Augenblicke legt er sein armseliges Image ab, um sich in einer egoistischen Selbstbeweihräucherung zu baden, wenn er über die Macht nachdenkt, die er über diejenigen hat, die er ausbeutet, weil er ein Mitglied der mexikanischen Mafia ist.

»Die Meditation hat eine Bedeutung … im Prozeß der Meditation findet man alle möglichen Formen von Macht: man wird hellsichtig … all die okkulten Kräfte werden völlig unwichtig, und wenn man einem solchen Menschen nachfolgt, folgt man etwas nach, das schließlich in der Illusion endet.«

–TRUTH AND ACTUALITY, 1978

Als ich im Gefängnis war, begann ich zu lesen, und ich las viele Bücher über Philosophie, Spiritualität, Religion, östliche und orientalische Mystik, Psychologie und das Okkulte.

Ich wollte mehr wissen, ich verschlang die Bücher regelrecht, die mich zur Entdeckung meiner wahren Identität führen sollten, und Jahre später erkannte ich, daß dieses sogenannte Wissen mich nicht näher zur Ganzheit gebracht hat; ich war noch immer unvollständig und fragmentiert.

Viele Jahre lang erlebte ich mich selbst als Opfer des Systems, und ich war davon überzeugt, daß es mächtige und unsichtbare Kräfte im Universum gibt, die von skrupellosen und machtbesessenen Menschen in hoher Position benutzt würden, die die Geheimnisse des Universums erkannt hatten und nun diese verborgenen Geheimnisse als Werkzeug zur Unterwerfung und Manipulation der Menschen mißbrauchten, um selbst an der Macht zu bleiben.

Während ich in San Quentin war, übertrug ich diese Sicht auf Geschichte und Politik und begann, historische und politische Bücher über Verschwörungen, Geheimbünde und subversive Bewegungen zu lesen.

Zu dieser Zeit versuchte ich ebenfalls, Bücher zu finden, die sich mit Gehirnwäsche, Bewußtseinskontrolle und psychologischer Kriegführung beschäftigten. Ich wollte unbedingt wissen, auf welche Weise ich von den unsichtbaren Kräften manipuliert wurde, denen ich die Schuld für meine verlorene Identität gab.

Ich vertiefte mich in meine Bücher über die Verschwörungstheorien und glaubte, daß ich nun der Wahrheit über das, was wirklich geschah, näherkam – wie es geschah, warum es geschah und was meine Rolle dabei war. Ich wollte jede mögliche Einzelheit dieses Kampfes um die Weltherrschaft in Erfahrung bringen und die diabolische Verschwörung aufdecken. Ich war bereit, meine wahre Identität preiszugeben.

Ich wurde arrogant und unausstehlich, weil ich glaubte, zu einem kleinen Kreis von Leuten zu gehören, die wußten, was tatsächlich hinter der Bühne gespielt wurde. Zu jener Zeit war mir nicht bewußt, daß mein eigenes Minderwertigkeitsgefühl, gekoppelt mit der Angst, unbedeutend zu sein, dazu geführt hatte, daß ich mich überschätzte und andere verachtete, die mir ungebildet und naiv vorkamen, wodurch ich mir selbst bedeutend erschien.

Ich wollte mein Wissen mit niemandem teilen, weil andere dann gewußt hätten, was ich wußte, daß ich nämlich als intelligentes und einzigartiges Wesen andere nicht überragte, denn ich wußte, daß meine Weigerung, mein Wissen mit anderen zu teilen, mir Macht über andere verlieh.

Ich weiß nun, daß ich mein Wissen zurückhielt, um Identität, Macht und Sicherheit zu gewinnen.

Mein Gehirn war wie ein Weihnachtsbaum; ich stopfte es mit all dem Buchwissen voll und dekorierte es wie einen toten Weihnachtsbaum, der von der Zufuhr seiner Lebensenergie abgeschnitten ist, und so war das Wissen für mich wie die Lichter am Baum, deren Glanz die anderen uninteressanten und mittelmäßigen Menschen in meiner Nähe überstrahlen konnte.

Ich glaubte, daß ich in die Tiefe schaute, aber tatsächlich war ich sehr oberflächlich, weil ich in meiner eitlen Selbstbeweihräucherung nicht erkannte hatte, daß der Versuch, gebildet und intellektuell zu wirken, mir nicht dabei helfen konnte, den geistigen und psychischen Konflikt in mir zu beenden.

Ich hatte Angst zu akzeptieren, daß ich in mir völlig leer war, daß ich nichts und niemand war.

Heute weiß ich, daß die einzige Verschwörung, die es je gegeben hatte, meine eigene Verschwörung gegen mich selbst war!

Ich habe viele Bücher gelesen, die meinen Verstand in der Tiefe beeinflußt haben, und ich dachte naiv, daß jede Entdeckung eines geheimen Wissens mein Bewußtsein grundlegend erhellen würde, damit ich von Lügen, Illusionen, falschem Wissen und selbst auferlegten Beschränkungen frei würde, und ich dachte, daß ich schließlich Fortschritte in meiner Befreiung machte; in Wirklichkeit aber versklavte ich mich nur weiter und verschlimmerte das Durcheinander in mir, vergiftete mich mit den Theorien anderer Leute über das Leben.

All die Jahre suchte ich verzweifelt die Antwort in den Büchern, aber ich merkte nicht, daß diese Bücher von Leuten geschrieben wurden, die ihre eigenen Theorien über das Leben hatten. Sie waren gut in der Diagnose der Menschheitsprobleme, gut darin, mit dem Finger auf die Missetäter zu zeigen, die für sie die Verantwortlichen für die Situation waren, in der sich die Menschheit befindet, aber sie merkten dabei nicht, daß sie selbst zu den Problemen dieser Welt beitrugen:

Das Problem ist nicht die Welt, sondern das Problem entsteht in der Beziehung des Menschen zu seinen Mitmenschen, und dieses Problem wird in seiner Gesamtheit zum Problem unserer Welt.

Diese Aussage ist wahr. Sie ist eine Tatsache. Nicht weil Krishnamurti dies gesagt hat, sondern weil ich erkannt habe, daß es für mich selbst wahr ist. Es ist »meine Beziehung zu anderen, die das Problem erzeugt«. Ich dachte nie, daß ich das Problem sein könnte. Es waren immer die anderen!

Die Welt wäre ein besserer Ort zum Leben, wenn andere ebenfalls entdecken und als wahr erkennen würden, was ich erkannt habe; wenn jeder die Wirklichkeit so sehen würde wie ich und nach dieser Erkenntnis leben würde, entstünde eine neue Weltordnung mit ganzheitlichen Menschen.

Die Spaltung im Menschen, die sprichwörtlichen Gegensätze von Leben und Tod, Gut und Böse, Geist und Fleisch; sie stecken in uns allen, in dir, in mir, wir alle verursachen diesen Konflikt, weil wir glauben, es sei notwendig, uns die Erfahrung zu verschaffen, lebendig zu sein.

Mein Leben wurde entscheidend verändert, als ich aufhörte, mich verändern zu wollen:

Es ist die Wahrheit, die dich frei macht, nicht deine Anstrengung, frei zu sein.

Seit vielen Jahren ist bekannt, daß das psychische »Ich« nur ein Abbild, eine Projektion des Ichs darstellt. Es ist ein Betrüger, es möchte lenken, es möchte das Herz vollkommen besitzen, und nun wollte es seine an sich nicht-existente Identität sichern.

Zu wissen bedeutet, unwissend zu sein, nicht zu wissen, ist der Beginn der Weisheit.

Ich hatte immer geglaubt, ich könnte durch das Wissen mehr Weisheit finden, aber ich entdeckte schließlich, daß dieses Wissen eigentlich Unwissen war. Je mehr Wissen ich über die Welt erwarb, desto mehr erkannte ich, wie unwissend ich eigentlich gewesen war.

Jedesmal glaubte ich, ich hätte Fortschritte beim Erwerb von Wissen gemacht, aber wenn ich die Entfernung überprüfte, die ich zurückgelegt hatte, stellte ich fest, daß ich mich nicht von der Stelle bewegt hatte.

Auch wenn ich alles Wissen der Welt und des Universums besitzen würde, wäre ich dennoch unwissend, weil alles Wissen nur ein mikroskopischer Tropfen im Gefäß des ewigen Augenblickes sein würde.

Niemand kann dich in ein Gefängnis der Psyche werfen. Du bist schon dort.

– IDEAL UND WIRKLICHKEIT, 1956

Ich wurde am 17. März 1986 aus San Quentin entlassen. Ich erinnere mich an die Nacht, bevor ich entlassen wurde, daß ich keine Angst davor hatte, das Gefängnis zu verlassen. Nach etwa sechs Jahren im Gefängnis dachte ich, ich würde außer mir sein, entlassen zu werden. Ich nahm an, daß sich die erwarteten Gefühle einfinden würden, wenn ich erst einmal das Tor zur sogenannten freien Welt durchschritten hatte.

Der Morgen kam. Ich hatte noch immer nicht das erwartete Gefühl für die bevorstehende Freilassung. Die Entlassungsformalitäten begannen. Ich gab meine Gefängniskleidung zurück und zog meine alten Kleider an. Ich erhielt zweihundert Dollar Entlassungsgeld, und dann gingen wir los – ich wurde in die Freiheit begleitet!

Wir gingen über den Vorplatz zur Kapelle, wo ich einige alte Kumpane sah, deren Lächeln mir ein Gefühl von Frieden und innerer Freude gab. Sie winkten mir zum Abschied zu, und ich lächelte und winkte zurück. Dann wurde mir bewußt, daß ich mich noch auf dem Gefängnishof befand – und es war noch ein gewisser Weg zurückzulegen, um »von hier« zur Freiheit »dort drüben«, hinter den Gefängnistoren zu kommen. Schließlich kam ich dort an, aber als ich die Schwelle zur Freiheit überquerte, spürte ich nichts!

Ich war noch immer im Gefängnis! Mein Verstand glaubte, frei zu sein. Ich wußte, daß diese Freiheit eine Illusion war. Ich erfuhr die Freiheit nicht, ich wurde nicht lebendig.

Freiheit bedeutete also nicht, auf der anderen Seite der Gefängnismauer zu stehen. Psychisch befand ich mich noch immer im Gefängnis – gebunden von meinen Leidenschaften und Wünschen, umgeben von der spanischen Wand der Bilder und Gedanken, die die wirkliche Mauer zur Freiheit darstellt.

In Ojai war in jenen Frühjahrsmonaten vor den jährlichen Treffen in Oak Grove jeder Tag ein Ereignis, und ein besonderes Ereignis stellte das Mittagessen dar! An langen Nachmittagen teilten die Anwesenden eine bewegte, anregende, ergreifende und humorvolle Zeit. Man diskutierte über Politik, den Vietnamkrieg, Watergate, die Tagesereignisse und vieles mehr. Häufig waren die Gespräche ernst und gingen in die Tiefe, ein anderes Mal hörte man Gelächter aus dem Eßzimmer von Arya Vihara dringen.

Michael Krohnen, ein ausgezeichneter Koch, bereitete köstliche vegetarische Speisen für Krishnamurti und seine Gäste zu, und er hatte eine weitere Aufgabe, er *informierte* nämlich Krishnamurti über die Nachrichten des Tages. Er erinnert sich an Krishnamurtis ausgeprägten Humor.

MICHAEL KROHNEN

KÜCHENCHEF, KREFELD, DEUTSCHLAND

»Krishnamurtis Scherze enthüllen meiner Meinung nach die Natur des menschlichen Denkens. . . Ich denke, daß es mehr als ein bloßer Zufall war, daß einer von Krishnamurtis bekanntesten Vorträgen, in dem er die Auflösung der Organisation bekanntgab, die man um ihn herum als den neuen Weltlehrer gegründet hatte, mit einem Scherz begann.«
– Michael Krohnen

Nach Jahren, in denen ich Krishnamurti täglich traf, hatte ich die liebenswerten Aspekte seiner Persönlichkeit entdeckt und schätzen gelernt. Er entwickelte echte Fürsorge und Zuneigung zu allen Menschen in seiner Nähe. Seine Freundschaft zu mir und vielen anderen war ehrlich und ohne Vorwand, und sie vermittelte mir ein wunderbares Gefühl von Freiheit und Heiterkeit.

Was ich an ihm am meisten mochte, war sein Lachen und sein Humor, der das ganze Spektrum des menschlichen Lebens enthielt. Am Mittagstisch in Ojai, wo ich ihn regelmäßig traf, offenbarte er oft sein ansteckendes Lachen, wenn er Anekdoten aus seinem beträchtlichen Erfahrungsschatz an Geschichten erzählte. Auch wenn er vor Tausenden sprach und wenn er anspruchsvolle Gespräche mit Wissenschaftlern und Akademikern führte, vergaß er nie seinen unbeschwerten Humor, der Licht auf die Ironien und Absurditäten des Lebens scheinen ließ.

Aber er begnügte sich nicht damit. Er war mehr als bereit dazu, über sich und die absurden Situationen zu lachen, in denen er sich manchmal befand. Öffentlich und privat nannte er sich scherzhaft »der arme Bursche auf der Bühne«, oder »der alte Junge«, und er genoß es, amüsante Geschichten aus seinem ungewöhnlichen Leben zu erzählen. Es waren bezaubernde Anekdoten aus seinem Alltag, in denen er nicht nur über andere, sondern auch über sich selbst scherzte. Einmal, beim Mittagessen während der Vorträge in Ojai, sprachen wir über die übertriebene Verehrung, die man ihm oft entgegenbrachte. Plötzlich fiel Krishnamurti in ein herzliches, befreiendes Gelächter und rief: »Alles ist so verrückt, es ist alles so völlig absurd.«

Ich saß neben ihm und nahm an seinem ungehemmten Lachen bereitwillig teil, obwohl es mir nicht völlig klar war, was genau er mit diesem »es« meinte. Nachdem wir uns ein wenig beruhigt hatten, fragte ich ihn: »Was meinst Du damit?« »Meinst Du die Vorträge und all das hier?« Und ich deutete auf die anderen Gäste am Tisch. Vor Lachen hatte er Tränen in den Augen, und er drehte sich um und schaute mich an. »Ja, dies alles und der ganze Zirkus, den man um ihn macht«, antwortete er mit einem verschmitzten Lächeln und deutete auf sich selbst. Jeder am Tisch, etwa sechzehn Leute, begannen aufs Neue überschwenglich zu lachen, ein Lachen, aus dem die reine Lebensfreude herausklang.

1970 antwortete er bei den Vorträgen in San Diego auf eine Frage über seine Definition von Humor: »Ich nehme an, daß es tatsächlich bedeutet, über sich selbst zu lachen. Wir haben so viele Tränen in unseren Herzen, so viel Elend ... Schaut euch selbst mit einem Lachen an und beobachtet euch mit Klarheit, Ernst und trotzdem mit einem Lachen, wenn dies für euch möglich ist.«[84]

Nur wenige Monate vor seinem Tod im Jahr 1986 bemerkte er: »Lachen ist Teil der Ernsthaftigkeit, nicht wahr? Wenn ihr nicht wißt, wie man lacht und dabei die Sonne und die Bäume und das durchscheinende Licht und alles übrige anseht, dann seid ihr zur Hälfte tot, dann seid ihr keine Menschen. Falls ihr nur ernst seid – eine Sonntagsstimmung besitzt – dann ist dies kein wirklicher Ernst. Ich meine das Lachen, ein Lächeln, Sinn für Humor und Gefallen an guten Scherzen, keinen vulgären Scherzen, wirklich guten Scherzen.«[85]

Ich nahm seinen verfeinerten Humor als heiteren Aspekt der außergewöhnlichen Intelligenz wahr, die er verkörperte. Er verlieh ihm und seinen Vorträgen einen warmherzigen menschlichen Unterton, ohne den man schnell von der majestätischen Qualität dessen eingeschüchtert werden konnte, worüber er in seinen manchmal eher nüchternen Vorträgen sprach. Nachdem er eindringlich die Situation des Menschen in der Welt, mit seiner Angst und seinem Leid, beschrieben hatte, erzählte er stets eine kurze und amüsante Geschichte oder machte einen seiner unerwarteten Scherze. Es war wie eine heilsame Berührung, durch die sofort alles wieder in Ordnung gebracht wurde, durch den befreienden Strom des gemeinsamen Lachens wieder ganz wurde – als ob wir plötzlich alle einen großen kosmischen Scherz gehört hatten.

Krishnamurti und ein Schüler in Rishi Valley

Die Anekdoten, die er so ungemein gut erzählen konnte, hatten vorwiegend einen »religiösen« oder politischen Inhalt, d.h. sie bezogen sich auf Himmel und Hölle, Gott und den Teufel, den Papst, Petrus und Jesus, Yogis, Gurus und Politiker. Krishnamurti hätte wahrscheinlich einer Analyse seiner Scherze, oder jedem Versuch, in ihnen eine tiefere Bedeutung zu sehen, widersprochen. Natürlich waren es »nur« Scherze, nichts weiter – aber ein Scherz, sein Vortrag und die Reaktion darauf offenbarten auch eine Geisteshaltung. Krishnamurtis Scherze enthüllten meiner Meinung nach die Natur des menschlichen Denkens, den absurden und unvereinbaren Aberglauben, Systeme, Dogmen und spirituelle Autoritäten schaffen zu können. Sie enthüllten ebenso falsche und eigennützige Methoden beim Aufbau und der Verteidigung eines Zentrums. Sie befaßten sich spielerisch und auf eine sympathische Art und Weise mit den Lächerlichkei-

ten und Ironien in unseren überkommenen Traditionen und unserem Alltag.

Ich denke, daß es mehr als ein bloßer Zufall war, daß einer von Krishnamurtis bekanntesten Vorträgen, in dem er die Auflösung der Organisation bekanntgab, die man um ihn herum als den neuen Weltlehrer gegründet hatte, mit einem Scherz begann, ein Umstand, der von seinen Biographen bisher übersehen wurde. Die Rede, die Krishnamurti im August 1929 in Ommen in den Niederlanden hielt, in der er den »Sternenorden« auflöste, ist besser bekannt durch den prägnanten Satz »Die Wahrheit ist ein pfadloses Land«. In der Tat wiederholte Krishnamurti einen Scherz, den er bei vielen Gelegenheiten erzählt und den er im Lauf der Zeit geringfügig abgewandelt hatte. Einer der letzten Male, als er ihn in der Öffentlichkeit erzählte, gestand er, daß er ihn »selbst ausgedacht und ihn vor ungefähr vierzig oder fünfzig Jahren« erfunden habe.[86] Es ist wahrscheinlich der einzige Witz, den er je selbst erfunden hatte. Alle anderen hatte er entweder von jemandem gehört oder irgendwo gelesen. Überraschenderweise finden sich einige der wichtigsten Themen in seinem Leben und seiner Lehre in diesem kurzen Witz wieder: Die Suche des Menschen nach dem Heiligen, der Wahrheit und den religiösen Organisationen.

Krishnamurti hört Sanskrit-Gesängen in Rishi Valley zu.

Hier gebe ich ihn in der Urfassung von 1929 wieder: Sie erinnern sich vielleicht an die Geschichte, wie der Teufel und ein Freund die Straße hinuntergingen und vor sich einen Mann sahen, der sich bückte und etwas vom Boden aufhob, es ansah und in seine Tasche steckte. Sagte der Freund zum Teufel: »Was hat der Mann da aufgehoben?« »Er hob ein Stück Wahrheit auf«, sagte der Teufel. »Das ist ein sehr schlechtes Geschäft für Dich«, sagte der Freund. »Oh, überhaupt nicht«, antwortete der Teufel, »ich werde ihn das Ganze organisieren lassen.«[87]

Sein unnachahmlicher Humor und sein liebevolles, herzhaftes Lachen vertieften Krishnamurtis Menschlichkeit und vollendeten seine Ganzheit. Gleichzeitig achtete er sorgfältig auf die andere, zügellose Seite eines allzu leichten Lachens. In seinem letzten Vortrag in Oak Grove mahnte er die Menschen: »Bitte, lachen Sie nicht, dieses Thema ist viel zu ernst. Nicht, daß wir keinen Humor haben sollten. Es ist gut, wenn wir lachen, aber das Lachen kann ein Mittel sein, um Tatsachen aus dem Weg zu gehen. Also achten Sie darauf. Nicht, daß wir keinen Humor haben sollten: Lachen Sie mit all Ihrem Sein über einen guten Scherz.«[88]

Humor, Freude, Güte und Intelligenz fanden sich bei ihm, der schönsten Blüte der Menschheit. Er war ein großartiger Mensch, und seine Lehre ist der Duft, der uns bleibt.

Wir sind wie zwei Freunde, die an einem schönen Tag im Park sitzen und über das Leben sprechen, unsere Probleme, die Natur unserer Existenz untersuchen und uns selbst ernsthaft fragen, warum das Leben zu einem so großen Problem geworden ist, warum unser tägliches Leben eine solche Tretmühle ist, ohne irgendwelche Bedeutung, außer daß wir überleben – was an sich zweifelhaft ist – obwohl wir intellektuell gesehen sehr welterfahren sind. Warum wurde das Leben, unser Alltag zu einer solchen Plage? Wir gehen vielleicht in die Kirche, mögen einem politischen oder religiösen Führer folgen, aber unser alltägliches Leben ist immer ein Chaos, und obwohl es bestimmte Phasen gibt, die gelegentlich angenehm und vom Glück bestimmt sind, umhüllt doch immer eine dunkle Wolke unser Leben. Und diese beiden Freunde, Sie und der Sprecher, reden gemeinsam in einer freundlichen Art, die vielleicht von Zuneigung, von Sorgfalt, von Bedacht bestimmt ist, ob es möglich sei, unser tägliches Leben ohne Probleme zu leben. Obwohl wir gebildet sind, einen bestimmten Beruf haben, gibt es diese ungelösten Kämpfe, den Schmerz und das Leid und manchmal Freude und das Gefühl, nicht vollkommen selbstsüchtig zu sein … und als die beiden Freunde, die im Park auf einer Bank sitzen … in diesem milden Licht, die Sonne scheint durch die Blätter, die Enten schwimmen im Kanal, und wir nehmen die Schönheit der Erde wahr. Lassen Sie uns wie zwischen zwei Freunden reden, die ein langes, ernstes Leben führen, mit all seiner Mühe, sexuellen Problemen, Einsamkeit, Verzweiflung, Depressionen, Sorgen, Ungewißheit, dem Eindruck der Bedeutungslosigkeit – und am Ende steht immer der Tod.[89]

Krishnamurti empfand eine besondere Liebe zur Natur. Diese Liebe teilte er mit Alan Kishbaugh, der in den vergangenen zwanzig Jahren einen aktiven Anteil an Krishnamurtis Arbeit gehabt hat. Beide teilten viele gemeinsame Interessen.

ALAN KISHBAUGH

SCHRIFTSTELLER UND UMWELTSCHÜTZER, LOS ANGELES, KALIFORNIEN

»Krishnamurti liebte die Natur. Die Natur lag für ihn außerhalb des Verstandes, war von ihm unberührt. Er sprach am liebsten unter einem Dach von Bäumen, wo er die Vögel hören, den Lufthauch spüren und das Lichterspiel in den Blättern sehen konnte.
– Alan Kishbaugh

Ich empfinde es als Privileg, zwanzig Jahre in Krishnamurtis Nähe gelebt zu haben. Man fand bei ihm eine solche Fürsorge, eine Zuneigung allem Lebendigen gegenüber, daß man sich bei ihm in seinem unsichtbaren und allumfassenden Schutz aufgehoben fühlte.

Seine Zuneigung Menschen gegenüber zeigte sich darin, daß er oft mehr in ihnen sah, als sie selbst in sich sahen. K brachte das Beste im Menschen zum Vorschein, und sie waren oft überrascht, die Tiefe ihres eigenen Seins in seiner Gegenwart zu erkennen. Aus dieser Innenschau, dieser geistigen Tiefe entfaltete sich eine enorme Zuneigung. Hier war jemand, der wollte, daß man das war, was man sein konnte, der einem die Hand reichte, um gerade dies zu sein.

Unsere Beziehung war wie zwischen zwei Brüdern oder guten Freunden, die gegenseitigen Respekt besitzen. Wir gingen gemeinsam in London einkaufen oder sahen uns in Los Angeles einen Film an. Er war ein wunderbarer Begleiter.

K schätzte das Außergewöhnliche, und er hatte einen Sinn für Einzelheiten, Qualitäten, die in seiner Lehre offenbar sind. Seine Vorträge waren sorgfältig und mit Verantwortung in einer präzisen Sprache aufgebaut, die Doppeldeutigkeiten zu vermeiden suchte. Er wählte seine Worte mit Bedacht, um Unklarheiten aus dem Weg zu gehen. Er achtete auf den Ursprung der Worte und suchte oft in mehreren Wörterbüchern nach dem Ursprung von Wörtern.

Seine Lehre befaßte sich mit Ordnung und dem richtigen Verhalten. Er definierte manchmal Vernunft als: »Alles ist am richtigen Platz.« In der Ordnung liegt die natürliche Entfaltung der Schönheit. In K's Vorliebe für qualitativ hochwertige Dinge, wie beispielsweise Kleider, Autos und Uhren, zeigte sich die logische, nach außen gerichtete Reflexion der gleichen Prinzipien, die sich auch in seiner Lehre wiederfindet – Ordnung, Schönheit und Intelligenz. Dieselben Prinzipien und Werte – die sich in so sorgfältig geschaffenen materiellen Dingen finden – finden sich ebenfalls in der Innenwelt und bilden so die Grundlage für Vernunft und richtiges Verhalten.

Krishnamurti liebte die Natur. Die Natur lag für ihn außerhalb des Verstandes, war von ihm unberührt. Er sprach am liebsten unter einem Dach von Bäumen, wo er die Vögel hören, den Lufthauch spüren, und das Lichterspiel in den Blättern sehen konnte.

Wir unternahmen viele gemeinsame Spaziergänge in der Schweiz, in England und in Ojai. Er war ein scharfer Beobachter des Verhaltens im Tierreich, und beim Gehen tauschten wir oft Geschichten über Tiere aus, denen wir begegnet waren.

In den Sechzigern stellten die Hippies die Werte unserer Gesellschaft in Frage. Die Menschen suchten nach neuen Wegen, und es erschien alles wie ein Bruch mit der alten Vergangenheit und eine Öffnung zu etwas Neuem. Anfänglich sah es wie eine wirkliche Revolution aus, die von einer grundlegenden Veränderung unserer Wahrnehmungsmechanismen begleitet war. Aber die Lücke, die entstanden war – zwischen dem Ende des Alten und der Erwartung des im Entstehen begriffenen Neuen – füllte sich allmählich mit asiatischer Philosophie, Drogen und den unterschiedlichsten »fixen Ideen«.

Statt also die Tiefe der eigenen Konditionierung auszuloten und offen für die Beobachtung zu bleiben, von der K spricht, entstand eine neue Konditionierung. Die Menschen ließen die wahre Revolution hinter sich zurück – eine neue und fortschreitende Selbstwahrnehmung im Handeln – und blieben nicht länger

Revolutionäre. Es war wie in einem Gefängnis, in dem die Zellentür geöffnet und alle Insassen freigelassen werden und in dem jeder nach nebenan in eine neue Zelle geht. Die Sichtweise war anders, aber das Gefängnis der Konditionierung blieb dasselbe.

Krishnamurti spricht von der wahren Revolution als dem Augenblick, in dem wir die Tiefe unserer Konditionierungen erkennen können. Wenn wir dies erkannt haben, wacht unser Organismus lange genug auf, um jenseits der alten Verhaltensmuster etwas Neues wahrzunehmen. Wenn man sich weder auf das Alte noch auf das Neue zubewegt, können wir uns von erworbenen Konzepten, Glaubenswahrheiten und Wahrnehmungen befreien.

Andere Lehren, wie z.B. Zen, Yoga oder der Buddhismus, sprechen von der Befreiung. Aber Krishnamurti, der die alte Bedeutung und die übliche Bedeutung des Wortes »Befreiung« kannte, sprach statt dessen lieber von »Freiheit«. Die Freiheit steht im Mittelpunkt von K's Arbeit, und was sie von der Befreiung unterscheidet, ist das Konzept der persönlichen Verantwortung. K spricht von der Freiheit im Herzen des menschlichen Seins, während »Befreiung« im Zusammenhang mit »von etwas frei zu sein« verstanden wird.

Dialog und Kommunikation standen bei Krishnamurti stets im Mittelpunkt seines Lebens.

Andere Lehren sprechen vom Weg des Willens, der Meisterschaft über sich selbst, der Balance oder Harmonie zwischen unseren verschiedenen Komponenten, unseren physischen, emotionalen und mentalen Anteilen. Aber auch hier steht hinter dem Konzept der Befreiung der Sinn von »Freiheit von etwas«. Sicherlich bedeutet die buddhistische Lehre von der Befreiung mehr als das, aber es fehlt hier noch das Verständnis der Freiheit als etwas, an dem man nicht direkt arbeiten kann – ein Geschenk, das kommt, wenn wir die Tiefe unserer Konditionierungen erkannt haben. Das Geschenk der Freiheit, mag diese nun kosmisch oder sonstwie verstanden werden, trotzt der Definition. Am schwersten ist die Erkenntnis, daß die Erkenntnis kein anderes »Handeln« als das Erkennen selbst erfordert. Es ist nicht nötig, zu sein oder zu handeln. Tun, Werden, Erreichen sind Projektionen unserer Konditionierung.

Krishnamurtis Lehre enthält drei Teile. Zunächst alles, was K gesagt hat, was auf Film, Tonband und in Buchform festgehalten ist.

Dann gibt es die Lehre, die sich in den Menschen entfaltet, wenn sie zuhören und beobachten, wie sie leben. In dem Maße, in dem sie von der Wahrheit dessen ausgehen, was sie in sich erkennen, beginnt die Lehre zu existieren.

»Was werden Sie tun, wenn ich weg bin?« sagte Krishnamurti oft zu denen, die für die Foundation arbeiteten. Mit anderen Worten, »falls die Arbeit nur ‚meine' und nicht Ihre ist, wie kann sie überleben?«

An dieser Stelle, wenn die Lehre ein Teil von uns geworden ist, gibt es eine dritte Phase. Wenn wir Verantwortung für die Wahrnehmung unseres eigenen Lebens ergreifen, nicht darüber urteilen, sondern sehen, wie es wirklich ist und wie wir mit dem Rest der Menschheit verbunden sind – in all dem liegt die Möglichkeit verborgen, ein ganzheitliches, intelligentes und sinnvolles Leben zu leben. In einem solchen Leben ist die Zuneigung zu allem Lebendigen möglich, wie uns Krishnamurti so wunderbar gezeigt hat. [90]

Das internationale Leben um Krishnamurti spielte eine große Rolle. Tatsächlich hat dies seit den frühen Zeiten der Theosophie eine Rolle gespielt, und es war ein Merkmal der Bewegung. Seine ständigen Reisen brachten ihm die Freundschaft vieler Menschen auf der ganzen Welt. Einer von ihnen ist Jean-Michel Maroger, der dem Krishnamurti Foundation Trust in England verbunden blieb.

JEAN-MICHEL MAROGER

UNTERNEHMENSBERATER, PONTLEVOY, FRANKREICH

»Zum ersten Mal, als ich ihn im Zelt sah, war ich schockiert. Etwas Magisches, beinahe Irrationales ergriff von mir Besitz. Es lag nicht in den Worten, die ich hörte, und die mich zuerst nicht besonders ergriffen, obwohl ich unbewußt fühlte, daß das, was er sagte, Bedeutung besaß.«
– J. M. Maroger

Ich besitze keinen natürlichen Hang zur Spiritualität. Ich wurde mehr durch den Einfluß meiner Eltern dorthin geführt; meine Eltern begannen, sich dafür zu interessieren, als ich ein Teenager war.

Eine lange, unheilbare Krankheit hatte mir 1965, nach einem Zeitraum des Aufschubs von etwa zwanzig Jahren, meinen Vater genommen. Die medizinische Wissenschaft hatte ihn vor langer Zeit aufgegeben, und die Zeit, die ihm danach noch blieb, wurde dem Gebet zugeschrieben. Nach seinem Tod suchte meine Mutter weiter und stieß schließlich auf Krishnamurti, aber ich erinnere mich, daß ich ihre Begeisterung zuerst ziemlich reserviert aufnahm.

Es war mein erster Kontakt mit Krishnamurti im Jahre 1975, der mein Interesse weckte.

Meine Mutter hatte die Familie nach Saanen eingeladen, um K's Vorträge zu hören. Zum ersten Mal, als ich ihn im Zelt sah, war ich schockiert. Etwas Magisches, beinahe Irrationales ergriff von mir Besitz. Es lag nicht in den Worten, die ich hörte, und die mich zuerst nicht besonders ergriffen, obwohl ich unbewußt fühlte, daß das, was er sagte, Bedeutung besaß. Ich erinnere mich, daß ich das Zelt gemeinsam mit ihm verließ, hinter ihm herlief und dankbar seine Hand schüttelte.

Wir hörten alle Vorträge, und nach unserer Rückkehr nach Paris (wo meine Familie damals lebte), nahm ich an einem Treffen mit einigen Freunden meiner Mutter teil, die ebenfalls in Saanen gewesen waren, und ich war über die Andersartigkeit dessen erstaunt, was sie ihrer Meinung nach dort gehört hatten. Diese Erfahrung veranlaßte mich, die Bänder der Vorträge zu übersetzen, die ich aus Saanen mitgebracht hatte, in der Hoffnung, die Leute davon zu überzeugen, daß sie unrecht hatten und ihnen dabei zu helfen zu verstehen, was K tatsächlich gesagt hatte.

Im folgenden Jahr schlug meine Mutter vor, die Vorträge in Brockwood zu besuchen. Ich nahm meine synchronisierten Bänder mit und zeigte sie dem ersten Mitarbeiter, den ich dort traf, Mary Zimbalist. Ihre Kenntnis der französischen Sprache half ihr, die Bedeutung einer solchen Arbeit für die Verbreitung der Lehre zu erkennen, und so begann meine Verbindung zu Brockwood.

Mein erstes Treffen mit K war nicht einfach: Trotz der Tatsache, daß ich in den Vierzigern war, erinnere ich mich, daß ich schüchtern war, wie gelähmt, und für einige Zeit konnte ich keine ernsthafte Unterhaltung mit ihm führen. K fühlte dies wahrscheinlich, und trotzdem er gewöhnlich in seinem Metier war, wenn er sich herausgefordert fühlte, dauerte es noch Monate, bevor ich dazu fähig war, mich mit ihm ernsthaft zu unterhalten. Ich erinnere mich daran, als ich nach dem Ende eines seiner ersten Vorträge, die ich in Brockwood hörte, durch das Zelt ging und Krishnamurti traf, der in einer Ecke stand und scheinbar auf jemanden wartete. Dieses war die Chance meines Lebens, ihn zu erreichen! Aber als ich näher kam, brachte ich kein Wort heraus, und ich ging enttäuscht weg. (Ich erfuhr viel später, daß Dorothy Simmons ihn gebeten hatte, nach dem Vortrag im Zelt zu bleiben, um »den Gastgeber zu spielen«, wie sie es nannte, was er dann auch tat, aber er spielte die Rolle so schlecht, daß scheinbar niemand wagte, ihn anzusprechen!)

Ich machte wohl Fortschritte mit meiner Selbsterkenntnis, und als ich schließlich erkannt hatte, daß mein Bild von Krishnamurti im Gegensatz zum Bild stand, das er von mir haben sollte, fiel meine Schüchternheit von mir ab. Damals erkannte ich zum ersten Mal die Macht, die in der Erkenntnis der eigenen Tiefe liegt.

Als mein Anteil an seiner Arbeit größer wurde, besuchte ich Brockwood öfter, um so öfter, als meine zweite Tochter in die dortige Schule ging. 1979 hatte ich gehört, daß K in Frankreich Urlaub machen wollte, und ich wagte es, ihn gemeinsam mit Mary Zimbalist in unser Landhaus an der Loire einzuladen, wo wir nun ständig lebten. Beide nahmen die Einladung an, und alles wurde mit großer Diskretion vorbereitet, da wir sicherstellen wollten, daß unsere Gäste einen ungestörten Urlaub verbringen konnten. Ich glaubte, daß sein Aufenthalt hier eine Gelegenheit für mich sein würde, um ihn abseits der Umgebung kennenzulernen, in der wir ihn gewöhnlich erlebt hatten.

Ich erkannte schließlich, wie außergewöhnlich Krishnamurti als Mensch war; völlig normal, mit dem außergewöhnlichen Sinn für die kleinsten Kleinigkeiten des Lebens und einer tiefen Achtung vor anderen Menschen. Letzteres erklärt wahrscheinlich, warum K sehr schnell zum Wesenskern eines Problems vordringen konnte, wenn ihm ein Mensch vorgestellt wurde, und warum genau er die Worte fand, die es seinem Gegenüber ermöglichten, sich wiederzuerkennen.

Seine Liebe zur Natur, zu den Tieren (er hatte eine solche Zuneigung zu unserem Schäferhund, daß er ihn auf Ausflüge im Auto mitnehmen wollte, und ich sah, daß der Hund K's Gesicht ableckte, als beide auf dem Rücksitz saßen), die Art und Weise, in der er anderen bei der Organisation ihres Alltags half, waren Eigenschaften, die man an ihm leicht wahrnehmen konnte.

Einige Jahre später hatten meine Familie und ich zufällig eine erneute Gelegenheit, Krishnamurti physisch nahezukommen. Dies war in Saanen, als meine jüngere Tochter Diane, die an einer seltenen Knochenkrankheit leidet, sich ein Bein brach und nicht nach Hause transportiert werden konnte. Es geschah fast am Ende des Treffens, und wir konnten in der Urlaubszeit nicht so schnell eine Unterkunft finden. Ohne K gefragt zu haben, bot er uns an, in seinem Chalet Tannegg die untere Wohnung zu benutzen, die leerstand, obwohl sie an einen alten Freund K's vermietet war. Wir blieben mindestens drei Wochen, und beinahe jeden Tag kam K die Treppe herunter und verbrachte etwas Zeit mit Diane. Gelegentlich saß ich schweigend dabei, und ich fühlte etwas, das jenseits aller Worte war, das für mich verwandt mit dem war, was er in seinem »Notebook« *als das »Andere« beschrieb. Manchmal konnte ich hören, daß beide herzlich lachten, aber ich erfuhr nie von Diane, was zu einem solchen Gelächter geführt hatte.*

Ich könnte noch viel mehr über Krishnamurti sagen. Ich glaube jedoch, daß, aus seiner Sicht betrachtet, es am wichtigsten ist, welchen Einfluß seine Lehre auf unser Leben ausübt. Für mich war dieser Einfluß außerordentlich groß, er nimmt noch immer in dem Maße zu, in dem ich bewußter werde.

Die absolute Einsicht habe ich bisher noch nicht erfahren, aber aufschlußreiche Einsichten in Angst, Konkurrenzdenken, Ehrgeiz, Erfolg usw. sind ein ungeheures Geschenk, das ich durch Krishnamurtis Lehre erhalten habe.

Gibt uns das Privileg, in Krishnamurtis Nähe gewesen oder an seinem Werk beteiligt zu sein, die Möglichkeit, seine Lehre besser zu erfahren? Ausgehend von meiner eigenen Erfahrung und davon, was ich um mich herum beobachtet habe, glaube ich sagen zu können, daß kein großer Unterschied existiert, wenn man nicht in die Falle der Selbsttäuschung gerät. Mehr als einmal wies uns Krishnamurti auf diese Gefahr hin, und der Himmel weiß, wie recht er dabei hatte. Dies ist wahrscheinlich die größte Lektion, die ich in all den Jahren gelernt habe: nichts sollte bei der Selbsterkenntnis je als dauerhaft betrachtet werden, und deshalb sollte man nie aufhören, sich selbst auf allen Ebenen, bei jeder Gelegenheit, die uns das Leben bietet, zu hinterfragen.[91]

Jemand, der von Krishnamurtis Botschaft vollkommen ergriffen wurde und der ihm besonders nahestand, war Friedrich Grohe, ein Geschäftsmann, der eine große Firma besaß. Krishnamurti nannte ihn seinen *Ange Gardien* oder Schutzengel. Friedrich unterstützte den Bau des schönen Studienzentrums in Brockwood Park.

FRIEDRICH GROHE

DEUTSCHER GESCHÄFTSMANN IM RUHESTAND, LEBT NUN IN DER SCHWEIZ

»In seiner Gegenwart nahm auch ich die Schönheit der Natur intensiver wahr.«
– Friedrich Grohe

Zuerst las ich 1980 ein Buch Krishnamurtis – The Impossible Question. *Ich fand zwar, daß man Krishnamurti nicht wie einen Roman lesen konnte, ich vermochte aber trotzdem nicht mit dem Lesen aufzuhören. Er schien das Gegenteil von dem zu sagen, was ich gelernt und erfahren hatte. Mir kam vage bekannt vor, worüber er da in einer klaren, einfachen und großartigen Sprache redete.*

Obwohl ich 1981 wußte, daß Krishnamurti jedes Jahr in Saanen Vorträge hielt, empfand ich nicht den Wunsch hinzufahren, denn ich war mit dem Studium seiner Bücher ganz zufrieden. In der Tat verlor ich das Interesse an Philosophie, Psychologie, Literatur, Kunst und ähnlichem, was mich früher einmal fasziniert hatte, weil ich plötzlich merkte: »Dieses ist es!« Andere Bücher wurden für mich einfach überflüssig.

Es war für mich eine Zeit großer Veränderungen. Unter anderem wollte ich mich aus dem Geschäftsleben zurückziehen. Vorher hatte ich nie viel Zeit gehabt, um wesentliche Fragen zu klären, aber nun machte K mir plötzlich klar, wie wichtig es war, sich mit zentralen Themen wie Tod und Liebe, Vergnügen und Schmerz, Freiheit, Begierden und Angst zu beschäftigen. Je mehr ich über die Lehre erfuhr, desto faszinierender wurde sie für mich.

Ich besuchte die Vorträge in Saanen zum erstenmal 1983. Ich saß auf der Treppe, die in das riesige Zelt hineinführte, wo etwa weitere zweitausend Leute saßen, und hörte K zu. Hier, unter der Markise, war ich vor der Hitze geschützt, und es wehte trotzdem eine leichte Brise. Ich kam gewöhnlich zu Fuß aus Rougemont, das ungefähr anderthalb Stunden entfernt lag, und ich kam kurz vor Beginn des Vortrags an, konnte den Seiteneingang benutzen und brauchte nicht inmitten der Menschenmenge zu sitzen. Direkt vor dem Podium, von wo aus Krishnamurti sprach, drängelten sich die Menschen; jede freie Fläche war dort belegt. In Saanen und Brockwood standen die Menschen die ganze Nacht vor dem Zelt an, um als erster im Zelt sein zu können, wenn es geöffnet wurde. In den Vereinigten Staaten und in Indien ging es gewöhnlich etwas entspannter zu.

Dieser erste Sommer war so heiß, daß ich auf dem Weg zurück nach Rougemont im Fenilbach badete, der mir normalerweise zu kalt gewesen wäre. Im Zelt konnte man Bücher K's in unterschiedlichen Sprachen kaufen, und ich füllte mit ihnen meinen Rucksack.

Es war überwältigend, ihm zuzuhören. Er strahlte soviel Energie aus, daß ich den Eindruck hatte, ich könnte ihm nicht direkt gegenübersitzen. Er sprach einfach und klar, mit wenig Gestik und ohne Rhetorik. Als ich ihm zuhörte, vergaß ich Essen und Trinken und nahm nicht einmal Notiz von der Hitze.

Mein persönlicher Kontakt zu ihm entwickelte sich sehr schnell. Die Begegnung mit Krishnamurti hatte einen solchen Eindruck auf mich ausgeübt, daß ich von da an alle Vorträge in Brockwood, Indien, Ojai und Washington bis zu den letzten Vorträgen in Madras, im Januar 1986, kurz vor seinem Tod, hörte.

Dieses setzte voraus, daß ich viel unterwegs war, und ich war länger als ein halbes Jahr von der Schweiz weg. Mein Kontakt zu Familie und Freunden nahm beträchtlich ab. Dies waren die äußeren Veränderungen.

Mein Leben hatte sich bereits beträchtlich geändert. Es scheint, daß es an der Zeit war, einen Menschen wie Krishnamurti zu treffen. Aus dem aktiven Geschäftsleben war ich bereits ausgeschieden. Die Zeit, die ich mit Bergsteigen verbracht hatte, hatte ich beträchtlich eingeschränkt, seit ein enger Freund und Bergführer bei einem Kletterunfall ums Leben gekommen war. Meine langjährige Leidenschaft, Gemälde zu sammeln, hatte ihren Reiz verloren. Als mich K in meinem Haus am Genfer See besuchte und das Haus betrat, schloß er für eine Sekunde seine Augen. Er war von den vielen Gemälden berührt. Ich hatte bereits aufgehört, Fleisch zu essen, aber hier wie in anderen Bereichen beschleunigte K nur eine Entwicklung, die bereits begonnen hatte. Als er in einer Veranstaltung sagte: »Wir essen tote Tiere«, wurde mir etwas bewußt, und ich hörte mit dem Fleischessen endgültig auf. Aber die vielleicht wichtigste Aussage aus einem seiner Vorträge, die mir einfällt, ist: »Liebe hat keine Ursache.« Diese Worte erschienen mir wie eine Offenbarung.

In seiner Gegenwart nahm auch ich die Schönheit der Natur intensiver wahr. Manchmal konnte ich ihn auf seinen regelmäßigen Nachmittagsspaziergängen begleiten. Normalerweise gingen einige enge Freunde mit ihm mit, doch er sprach dabei nur sehr wenig. Er besaß eine intensive Beziehung zu den Dingen in der Natur. Er sagte, die Wurzeln der Bäume würden klingen, aber wir könnten es nicht mehr wahrnehmen. Beim Spaziergang über die Wiesen bei Brockwood kamen wir an fünf großen Kiefern vorbei. Er packte meinen Arm und sagte: »Nein, gehen wir um sie herum! Wir dürfen sie nicht stören.«

»Beim Spaziergang über die Wiesen bei Brockwood kamen wir an fünf großen Kiefern vorbei. Er packte meinen Arm und sagte: »Nein, gehen wir um sie herum! Wir dürfen sie nicht stören.«
– Friedrich Grohe

Ein Ereignis, das in Indien stattfand, verdeutlicht ebenfalls die persönliche Beziehung, die er zu Lebewesen hatte. Es gab in der Nähe von Rajghat eine Mangoplantage, in der die Bäume keine Früchte trugen. Deshalb sollten sie gefällt werden. K erzählte mit einem Zwinkern in den Augen, wie er eines Tages unter den Bäumen durchging und zu ihnen sagte: »Hört mal, falls ihr keine Früchte tragt, werden sie euch absägen.« Im nächsten Jahr trugen sie wieder Früchte.

Krishnamurti nannte mich seinen Bruder, seinen Schutzengel. 1984 in Schönried umarmte er mich und meinte, ich solle in seiner Nähe leben. Ich wußte, was er damit meinte. Er hatte zuvor einige Leute gefragt, ob sie in seiner Nähe leben möchten, damit er mit ihnen arbeiten könnte, und er meinte, sie würden sich dadurch verändern. Aber ich war für diese totale Veränderung nicht bereit. Ich konnte mir nicht vorstellen, wirklich loszulassen. Wäre ich nun, zehn Jahre später, dazu bereit? Ich weiß es nicht.

Am Ende seines Lebens sagte K, niemand habe wirklich verstanden, was er gelehrt habe. Mit Bezug auf einen seiner Scherze fügte er hinzu: »Jeder muß sterben – vielleicht sogar einmal ich selbst.« Ich möchte dazu sagen: »Niemand hat ihn verstanden, vielleicht nicht einmal ich selbst.«

Wenn wir das Wort »Aufmerksamkeit« nehmen, so gibt es hier einen Unterschied zwischen Konzentration und Aufmerksamkeit. Durch Konzentration schließt man etwas aus. Ich konzentriere mich, und dies bedeutet, daß ich mein Denken auf einen bestimmten Punkt lenke, und deshalb schließe ich hier etwas aus, baue eine Schranke auf, damit ich mich völlig konzentrieren kann. Aufmerksamkeit ist etwas ganz anderes. Wenn man aufmerksam ist, schließt man nichts aus, leistet keinen Widerstand und strengt sich nicht an, und deshalb gibt es keine Schranken.

– A WHOLLY DIFFERENT WAY OF LIVING, LONDON 1991

Im Februar 1974 ergab sich eine ungewöhnliche Gelegenheit für einen Dialog. In San Diego begannen Krishnamurti und Dr. Alan W. Anderson eine Gesprächsreihe, die auf Video aufgezeichnet wurde und in der es um Angst, Begierde, Meditation, den Verstand und viele andere Themen ging, über die Krishnamurti regelmäßig sprach. Dies waren vielleicht die besten themenbezogenen Gespräche, die Krishnamurti geführt hat. Aus der Reihe entstand das Buch *A Wholly Different Way of Living*. Dr. Anderson, der mit einer bedeutenden Auszeichnung für sein Werk geehrt wurde, ist ebenfalls ein Poet.

ALAN W. ANDERSON

PROFESSOR EMERITUS FÜR RELIGIONSWISSENSCHAFTEN,
SAN DIEGO STATE UNIVERSITY

Wenn wir das Wort »Aufmerksamkeit« nehmen, so gibt es hier einen Unterschied zwischen Konzentration und Aufmerksamkeit. Durch Konzentration schließt man etwas aus. Ich konzentriere mich, und dies bedeutet, daß ich mein Denken auf einen bestimmten Punkt lenke, und deshalb schließe ich hier etwas aus, baue eine Schranke auf, damit ich mich völlig konzentrieren kann. Aufmerksamkeit ist etwas ganz anderes. Wenn man aufmerksam ist, schließt man nichts aus, leistet keinen Widerstand und strengt sich nicht an, und deshalb gibt es keine Schranken.
– A Wholly Different Way of Living, London 1991

Große Lehrer sind selten. Diese Aussage ist ein Gemeinplatz, und sie wird als Binsenwahrheit leicht übersehen. Jedoch ändert dies in keiner Weise die Tatsache, daß das Offensichtliche häufig das Bedeutungsvolle überdeckt. Die Weisen haben seit Jahrtausenden praktisch ohne Erfolg darauf hingewiesen. Der vorsokratische Denker Heraklit schrieb, die Natur verberge sich gerne, und wenn man nicht das Unerwartete erwartete, werde man es nicht finden. Der spanische Denker Ortega y Gasset bezieht sich auf dieses Thema gleichermaßen mit dem Satz, daß wir von Masken umgeben seien.

Es ist eine der menschlichen Eigenschaften, daß wir über solche Bemerkungen sprechen und sie sogar intellektuell ausweiten können, ohne durch sie wirklich emotional berührt zu werden. Ein solch differenziertes Verhalten dem Offensichtlichen gegenüber hat zu einer Form der Technik geführt, die uns große materielle Macht über unsere Umwelt verliehen hat. Unglücklicherweise hat sie nicht zu einer Selbstprüfung beigetragen. Ohne Selbstprüfung kann die menschliche Natur nicht ihren eigentlichen Auftrag verstehen, der lautet, sich von Mißverständnissen über sich selbst zu befreien.

Als Spezies engen wir uns selbst ein, wenn wir ein rein abstraktes Maß auf unser Verhalten anwenden, mag das Maß auf unser Gedächtnis, auf Dogmen, Ideologien, auf ein Selbstverständnis oder eine Unterwerfung unter die Autorität eines anderen zurückzuführen sein. Die Phantasie selbst, die seit der Romantik immer wieder gerühmt wird, ist ebenfalls kein weniger abstrakter Lehrer. Anders als die Natur folgt die Phantasie nicht ihren eigenen Regeln. Das große Vertrauen in die Phantasie ist der größte Fehler der Tiefenpsychologie, und das Versprechen, das sie uns seit den Tagen Freuds und Jungs gibt, muß schließlich scheitern. Die intellektuelle Abstraktion, die ihren Wert hat, wenn es darum geht, eine Tendenz oder das Wesen einer Sache zu erkennen (ob nun mathematisch oder literarisch dargestellt), kann nicht das wirkliche Ding an sich sein.

Ein philosophisches Verständnis dieses Unterschiedes zwischen Essenz und Existenz ist eine Abstraktion, es sei denn, daß man mit Sokrates die Philosophie als kompetent für die Betrachtung der Weisheit hält. Leider zeigt die akademi-

sche Philosophie heute wenig, wenn überhaupt irgendein Interesse an den Traditionen der Weisheitssuche, und deshalb schrecken viele begabte Studenten davor zurück, die sonst eigentlich etwas dazu beitragen könnten.

Damit hatte ich mich nun seit vielen Jahren beschäftigt, bevor ich Krishnamurti begegnete. Ich wurde dazu eingeladen, zwanzig Gespräche mit ihm zu führen, von denen sich achtzehn in dem Buch A Wholly Different Way of Living *wiederfinden. In den Gesprächen, die auf Video aufgezeichnet wurden, beschäftigten wir uns mit der Frage nach der Transformation des Menschen unabhängig von Zeit und Wissen. Krishnamurti beeindruckte mich damals zutiefst, und er war der wichtigste lebende Lehrer, den ich je persönlich getroffen habe. Sein Ansatz der Selbstbefragung war einfach und direkt. Ich verdanke ihm wirklich außerordentlich viel.*

Von dem Augenblick an, an dem wir unseren Dialog begannen, fiel mir seine große Aufmerksamkeit auf. Man könnte sie auf einer anderen Ebene mit der Dynamik der Balance vergleichen, wenn man Fahrrad fährt, ein Auto lenkt oder einfach spazierengeht. Für gewöhnlich, wenn nicht eine Störung des Innenohrs vorliegt, funktioniert das Gehen unbewußt und trotzdem nicht völlig unbewußt. Ohne eine besondere Fähigkeit zu sein, setzt das Gehen eine Kunstfertigkeit voraus, die an sich eine Gabe ist. Da die meisten von uns gehen können, scheint nicht viel dabei zu sein, jedenfalls kommt es uns nicht als eine Gabe vor. Dennoch würde das Gehen ohne einen bestimmten Kunstgriff schwerfällig, maschinell, einer hölzernen Marionette ähnlich erscheinen. Krishnamurtis Art, einem zuzuhören, schien ebenfalls auf so eine Kunstfertigkeit zurückzugehen. Er vereinte die kindliche Einfachheit und Offenheit mit der Wachsamkeit des Kriegers. Er verband die Harmlosigkeit einer Taube mit der Weisheit der Schlange.

Diese Einstellung half mir bei der Ausübung meiner Lehrtätigkeit. Sie verdeutlichte mir, warum so viele begabte Studenten in der Ausbildung Probleme haben – ihr Hauptproblem scheint zu sein, daß ihnen alles unwirklich scheint, daß es keine Beziehung zwischen dem Denken über das Leben und dem Leben selbst zu geben scheint.

Ich weiß keine andere Möglichkeit, um diesem Einwand zu begegnen, als die Studenten dazu einzuladen, ihrer Motivationsschwäche mit reiner Achtsamkeit entgegenzutreten, nicht mit einer »positiven« Anstrengung, sondern einer negativen; negativ bedeutet, »in der Achtsamkeit gibt es nichts Ausschließliches, keinen Widerstand und keine Anstrengung und deshalb keine Grenze, keine Begrenztheit.« Negativ deshalb, weil ein reiner Akt der Achtsamkeit zu keinem positiven Verständnis führt. Plötzlich verschwindet die Distanz zwischen dem Suchenden und dem Ziel, denn zwischen dem Akt der Achtsamkeit und der Ganzwerdung vergeht keine Zeit. Hier ist die Gleichzeitigkeit exakt.

Diese Negation geschieht nicht, um etwas Besseres zu erlangen. Krishnamurti drückt es genau aus: »Die Negation soll leugnen, was falsch ist, [während] man nicht weiß, was wahr ist. (Es gilt), das Falsche im Falschen zu erkennen und die Wahrheit im Falschen zu sehen, und es ist die Wahrheit, die das Falsche leugnet. Du erkennst, was falsch ist, und gerade die Erkenntnis des Falschen ist die Wahrheit.«

Während unserer Gespräche in jenen achtzehn Dialogen, begann sich mir ein anderes Merkmal der Achtsamkeit als Negation (im obigen Sinne) zu erschließen. Die Dialoge waren völlig spontan und schienen doch scheinbar einer inneren Ordnung zu folgen.

Ein Prozeß bedeutet, daß man dabei voranschreitet. Voranzuschreiten bedeutet, sich von einem Ursprung wegzubewegen. Ein vollständiger Prozeß setzt einen Anfang, eine Mitte und ein Ende voraus, und diese strukturellen Knoten sind anfällig für Störungen, wenn sie nicht durch ein Ordnungsschema zusammengehalten werden. Wie oben gesagt, ist dieses Prinzip gegenwärtig in einem nicht vorweggenommenen Akt der Achtsamkeit. Nicht vorweggenommen bedeutet, daß es keine vorgefaßte Meinung gibt, die dem Akt der Achtsamkeit aufgeprägt wird.

Als sich der Dialog entwickelte, wurde es mir durch Krishnamurtis Aussagen immer klarer, daß, wie er es nannte, »der erste Schritt der letzte Schritt ist«. Dieser erste Schritt ist es, der den Prozeß am Anfang entweder untergräbt oder ihn erblühen läßt. Darüber hinaus kann dieser erste Schritt kein Schritt wie die übrigen Schritte sein, die folgen. Vielmehr ist es der eine Schritt, der alle weiteren Schritte informieren muß, ob der Prozeß als Ganzes ein Erfolg werden soll oder, um es im Kontext der Heilung zu sagen, ob sich Heilen und Gesundheit durchsetzen sollen. In dem Sinn kommen wir nie über den Anfang hinaus, noch besteht dazu irgendeine Notwendigkeit.

Dieser erste Schritt ist die Erkenntnis des Falschen im Falschen, und diese Erkenntnis des Falschen ist die Wahrheit. Wie anders ist dies als die egoistische Auffassung, man könne Wahrheit, Güte und Schönheit einfach erkennen. Im strengen Sinn ist hier eigentlich kein Ich anwesend, das auf ein Objekt da draußen achtet. Daher existiert kein Widerspruch zwischen Subjekt und Objekt – der Widerspruch, der seit unendlicher Zeit zu endlosen, ermüdenden Debatten über das Rätsel des freien Willens und über die Frage, wie wir eigentlich etwas wissen, geführt hat. Das Leben ist an sich meditativ, d.h. es wird durch einen reinen Akt der Achtsamkeit nicht von solchen Fragestellungen berührt.

»Als sich der Dialog entwickelte, wurde es mir durch Krishnamurtis Aussagen immer klarer, daß, wie er es nannte, »der erste Schritt der letzte Schritt ist«. Dieser erste Schritt ist es, der den Prozeß am Anfang entweder untergräbt oder ihn erblühen läßt. Darüber hinaus kann dieser erste Schritt kein Schritt wie die übrigen Schritte sein, die folgen. Vielmehr ist es der eine Schritt, der alle weiteren Schritte informieren muß, ob der Prozeß als Ganzes ein Erfolg werden soll.«
– Alan Anderson

Es ist etwa zwanzig Jahre her, seit Krishnamurti und ich darüber gesprochen haben, und seit dem Ende unserer Dialoge habe ich ihn leider nicht mehr gesehen, aber unsere Gespräche blieben in mir immer so vor Augen, wie sie es zwei Jahrzehnte früher waren.

Seitdem ist eine Frage für mich besonders wichtig geworden. Welches Mittel haben wir, um zu einer ungestörten Achtsamkeit zu kommen und in ihr zu verweilen? Diese Frage ist äußerst bedeutend für jemanden, der fragt: »Wie ist die Beziehung zwischen dem zielorientierten Denken und einem Leben, das meditativ ohne irgendein Warum gelebt wird?«

Während eines unserer Dialoge mit dem Titel »Hören und Sehen« machte Krishnamurti die bemerkenswerte Aussage, daß das Hören das Sehen durch nichts stören läßt. Diese Bemerkung erneuerte meine Leidenschaft für Sokrates Bekenntnis, er habe einen Dämon in sich, der ihm stets sage, was er nicht tun solle, und diese göttliche Stimme sei stets präsent. Ich möchte dies »Ur-Intuition« nennen. Intuition ist für mich hier nicht eine von C.G. Jungs vier Funktionen der Psyche, eine Funktion, die hauptsächlich mit der Einsicht zu tun hat. Die Ur-Intuition ist im Gegenteil inhaltsfrei und fungiert einfach als Warnsignal. Die Ur-Intuition liegt unter der Ebene der Persönlichkeit und des psychischen Selbst. Sie wird nicht von den Archetypen beeinflußt und unterliegt auch nicht dem Willen und den Gefühlen. Es scheint, daß wilde Geschöpfe diese Ur-Intuition in reiner Form besitzen – vor allem jene, die unsere menschliche Grausamkeit in ihren Lebensbereichen unbeschadet überstehen. Vielleicht ist die Ur-Intuition mit dem verwandt, was die Hindus Atman, die Buddhisten das So-Sein und die Christen den Heiligen Geist nennen.

Ich glaube, daß dieses Mittel den ernsthaften Suchenden dazu befähigt, die natürliche Funktion des zielorientierten, linearen, berechnenden Denkens ungetrübt zu halten und meditativ zu leben, ein Seinsweg, der mit seiner eigenen Existenz zufrieden ist, ein Leben ohne ein Warum. Das berechnende Denken, das auf ein Ziel bezogen ist, das außerhalb der Mittel liegt, die man einsetzt, um es zu erreichen, ist notwendigerweise zeitgebunden. Krishnamurti wurde oft mißverstanden als jemand, der solche Gedanken ablehnt. Dieses hat dazu geführt, daß man schief auf ihn, der ja der Technik eine Absage erteilte, herabsah. Dies ist ein Mißverständnis. Es ist nicht die Technik, das Denken und das Wissen, gegen das sich Krishnamurti wendet, sondern deren Mißbrauch.

Das berechnende und das meditative Denken sind nur bei einer Denkweise

ein Gegensatz, die noch nicht deren wechselseitige Abhängigkeit erkannt hat. Ein reiner Akt der Achtsamkeit wird von keinerlei praktischen Handlungen durchdrungen. Im Gegenteil, ohne die meditative Haltung, die offen für die Ur-Intuition ist, bleibt jegliches Handeln begrenzt. Die Phantasie mit ihrem Dienst an der Kreativität unterwirft sich allzuleicht jeglichen chaotischen Emotionen.

Die enge Beziehung zwischen dem berechnenden und dem meditativen Denken ist kein Zusammentreffen von Gegensätzen, sondern ein gegenseitiges Zusammenspiel. In dieser Beziehung entsprechen sich Denken und Sein, die Arbeit in der Welt wird getan, während man ohne ein "Warum" lebt. Laotse und Krishnamurti scheinen sich in Laotses Schlüsselsatz wiederzufinden: »Das Tao tut nichts, und dennoch bleibt nichts ungetan.«

Ich bin zutiefst dankbar für die Unterweisung, die ich durch meine Gespräche mit Krishnamurti erhalten habe, denn sie bleiben ein unerschöpflicher Quell von Inspirationen, Vorschlägen und geistiger Nahrung. Sie erschließen mir das Grenzenlose.[92]

Krishnamurti hatte stets eine enge Beziehung zur spanischsprachigen Welt. Obwohl er nie so viel Zeit in jenen Ländern verbracht hat, wie er es eigentlich wollte, gab es dennoch Verbindungen, die über die Jahrzehnte bestanden.

Jahrelang hatte die Fundación Krishnamurti Latinoamericana unter der fähigen Leitung von Enrique Biascoechea und später Alfonso Colon ihren Hauptsitz in Puerto Rico. Als man entschied, das Zentrum nach Spanien zu verlagern, half Juan Colell dabei mit. Er kannte Krishnamurtis Lehre gut und war jahrelang um die Welt gereist, um Krishnamurti zu hören.

JUAN COLELL

APOTHEKER, BARCELONA, SPANIEN

Falls Sie Ihre Probleme und Sorgen wie diese Blume betrachten, werden Ihre Probleme gelöst.

Manchmal im Leben geschehen Dinge ohne offensichtliche Bedeutung. Das war der Fall, als mich meine Mutter 1965 fragte, ob ich sie nach Saanen begleiten würde. Ich sagte zu, ohne genau zu wissen, was dies bedeutete. Während des Treffens war es leicht, Freundschaften zu schließen, und ich schloß sofort Freundschaft mit Enrique Biascoechea aus Puerto Rico. Er war der erste Vorsitzende der Fundación, eine Position, die er bis zu seinem Tod innehatte.

Enrique und seine Frau Isabel waren eng mit Krishnaji befreundet, und er lud beide oft zum gemeinsamen Mittagessen ein. Bei einer dieser Gelegenheiten fuhr ich sie in meinem Wagen von Gstaad zum Chalet Tannegg hinauf, wo Krishnaji vor der Tür auf uns wartete. Biascoechea stellte mich ihm vor: »Dies ist mein Freund Juan, ein junger Mann aus Barcelona in Spanien.« Krishnaji blickte mich lächelnd an und sagte in perfektem Katalanisch (einer Sprache, die in einem kleinen Gebiet in Nordost-Spanien und Südost-Frankreich gesprochen wird), was uns überraschte: »Barcelona és bona si la bossa sona.« Dies bedeutet: »Barcelona ist schön, wenn der Geldsack klingt.«

Es ist schwer zu sagen, ob sich mein Leben verändert hatte, da dazu ein Vergleich nötig wäre, aber es ist keine Übertreibung, wenn ich sage, daß durch Krishnajis Vorträge oder mein Gespräch mit ihm mein Leben zweifellos beeinflußt wurde.

Ich erinnere mich an ein Ereignis, das sich einige Jahre später zutrug, als ein Freund und ich gemeinsam zu Krishnaji fuhren. Wir kamen mit vielen Fragen und einer großen inneren Unruhe an. Krishnaji empfing uns in einem einfachen Raum, und wir saßen gemeinsam um einen Tisch herum, der mit einer kleinen Vase geschmückt war, in der sich einige Blumen befanden. Es dauerte einige

Zeit, bis wir alles gesagt hatten, was uns auf dem Herzen lag, während Krishnaji die Blumen ansah. Später, als wir mit unserer Rede fertig waren, blickte Krishnaji noch immer auf die Blumen und sagte nichts. Wir fühlten uns ein wenig besser, warteten aber auf einige klärende Worte und blickten gemeinsam mit ihm die Blumen an. Eine ganze Zeitlang verweilten wir in dieser Harmonie und beobachteten aufmerksam die Blumen. Ich kann mich nicht erinnern, wie lang dies dauerte, als schließlich Krishnaji, ohne seine Augen von dem Blumenstrauß abzuwenden, sagte: »Falls Sie Ihre Probleme und Sorgen wie diese Blumen betrachten, werden Ihre Probleme gelöst werden.« Damit war unsere Sitzung beendet, aber noch heute habe ich diese Worte im Gedächtnis.

Ich weiß nicht, wie mein Leben ohne seine Lehre verlaufen wäre. Ich will damit nicht sagen, daß ich die Bedeutung des Lebens in der Tiefe verstehe und ohne irgendeine Konditionierung leben würde, aber es stimmt, daß Krishnaji und seine Lehre, der logische Sinn der Worte, die dieser Freund der Menschheit gesagt hat, auf mich und mein Leben seinen Wirkung ausübte. In dem gleichen Maße, wie das Wasser nicht die Blume ist, sondern zu ihrer Schönheit beiträgt, läßt mich seine Lehre liebevoll wachsen.

»Derjenige, der tatsächlich herauszufinden möchte, was Wahrheit ist, was Liebe ist, folgt keinem Stil. Er lebt nur im Hier und Jetzt.«
– Bruce Lee

Durch das Studium der Philosophie und der Kampfsporttechniken fand Robert Colet ein tieferes Verständnis des Ursprungs von Jeet Kune Do (dem Kampfsport im Stil von Bruce Lee). Er praktizierte selbst diese Techniken und interessierte sich für die Beziehung zwischen Krishnamurti und Bruce Lee. Der folgende Artikel erschien in *Inside Kung-Fu*.

ROBERT COLET

AUTOR VON: KRISHNAMURTI THE SPIRITUAL FORCE BEHIND BRUCE LEE

»Sie können nicht durch eine Ideologie, durch einen Schirm von Worten, durch Hoffnung und Angst blicken«, sagte Krishnamurti. Wenn man dies auf den Kampfsport bezieht, so meinte Bruce Lee dazu: »Sie können sich nicht durch eine statische Form, durch eine stilisierte Bewegung äußern und in ihr leben«; damit begann Lees Revolution der Kampfsporttechnik. Der Kampf mit der Leeren Hand sollte nie wieder der alte sein.

Bruce Lee fand in der Lehre Krishnamurtis die Grundlage zu Jeet Kune Do (JKD). Erinnern wir uns: wir sprechen über Lees Philosophie und seine Beziehung zum Kampfsport. Wir berücksichtigen hier nicht die kämpferischen Aspekte von JKD. Es gibt bereits vieles, was darüber geschrieben wurde. Wir werden uns vielmehr mit der »geistigen« oder »spirituellen« Seite von JKD beschäftigen, mit den Unterschieden dieses Stils zu anderen Stilen. Die Grundlage der traditionellen Kampfsportarten sind die Kata (Formen), in denen der Fachmann eine einzige Bewegung nutzt, um eine Kampftechnik zu simulieren. Er ahmt das Kata nach, bis er eins mit ihm wird. JKD unterscheidet sich von diesen traditionellen Stilen durch die »Abwesenheit stereotyper Techniken«, wie es Lee nannte.

Lee wollte »mehr«. Die traditionelle Philosophie als Hilfsmittel für die Entwicklung des Kampfsports und als Weg zum geistigen Wachstum reichte ihm nicht. Und hier genau kommt Krishnamurti ins Spiel.

Die Philosophie als Ergänzung zum Kampfsport geht auf das sechzehnte Jahrhundert zurück, als die Kriegskunst in ihrer Bedeutung abnahm. Die Philosophie (Zen) machte aus dem Kampfsport einen geistigen Weg. Jemand, der die Kriegskünste lernte, studierte nicht nur eine Kampftechnik, sondern er schulte ebenfalls den Charakter und wuchs innerlich.

Wenn man Krishnamurtis Worte nimmt – wie es Lee getan hat – kann man

sie mit Lees Worten auf den Kampfsport anwenden. Natürlich soll damit nicht gesagt werden, daß die Lehre Krishnamurtis die einzige Quelle von Lees Philosophie gewesen ist. Lee zog Zen und Taoismus und andere Lehren ebenfalls zu Rate. Krishnamurti spielte jedoch eine wichtige Rolle beim Ursprung von JKD.

Die folgenden Zitate stammen aus Krishnamurtis »Einbruch in die Freiheit«, *wenn es nicht anders angegeben ist. Die eingerückten Absätze zeigen, wie Lee Krishnamurtis Worte auf die Kampfsportarten im Tao von Jeet Kune Do anwandte.*

KRISHNAMURTI
BRUCE LEE

Sie können nicht durch eine Ideologie, durch einen Schirm von Worten, durch Hoffnung und Angst blicken.

Sie können sich nicht durch eine statische Form, durch eine stilisierte Bewegung ausdrücken und in ihr leben.

Wir sind diese Bücher, wir sind diese Ideen, wir sind durch sie so sehr konditioniert worden.

Wir sind dieses Kata, wir sind diese klassischen Blockaden, wir sind durch sie so sehr konditioniert worden.

Solange ich auf das Leben von einem besonderen Standpunkt, von einer besonderen Erfahrung oder von einem besonderen Wissen aus blicke, das ich erworben habe, das meinen Hintergrund ausmacht … kann ich die Ganzheit nur erkennen, wenn sich mein Denken nicht einmischt.

Sie können einen Kampf nicht in seiner Gesamtheit sehen, wenn Sie ihn vom Standpunkt eines Boxers, eines Kung-Fu-Kämpfers, eines Karateka, eines Ringers, eines Judo-Kämpfers und so weiter sehen. Sie können nur klar sehen, wenn der Stil sich nicht einmischt.

Wahrheit ist nichts, das von Lust oder Schmerz bestimmt wird oder durch Ihre Konditionierung als Hindu oder welcher Religion Sie immer angehören mögen.

Der Kampf ist nichts, das durch Ihre Konditionierung als Anhänger des Kung-Fu, Karate oder Judo bestimmt wird.

Wir akzeptieren eine Verhaltensnorm im Rahmen unserer Tradition als Hindus oder Christen oder was immer wir auch sein mögen. Wir schauen zu jemandem auf, der uns sagen soll, wie wir uns richtig oder falsch verhalten, wie wir richtig oder falsch denken, und wenn wir diesem Muster folgen, wird unser Verhalten und Denken maschinell, werden unsere Antworten zu Automatismen.

Der zweitrangige Künstler folgt blind seinem Sensei oder Sifu und nimmt so deren Muster an. Als Ergebnis werden sein Handeln und, noch wichtiger, sein Denken maschinell funktionieren. Seine Reaktionen geschehen automatisch, entsprechend der begrenzten Muster, und lassen ihn eng und beschränkt erscheinen.

Derjenige, der tatsächlich herausfinden möchte, was Wahrheit ist, was Liebe ist, hat kein Konzept. Er lebt nur im Hier und Jetzt.

Derjenige, der tatsächlich herausfinden möchte, was Wahrheit ist, was Liebe ist, folgt keinem Stil. Er lebt nur im Hier und Jetzt.

Diese Beispiele sollen kein sprachlicher Vergleich zwischen beiden Männern sein, aber man kann hier leicht erkennen, welchen enormen Einfluß Krishnamurti auf Lee ausgeübt hat. Er war von Krishnamurtis Lehre und ihrer Anwendung auf den Kampfsport fasziniert. Er entdeckte, daß der Stil beschränkt war, eine bloße Routine, eine geistlose Wiederholung von festen Mustern, eine Form von Zuständen, die nicht zur Selbsterkenntnis oder Freiheit führen. Für Lee war der Stil eine leere Formel.

In der Lehre Krishnamurtis suchte Lee eine bessere Selbstdarstellung durch den Kampfsport. Als er im Alter von vierzehn Jahren Wing Chun erlernte, verbesserte sich Lee in dem, was seine erste Liebe werden sollte. Aber er wollte noch mehr. Er war stets »schöpferisch unzufrieden« mit dem Zustand der Kampfsportarten. Er erkannte die Grenzen aller Kampfsportarten, einschließlich des Wing Chun. Er durchstieß diese Grenzen, forderte die Traditionen heraus und erreichte unbekanntes Terrain.

Er wollte der Welt von seiner Entdeckung erzählen. Also ging er nach Hong Kong und drehte mehrere Filme, schließlich sein Meisterstück »Enter The Dragon«.

Seine Mission war beendet. Er hatte das »Bewußtsein« des Kampfsports revolutioniert. Durch die Filme ließ er die Welt und die Kampfsportgemeinde an seiner Entdeckung teilhaben. Er schenkte sich und der Welt eine Sichtweise.

Und am Ende ging er so schnell, wie er gekommen war. Aber bis dahin war der Prozeß vollendet, und er sehnte sich nach Frieden. Das Ende kam plötzlich – zu plötzlich – aber dennoch vollendete er seine Mission.
Der Kampfsport geht weiter und sucht stets eine bessere Ausdrucksweise. [93]

Der Pilgerpfad nach Sarnath ist der Ort, an dem Buddha nach seiner Erleuchtung seine erste Rede vor seinen Jüngern hielt.

Bei Krishnamurtis jährlichem Aufenthalt in Indien kamen unzählige Menschen zu ihm. In den Fünfzigern waren viele Tibeter vor den Chinesen nach Indien in die Diaspora geflohen. Neben Dharamsala, dem tibetischen Zentrum im Norden Indiens und dem Hauptsitz des Dalai Lama, ist Sarnath ein wichtiges Zentrum des Buddhismus. Im der Nähe von Krishnamurtis Rajghat School am Ufer des Ganges gelegen, war der Pilgerpfad nach Sarnath der Ort, an dem Buddha nach seiner Erleuchtung seine erste Rede vor seinen Jüngern hielt. An diesem bedeutenden Ort lebt Prof. S. Rinpoche, der mit Krishnamurti zahllose lange Gespräche und Diskussionen geführt hat.

PROFESSOR S. RINPOCHE

DIREKTOR DES CENTRAL INSTITUTES OF HIGHER TIBETAN STUDIES, SARNATH, BENARES, INDIEN

»Buddha sprach stets auf zwei Ebenen, der relativen und der absoluten. Krishnaji sprach nie auf der relativen Ebene, er sprach immer auf der Ebene des Absoluten.«
– S. Rinpoche

Ich hatte das große Glück, Krishnaji gehört und mit ihm viele philosophische Fragestellungen erörtert zu haben. Am Anfang versuchte ich immer, ihn von meinem buddhistischen Hintergrund aus zu verstehen. Dabei war mir nicht ganz wohl. Ich merkte, daß dies nicht der richtige Weg war, um ihn wirklich zu verstehen. Ich fühlte, daß ich Krishnaji ganz leer, ohne Gedanken, ohne Voreingenommenheit oder Konditionierung zuhören mußte. Aber mein Verstand war so beeinflußt von der buddhistischen Lehre, daß ich ihn an Buddhas Stelle setzte, und dies war nicht der richtige Weg, um ihn zu verstehen.

Ich sprach darüber auch mit Krishnaji und erkannte schließlich, daß zwischen dem Buddha und Krishnaji ein grundlegender Unterschied existierte. Buddha sprach stets auf zwei Ebenen, der relativen und der absoluten. Krishnaji sprach nie auf der relativen Ebene, er sprach immer auf der Ebene des Absoluten. Die relative Wahrheit begleitet den Prozeß des Denkens, und für den Buddha war dies eine seiner Methoden, um den Menschen dabei zu helfen, zu einer tieferen Erkenntnis zu finden. Krishnajis Meinung war wohl, daß diese Methode länger dauert; der Weg ist länger und die Menschen sollten deshalb die relative Wahrheit spontan zurücklassen und sollen das Absolute, die absolute Wahrheit erfahren. Wenn der Buddha vom Absoluten spricht, kann ich persönlich keinen Unterschied zwischen Krishnajis Lehre und der buddhistischen Lehre von Prajnaparamita oder der absoluten Wahrheit erkennen.

Ein anderer Unterschied zwischen beiden liegt in der Vorbereitung der Menschen, der Zuhörer. Krishnamurti schweigt oder spricht nicht über eine Vorbereitung, während sich der Buddha auf die Vorbereitung des Menschen bezieht, die für ihn eine Voraussetzung dafür ist, um die Ebene der Erleuchtung zu erreichen. Der Buddha wie auch Krishnaji haben eine ähnliche Auffassung; im Augenblick der Erleuchtung oder der Verwandlung gibt es keine Zeit, gibt es keine Erhöhung. Alles muß spontan und unmittelbar geschehen; diese Seite oder jene Seite, Wahrnehmung ist Wahrnehmung. Es gibt kein langsames Wachstum oder eine Erhöhung. Der Buddha beschäftigte sich mit der Vorbereitung eines Menschen, der diese Ebene mit bestimmten Methoden stufenförmig erreichen will. Aber Krishnaji akzeptierte dies nie. Er nahm als gegeben an, daß jeder Mensch die Fähigkeit dazu besitzt, sich selbst zu wandeln, ohne daß dazu eine besondere Vorbereitung nötig wäre.

Das Denken ist ein grundlegendes Instrument in unserem Leben, aber für die Wahrnehmung spielt das Denken keine Rolle. Alle Arten des Denkens müssen Buddha wie auch Krishnaji zufolge negiert werden. Aber bei den Buddhisten ist

das Denken ein Mittel oder eine Methode in der Vorbereitungsphase. Wie ich bereits sagte, spricht Krishnaji nicht von der Vorbereitung.

Der grundlegende Punkt ist, sich von jeder Art von Konditionierung oder von Vorurteilen zu befreien. Wenn man von allen Arten des Denkens frei werden möchte, sind die Worte eines Lehrers hinderlich. Deshalb lehnte Krishnaji jegliche Lehrer-Schüler-Beziehung im gewöhnlichen Sinne ab, und er ermutigte die Menschen, sich an der Suche zu beteiligen. Ihr eigenes Bewußtsein sollte aktiv an der Suche Anteil haben. Die Abhängigkeit ist das gefährlichste Hindernis bei der Entwicklung eines Menschen und der Wahrnehmung der Wirklichkeit.

Buddha und Krishnamurti wandten die Methode der Negation von Dingen an – der Negation, weil die erlebte Wirklichkeit nicht durch Sprache, Worte oder irgendein anderes Kommunikationsmittel weitergegeben werden kann. Der einzige gangbare Weg ist die Negierung aller Gedanken- oder Phantasiegebilde. Auf diese Weise kommt man der Wirklichkeit näher; nachdem man alles negiert hat, erkennt man die Wirklichkeit, man kann die Wirklichkeit so erfahren, wie sie ist.[94]

Nur jemand, der weiß, was Schönheit ist, blickt einen Baum oder die Sterne oder das funkelnde Wasser eines Flusses mit völliger Hingabe an, und wenn wir wirklich sehen, befinden wir uns im Zustand der Liebe.

– EINBRUCH IN DIE FREIHEIT, 1969

Prof. Hillary Rodrigues ist ein profunder Kenner der religiösen Kultur und Philosophie Indiens, und obwohl Krishnamurtis Lehre nicht aus dem Hinduismus stammt – trotz seines indischen Namens und seiner indischen Herkunft – fand Rodrigues, es sei »außergewöhnlich« gewesen, ihn zu lesen. Seine Doktorarbeit trägt den Titel *Insight and the Religious Mind: An Analysis of Krishnamurti's Thought* (Einsicht und der religiöse Mensch: Eine Analyse von Krishnamurtis Denken).

DR. HILLARY PETER RODRIGUES

PROFESSOR FÜR RELIGIONSWISSENSCHAFTEN, UNIVERSITY OF LETHBRIDGE, ALBERTA, KANADA

Nur mit einem gewissen Widerwillen las ich 1973 mein erstes Krishnamurti-Buch. Ich hatte einige Buchläden auf der Suche nach Literatur durchkämmt, um mein wachsendes Interesse an der klassischen östlichen Philosophie und der Erforschung des Bewußtseins zu stillen, aber anders als viele andere Menschen meiner Generation war ich entschlossen, der exotischen Anziehungskraft eines zeitgenössischen östlichen Gurus nicht zu erliegen. Krishnamurtis offensichtlich indischer Name hatte diese Reaktionen ausgelöst. Ich hatte damals bereits erkannt, daß befriedigende und dauerhafte Antworten auf meine Fragen nach dem Geheimnis des Lebens wahrscheinlich nicht in einem Buch oder in den Worten eines großen Weisen gefunden werden konnten. Bedeutung war etwas, das ich für mich selbst finden mußte, obwohl ich tatsächlich nicht genau wußte, wo ich suchen oder wie ich vorgehen sollte. So wohnte in mir eine gewisse Enttäuschung und die Hoffnung, einen hellen Lichtschein in einem weiteren Buch zu entdecken; ich las also Krishnamurti mit der kritischen Bereitschaft, alles auszusortieren, was mir unsinnig erschien, aber ich las doch mit dem aufrichtigen Durst nach der Wahrheit.

Die Erfahrung war am Ende außergewöhnlich. Anders als die anderen Werke, die ich gelesen hatte, in denen die Sprache geheimnisvoll klang oder in denen die Ideen kulturell und historisch entfernt waren, war hier ein Mensch, der mir aus dem Herzen sprach. Seine Sprache war meine Sprache, seine Bedenken waren meine Bedenken, seine Beobachtungen waren meine Beobachtungen. Aber er unterschied sich in seinem Mut, über die Wahrheit zu sprechen, wie er sie sah und lebte, und in der Tiefe, die er auf seiner Reise erreicht hatte. Durch das Beispiel seiner eigenen Leidenschaft gab Krishnamurti mir den Mut, eine eigene Suche nach der Wahrheit zu beginnen, ohne bei dem ungenügenden und hinderlichen Trost stehenzubleiben, den einem der Glaube, die Hoffnung und eine ideologisch fundierte Gemeinschaft bietet. Ich war viel unterwegs, und in diesen Jahren hat meine Suche zu Einsichten in das Denken und den Prozeß des Bewußtseins geführt, die mein Leben ganz wesentlich verändert haben und mir heute als wichtigstes Ereignis erscheinen. Einige Jahre später hörte ich noch – in der Euphorie jener entscheidenden Ereignisse – zu meinem Glück und ganz zufällig einen Vortrag Krishnamurtis in Oak Grove.

Dieses Mal gestaltete sich die Begegnung weniger enthusiastisch. Ich erkannte, daß es möglich war, innerhalb der neuen Welt, wo ich jetzt wohnte und die es mir ermöglichte, durch den sich entfaltenden Bewußtseinsprozeß geformt zu werden, verletzlich weiterzuleben. Hier, vor mir, stand ein Mensch, der durch das Handeln der schöpferischen Bewegung der Wirklichkeit gereift war, der von den Grenzen des Denkens völlig unbeeinflußt war. Was mich am stärksten ergriff, war seine völlige Normalität. Dies erschien mir außergewöhnlich, denn Krishnamurti war vor allem ein Mensch, nackt und verwundbar, schmucklos und offen, furchtlos ungebunden allem gegenüber, selbst den Eigenarten seines eigenen Wesens gegenüber.

Während ich nun ein Aufbaustudium in Religionswissenschaften durchlief, wollte ich Krishnamurtis Lehre in der Tiefe prüfen, dieses Mal aber von der Perspektive eines Gelehrten aus. Während ich dabei von vielen angesehenen Kollegen unterstützt wurde, erlebte ich den Widerstand einer kleinen Gruppe von begabten, aber etwas engstirnigen Gelehrten, denen meine Arbeit an Krishnamurti bestenfalls als unwichtig, wenn nicht als völlig belanglos erschien. Zu meiner großen Freude und in Rechtfertigung des Vertrauens, das mir meine Betreuer entgegenbrachten, wurde Insight and the Religious Mind *die erste analytische Studie über Krishnamurtis Lehre, die im Westen von einem akademischen Verlag veröffentlicht wurde. Solche Studien öffnen die Tür zu einer ernsthaften wissenschaftlichen Arbeit über Krishnamurtis Denken, und sie ermöglichen es, daß er seinen rechtmäßigen Ort unter den berühmten Lehrern, Philosophen und religiösen Gestalten dieses Jahrhunderts einnimmt.*

»Vor allem bemerkenswert ist es, daß Krishnamurti keinem traditionellen religiösen Orden angehört hat und nie einen solchen Orden gegründet hat. Statt dessen zeigte uns Krishnamurti eine im wesentlichen religiöse Lebensweise, die jedem offensteht, die aber nur ohne Bezug zu einer Autorität gelebt werden kann.«
– Hillary Rodrigues

Krishnamurtis Leben und seine Lehre sind wichtig für Gelehrte auf dem Gebiet der Religionswissenschaften, da er als bedeutende zeitgenössische religiöse Gestalt gesehen wird. Vor allem bemerkenswert ist es, daß Krishnamurti keinem traditionellen religiösen Orden angehört hat und nie einen solchen Orden gegründet hat. Statt dessen zeigte uns Krishnamurti eine im wesentlichen religiöse Lebensweise, die jedem offensteht, die aber nur ohne Bezug zu einer Autorität gelebt werden kann. Es ist eine Methode, die dem einzelnen eine direkte und anonyme Beziehung zum Ursprung und der Substanz der Schöpfung ermöglicht. Als Resultat seines Lebens und seiner Lehre hat Krishnamurti die Bedeutung der Religion erweitert, die eine Lebensweise umfaßt, die zutiefst mystisch ist. Anders als die konventionelle Mystik, die durch die Sprache und Symbolik eines bestimmten kulturellen Umfeldes begrenzt ist, ist Krishnamurtis Methode jedoch völlig von den Traditionen abgelöst.

Das wachsende Interesse an Krishnamurti verdeutlicht das Ausmaß seiner Lehre, das in Bereichen Einfluß nimmt, in denen die konventionellen Religionen zu scheitern drohen. Eine genaue und dauerhafte Untersuchung seines Denkens und seiner Wirkung wird sicherlich zu fruchtbaren Einblicken in soziale Prozesse und die Lage der Menschheit führen.

Im fernen Kalifornien wurde ein junger Filmemacher von den Vorträgen, die er gehört und den Büchern, die er gelesen hatte, berührt. Für die Krishnamurti Foundation of America zeichnete er später viele von Krishnamurtis Vorträgen und Gesprächen auf. Mendizza ist ebenfalls der Regisseur von zwei längeren Dokumentarfilmen: *Krishnamurti: The Challenge of Change*, 1984, und *Krishnamurti: With A Silent Mind*, 1989. Beide Filme waren bereits in den Vereinigten Staaten, Kanada, Europa und Indien zu sehen.

MICHAEL MENDIZZA

FILMEMACHER, LOS ANGELES, KALIFORNIEN

»Wir fuhren wieder nach England und Indien und interviewten jene, die durch sein Leben und sein Licht berührt worden waren. Ich suchte in Archiven und in seinen persönlichen Schriftstücken und hoffte, etwas Wesentliches darin zu finden.«
– Michael Mendizza

Ich kam als Suchender. Ich geriet zufällig an einige Tonbänder und hörte mir diese über ein Jahr lang jede Nacht an. Sie forderten mich heraus. Alles erschien neu, wichtig und überwältigend. Dann entdeckte ich ein Buch, und es führte mich nach Ojai. Krishnamurti lebte damals noch und sprach unter den Eichen.

Es war Frühjahr, und die Berge leuchteten hell. Ältere Männer mit Spazierstöcken, Damen mit Sonnenhüten, die in besonders gekennzeichneten Stühlen saßen, etwas jüngere Professoren und junge Hippies saßen eng beisammen, hörten zu, rangen mit sich. Es muß so etwa 1975 oder 1976 gewesen sein. Ich war allein, wißbegierig und saß so weit vorne, wie es ging.

Ich kam im nächsten Jahr wieder, und er war da, saß in diesem besonderen Stuhl unter den Bäumen, er war intensiv, leidenschaftlich, fast verzweifelt. Das folgende Jahr, als ich hinkam, schwebten drei Videokameras über dem Publikum. Als der Vortrag begann, entstand eine geheimnisvolle Leere, und als er vorüber war, sprach ich die Frau an, die den Vortrag angekündigt hatte. Ich bot meine Dienste als Filmemacher an. Es war sechs Monate, bevor wir uns trafen, um über die Bedeutung der Dokumentierung von Krishnamurtis letzten Lebensjahren zu sprechen. So begann alles.

Im folgenden Frühjahr wurde ich zum Mittagessen eingeladen. Dies sollte meine erste wirkliche Begegnung sein, in der ich Krishnamurti näher als je zuvor gekommen bin. Wir saßen alle um einen langen Tisch herum. Er lauschte entspannt, er wirkte sehr menschlich, erzählte Geschichten und brachte uns zum Lachen, er war gar nicht der Vortragende, dem ich unter den Bäumen zugehört hatte. Obwohl ich ihn immer mehr liebte, fühlte ich mich ihm nie wirklich vertraut. Ich sprach ihn mit »Sir« an, was mir nah genug erschien.

Einige Wochen später war ich mit der Kamera im Gepäck in einem Flugzeug auf dem Weg nach British-Columbia. Er besuchte dort eine Schule. Bald war ich in der Schweiz und nahm seine öffentlichen Vorträge auf. Darauf besuchten wir in den Niederlanden verschiedene Menschen und Orte, die ein Teil seiner Jugend gewesen waren. England war als nächstes dran und schließlich Indien. Ich fand, daß in Indien die meisten Menschen jenen ähnlich waren, die ich in Amerika und Europa getroffen hatte – jeder verstand ein wenig von der Lehre.

Ich war noch ein Suchender, der dem Lauf der Sonne folgte, die die Dunkelheit vertrieb. Ich hatte unzählige Fragen und jede erschien mir wichtig, aber keine war meiner Meinung nach genügend tief oder genügend wirklich, um ihn beunruhigen zu können. Dennoch wollte ich verstehen, nicht nur ein wenig, sondern ich wollte die ganze Wahrheit verstehen. Während ich in Indien war, schrieb ich in mein Tagebuch: »Um wirklich zu verstehen, muß jeder Gedanke groß genug sein, um das ganze Universum zu enthalten.« Dann legte ich meine Feder hin, und als die Sonne hinter den alten Hügeln von Rishi Valley untergegangen war, ergriff mich eine plötzliche Klarheit, und ich verstand ein wenig davon, was er meiner Meinung nach mit »Freiheit vom Bekannten« gemeint haben muß. Damit war meine Suche zu Ende.

Fünf Jahre lang arbeitete die Frau, die meine Leidenschaft teilte und an mich glaubte, mit mir an dem Film. Als dieser fertig war, saß Krishnamurti vor dem Bildschirm und beobachtete wie ein Kind, wie Eindrücke aus seinem Leben auf dem Schirm auftauchten. Es war wichtig, daß er dem Film zustimmte und er tat es auch. Keiner von uns wußte damals, daß die nächsten beiden Jahre seine letzten sein würden.

Einige Wochen vor Krishnamurtis Tod begannen wir einen zweiten Film. Menschen aus der ganzen Welt waren gekommen, um sich zu verabschieden. Die, die mitmachen wollten, saßen vor meiner Kamera und beschrieben die Augenblicke, die sie mit Krishnamurti geteilt hatten, der nebenan im Sterben lag. Wir fuhren wieder nach England und Indien und interviewten jene, die durch sein Leben und sein Licht berührt worden waren. Ich suchte in Archiven und in seinen persönlichen Schriftstücken und hoffte, etwas Wesentliches darin zu finden. Worum ging es bei alledem eigentlich? Die Jahre gingen vorüber. Die Arbeit wurde zur Meditation, zum Mantra. Dies alles gab meinem Leben eine neue Richtung.

Ein Jahr nach seinem Tod ging ich über das Grundstück in Brockwood, und eine besondere Präsenz – seine Präsenz – umgab mich plötzlich. Dann tauchte ein anderes Gefühl auf. Einige Monate früher war ich mit meinem Sohn allein zu Hause, der damals erst sieben oder acht Monate alt war und schlief. Meine Frau war weg, und er wachte auf und war erschrocken, weil er glaubte, allein zu sein. Ich ging zu ihm, nahm ihn an mich, und er sah mich an. Mit einem Gefühl der Sicherheit schlief er wieder ein. Als dieses Kind in meinen Armen einschlief, strahlte von ihm dieses vertraute Gefühl aus. Es durchströmte mich und erfüllte den ganzen Raum. Es erfüllte alles. Es war eine Art der Zuneigung jenseits aller Worte.

Als ich durch die englische Landschaft spazierte, verstand ich diesen Menschen und sein Leben ein wenig besser. Ohne Worte war er anwesend in der grenzenlosen Zuneigung, die von einem unschuldigen Kind ausging. Die Lehre ist nur wie ein Wegweiser, der auf eine lebendige und vitale Kraft hindeutet. Das Gefühl umgab mich wie die Bäume und die Berge, die er so sehr liebte. Es war direkt und ging in alle Richtungen, bis es schließlich mit dem Horizont eins wurde.

Er hat einmal gesagt, und ich fühle, daß es wahr ist – wenn wir völlig allein sind und in dieser Stille uns selbst ein Licht werden, werden wir dort Krishnamurti finden.

Die Liebe zu den Bäumen ist, oder sollte es wenigstens sein, wie der Atem ein Teil unseres Wesens. Die Bäume sind wie wir ein Teil der Erde, sie sind voller Schönheit, sie besitzen einen eigentümlichen Gleichmut. Sie sind still, voller Blätter, voller Licht, sie werfen lange Schatten und sind wild vor Freude, wenn es stürmt. Jedes Blatt, sogar in den Wipfeln, tanzt in der geringsten Brise, und ihr Schatten kühlt uns in der heißen Sonne. Wenn wir uns hinsetzen und mit dem Rücken an ihren Stamm lehnen, erfahren wir eine dauerhafte Beziehung zur Natur, wenn wir dabei wirklich still sind. Die meisten Menschen haben diese Beziehung verloren; sie blicken auf Berge, Täler, Flüsse und Tausende von Bäumen, wenn sie in ihren Autos vorbeifahren oder laut redend vorbeigehen, doch sie sind zu absorbiert von ihren eigenen Problemen, um dies alles wahrzunehmen und ruhig zu sein. Der Rauch steigt in einer einzelnen Fahne über dem Tal in den Himmel hinauf, und unten fährt ein Lastwagen vorbei, schwer mit frisch geschlagenen Baumstämmen beladen, die noch ihre Rinde tragen. Eine Gruppe von Jungen und Mädchen geht plappernd vorbei und stört die Stille des Waldes.

– UNVERÖFFENTLICHTES TAGEBUCH, 7. AUGUST 1981

Die Jahre zermürbten Krishnamurti. Die ständigen Reisen in andere Klima- und Zeitzonen forderten unvermeidlich ihren Tribut, und dennoch erlebten die achtziger Jahre die Entfaltung einer Aktivität, die so intensiv wie eh und je war. Wie wir gesehen haben, war der Aufenthalt in der Natur eine der großen Freuden in Krishnamurtis Leben und eine große Entspannung nach den anstrengenden Vorträgen. Bäume, Pflanzen und Tiere waren ihm sein ganzes Leben lang enge Gefährten gewesen. Es gibt zahllose Geschichten über seine Beziehung zu Bären, Tigern, Affen und Vögeln.

Alasdair Coyne hatte die Gelegenheit, mit Krishnamurti im Garten von Pine Cottage zu arbeiten, und er war bei ihm, wenn Krishnamurti gerade einmal keine Vorträge hielt.

ALASDAIR COYNE

GARTENARCHITEKT UND UMWELTSCHÜTZER, OJAI

An der Universität von Schottland studierte ich Philosophie und verwandte Fächer, und dabei stieß ich auf die Werke Krishnamurtis. Etwa ein Jahr lang wußte ich nichts von einer Stiftung, Schule oder einem Zentrum, und ich wußte auch nicht, daß Krishnamurti noch lebte. Durch Zufall hörte ich vom Zentrum in Brockwood Park, und ich fuhr zu einem der Treffen, etwa im September 1974. Ich kampierte draußen im Regen mit allen anderen und war fasziniert von diesem Ort und dem Redner. Ich bewarb mich einige Monate später ohne Erfahrung für eine Stelle als Gärtner und begann damit im Frühling des folgenden Jahres. Der Ort zog mich vorwiegend wegen Krishnamurti und wohl wegen der Aspekte seiner Lehre an, die viele Menschen faszinierten. Es gab keine gebrauchsfertigen Antworten auf Fragen, und man wurde auf sich selbst verwiesen, um Antworten auf die Dinge zu finden, die einen als Individuum betrafen. Ich ging dorthin, um Gärtner zu werden, was seitdem mein Beruf ist, obwohl ich es damals noch nicht wußte. Ich arbeitete dort zweieinhalb Jahre, bevor ich nach Ojai ging, wo ich den Garten um das neue und größere Pine Cottage anlegte und pflegte.

»Falls er nicht Redner geworden wäre, wäre er gerne Gärtner geworden.«
– Alasdair Coyne

Oben: Krishnamurti in Schloß Eerde, Holland, 1921
Gegenüber: Krishnamurti pflanzt Bäume in Ojai.

Krishnaji war sehr interessiert am Garten von Pine Cottage. Er nahm sich Zeit von seinen anderen Verpflichtungen, um in den Garten zu gehen, er interessierte sich für die Pflanzen und wollte wissen, wie etwas erledigt wurde oder welche Pflanze an eine bestimmte Stelle gepflanzt wurde. Ich erlebte ihn hier viel menschlicher als vorher. Wir entwickelten eine warmherzige gegenseitige Beziehung, in der es ein gemeinsames Interesse an der Arbeit im Garten und Anteilnahme an dem gab, was an Neuem entstehen würde. Jedes Jahr, wenn er im Frühling in die USA zurückkam, ging er zuerst durch den Garten, und wir warfen gemeinsam einen Blick auf die Veränderungen, auf das, was sich nicht so gut entwickelt hatte, was gut wuchs, was wir verbessern wollten, wohin wir mehr Rosen pflanzen konnten. Rosen waren seine Lieblingsblumen, er liebte ihren Duft und rosarot war seine Lieblingsfarbe. Über die Jahre hin lernte ich Krishnaji immer mehr als einen Menschen kennen, der sich mit den Pflanzen beschäftigte.

Trotz des öffentlichen Eindruckes, den Krishnaji als Mensch machte, der jedes Jahr vor Tausenden von Menschen sprach, war er ein sehr schüchterner Mensch. Wenn ich in Pine Cottage war und beim Arbeiten im Garten Besucher anwesend waren, blieb er im Haus und ging nicht in den Garten. An Tagen, wenn nichts los und es ganz ruhig war und sich niemand sonst im Obstgarten oder auf dem Grundstück befand, nahm er Hut und Handschuhe und kam in den Garten heraus; er führte mich dann auf die andere Seite des Hauses und zeigte mir das eine oder andere oder fragte mich etwas. Ich drückte ihm einige Male sogar einen Rechen in die Hand.

Krishnaji sagte öfters in der Öffentlichkeit und ich erinnere mich, daß er es auch in Pine Cottage im engeren Kreis sagte, daß er, falls er nicht Redner geworden wäre, gerne Gärtner gewesen wäre. Er wäre ein guter Gärtner gewesen. Er zeigte auf die Orangenbäume in Pine Cottage und sagte, er habe alle selbst gepflanzt, wohl in den Vierzigern. Er sah eine Pflanze an und fragte sich, was nötig sei, um sie glücklicher zu machen. Er schätzte Pflanzen und Blumen, die einen bestimmten Duft, eine besondere Farbe hatten, zu denen die Vögel kamen, all dies war ihm wichtig.

»Er zeigte auf die Orangenbäume in Pine Cottage und sagte, er habe alle selbst gepflanzt, wohl in den Vierzigern. Er sah eine Pflanze an und fragte sich, was nötig sei, um sie glücklicher zu machen.«
– Alasdair Coyne

Erst kürzlich (1994) wurde eine Idee Krishnajis zur Gartenarbeit mein wertvollster Ratschlag. Jedesmal, wenn er junge Pflanzen sah, die im Garten keimten, sagte er: »Laß sie stehen, laß sie stehen.« Er hatte nicht die Art von Verstand, der sagte: »Dies steht mir im Weg, ich werde es ausreißen.« So wurde der Weg um Pine Cottage herum von Sämlingen gestaltet, die sich selbst aussäten; und dies war sehr schön, obwohl wir natürlich dazwischen durchgingen. In den letzten Jahren habe ich in der Gartengestaltung Pflanzen eingesetzt, die ihre Samen selbst aussäen – denn die Sämlinge können dann ein Stück Erde bedecken und sich schließlich ohne Bewässerung oder zusätzliche Erde vermehren, was in diesem trockenen Klima ein ziemlicher Vorteil ist.

Krishnaji behandelte mich als ebenbürtig, wenn wir im Garten waren – oder über den Garten sprachen. Falls ich versuchte, ihm die Tür offenzuhalten, sagte er: »Nein, nein, Sir, Du zuerst«, und er hielt mir die Türe auf. Es war eine gleichrangige Beziehung, nicht wie eine Beziehung zwischen Arbeitgeber und Arbeitnehmer. Er war an allem interessiert, daran, was ich ihm zu besonderen Gartenfragen sagen konnte, und er wollte unbedingt wissen, warum einige Pflanzen schlecht wuchsen und wie man Pflanzen helfen konnte, die so aussahen, als ob sie Hilfe brauchten.

Meine letzte Begegnung mit Krishnaji fand etwa eine Woche vor seinem Tode statt. Er war im Wohnzimmer von Pine Cottage, in eine Decke eingehüllt, und er sah nicht sehr gesund aus. Natürlich wollte er mich begrüßen. Er wußte, daß ich um das Haus herumgegangen war – wahrscheinlich hatte er mich hinter dem Fenster gesehen und fragte mich, ob ich nicht einige Minuten hereinkommen wollte. Trotz aller Arbeit, die er mit den Foundations in den verschiedenen Ländern hatte, wollte er für eine Minute mit dem Gärtner sprechen. Er fragte mich, wie es den Pflanzen ging. Er hatte vom Haus aus das neue Rosenbeet gesehen, das wir für ihn angelegt hatten, und ich weiß nicht, ob er es je draußen aus der Nähe gesehen hat. Er wollte wissen, was wir an einer kleinen Stelle im Osten

des Hauses pflanzen würden, die einige leere Flecken auswies. Es berührte mich, daß er in seinen letzten Tagen wissen wollte, wie es nachher weitergehen würde. Er wollte eine Vorstellung davon haben, wie alles aussehen würde, auch wenn er nicht mehr da sein würde, um es zu sehen. Er sagte: »Komm wieder«, und das war das letzte Mal, daß ich ihn sah.

Ich glaube nicht, anders als viele andere, daß Krishnaji mehr als ein gewöhnlicher Mensch war. Ich glaube, daß jedes Individuum in sich einen Wert besitzt, und ich glaube nicht, daß Krishnaji wertvoller als jeder andere Mensch war. Andererseits gibt es Menschen, die einzigartig sind und große Dinge in ihrem Leben getan haben, und ich empfinde es als Privileg, Krishnaji als Gärtner kennengelernt zu haben, wenn er nicht der Redner war. Viele Menschen lernten den Redner kennen, sahen in ihm den Redner und hörten seinen Vorträgen zu. Ich fühlte mich privilegiert, den Menschen kennengelernt zu haben, wenn er gerade keinen Vortrag hielt. Ich möchte damit nicht sagen, daß es zwei Menschen gab, den gewöhnlichen Menschen und den Vortragenden, aber ich freue mich, seine menschliche Seite kennengelernt zu haben.

Krishnaji liebte die malerische Schönheit von Ojai; er deutete auf die Hügel und beschrieb, wie er in seiner Jugend alle bestiegen habe. Er war auf Topa Topa, auf dem Chief Peak und wahrscheinlich auch auf dem Gebirgszug in der Ferne, er hatte sie allein und gemeinsam mit anderen erforscht. Dieses inspirierte mich dazu, für die Bewahrung unserer Umwelt einzutreten – was nun ein wichtiger Teil meines Lebens geworden ist.

Krishnaji war gerne in der Wildnis. Er erzählte davon, daß er in den Bergen hinter Ojai einem Luchs einige Meilen weit unbemerkt gefolgt sei. In Indien sprach er mit den Affen. Er wollte in einem Reservat einen Tiger aus dem Autofenster heraus streicheln.

Ich finde, am schönsten war es, wenn der Redner Krishnaji so etwas bei einem öffentlichen Treffen erzählte: »Ihr wäret alle besser irgendwo draußen in der Natur. Ihr könnt viel mehr von der Natur als vom Vortragenden erfahren.«

Wenn man auf einem anderen, gleichermaßen steinigen Pfad hinunterstieg, fand man dort eine kleine Freifläche, grün und frisch. Hinter einer Kurve tauchte ein gewaltiger schwarzer Bär mit vier katzengroßen Jungtieren auf. Die Mutter scheuchte sie auf einen Baum hinauf, und als sie ihn erklommen hatten, konnte man das Scharren ihrer Klauen an der Rinde hören. Sie blieben in einer bestimmten Höhe. Die Mutter versperrte den Weg und stand unnachgiebig auf ihren vier Beinen da und schaute. Wir sahen einander unbewegt an, sie wollte herausfordern, aber die Herausforderung wurde nicht angenommen. Wir standen da, furchtlos, und schließlich drehte man der Bärin den Rücken zu und ging weiter. Man hatte nie die Gefahr der Situation ins Auge gefaßt. Dies dämmerte erst, als man dem Förster von diesem Vorfall erzählte. Er war wütend, wollte klar machen, daß die Bärin einen hätte in Stücke reißen können, besonders weil sie Jungtiere hatte. Aber die gewaltige Bärin mit ihren kleinen Jungen, der schneebedeckte Berg, die weite Stille hatten alle Furcht und Gefahr hinweggefegt.

– UNVERÖFFENTLICHTES TAGEBUCH, 7. AUGUST 1981

Deepak Chopra ist bekannt als Autor von *Ageless Body, Timeless Mind* und viele anderen Büchern und Tonbändern, die mit innerem und äußerem Heilen zu tun haben. Er ist Executive Director des Sharp Institute for Human Potential and Mind Body Medicine.

DR. DEEPAK CHOPRA

AUTOR VON AGELESS BODY UND TIMELESS MIND, SAN DIEGO, KALIFORNIEN

»In meinem eigenen Leben beeinflußte Krishnamurti mich tief und half mir, meine eigenen selbstauferlegten Grenzen zur persönlichen Freiheit zu durchstoßen.«
– Deepak Chopra

Meine erste Begegnung mit Krishnamurti fand in der Mitte der achtziger Jahre statt. Er hielt einen Vortrag im Felt Forum des Madison Square Garden. Es war ein kalter Wintermorgen, es schneite, und etwa tausend Menschen warteten draußen; ich war einer von ihnen. Krishnamurti sprach zwei Stunden lang. Er war direkt, tiefsinnig und unbarmherzig ehrlich. Als ich hinausging, hatte es aufgehört zu schneien, und die Sonne schien hell. Aus irgendeinem Grund fühlte ich, daß die Sonne hell und warm war, weil ich mich in mir selbst hell und warm fühlte.

Ich bin Krishnamurti nie persönlich begegnet, obwohl ich viele Menschen gut kenne, die ihm nahestanden, und ich sehe die bemerkenswerte Wirkung, die Krishnamurti auf ihr Leben ausgeübt hat.

In meinem eigenen Leben beeinflußte Krishnamurti mich tief und half mir, meine eigenen selbstauferlegten Grenzen zur persönlichen Freiheit zu durchstoßen.

In Washington D.C. war Lois Hobson Leiterin des südafrikanischen Büros von Africare, einem Ausbildungsprogramm für junge Afrikaner, die in den Vereinigten Staaten studieren, bevor sie wieder in ihre Länder zurückkehren. Gegenwärtig lebt sie in Johannesburg und arbeitet für ein ähnliches Projekt.

LOIS M HOBSON

UNTERNEHMENSBERATERIN, JOHANNESBURG, SÜDAFRIKA

Ich glaube, ich war ein Kind, das lange vor seiner Zeit als alte Frau aufwuchs. Von frühester Jugend an war ich mir bewußt, zu leben und zu fragen: »Warum wurde ich geboren?« – nicht aus Zynismus, sondern aus einer tiefen Verwunderung über das Leben. Dies war nicht nur kindliche Neugier, sondern etwas viel tiefergehendes, das mein Bewußtsein, mein Leben beeinflußte. Die Religion spielte in meiner Jugend eine bestimmte Rolle, die sich über die Jahrzehnte eher in eine spirituelle Suche, als in eine säkulare entfalten sollte.

Als ich mein viertes Lebensjahrzehnt erreicht hatte, war diese spirituelle Suche das Wichtigste in meinem Alltag geworden. Ich las alle populären und esoterischen Bücher, die mit der geistigen Reise der Menschheit zu tun haben, ich fuhr sogar nach Indien, um die mystischen Lehren eines berühmten Gurus kennenzulernen. Ich glaube, an diesem Punkt meines Lebens hatte mich meine eigene Reife, gemeinsam mit der unerbittlichen Frage nach dem »Warum« meiner Geburt in diese Welt, auf die klare, prägnante und aufrüttelnde Lehre Krishnamurtis vorbereitet.

Meine erste Begegnung mit Krishnamurtis Lehre kam durch eines seiner Bücher, The Awakening of Intelligence, *das in meinem Bücherregal mehr als ein Jahr lang gestanden hatte, bevor ich es in die Hand nahm, um es zu lesen. Ich las jedes Kapitel mit der seligen Zufriedenheit eines Feinschmeckers, der auf ein kulinarisches Fest eingeladen wird. Mitten im Dialog zwischen K und David*

Bohm über die Natur des Denkens und das Ego geschah etwas Außergewöhnliches, das ich heute nur schwer beschreiben kann. Ich kann soviel sagen, daß ich von etwas aufgerüttelt wurde, das während der nächsten Monate in meinen Träumen stattfand. Ich beendete das Buch später und versuchte herauszufinden, ob dieser J. Krishnamurti noch lebte, um ihn zu treffen. Meine Suche, die über vierzig Jahre gedauert hatte, endete an diesem Tag mit der Lektüre von The Awakening of Intelligence *und dem Studium der Lehre J. Krishnamurtis.*

Ich habe das Glück gehabt, K begegnet zu sein und einige Zeit mit ihm verbringen zu können. Ich las jedes Wort seiner Lehre, dessen ich habhaft werden konnte, ich saugte es auf, als ob mein Leben davon abhängen würde. Ich entdeckte in meinem Leben eine neue innere Freiheit, eine Fähigkeit, mich zu betrachten, mich zu erfahren, meine Beziehungen objektiver zu erleben und das bewegte Auf und Ab meines eigenen Ichs zu beobachten und zu fühlen. Aus der Antwort auf die Frage: »Warum wurde ich geboren?« wurde ein »ich« weiß es nicht, und damit kam die Freiheit. Die Suche war vorüber. Die Reise ging weiter.[95]

»Einige Jahre früher bat Krishnaji meine Schwester Judgis und mich, seine Lehre in Kanada bekanntzumachen.«
– Dr. Sarjit Siddoo

Sarjit Siddoo und ihre Schwester Jugdis Siddoo, beides Ärztinnen, die lange und engagiert für Krishnamurti arbeiteten, leben einen Teil des Jahres in Kanada, wo sie am Krishnamurti Educational and Conference Center tätig sind. Das restliche Jahr verbringen sie im Punjab in Indien, wo sie in ihrem Heimatdorf ein Krankenhaus gründeten und leiten. Das Dorfkrankenhaus wurde 1957 von Indira Gandhi eröffnet und wurde von vielen Würdenträgern, darunter dem Kanadischen High Commissioner, besucht.

Ihre Arbeit in Kanada führt sie von Vancouver nach Victoria Island, wo sich ihr Tagungszentrum befindet.

DR. SARJIT SIDDOO

GRÜNDERIN EINES KRANKENHAUSES, PUNJAB, INDIEN UND KRISHNAMURTI EDUCATIONAL CENTER, VICTORIA ISLAND, KANADA

EB: Welches Interesse haben Sie in den letzten Jahren in Kanada vorgefunden? Die Menschen lesen offenbar Krishnamurtis Bücher. Haben Sie ein zunehmendes Interesse festgestellt?

SS: Zweifellos. Als wir begannen, konnte man kaum eines von Krishnamurtis Büchern in den Buchläden finden, und jetzt können Sie sogar in die konservativsten Buchhandlungen gehen und Krishnamurtis Bücher stehen in den Regalen. Nun besitzt fast jede Bibliothek wenigstens eines von Krishnamurtis Büchern.

Einige Jahre früher bat Krishnaji meine Schwester Jugdis und mich, seine Lehre in Kanada bekanntzumachen. Seitdem hat das Interesse zugenommen. Viele Menschen wollen mehr über K wissen. Unser größtes Problem ist es, daß Kanada ein großes Land ist, das sich vom Atlantik bis hin zum Pazifik ausdehnt, doch in Relation dazu hat es eine sehr kleine Bevölkerung. Eine unserer zentralen Überlegungen war, wie man die Lehre in Kanada bekannt und sie einer größtmöglichen Zahl von Menschen zugänglich machen konnte. Kürzlich waren wir mit zahllosen Besuchern zusammen, die in das Zentrum auf Victoria Island aus so entfernten Orten wie Nova Scotia kamen.

Judgis (zweite von links)
und Sarjit Siddoo
mit Krishnamurti und Freunden

EB: Sie standen in den letzten Jahren in engem Kontakt zu Krishnamurti. Haben Sie irgend etwas an Krishnamurti und seiner Lehre beobachtet.

SS: Ich glaube, daß seine Lehre außergewöhnlich ist, so wie ich glaube, daß der Mensch Krishnamurti selbst außergewöhnlich war. Seit Jahren suchten meine Schwester und ich einen »Guru«. Wir hatten die heiligen Schriften verschiedener Religionen gelesen, einschließlich der Religion, in der wir erzogen worden waren, die Religion der Sikhs, aber auch die der christlichen, hinduistischen und buddhistischen Religionen. Ich fragte mich früher, ob auf der Erde gegenwärtig wirklich Erleuchtete leben. Bei unserer ursprünglichen Suche in Indien wollten wir feststellen, ob das Heilige heute noch existiert. Wenn die Wahrheit existiert, warum konnten wir dann niemanden in Indien finden?

Damals hatte ich meine Suche aufgegeben und wurde zynisch. Der Kontakt mit Krishnaji änderte dies. Es änderte den Weg unseres Lebens. Ich hatte damals persönliche Probleme und merkte, daß ich nach dem Tod meiner Eltern mit Situationen konfrontiert wurde, denen ich mich stellen mußte. Zu solchen Zeiten las ich Krishnamurti. Er sagte, daß es eine Meditation sei, wenn man seine Bücher mit voller Aufmerksamkeit lese.

EB: Was war für Sie an seiner Lehre am wichtigsten?

SS: Am wichtigsten war vielleicht, daß er mich zwang, das Heil nicht außen zu suchen, sondern in mir selbst, er nannte dies »innere Revolution«. Es ist richtig, daß der Mensch immer eine äußere Veränderung sucht, eine politische, religiöse, soziale oder wirtschaftliche Veränderung. Die Menschen suchen einen Lehrer, der sie sofort ins Nirvana bringt. K macht deutlich, daß es keinen einfachen Weg zur Erleuchtung gibt, daß dies Schwerarbeit ist. Dies ist für mich das Wichtigste, das er gesagt hat – nach innen zu blicken und nicht nach außen.

Es ist einfach, alles mit dem Verstand zu begreifen, aber die Umsetzung ist eine titanische Aufgabe. Wenn Sie in einer Krise sind und K lesen, erkennen Sie, daß beispielsweise eine intensive Trauer nicht wirklich einem Verstorbenen gilt, sondern den Zurückgebliebenen.

Krishnamurti hat einen großen Beitrag für die Welt in diesem Jahrhundert geleistet. Er spricht zu uns in der Sprache des Zwanzigsten Jahrhunderts. Andere geistige Führer haben in ihrer eigenen Zeit gesprochen, aber durch die Interpretation wurde die wirkliche Botschaft verwässert und wurde häufig durch die Dolmetscher verfälscht. K muß nicht interpretiert werden. Alles steht uns in seinen eigenen Worten zur Verfügung – in Büchern, Tonbändern und Videos.

EB: Wie wird Ihrer Meinung nach die Zukunft seiner Lehre aussehen?

SS: Gut, ich glaube, etwas Neues wird entstehen. Es wird eine gewisse Zeit dauern, in der alles mehr hinter den Kulissen ablaufen wird. Dann, falls es eine wirkliche Einheit und Liebe zwischen den Foundations gibt, kann eine enorme Energie entstehen, und diese Energie wird sich dann der Zukunft annehmen.[96]

Van Morrison braucht Musikfreunden nicht vorgestellt zu werden. Seine Lieder genießen einen legendären Bekanntheitsgrad und finden Freunde auf der ganzen Welt. Seine intensive und persönliche Lyrik spricht die Herzen der heutigen Generationen an und reflektiert seine eigene innere Suche.

VAN MORRISON

SÄNGER, SONGSCHREIBER UND MUSIKER, LONDON

Obwohl ich in den frühen Siebzigern auf Krishnamurtis Bücher stieß, habe ich ihn nur einmal gehört, in der Masonic Hall in San Francisco.

Soweit ich mich erinnern kann, wurde ich von verschiedenen religiösen und philosophischen Werken beeinflußt, und mein Seelenzustand hatte sich kurz vor der Entdeckung von Krishnamurtis Büchern geändert. Seine Philosophie entsprach dem, was ich selbst in mir gerade erlebte.

Ich finde, daß Krishnamurti unserer heutigen Zeit mitteilt, daß jeder für sich selbst denken muß und von keiner veräußerlichten Religion oder deren geistigen Führern vereinnahmt werden darf.

Vor einiger Zeit schrieb ich »In the Garden«, ein Stück aus meinem Album No Guru, No Method, No Teacher. *Eine Stelle darin lautet:*

Und dann, eines Tages
kamst du nach Hause zurück
Du warst ein Geschöpf, das entzückt war
Du hattest den Schlüssel zu deiner Seele
und du hast sie geöffnet
an dem Tag, in dem du in den Garten zurückkamst

Das Lied endet mit:

Im Garten, im
Garten, naß vom Regen
Kein Guru, keine Methode, kein Lehrer
Nur du und ich und die Natur
Und der Vater im Garten

Dr. Larry Dossey ist ein führender Spezialist für »Alternativmedizin«. Sein neuestes Buch, *Healing Words*, vergleicht alternative medizinische Methoden. Dr. Dossey ist Vorsitzender des Gesprächsforums über Mind/Body Interventions und des Office of Alternative Medicine, National Institute of Health.

DR. LARRY DOSSEY

AUTOR VON SPACE, TIME AND MEDICINE, SANTA FE, NEW MEXICO

»Krishnamurtis Bücher haben mein Leben verändert, so wie sie weltweit das Leben von Tausenden von Menschen beeinflußt haben. Seine Bücher sollen als das gesehen werden, was sie wirklich sind, als heilige Literatur.
– Larry Dossey

In diesem nachliterarischen Zeitalter sagt man häufig, daß die Bücher zu rational, zu intellektuell und zu sehr auf die linke Gehirnhälfte bezogen sind, als daß sie zum geistigen Fortschritt beitragen könnten. Dies ist Unsinn! Krishnamurtis Bücher haben mein Leben verändert, so wie sie weltweit das Leben von Tausenden von Menschen beeinflußt haben. Seine Bücher sollen als das gesehen werden, was sie wirklich sind – als heilige Literatur.

G.K. Chesterton hat einmal gesagt: »Das Christentum wurde nicht geprüft und ist durchgefallen, es wurde für schwierig erachtet und nicht geprüft.« Das gleiche könnte im wesentlichen auch über Krishnamurtis Lehre gesagt werden. Vielen ist sie zu schwierig, weil sie keine einfachen Formeln enthält. Eine Transformation war noch nie einfach, nichts, das man in einem Wochenendseminar erreichen könnte. Krishnamurti wußte dies natürlich, und ich schätze seine Weigerung, die Größe seiner Lehre zu banalisieren oder zu popularisieren.

Ist das Universum freundlich?« hat Einstein einmal gefragt. Wir könnten hier antworten: »Es muß freundlich sein, es gab uns Krishnamurti.«

Ein weiterer Teilnehmer dieses ausgedehnten Netzwerks von Freunden und Mitarbeitern Krishnamurtis ist Shigatoshi Takahashi. Krishnamurtis Botschaft stieß bei den unterschiedlichsten Berufsgruppen auf Widerhall, so auch bei einem Geschäftsmann.

Es gibt eine Geschichte, in der Krishnamurti auf seiner letzten Reise von Madras nach Los Angeles flog und einen Zwischenstop am Tokioter Flughafen machte, wo er Takahashi traf. Takahashi kaufte ein Ticket mit Rückflugkarte und kehrte nach dem Flug mit Krishnamurti nach Los Angeles sofort nach Tokio zurück, ohne den Flughafen von Los Angeles verlassen zu haben.

SHIGATOSHI TAKAHASHI

GESCHÄFTSMANN, TOKIO, JAPAN

EB: Was hat Krishnamurti Sie als Geschäftsmann gelehrt?

ST: Bevor ich auf Krishnamurtis Lehre stieß, wollte ich erfolgreich sein, ich wollte mit anderen konkurrieren, mich mit anderen vergleichen, ein Ziel haben, wollte etwas verwirklichen, Pläne machen, aber nachdem ich Krishnamurtis Lehre verstanden hatte, fand ich all dies völlig überflüssig, weil es auf einem egoistischen Handeln beruht, auf einem egoistischen Bewußtsein, das im Geschäftsleben Unheil anrichten kann. Wenn man frei, völlig frei davon ist, kann man sich im Geschäftsleben mühelos auf ein Ziel einstellen, das so befriedigend wie möglich ist. Dies ist mein gegenwärtiger Weg im Geschäftsleben. Ich genieße meine Arbeit mehr als zuvor.

EB: Falls Sie nicht an die Konkurrenz denken und sich aggressiv verhalten, werden sie dabei nicht ausgenutzt?

ST: Ich dachte dies am Anfang auch und hatte Bedenken, was wohl herauskommen würde, aber als ich einmal mein egozentrisches Tun vergessen hatte und mein Geschäft frei davon weiterführte, war das Resultat ganz anders.

EB: Reagierten die Menschen unterschiedlich auf Sie?

ST: Natürlich. Weil ich mich verändert hatte, konnten sie sich auch verändern. Als ich mich selbst verändert hatte, stellte ich fest, daß sich andere auch verändert hatten, und das Ergebnis war ganz anders, als ich es befürchtet hatte.

EB: Mit welchen Religionen haben Sie sich beschäftigt, und wie unterscheidet sich Krishnamurti von diesen Religionen?

»Plötzlich erkannte ich, daß ich von seiner Liebe umgeben, umhüllt wurde.«
– Shigatoshi Takahashi

ST: Ich hatte den Buddhismus studiert, und im Buddhismus wird einiges gefordert. Zum Beispiel zu meditieren, d.h. Zen-Meditation, zu fasten und ein langes Sutra vollständig abzuschreiben. Ich hatte ein langes Sutra von Hokekyo mit einem japanischen Pinsel abgeschrieben. Dies nahm mich eineinhalb Jahre lang jeden Morgen mindestens eine Stunde lang in Anspruch. Ich rezitierte morgens einige Sutren oder ging von einem Tempel zum anderen, kam so insgesamt in achtundachtzig Tempel. Aber Krishnamurti fordert von uns nur, die Dinge so zu sehen, wie sie sind, die Dinge wahrzunehmen und dies auf den Alltag anzuwenden.

EB: Es gibt in Japan eine alte Tradition der Meditation. Wie unterscheidet sich diese Tradition von dem, was Krishnamurti sagt?

ST: Bei der buddhistischen Meditation sitzt man normalerweise morgens oder abends oder sogar mitternachts für einige Stunden ruhig in der Ecke. In dieser Zeit konzentriert man sich auf etwas, auf ein Objekt. Aber Krishnamurti forderte dies nicht von uns. Statt dessen sagt er, ihr könnt vierundzwanzig Stunden ununterbrochen meditieren und könnt eure Meditation auf euer tägliches Leben anwenden, damit ihr die Dinge so seht, wie sie tatsächlich sind. Dies ist seine Meditation. So verstehe ich seine Meditationsweise, die Bedeutung seiner Meditation.

EB: Sie hörten Krishnamurtis Vorträge, Sie haben seine Bücher gelesen. Hat dies Ihr Leben verändert?

ST: Seine Lehre hat mich in der Tiefe verändert. Vorher war ich ein temperamentvoller, ein egoistischer Mensch. Aber nachdem ich auf seine Lehre gestoßen war und sie studiert hatte, ließen meine Arroganz und mein Egoismus nach. Nun empfinde ich Mitgefühl für alle, mit denen ich zu tun habe.

EB: Können Sie beschreiben, wie es war, als Sie Krishnamurti zuerst direkt begegnet sind und welche Wirkung dies auf Ihr Verständnis von seiner Lehre hatte?

ST: Als ich Krishnamurti gegenüberstand, wollte ich ihm diese und jene Frage stellen und auf die Antwort auf diese und jene Frage warten, aber als ich ihm tatsächlich gegenüberstand, erschien mir dies völlig überflüssig, da ich erkannt hatte, daß ich von seiner Liebe umgeben, umhüllt wurde, und ich wollte nur noch seine Hände anfassen und schütteln, ihm, der mich die Wärme seines ungeteilten Mitgefühls empfinden ließ.[97]

Eine einzigartige Frau, die in einem Augenblick in Krishnamurtis Leben trat, als ihre Gegenwart benötigt wurde, war Mary Zimbalist. Über einen langen

Du kannst meditieren, wenn du in einem Bus sitzt oder in einem Wald voller Licht und Schatten spazierengehst oder dem Gesang der Vögel lauschst oder in das Gesicht deines Partners oder Kindes blickst.

– Einbruch in die Freiheit, 1969

Zeitraum, in dem sie Krishnamurtis Vorträgen von Ojai nach Saanen und Indien folgte, entdeckte Mary, daß sie ihm helfen konnte; zuerst war sie seine Fahrerin, und später übernahm sie Funktionen wie die Beantwortung seiner Briefe, die Organisation seiner Termine, und sie begleitete ihn auf Reisen. Sie sagte: »Nützlich zu sein, wenn man von einem Menschen gebraucht wurde, dem man selbst mit Respekt begegnete und dem man helfen konnte, wo es ging.«

Von der Mitte der sechziger Jahre an hat sie ihr Leben in den Dienst Krishnamurtis und seiner Arbeit gestellt.

Später war Krishnamurti ihr Gast, wenn er in den Vereinigten Staaten weilte. Er wohnte in ihrem Haus in Malibu und schließlich im erweiterten Pine Cottage in Ojai. Die Zusammenarbeit dauerte bis zu Krishnamurtis Tod.

MARY ZIMBALIST

ASSISTENTIN KRISHNAMURTIS

EB: Sie standen Krishnamurti sehr nahe. Sie haben lange für ihn gearbeitet; konnten Sie irgendeinen Unterschied zwischen dem Menschen und seiner Lehre feststellen?

»Reden war seine Aufgabe, seine Verantwortung, und selbst wenn er krank war, erfüllte er diese Aufgabe, wenn er konnte. Ich glaube nicht, daß vielen Menschen klar ist, wie hart er gearbeitet hat.«
– Mary Zimbalist

MZ: Absolut keinen. Eine der vielen außergewöhnlichen Eigenschaften Krishnamurtis war, daß es keinerlei dunklen Zug an ihm gab. Er war das, was Sie sahen, was Sie spürten, aber nichts stand je im Widerspruch dazu. Ich weiß nicht, ob dies viele Menschen wahrgenommen haben, aber er war auch ein sehr menschlicher Mensch. Er lachte gerne, er mochte Witze, sah gerne fern und ging ins Kino. Er mochte Western, und manchmal, wenn mich die Gewaltszenen am Bildschirm die Augen schließen ließen, sagte er: »Schau diese Berge an!« und er meinte damit das Monument Valley. Während im Vordergrund die Menschen starben, verlor er sich in der Wüstenszenerie. Damals hatte er mich über Filme ausgefragt, und ich muß ihm erzählt haben, es sei kein wirkliches Blut, das man auf der Leinwand sieht, und wenn ich Angst hatte, beruhigte er mich, indem er sagte: »Alles kein Problem, es ist ja nur Tomatenketchup.« Er hatte diese liebenswerte und fast kindliche Art, und dennoch war er noch dieser grenzenlos außergewöhnliche Mensch.

EB: Wofür interessierte er sich noch? War er interessiert an Kunst, Literatur, Politik, Natur?

MZ: Er war empfänglich für die Schönheit der Sprache. Abgesehen von seiner wohlbekannten Vorliebe für Krimis – Thriller, wie er selbst sagte – die er zur Entspannung las, beschäftigte er sich meist mit Lyrik, und er las im Alten Testament, nicht aus religiösen Gründen, sondern wegen der Sprache. In der Kunst sprach er über die wunderbare Architektur der Akropolis, der gotischen Kathedralen, und er entdeckte etwas beinahe Heiliges an der Nike von Samothrake und der Schönheit der großen Maheshamurti-Statue in Elephanta. Was die Politik betrifft, so verfolgte er die Nachrichten, oftmals im Fernsehen und in den Wochenzeitungen. Er sprach mit den Menschen, fragte sie. Er war gut informiert, besser als Sie vielleicht denken mögen.

EB: Glauben Sie, daß er, politisch gesprochen, irgendwie einzuordnen war? War er liberal oder konservativ? Sprach er sich für solche Ansichten aus?

»Eine der vielen außergewöhnlichen Eigenschaften Krishnamurtis war, daß es keinerlei dunklen Zug an ihm gab. Er war das, was Sie sahen, was Sie spürten, aber nichts stand je im Widerspruch dazu.«
– Mary Zimbalist

MZ: Er war nicht sehr bewandert in der Politik, aber er tolerierte nicht die Streitigkeiten zwischen Menschen, den Kampf zwischen einzelnen Ländern, politischen Gruppen, Menschen unterschiedlichen Glaubens. Er wurde unruhig, wenn die Sprache auf solche Dinge kam.

Er hörte morgens gern Musik, während er frühstückte. Ich fragte ihn, was er hören wollte und fast immer antwortete er: »Suche etwas aus.« So versuchte ich zu erraten, was ihm gefallen würde. Am meisten liebte er Beethoven. Dann Mozart, Bach, Haydn, und manchmal mochte er einen besonderen Interpreten. Ich glaube, er mochte Richter, den ich oft auflegte.

EB: Sviatoslav?

MZ: Ja, und den großen italienischen Pianisten Michelangeli. Ich fragte ihn einmal, welchen von beiden er bevorzugte, und er dachte einen Augenblick lang nach und sagte: »Der eine ist wie der Schnee und der andere wie die Sonne.«

EB: Die meisten Menschen sehen in Krishnamurti eher einen Intellektuellen, aber die Tatsache, daß er Beethoven mochte, läßt ihn eher als Romantiker erscheinen.

MZ: Beethoven war sein Favorit. Aber wirklich bewegte ihn der Gesang, die Sanskrit-Gesänge, bei denen er wunderbar mitsang, aber er liebte auch die Gregorianischen Choräle.

EB: Es ist bekannt, daß er eine besondere Affinität zur Natur besaß, die jenseits unseres Umweltbewußtseins stand – eine wirklich tiefe Verbindung zur Natur.

MZ: Er interessierte sich mehr für die Natur, als für die visuelle Kunst. Er fühlte sich durch den Anblick eines Baumes oder eines Berges mehr bewegt, als durch ein Bild Leonardos. Er lehnte dies nicht ab, aber er sagte, die Schönheit der Natur, eines Baumes, sei jenseits von allem, was der Mensch erschaffen könne.

EB: Was den Künstler in seine Schranken verweist, nicht wahr? Eine etwas ernüchternde Erfahrung. Er hatte – und dies ist bekannt – eine Neigung zu mechanischen Dingen, etwas, das sich von den anderen Aspekten seines Lebens abhebt.

MZ: Er erzählte mir einmal, er habe, als er jung war, ein Auto zerlegt und wieder zusammengebaut. Und er achtete sehr auf seine Uhr, ließ sie in Genf sorgfältig prüfen, so daß sie auf die Sekunde fehlerfrei ging.

Er mochte diese Dinge. Ich fragte ihn einmal, was er in Indien tun würde, wenn er nicht das wäre, was er war? Wie würde er seinen Lebensunterhalt verdienen? Er sagte: »Oh, ich würde sicherlich bettelnd umherziehen.«

EB: Es ist interessant, sich auszumalen, was aus Krishnamurti geworden wäre, wenn er nicht in England eine europäische Ausbildung genossen hätte. Er wäre vielleicht in Indien »bettelnd umhergezogen«.

MZ: Er sagte, er wäre dann wohl bereits tot gewesen, weil er als Kind schwer krank war. Sein Bruder litt, wie wir wissen, unter Tuberkulose, und Krishnamurti hatte Narben in der Lunge. Er wäre eigentlich ein Pflegefall gewesen und nur, weil er auf seine Gesundheit achtete, blieb er am Leben.

EB: Nun eine andere Frage zu seinen Interessen: Krishnamurti war kein guter Schüler, als er jung war. Welchen Zusammenhang sehen Sie hier zu seinem Interesse an der Ausbildung von Kindern und Erwachsenen, zur Gründung von Schulen und Bildungszentren?

MZ: Ein zentraler Teil seiner Lehre gilt der Rolle des Wissens – dem Segen des Wissens und den Grenzen des Wissens. Wir brauchen das Wissen, um sprechen zu können, aber der Verstand darf nicht durch das Wissen beschränkt werden, er muß sich weiterentwickeln können. Er verwies immer wieder auf die Beschränktheit des Denkens, etwas, das fundamental für seine Lehre war. Er wollte bereits früh jungen Menschen helfen, die weniger konditioniert sind, um die Rolle des Wissens besser zu verstehen. Ich erinnere mich an einen der ersten Sommer in Gstaad, als er mit Freunden zusammen aß, die eine Photographie von ihm und seinem kleinen Bruder Nitya als Kind besaßen. Er sah das Photo lange an, als ob jemand anderes auf dem Bild wäre und sagte, er erinnere sich nicht mehr daran, aber als ich ihn fragte, was durch seinen Kopf ging, als er das Bild sah, sagte er: »Wenn wir nur verstehen könnten, warum der Junge nicht konditioniert war, warum trotz des Aufhebens, das man um ihn machte, kein bißchen davon an ihm hängengeblieben ist; vielleicht könnten wir anderen Kindern dabei helfen, ihre Konditionierungen zu verlieren.« Ich glaube, deshalb suchte er eine andere Art von Bildung, in der die Funktion des Denkens begriffen wird, in der das Potential des Gehirns verstanden wird, nicht einfach zu reflektieren, was man ihm beibringt oder was es bereits erfahren hat. Dies ist meiner Meinung nach der Grund für sein Interesse an der Schule. Nach Gründung der Brockwood Park School in England wollte er in der Oak Grove School in Ojai mit noch jüngeren Kindern arbeiten, um festzustellen, ob sie weniger konditioniert waren. Ich fürchte, man könnte den Eindruck gewinnen, daß Kinder bereits von der Krippe her konditioniert sind, daß er versuchte, die Kinder aus ihren Konditionierungen zu befreien.

Er sah das Photo lange an, als ob jemand anderes auf dem Bild wäre und sagte, er erinnere sich nicht mehr daran, aber als ich ihn fragte, was durch seinen Kopf ging, als er das Bild sah, sagte er:» Wenn wir nur verstehen könnten, warum der Junge nicht konditioniert war, warum trotz des Aufhebens, das man um ihn machte, kein bißchen davon an ihm hängengeblieben ist; vielleicht könnten wir anderen Kindern dabei helfen, ihre Konditionierung zu verlieren.«
– Mary Zimbalist

EB: Glauben Sie, er hatte jemals den Eindruck, die Schulen seien erfolgreich gewesen? Konnten sie den Kindern helfen?

MZ: Ich denke, er hat sich hier nie Grenzen gesetzt, und deshalb hätte er nie gesagt: »Dies ist alles bereits gut so.« Er hätte eher darauf hingewiesen, was falsch war und festgestellt, was man verbessern könnte. Er verteilte keine Beifallsbekundungen, was nicht heißt, daß er stets etwas auszusetzen hatte. Er sah eine Unzulänglichkeit oder die Notwendigkeit zu einer Verbesserung, und er versuchte dann, die Tür dorthin zu öffnen, aber es gab nie einen Moment, in dem er einfach sagte: »Dies war eine gute Arbeit.« Ich glaube, er dachte nie in diesen Kategorien. Vortrefflichkeit war die Qualität, die er suchte, und sie war für ihn nicht definiert.

EB: War er enttäuscht, wenn sich die Dinge nicht so entwickelten, wie er es erwartete?

MZ: Oh, er hätte es dann sicherlich gesagt. Wenn etwas schiefging, wies er die Menschen darauf hin, nicht in einer persönlichen, verletzenden Art und Weise, sondern er sagte dann: »Seht doch, was ihr da tut.«

EB: Krishnamurtis Sprache veränderte sich in den Jahren, er schien mit zunehmender Klarheit und Schärfe zu sprechen.

MZ: Ja, er gab sich Mühe mit dem Gebrauch der Worte. Vor Vorträgen bat er mich, Bedeutungen im Wörterbuch nachzuschlagen, oft ging es ihm um die Ableitung eines Wortes. Er bereitete seine Vorträge nicht wie die meisten Menschen vor, sondern er hatte eine bestimmte Richtung im Sinn.

EB: Er machte sich nie Notizen?

MZ: Nie während meiner Zeit. Er sagte oft im Wagen, wenn wir zu einem Vortrag fuhren: »Worüber werde ich heute sprechen?« Ich antwortete ihm nie, aber beinahe jedes Mal hielt er einen großartigen und außergewöhnlichen Vortrag.

EB: Wie bewerten Sie dies, wenn Sie zurückdenken, als sie ihn selbst im Radio sprechen hörten und von den Worten überwältigt wurden und wenn sie an den Satz: »Worüber werde ich heute sprechen?« denken?

MZ: Es kam bei ihm einfach. Er hörte nicht einmal gerne seine eigenen Tonbänder an. Wenn es vorüber war, war es für ihn erledigt. Er wollte den Dingen frisch entgegentreten, und als er damit begann, schriftliche Fragen entgegenzunehmen, so wollte er sie vorher nicht sehen. Die Menschen warfen Zettel in eine Schachtel, und ich sammelte sie ein und sortierte sie entsprechend ihrem Inhalt. Fragen zur Angst – beinahe die Mehrzahl – und Nationalismus, Eifersucht, Gier, Gurus, all diese unterschiedlichen Themen, und ich schrieb sie auf das Papier, das er mitnahm.

Er plante nie, was er sagen würde, aber er wählte eine Frage aus, las sie vor dem Publikum vor, untersuchte sie, als ob er sie durch ein himmlisches Mikroskop ansehen würde, und diese wunderbare Reflexion entstand in seiner eigenen Sprache.

EB: Wenn Sie ihn zu einem Vortrag fuhren, hatte er je einen inneren Widerstand gegen den Vortrag gezeigt, hatte er gesagt: »Ich bin so müde« oder »Ich habe heute keine Lust dazu«?

MZ: Nein. Reden war seine Aufgabe, seine Verantwortung, und selbst wenn er krank war, erfüllte er diese Aufgabe, wenn er konnte. Ich glaube nicht, daß vielen Menschen klar ist, wie hart er gearbeitet hat. Seit mehr als siebzig Jahren war sein Leben durch Vorträge, Schreiben, private Begegnungen mit Menschen, Diskussionen mit Lehrern, Studenten, gelehrten Menschen und fortwährendem Reisen ausgefüllt. Es war eine harte, ständige Arbeit. Nur wenn er korperlich nicht in der Lage war, machte er eine Pause. Und sogar dann geschah es, wenn er schwerkrank mit Fieber zwei Tage vor einem Vortrag im Bett lag, daß er am Tag der Rede wider Erwarten sprechen konnte. An solchen Tagen war er bereit, und alles lief ab, wie geplant. Er stand früh auf, der Wagen stand rechtzeitig vor dem Haus. Wenn ich fuhr, startete ich den Motor, wenn ich ihn kommen hörte, öffnete die Tür, und in Saanen erreichten wir das Zelt beispielsweise genau im richtigen Augenblick, damit er es betreten und auf die Bühne gehen konnte. Er machte keine Pausen oder, Gott bewahre, kam je zu spät!

EB: Mary, Sie haben gehört, daß einige Menschen der Meinung sind, jemand anderes habe durch Krishnamurti gesprochen; dies war insbesondere in den frühen Tagen der Fall. Hatten Sie je den Eindruck einer Wesenheit, die durch Krishnamurti gesprochen hat?

MZ: Nein, ich hatte nie diesen Eindruck. Für mich ist dies Unsinn, weil Krishnamurti in jedem Augenblick sprechen konnte, als ob er auf der Bühne stand. Falls am Mittagstisch während einer Unterhaltung ein wichtiges Thema berührt wurde, sprach er mit der gleichen Tiefe und Aufmerksamkeit. In privaten oder öffentlichen Interviews sprach er so. Dieses war Krishnamurti selbst, kein Geist, der durch ihn sprach. Aber oft auf der Bühne empfand man in ihm eine enorme Energie, und es schien, daß er aus dieser Energie heraus zum Herzen der Dinge vorstieß, über die er sprach. Dieses mag Spekulation sein, aber man konnte es intensiv wahrnehmen. Ich fühlte es. Es kam alles aus seiner Intelligenz, seiner eigenen Wahrnehmung.

EB: Und dennoch schien er eine Verbindung zu dem zu haben, was er »das Andere« nannte; wie sah die Beziehung, falls es eine solche gab, zwischen dem Anderen, seinen Vorträgen und seinem Leben aus?

MZ: Er sprach nie über eine solche Führung, aber er sprach sehr oft über das Andere, das Unermeßliche – all die wunderbaren Worte, die er dafür benutzte – und das, was er Meditation nannte, kam gewöhnlich nachts zu ihm.

EB: Schlief er und wachte dann auf?

MZ: Ich weiß es nicht, weil er nur wenig darüber sprach, aber er sagte oft: »Ich hatte gestern abend eine außergewöhnliche Meditation«, und einige Male, wenn ich allein mit ihm war oder wir spazierengingen – vor allem auf einem Spaziergang, wo er gerne schwieg und die Natur ansah – konnte man fühlen, daß er sehr weit weg war. Etwas geschah oder war gegenwärtig. Man konnte es manchmal fast fühlen.

EB: Haben Sie selbst einen Sinn für das Andere?

MZ: Ich empfinde eine unsichtbare Kraft.

EB: Es ist so, als ob man das Radio anstellt und dabei einen Sender wählt und ein Konzert oder die Nachrichten hört. Offenbar konnte sich K auf diese Energie einstellen, die uns alle umgibt.

»Er sprach sehr oft über das Andere, das Unermeßliche – all die wunderbaren Worte, die er dafür benutzte – und das, was er Meditation nannte, kam gewöhnlich nachts zu ihm.«
– Mary Zimbalist

MZ: Gewissermaßen. Wiederum mag dies nur meine Phantasie sein, aber es ist, als ob es etwas gebe, das namenlos ist, aber das man als Intelligenz oder Wahrheit oder Schönheit bezeichnen kann – aber die meisten von uns sind blind und haben kein Gefühl dafür.

EB: Konnte er dies wahrnehmen?

MZ: Er sagte, daß Meditation nicht willentlich geschehe, es sei etwas, das auf einen zukommen muß.

EB: Beschrieb er den Sinn der Meditation? Natürlich hat er darüber geschrieben und in seinen Vorträgen gesprochen, aber hat er mit Ihnen über die Meditation geredet?

MZ: Er sprach darüber, daß es wichtig sei, ruhig zu werden, sehr ruhig und keine Gedanken ins Bewußtsein treten zu lassen. Die Assoziationen, die im allgemeinen durch unseren Kopf ziehen, werden zurückgedrängt; man sollte sie nicht bewußt aufhalten, sondern ihnen einfach nicht folgen. Man beobachtet sie und läßt sie vorüberziehen. Man lernt davon. Wenn wir über diese Dinge sprachen, ging es meist darum, wie man ruhig wird, den Verstand kontrolliert, nichts tut, nichts will oder beeinflußt. Er kannte viele Definitionen über Meditation, sie stehen fast alle in seinen Büchern. Wesentlich war für ihn ein ruhiger Geist. Er besaß diese Ruhe, er geriet sogar einmal während eines Fluges in diesen meditativen Zustand.

EB: Aber in seinen Büchern schreibt er, Meditation sei nichts gewesen, das er mit dem Willen angestrebt habe.

MZ: Man kann Meditation nicht erzwingen, sagte er. Als er am Ende so krank war, geriet er trotz aller Schmerzen in diesen meditativen Zustand. Er sagte: »Etwas Anderes lenkt, was mit mir geschehen wird. Wenn der Körper nicht länger das Leben unterstützt, endet es.« Und genau dies geschah.

EB: Heißt dies, daß es noch etwas Anderes gibt?

MZ: Ja. Nicht in dem Sinn, daß er nur ein Instrument dessen war, sondern daß die Umsetzung davon seine Aufgabe war; davon sprach er, und als er nicht mehr länger sprechen konnte, war sein Leben zu Ende.

EB: Glauben Sie, daß der Grund für sein Leben war, die Lehre zu verbreiten?

MZ: Ja, es war sein Leben. Ein persönliches Leben existierte, aber das andere Leben war seine Wirklichkeit.

EB: Seine letzten Tage müssen für Sie dramatisch gewesen sein.

MZ: Er hatte seit einiger Zeit von seinem Tod gesprochen. Er wußte, daß er bald sterben würde, er wollte seine Aufgabe zu Ende bringen, und er tat es auch. Sein Verstand war ganz klar, unberührt von der Krankheit, dem Schmerz oder den Medikamenten, und als sein Körper schwächer wurde, war es unendlich schmerzhaft, ihn sprechen zu hören, weil seine Stimme so schwach war, aber er war Krishnamurti bis ans Ende im vollsten Sinne dessen, was er immer gewesen war.

EB: Sie haben Krishnamurti als Wurzel dieser Lehre beschrieben; was war diese Quelle, woher kam sie?

MZ: Ich weiß es nicht. Alles, was ich darüber sagen kann, stammt nur aus meiner Phantasie, und dies ist unwichtig. Ich kann versuchen, es mit Worten zu beschreiben, aber es ist nur meine Spekulation darüber. Es ist so, als ob es abstrakte Wirklichkeiten gibt – Intelligenz, Schönheit, Liebe – Qualitäten, über die er sprach. Sie sind nicht das Produkt des menschlichen Verstandes. Man könnte auch Gott dazu sagen, solange es hier nicht um das Bild Gottes in der Phantasie geht. Man kann es auch anders nennen, aber es handelt sich jedenfalls um Aspekte einer grenzenlosen Lebenskraft. Ich denke, dies war für Krishnamurti Wirklichkeit und, wenn Sie so wollen, seine Quelle.

»Er hatte seit einiger Zeit von seinem Tod gesprochen. Er wußte, daß er bald sterben würde, er wollte seine Aufgabe zu Ende bringen, und er tat es auch. Sein Verstand war ganz klar, unberührt von der Krankheit, dem Schmerz oder den Medikamenten.«
– Mary Zimbalist

EB: Es gibt einige Menschen, die in Krishnamurti eine neue evolutionäre Stufe der menschlichen Entwicklung sehen, den Prototyp eines neuen Menschen. Ist dies eine Möglichkeit?

MZ: Ich kann nichts über einen Prototypen sagen, aber für mich war sein Leben der Beleg dafür, daß ein Mensch die Fähigkeit zu einer außergewöhnlichen Intelligenz und Wahrnehmungsfähigkeit und einer Lebensführung besitzt, die anders als die der meisten Menschen ist. Er war Wirklichkeit und existierte nicht nur in meiner Phantasie.

Zweifellos werden manche sagen, ich habe in ihn mein Idealbild projiziert. Aber für mich ist es zweifellos klar, daß dieser Mensch das darstellte, was er sagte und lebte. In all den Jahren, in denen ich in seiner Nähe gelebt habe, habe ich nie etwas wahrgenommen, das dem widersprochen und mit seiner Lebensweise nicht in Einklang gestanden hätte. Es gab keine Widersprüche. Sehr oft hatte ich den Eindruck von etwas Heiligem.

EB: Mary, offensichtlich hat Krishnamurti einen enormen Einfluß auf Ihr Leben ausgeübt; wie würden Sie diesen Einfluß beschreiben?

MZ: Ich weiß nicht, wie ich es charakterisieren sollte. Ich möchte nicht trivial wirken, wenn ich sage, daß ich nicht weiß, warum ich das Glück hatte, in seiner Nähe zu sein. Wenn es etwas gab, das ihn suchte, so waren die Menschen, die zu ihm kamen, dessen Instrumente. Ich meine nicht, daß ich vom Himmel gesandt wurde, um etwas für ihn zu tun, ich war ganz einfach da und es geschah alles, und das Gute daran überwältigte mich, aber ich kann es nicht ermessen oder beschreiben, ich war ganz einfach privilegiert, jenseits aller Worte gesegnet, um in seiner Nähe sein und in kleinen Dingen nützlich sein zu können, um Dinge zu tun, die getan werden mußten.

EB: Wie würden Sie Krishnamurtis Einfluß auf die Welt beschreiben?

Andere Seite: Vorstellung des Vortragenden durch Evelyne Blau in Oak Grove, 1984

MZ: Ich glaube, daß sein Einfluß auf diese Welt dem Ausbringen einer Saat gleichkommt. Ich glaube, daß man vielleicht in kommenden Jahren, in hundert Jahren zurückblicken wird und dies als eine außergewöhnliche Zeit sehen wird, in der Krishnamurti auf dieser Erde gelebt hat. Falls man auf die menschliche Geschichte zurückblickt, wieviel Menschen haben damals oder in den folgenden Jahrhunderten von Buddha gehört, aber das, was er gesagt hat, hat das Leben von unzähligen Menschen zweitausend Jahre später beeinflußt. Ich glaube, daß Krishnamurti zu dieser Kategorie zählt, und daß wir tun müssen, was wir können, um seine Lehre bekannt zu machen, denn sie ist und wird für die Menschheit außerordentlich wichtig sein.

Ich empfinde heute die Verantwortung dafür, den genauen Wortlaut dessen zu erhalten, was er gesagt und gelehrt hat. Für diejenigen unter uns, die ihn kannten, ist dies die höchste Verantwortung: die Authentizität seiner Lehre zu erhalten und zu beschützen, damit sie noch in weiteren Jahrhunderten so existiert, wie er sie uns gegeben hat, ohne irreführende Interpretationen durch andere. Aber es gibt noch eine größere Verantwortung für diejenigen, die ihn gekannt und ihm zugehört haben: Seine Lehre in ihrem Leben, in ihren Beziehungen zu anderen zu reflektieren. Es geht darum, die Wirklichkeit zu leben, nicht nur die Worte seiner Lehre.[98]

Als er am Ende seines Lebens gefragt wurde: »Warum halten Sie in Ihrem Alter noch Vorträge, reisen um die Welt, sprechen mit anderen Menschen?« da dachte er für einen Augenblick nach und sagte ganz einfach: »Aus Liebe.«
– Mary Lutyens

Mary Lutyens, deren Mutter, Lady Emily Lutyens, mit Krishnamurti befreundet war, seit er 1911 erstmals nach England kam, wurde bereits früher in diesem Buch vorgestellt. Sie hat über Krishnamurti in ihren ausführlichen und ausgezeichneten Biographien geschrieben, die sein ganzes Leben wiedergeben.

MARY LUTYENS

AUTORIN, LONDON

Eine Eigenschaft Krishnamurtis war sein liebevolles Wesen. Die Liebe war ein Teil seiner Lehre. Als er am Ende seines Lebens gefragt wurde: »Warum halten Sie in Ihrem Alter noch Vorträge, reisen um die Welt, sprechen mit anderen Menschen?« da dachte er für einen Augenblick nach und sagte ganz einfach: »Aus Liebe.« »Warum bleiben Sie dann nicht an einem Ort und warten auf Ihre Zuhörer?« »Weil die meisten von ihnen nicht das Geld haben, um zu reisen.« Er besaß etwas sehr Schönes und wollte es in seiner Liebe mit anderen teilen. Er sagte: »Ich biete ihnen etwas an, und falls sie es nicht wollen, ist dies auch gut so. Ich bedränge sie nicht, mir zuzuhören.«

Er sah die Liebe anders, als die meisten von uns sie sehen. Man kann nur sagen, was Liebe ist, wenn man herausfindet, was sie nicht ist. Liebe ist nicht Eifersucht, Liebe ist nicht Besitzgier, Liebe ist nicht dies oder das. Nur wenn man alles ausschließt, das nicht Liebe ist, so kann man diese außergewöhnliche Flamme entdecken, die jeder möchte und nach der jeder sucht. Weil diese Menschen vielleicht nicht die Wahrheit, sondern die Liebe suchen.

1985 war für Krishnamurti ein Jahr mit vollem Terminplan, wie es alle anderen Jahre auch gewesen waren. Nach seinem Indienaufenthalt und den üblichen Vorträgen reiste er wieder nach Ojai. Dort kam er unter die Obhut eines neuen Arztes, Dr. Gary Deutsch, aus dem nahen Santa Paula. Es war gut, einen sachkundigen Arzt in der Nähe zu haben, jemanden, zu dem er großes Vertrauen hatte.

DR. GARY M. DEUTSCH.

KRISHNAMURTIS ARZT, SANTA PAULA, KALIFORNIEN

NOTIZEN AUS EINEM MEDIZINISCHEN TAGEBUCH

21. März 1985

Ich traf Jiddu Krishnamurti zuerst in meiner Praxis in Santa Paula, einer von unzähligen anderen Patienten. Jedoch erfuhr ich bald, daß diese Begegnung wie keine andere Beziehung zwischen Arzt und Patient sein sollte, die ich bisher hatte. Ein kleiner, alter, dunkelhäutiger Mann, der jünger erschien als sein ausgewiesenes Alter von neunundachtzig Jahren, wäre die medizinische Standardbeschreibung gewesen. Nachdem ich mit ihm gesprochen hatte, war es ganz klar, daß er kein gewöhnlicher Patient war.

Ich war als Krishnamurtis Arzt von seiner Mitarbeiterin und Freundin Mary Zimbalist »überprüft« worden. Ich hatte sie im Monat vorher gesehen, als sie als Patientin zu mir kam. Ich erkannte kaum, daß weniger ich sie untersuchte, sondern sie mich »untersuchte«. Ich muß die Prüfung erfolgreich durchlaufen haben, da später im selben Monat Krishnaji mein Patient wurde. Was mir zuerst auffiel, war die Tatsache, wie höflich er war. Ich wußte nichts von seiner Lehre oder seinen Schriften und noch weniger von seinem Bekanntheitsgrad. Dies änderte sich sofort, als ich mich gezwungen sah, etwas mehr über den Menschen und seine Arbeit zu erfahren. Ich war von dem guten Zustand von Krishnajis Körper beeindruckt, als ich ihn untersuchte. Für einen Mann von neunundachtzig Jahren hatte er eine bemerkenswert gute Haut, Haare und Zähne. Ich schrieb dies seiner vegetarischen Ernährungsweise, seiner Sorgfalt, seinen Übungen und der Kontrolle seines Nervensystems zu, die den internen Streß verminderte. Er ging täglich spazieren und führte dabei Atemübungen durch.

25. April 1985

Krishnaji war gerade aus New York zurückgekommen, wo er vor den Vereinten Nationen gesprochen hatte. Seine Diabetes war nur ungenügend kontrolliert worden, und seine Medikamente wurden in meiner Praxis darauf eingestellt. Er sah ganz gesund aus und erzählte die meiste Zeit von New York, seinen Taxifahrern und den Autos. Er besaß ein besonderes Interesse an Autos und wie sie funktionierten, den Marken, den Modellen und ihren Motoren. Er fragte mich, welchen Wagen ich fuhr, und ich sagte ihm, es sei ein 1982er Volvo. Er nickte zufrieden.

Mai 1985

Ich hatte etwas von Krishnaji gelesen, und meine Frau und ich hatten die Oak Grove-Vorträge im Mai 1985 besucht. Ich wußte damals nicht, daß es seine letzte

Rede in Oak Grove sein würde. Ich fand die Schule und das heitere Oak Grove sehr ruhig, und es schien einem Denken zu entsprechen, das auf die siebziger Jahre zurückging. Meine Frau Deborah und ich sprachen über seine Rede im Wagen auf der Fahrt nach Hause. Wir hatten beide den Eindruck, daß er zum Denken anrege, aber viele seiner Gedanken und seine Lehre erschienen uns, einem jungen Arzt und seiner Frau, die in den turbulenten achtziger Jahren drei Kinder aufzogen, zu wenig praxisorientiert. Ich vermutete, daß man aus Krishnamurtis Lehre wählen müsse, um seine eigenen Bedürfnisse und seinen Lebensstil wiederzufinden. Die Tatsache, daß wir darüber sprachen, war ein Beginn.

Kennedy Center, Washington, D.C. Mary und David Essel am Büchertisch nach Krishnamurtis Vortrag

Den April verbrachte Krishnamurti in New York, wo er vor den Vereinten Nationen sprach und eine silberne Friedensmedaille in Empfang nahm. Es ging weiter nach Washington, D.C., wo Senator Claibourne Pell im Kongreß einen Empfang gab. Am 20. April sprach Krishnamurti zweimal im Kennedy Center vor einem begeisterten und aufmerksamen Publikum. Später, am Dulles Airport, war es erstaunlich zu sehen, wie Krishnamurti aus dem gewaltigen Fenster den ankommenden und abfliegenden Flugzeugen aus aller Welt wie ein wachsames und ernstes Kind zusah.

Nach den Vorträgen in Ojai, Saanen und Brockwood hatte seine Energie merklich abgenommen. Die Spaziergänge wurden kürzer, und als er nach Indien zurückgekehrt war, fühlte er sich sehr schwach und nahm seine Mahlzeiten im Bett ein. Dr. Parchure, sein langjähriger Freund und medizinischer Berater, der oft mit ihm unterwegs war, wenn er nicht in Ojai weilte, wurde durch den Gewichtsverlust alarmiert – er wog noch siebenundneunzig Pfund.

In Madras war es augenfällig, daß er nicht länger sprechen konnte. In seinem vorletzten Vortrag, am 1. Januar 1986, sprach er zum Teil über den Tod.

Wir möchten gerne wissen, was es bedeutet zu sterben, während wir leben – und nicht Selbstmord zu begehen; ich spreche nicht über diesen Unsinn. Ich möchte für mich herausfinden, was es bedeutet zu sterben, das heißt, können wir völlig frei von allem sein, das der Mensch erzeugt hat, einschließlich frei von uns selbst?

Was bedeutet es, zu sterben? Wir geben alles auf. Der Tod trennt uns mit einem sehr scharfen Messer von unseren Errungenschaften, unseren Göttern, unserem Aberglauben, unserem Verlangen nach Trost, nach einem nächsten Leben und so weiter. Ich habe vor, herauszufinden, was die Bedeutung des Todes ist, weil dies so wichtig wie das Leben ist. Wie können wir tatsächlich und nicht nur theoretisch herausfinden, was es bedeutet zu sterben? Ich will tatsächlich herausfinden, so wie Sie es herausfinden möchten. Was bedeutet es zu sterben? Stellen Sie sich selbst die Frage. Wenn wir jung oder sehr alt sind, die Frage ist immer da. Es bedeutet, völlig frei zu sein, völlig ungebunden zu sein von allem, das der Mensch zusammengefügt hat oder was Sie zusammengefügt haben, völlig frei davon zu sein. Keine Errungenschaften, keine Götter, keine Zukunft, keine Vergangenheit. Sehen Sie die Schönheit dessen, diese Größe, diese außergewöhnliche Stärke – zu sterben, während wir leben. Verstehen Sie, was dies bedeutet? Während Sie leben, sterben Sie in jedem Augenblick, so daß Sie im Leben nicht an den Dingen anhaften. Das ist die Bedeutung des Todes.

Leben heißt also zu sterben. Verstehen Sie dies? Zu leben bedeutet, jeden Tag alles aufzugeben, an dem man anhaftet. Ist Ihnen dies möglich? Eine sehr einfache Tatsache, aber mit einer enormen Bedeutung. Jeder Tag ist ein neuer Tag. An jedem Tag sterben Sie und inkarnieren sich neu. Darin liegt eine enorme Vitalität und Energie verborgen, denn es gibt nichts mehr, vor dem Sie Angst haben. Es gibt nichts, das Sie verletzen könnte. Verletzt zu werden, gibt es nicht mehr.

Alle Dinge, die der Mensch zusammengefügt hat, müssen vollkommen aufgegeben werden. Dies ist die Bedeutung des Sterbens. Können Sie dies tun? Werden Sie es versuchen? Werden Sie damit experimentieren? Nicht nur für einen Tag, sondern an jedem neuen Tag. Ihr Gehirn wurde dafür nicht trainiert. Ihr Gehirn ist so sehr konditioniert, durch Ihre Ausbildung, durch Ihre Tradition, durch Ihre Bücher, durch Ihre Professoren. Es ist nötig herauszufinden, was Liebe bedeutet. Liebe und Tod gehören zusammen. Der Tod sagt, sei frei, hafte nicht an, du kannst nichts mitnehmen. Und die Liebe sagt, die Liebe sagt – es gibt kein Wort dafür. Die Liebe kann nur existieren, wenn es Freiheit gibt, die nicht von Ihrer Frau, einer neuen Freundin oder einem neuen Mann kommt, sondern das Gefühl, die enorme Stärke, die Vitalität, die Energie einer vollständigen Freiheit.[99]

– MADRAS, 1. JANUAR 1986

DR. DEUTSCHS MEDIZINISCHES TAGEBUCH

(FORTSETZUNG)

30. Dezember 1985

Ich (Dr. Deutsch) erhielt einen Anruf von Mary, in dem sie mir mitteilte, daß Krishnaji in Indien sehr krank wurde und in Ojai am 13. Januar 1986 eintreffen würde. Ich bereitete mich darauf vor, ihn an diesem Tag in meiner Praxis zu treffen.

13. Januar 1986

K war in Indien sechs Monate lang krank gewesen, in diesem Zeitraum hatte er ungefähr zehn Pfund verloren. Er fühlte sich ein wenig besser, da er Zuhause war, aber er war offensichtlich erschöpft und hatte Schwierigkeiten mit der Einnahme seiner Nahrung. Bei der Untersuchung schien er anders zu sein, seine Farbe sah nicht gut aus, und er hatte nicht die robuste Stimme, die er zuvor gehabt hatte. Labor-Untersuchungen wurden durchgeführt, und seine Leberwerte waren stark erhöht und deuteten an, daß dies ein ernster Zustand war.

22. Januar 1986

Ich überzeugte Krishnamurti, daß er zur intravenösen Ernährung und Dekompression seines Magens mit einem Tubus ins Krankenhaus mußte, denn er hatte Fieber, erbrach sich und konnte nichts essen. Er stimmte zu, ins Krankenhaus von Santa Paula zu gehen. Er kam auf die Intensivstation, weil dort die beste Pflege möglich war und er wirklich krank war. Zuerst war es schwierig, sich im Krankenhaus um ihn zu kümmern, weil er kein gewöhnlicher Patient war. Er war weltberühmt, aber ich mußte ihn wie jeden anderen Patienten untersuchen und es ihm gleichzeitig so bequem wie möglich machen. Wir machten es möglich, daß sich in der Intensivstation Mary wie auch Scott Forbes (aus Brockwood Park) an seinem Bett vierundzwanzig Stunden aufhalten konnten. Ich war von der Hingabe und äußersten Liebe gerührt, die diese beiden Menschen für Krishnamurti zeigten. Für die nächsten sechs Wochen war stets einer von beiden an seiner Seite. Ich erbat die Unterstützung einiger Kollegen, darunter ein Chirurg, Onkologe, Urologe und Röntgenologe, da ich nichts übersehen wollte. Es wurde bei der Untersuchung deutlich, daß Krishnamurti an einer Bauchspeicheldrüsen-Fehlfunktion litt, die von einem Karzinom herrührte. Der Bluttest, der dafür sprach, wies äußerst hohe Werte auf, und eine weitere

Ich sah einen Abend über einer dünnbesiedelten Stadt, ein Vogel flog beschwingt zu seinem fernen Zuhause.
– Star Bulletin, August 1930

Untersuchung war nicht notwendig. Dieser Test konnte die Existenz von Tumoren bestätigen und war gerade erst in den Handel gekommen. Leider waren die Werte sehr hoch, und es gab keine Zweifel an der Diagnose eines Bauchspeicheldrüsen-Karzinoms. Dies war eine schlechte Prognose, da in diesem Fall keine medizinische Heilung möglich war. Jedoch war ich froh, daß keine weiteren Untersuchungen oder Behandlungen nötig waren, da er nur ungern im Krankenhaus war. Ich fühlte mich verpflichtet, ihn vor weiteren Untersuchungen zu schützen und veranlaßte, daß er so schnell wie möglich nach Hause kam, wo er ebenso ärztlich versorgt werden konnte. Am 30. Januar 1986 wurde er nach Ojai gebracht, um an den Ort zu kommen, wo er seine Lehre in den Vereinigten Staaten zuerst verbreitet hatte. Er erzählte mir, bevor er das Krankenhaus verließ, daß er zu Hause und nicht in einem Krankenhaus sterben wollte. Er bat mich, ihn so gut wie möglich zu versorgen, und ich versprach ihm, daß ich dies tun würde. Er sprach über seinen Körper in der dritten Person und wollte nicht, daß er Schmerzen leiden mußte.

In Krishnamurtis letzten Tagen versammelten sich Freunde und Mitglieder der Foundation aus der ganzen Welt in Ojai – drei Monate vor Krishnamurtis einundneunzigstem Geburtstag. Nach über siebzig Jahren, die er mit Vorträgen und Gesprächen verbracht hatte, gab es noch viel zu sagen. Organisatorische Dinge mußten erledigt werden, und die Beziehung zwischen den Foundations mußte geklärt werden. Damals wurden einige der anwesenden Mitglieder für den Film *Krishnamurti: With a Silent Mind* interviewt. Viele dieser Interviews erscheinen in diesem Buch, darunter das Interview mit Asit Chandmal, der Krishnamurti seit seiner Kindheit gekannt hat. Asit ist der Autor des Photobandes *One Thousand Moons: Krishnamurti At 85*.

ASIT CHANDMAL

AUTOR UND MANAGEMENTBERATER, BOMBAY, INDIEN

EB: Was war ihr Eindruck von Krishnamurti in diesen letzten Tagen seines Lebens? Haben Sie irgendwelche Veränderungen bei ihm bemerkt?

AC: Wenn Sie seine letzten Tage meinen, so hat er uns allen klargemacht, daß sein Körper sterben würde. Meinen Sie dies?

EB: Ja.

AC: Ich war Ende Dezember 1985 in Singapur und erhielt einen Anruf, in dem man mir mitteilte, daß Krishnaji in Madras sehr krank war, und so flog ich sofort in der Nacht des 31. Dezembers los und traf ihn am Morgen des 1. Januars. Er lag im Bett, aber er erschien so wachsam wie immer. Er nahm sein Frühstück zu sich, und wir sprachen über viele Dinge, wie wir es in der Vergangenheit getan hatten, und abgesehen von der Tatsache, daß er im Bett frühstückte, war da kein Unterschied in seiner Art, seinen Bewegungen, der Energie, in seiner Stimme. Er sprach am gleichen Abend vor einer großen Zuhörerschaft, ungefähr sechstausend Menschen, und er sprach mit einer außergewöhnlichen Energie eineinhalb Stunden lang, wie üblich ohne Aufzeichnungen. Er hatte mir morgens erzählt, daß er sterben würde, daß er vielleicht noch einige Wochen hatte, und damals wußten wir nicht, daß er an Krebs erkrankt war, und ich glaube, er wußte es auch nicht, aber im Abendvortrag sprach er über

Tod und Angst und daß er keine Angst vor dem Tod habe. Dies beeindruckte mich sehr, und am nächsten Tag, als ich ihn traf, begann er damit, mir Fragen über Computer zu stellen, und da meine Tochter bei mir war und sie sich sehr für Genetik interessiert, setzte er sich im Bett auf, und es gab eine sehr interessante Diskussion über das, was aus Krishnajis Sicht geschehen würde, wenn Computer und Genetik aufeinanderträfen, wenn beide Technologien zusammenkamen, was mit dem menschlichen Verstand geschehen würde. Er war ganz Krishnamurti, voller Energie, mit einer kräftigen Stimme und großer Einsicht in das Thema, über das er sprach.

Zwei Tage später hielt er seinen letzten Vortrag. Er erzählte dem Publikum, sein Körper sei neunzig und er könne nicht weitermachen, deshalb sei dies die letzte Rede. Noch einmal sprach er mit großer Energie, und ich glaube, in der Menge war keiner, der geglaubt hätte, daß dieser Mann an Krebs sterben würde und das Ende so nahe war, denn seine Art zu sprechen war exakt wie fünf Jahre, zehn Jahre, dreißig Jahre früher.

»Er sprach am gleichen Abend vor einer großen Zuhörerschaft, ungefähr sechstausend Menschen, und er sprach mit einer außergewöhnlichen Energie eineinhalb Stunden lang, wie üblich ohne Aufzeichnungen. Er hatte mir morgens erzählt, daß er sterben würde, daß er vielleicht noch einige Wochen hatte.«
– Asit Chandmal

Er flog in der Nacht zum 10. Januar zurück nach Kalifornien, und an diesem Abend machte er seinen üblichen Spaziergang am Strand von Adyar, wo man ihn entdeckte, und am Ende des Weges tat er etwas, daß ich nie vorher bei ihm gesehen hatte. Alle gingen ins Haus hinein. Er blieb am Strand zurück und blickte das Meer und den Himmel leise an. Er stand so für einige Sekunden da, schaute das Meer und den Himmel in einer Richtung an, dann drehte er sich in eine andere Richtung und er tat dies in alle vier Himmelsrichtungen, und schließlich ging er leise ins Haus. Ich fühlte, dies war seine Art, Abschied zu nehmen.

An diesem Abend war ich im gleichen Flugzeug von Madras nach Singapur wie er. Ich stieg in Singapur aus, und er mußte das Flugzeug wechseln, um den Anschlußflug nach Los Angeles über Tokio zu bekommen. In Singapur erhielt ich einige Wochen später einen Anruf, in dem man mir mitteilte, daß Krishnaji sehr krank war; er lag im Krankenhaus auf der Intensivstation. Am 1. Februar besuchte ich ihn in seinem Schlafzimmer in Pine Cottage, als er gerade aus dem Krankenhaus entlassen wurde, und als ich ihn morgens traf, war ich über seinen Zustand völlig betroffen. Er konnte seine Hand kaum heben, um meine zu schütteln. Er erkannte mich nicht. Er konnte einer Sache höchstens zwei Sekunden seiner Aufmerksamkeit widmen, da er seine Augen nicht aufhalten konnte. Dies war nicht nur bei mir der Fall, da meine Tante und mein Cousin ebenfalls da waren und dasselbe bei ihnen geschah. Wir waren wirklich bestürzt, ihn so zu sehen, da er einen Monat früher noch der alte Krishnamurti gewesen war, der vor sechstausend Menschen gesprochen und spazierengegangen war und sich an ernsthaften Gesprächen beteiligt hatte. Als ich am nächsten Tag kam, um ihn zu sehen, geschah etwas Erstaunliches. Er lächelte und hielt meine Hand fest, und ich fühlte einen starken Impuls und plötzlich, in seiner alten Stimme, einer kräftigen Stimme, sagte er: »Sir, wo ist Ihr Anker?« Ich sagte: »In Ihnen, Sir.« Und er antwortete unmittelbar: »Ich gehe.« Und dann sagte er: »Wenn Sie *dies* berührt haben, müssen Sie darin einen Anker haben, sonst werden Sie in Stücke gerissen.« Und dann lächelte er und sagte: »Sie sind ein netter Kerl, aber Sie vergeuden Ihr Leben.« Und dann schloß er seine Augen. Eine erstaunliche Klarheit und Energie stieg in ihm auf, während ich glaubte, daß er den Tag nicht überleben würde. Es war wirklich außergewöhnlich, und ich fühlte, daß es bestimmte Mächte oder Energien gab, zu denen er Zugang besaß, wenn er dies nötig hatte. Das ist die wirklich letzte Erinnerung, die ich an ihn habe, außer einem weiteren Vortrag, den er hielt, als er einige von uns an sein Bett eingeladen hatte. Er sagte: »Es darf keine Hierarchien geben. Es darf keine Apostel geben. Niemand darf sich als Interpret der Lehre oder Autorität hervorheben, und Sie müssen alle zusammenhalten und alle zusammenarbeiten. Die Lehre ist wichtig, nicht der Lehrer.« Und dann sagte er: » Ich bin sehr müde.«[100]

EVELYNE BLAU

TAGEBUCH- EINTRÄGE

27. Januar 1986

Nachdem ich dies erkannt habe, sehe ich, daß diese Liebe nichts fordert, nicht einmal ein tieferes Verständnis der Lehre. Sie möchte nur sein. Sie ist.
– Evelyne Blau

An einem strahlend schönen Tag fahre ich zum Krankenhaus von Santa Paula. Es ist ungefähr zwölf Uhr Mittags. Ich fahre über die Hügel, über Pässe, es ist ein heiterer Tag – die Natur singt ihr Lob. An einem solchen Tag denkt man nicht über den Tod nach – alles ist schön.

Das Krankenhaus liegt auf der Seite eines Hügels, der Santa Paula überragt, das aus dieser Sicht größer als erwartet ist. Die Umgebung ist schön, rein und freundlich, all das, was eine kleine Stadt ausmachen sollte. Unterwegs fahre ich an einem Wagen vorbei, der wie ein großer Lastwagen aussieht, aber es ist tatsächlich das Fahrzeug mit einem transportablen Computertomographen, der zwischen mehreren kleineren Krankenhäusern in der Gegend hin- und herpendelt. In ihm wurde auch K untersucht.

Mary Zimbalist sitzt im Wartezimmer am hinteren Ende des Krankenhauses neben der Intensivstation. Ich warte gemeinsam mit ihr auf das Ergebnis des Tests. Dr. Parchure kommt herein und sagt uns, daß der Test zu Ende und K wieder in seinem Zimmer sei. Mary geht zu ihm hinein und kommt dann heraus und sagt, K wolle mich sehen. Ich bin von meiner eigenen Reaktion überrascht, dem Glücksgefühl, ihn sehen zu können.

Ich betrete das Zimmer, in dem sich die Krankenschwestern, Schaubilder und Monitore befinden, und gehe zu Krishnamurtis Zimmer hinüber. Er liegt im Bett und sieht unglaublich klein, beinahe wie ein Vogel aus. Er greift nach meiner Hand und hält sie an seine Wange. Wir tauschten Worte aus, aber nun kann ich mich nicht mehr daran erinnern, was wir sagten. Der Ausbruch von Freude über das Wiedersehen hat die Worte aus meinem Verstand gelöscht. Als er seine Hand zurück unter die Decke steckt, kann ich den Schlauch sehen, der in einer Nadel in der oberen Brusthälfte neben der Schulter endet. Die Haut darum herum sieht gequetscht und dunkel aus. Er hat einen leichten Bartwuchs, und sein Haar schmiegt sich sanft an seinen Kopf an. Die Augen sehen wachsam und klar aus, aber er schließt sie mehrmals vor Müdigkeit.

Dieser kleine Mensch erweckt solche Liebe, und er verkörpert die Liebe, auch wenn er zerbrechlich und krank vor mir liegt. Der kurze Moment, den ich im Zimmer verbringe, erscheint mir zeitlos in seiner Dimension. Wie sehr wünsche ich, ich hätte ihm gesagt, wie sehr ich ihn liebte, aber vielleicht fühlte er es, obwohl es unausgesprochen blieb. Wie schwierig ist es, diesen Mann von seiner Lehre zu trennen. Ich frage mich, was jene, die ihn nicht kennen, aber die Lehre lieben, empfinden mögen? Ist die Lehre klarer, weil sie ungetrübt durch die persönliche Liebe ist? Tatsächlich habe ich mir nie bewußt gemacht, wie sehr ich ihn liebte, – ich kannte Gefühle wie Respekt, Ehrfurcht, Bewunderung und Zuneigung, aber nun ist mir klar, daß es all dies ist, durchdrungen von Liebe. Ich weiß, daß alle anderen ebenso empfinden. Nachdem ich dies erkannt habe, sehe ich, daß diese Liebe nichts fordert, nicht einmal ein tieferes Verständnis der Lehre. Sie möchte nur sein. Sie ist.

Ich habe großen Respekt vor Dr. Parchure. Als wir zurück nach Ojai fuhren, fragte ich ihn genau über K's Zustand aus. Seine Antworten waren klar, ausführlich und ernüchternd. Er besitzt einen scharfen Verstand, große Hingabe und eine klare Ausdrucksweise. Ich ging mit dem Gefühl, daß die Situation umfas-

send dargestellt wurde. Obwohl es nicht ermutigend ist, erwarte ich die weitere Entwicklung ruhig.

Die Fahrt zurück ins Krankenhaus um fünf Uhr nachmittags verläuft ruhig, ich kann die untergehende Sonne, die an den Bergen reflektiert wird, gut erkennen. Sie scheinen von innen beleuchtet zu sein, ein goldenes Rot erfüllt die Luft und legt sich sanft auf die Hügel. Der bekannte »rote Augenblick« von Ojai dehnt sich bis nach Santa Paula aus. Es war ein seltener Tag – ein Tag der Schönheit.

An früherer Stelle in diesem Buch erzählte Dr. Hedda Bolgar davon, wie sie 1929 anwesend war, als Krishnamurti die Organisation auflöste, die sich um ihn herum gebildet hatte. Sie erzählte später von ihren Gedanken über seinen bevorstehenden Tod:

Was auftauchte war, daß es hier einen wirklich ganzen Menschen gab, jemanden, der unbestechlich war, der stark war, den man nicht hereinlegen konnte, einfangen, bestechen, schmeicheln, der nicht vom Weg abwich, der in seiner Sicht zumindest die Wahrheit war.
– Hedda Bolgar

Vor einiger Zeit begann ich über die Tatsache nachzudenken, daß der Tod bevorstehen müsse, und ich erinnere mich daran, daß ich darüber sprach und dabei dieses seltsame Gefühl des Verlustes, der Traurigkeit, der Kälte, daß er sterben würde, da war, und daß sein physischer Tod aus Gründen, die ich in diesem Augenblick nicht ganz verstehen konnte, einen enormen Verlust für mich und wahrscheinlich auch für viele andere Menschen bedeuten würde. Und dann begann ich darüber nachzudenken, was so besonders an ihm war, was die Größe an ihm oder die besondere Qualität war, die einen so leeren Raum zurücklassen würde. Ich begann, mich zu erinnern, wie er aussah, wie er klang, wie es sich anfühlte, in seiner Nähe zu sein. Was auftauchte war, daß es hier einen wirklich ganzen Menschen gab, jemanden, der unbestechlich war, der stark war, den man nicht hereinlegen konnte, einfangen, bestechen, schmeicheln, der nicht vom Weg abwich, der in seiner Sicht zumindest die Wahrheit war und der zur Antwort auf die meisten Fragen geworden war, die die Menschen stellen. Er war schön, und seine Schönheit hatte nichts mit konventionellen Merkmalen zu tun, aber es gab auch die Traurigkeit, die man immer in seiner Nähe fühlen konnte, und alle Traurigkeit seines Lebens, und ich fühlte, daß es keinen Augenblick in seinem Leben gab, in dem er nicht gelitten hatte, aber bei all dem war da eine unglaubliche Heiterkeit, die man nicht mit Worten beschreiben kann, nicht mit den üblichen Worten, in denen man Heiterkeit beschreiben kann. Er war ein ganzer Mensch, mit einer Integrität, die wirklich zu fühlen war, und mit seinem Tod würde dies verschwunden sein, aber in gewissem Sinne hoffte ich auch, daß niemand versuchen würde, sein Leben künstlich zu verlängern.[101]

Seit frühester Kindheit hatte Radhika Jayakar – Radhika Herzberger nach ihrer Ehe mit Hans Herzberger, einem kanadischen Philosophieprofessor – eine enge Beziehung zu Krishnamurti. Ihre Mutter, Pupul Jayakar, war langjährig mit Krishnamurti befreundet gewesen; Radhika war unvermeidlich in frühen Jahren in den Kreis um Krishnamurti hineingeraten. Ihre Doktorarbeit in Sanskrit und buddhistischer Philosophie war eine gute Vorbereitung für die Position, die sie nun im Rishi Valley Educational Center als Direktorin einnimmt.

DR. RADHIKA HERZBERGER

DIREKTORIN DES RISHI VALLEY EDUCATIONAL CENTER

... wichtige Stadien meines Lebens waren von der Begegnung mit Krishnaji gekennzeichnet, sowohl in seiner Gegenwart wie auch in seiner Abwesenheit, weil ich mit Krishnaji nicht nur seine Persönlichkeit verbinde, sondern ein bestimm-

Der Geist hat sein Haus geordnet, er hat die Natur des Wissens verstanden. Ein solcher Geist ist vollkommen still. Und diese Stille hat keine Ursache. »Stille« kann also eine Illusion sein; sie kann durch einen Gedanken entstehen, der dazu verurteilt ist, still zu sein. Es gibt die Stille zwischen zwei Pfiffen, die Stille zwischen zwei Noten, zwischen zwei Tönen, zwischen zwei Gedanken – aber diese Art der Stille ist immer noch Teil der Wahrnehmung. Aber wenn der Geist vollkommen still ist, so nimmt er nicht einmal mehr wahr, daß er still ist. Wenn er dies täte, wäre es noch keine wirkliche Stille. Der geordnete Geist ist still. Diese Stille hat keine Ursache und deshalb auch kein Ende. Nur etwas mit einer Ursache kann enden. Diese Stille – die ohne Ende ist – ist absolut notwendig, denn nur in dieser Stille gibt es keine Bewegung des Geistes mehr. Nur in dieser Stille existiert das Heilige, das Namenlose, das, das durch das Denken nicht ausgelotet werden kann. Und dies ist das Allerheiligste. Dies ist Meditation.

– VORTRAG, MADRAS, 29. NOVEMBER 1981

»Während Krishnajis letztem Besuch in Indien, in Rajghat, hatte ich den stärksten Eindruck der Heiligkeit. Es war, als ob die Heiligkeit wie ein Vorhang über dem Ganges hing.«
– Radhika Herzberger

Gegenüber: Krishnamurti an der Stelle, an der die Flüsse Ganges und Varuna zusammenfließen.

tes Gefühl, das er uns vermittelt und uns wie einen Edelstein hinterlassen hat. Er benutzt gern den Vergleich mit einem Edelstein – einem durchsichtigen Edelstein, der die Persönlichkeit eines Menschen filtern und reflektieren kann, und der in gewisser Hinsicht wie ein Vergrößerungsglas wirkt. Durch den Blick auf sich selbst kann man sich verändern.

Krishnaji fragte mich einmal, warum man die Worte anderer gebrauchen sollte, um etwas Neues, Ursprüngliches zu beschreiben, das man selbst entdeckt hat, und diese Frage ließ mich über die Worte nachdenken, die er benutzt hatte, und die Art, in der er gesprochen hatte. Nun, nachdem ich über diese Frage nachgedacht hatte, habe ich erkannt, daß man ein älteres, traditionelles Vokabular benutzt, um seine Vorstellungen zu bestärken, und daß Krishnamurti versucht hat, dies zu vermeiden, anders als andere Lehrer, die ein traditionelles Vokabular benutzen, um ihren Vorträgen die Aura einer geheiligten Vergangenheit zu verleihen. Auf einer anderen Ebene waren Krishnajis Freunde an seiner Beziehung zu den Menschen interessiert, er nannte sie Freunde, denn er war keiner dieser Gurus – er war ein Freund, jemand, der einen begleitete – in öffentlichen Vorträgen, gewöhnlich zu Beginn des ersten Vortrags, sagte er, wir müßten lernen, uns wie zwei Freunde zu sehen, die gemeinsam auf eine lange Reise gehen, und wenn man mit ihm ging, wenn man ihm nahe war, gewann man wirklich den Eindruck, mit jemandem sehr nahestehenden zusammen zu sein, der in diesem Augenblick auf derselben Ebene des Bewußtseins einherschritt, und es stellte sich ein Gefühl der Freiheit, Leichtigkeit und Liebe ein, von dem seine Gegenwart begleitet war. Ich habe andere Gurus erlebt. Ich habe sie sprechen gehört. Man bekommt ein Gefühl für die Ausübung von Macht – ein Gefühl für die Geheimnisse, die sie haben, und die Art, einen glauben zu lassen, daß sie einem etwas geben, zu dem nur sie allein Zugang haben, falls man in den Bereich ihrer Aura kommt und ihr Anhänger wird. Krishnaji war ganz anders, seine Beziehung zu einem war nie von Macht bestimmt. Dagegen erklärte er immer wieder: »Ich habe nichts zu geben«, und wenn er dies sagte, gab er von sich überreichlich. Aber man konnte diese Aura nicht fühlen, wenn man nicht darauf vorbereitet war, sich zu verändern, und die Veränderung selbst ist etwas, das ein Mensch für sich tun muß. So war er ein Freund, kein Guru, trotz der Tatsache, daß er über eine starke Ausstrahlung verfügte. Er verschenkte sich an alle, nicht an seine Schüler, nicht an jene, die ihm nachfolgten, sondern an jeden, der zu ihm kam.

Falls es einen Schlüssel zu Krishnamurtis Lehre gibt, dann ist es die Tatsache, daß man selbst der Meister seines eigenen Lebens, seines eigenen Schicksals ist. Für ihn war der Schlüssel zum Leben die Fähigkeit, Tatsachen so zu sehen, wie sie sind, nicht in Selbstmitleid zu verfallen, nicht nach Ursachen zu suchen, andere nicht zu tadeln. Aus dieser Überzeugung resultiert die Vorstellung, daß man sich selbst ein Licht sein und nicht auf andere verlassen sollte. Es gibt keine Zuflucht, weder in Gott noch in andere Menschen. Der Mensch ist keine Zuflucht für andere. Jeder ist seine eigene Zuflucht, sein eigener Lehrer und sein eigener Schüler. Dies verleiht einem Mut und eine gewisse Unabhängigkeit und führt nicht zu Selbstmitleid. Für ihn war das Selbstmitleid die Pforte zur Hölle.

Während Krishnajis letztem Besuch in Indien, in Rajghat, hatte ich den stärksten Eindruck der Heiligkeit. Es war, als ob die Heiligkeit wie ein Vorhang über dem Ganges hing, und es vermittelte mir das Gefühl einer starken Empfindsamkeit und ein klares Sehvermögen, so daß mein Verstand sehr still und wach wurde, und mein Herz schmolz dahin. Ich fühlte mich sehr empfindsam, und es war diese Verbindung von Klarheit und Empfindsamkeit, die ich mit der Heiligkeit verbinde. Er starb bald und sein Körper war schwach, aber es war, als ob die Heiligkeit aus ihm herausstrahlte und die Welt in Benares erfüllte. Ich habe diese Intensität seitdem nie wieder empfunden. Sein Körper verblaßte, und sein Strahlen verging. [102]

William Quinn sprach an früherer Stelle in diesem Buch über Krishnamurtis Leben in den vierziger Jahren. Hier zieht er Bilanz.

Für mich ist er die Blüte der Menschheit. Er war der wichtigste Mensch in dieser Welt seit Jahrhunderten, und ein großer Teil seiner Schönheit bestand in seiner Menschlichkeit. Ich betone dies, weil es viele Menschen auf der Welt gibt, die ihn anhimmeln oder sogar vergöttern. Dies verstärkt den Eindruck einer untrennbaren Verbindung zwischen uns und Krishnamurti, wobei für mich die Bedeutung seines Lebens war, daß es ein glänzender Spiegel war, der uns zeigte, was in uns allen verborgen ist, was es heißt, vollkommen gereift und nicht nur ein totgeborener Mensch zu sein.

BLAU TAGEBUCH EINTRÄGE (Fortsetzung)

28. Januar 1986

Die Fahrt ins Krankenhaus läßt mich in Herrlichkeit eintauchen. Das Gras läßt Ojai in einem intensiven Grün erstrahlen. In den Obstgärten, in denen die Bäume noch ohne Blätter stehen, fügt goldener Senf einige Punkte zu dem grünen Teppich hinzu. Die Berge, die das Tal überragen, sind kahl, verbrannt durch das kürzliche Feuer, aber sie stehen mit großer Würde und in einer eigentümlichen Schönheit da.

Am Fuß des Hügels biege ich nach rechts ab und fahre zum Santa Paula Memorial Hospital hinauf. Ich parke den Wagen mit Blick auf das Tal und betrete das Krankenhaus.

Erna und Theo Lilliefelt sind gemeinsam mit MarkLee und Mary Cadogan im Wartezimmer. Dr. Parchure hat hier die Nacht verbracht. Scott Forbes ist fast ständig da, und Mary Zimbalist lebt praktisch im Krankenhaus. K wurde noch kein Gewebe für die Untersuchung entnommen. Während wir warten, hören wir von der furchtbaren Explosion der Challenger-Raumfähre beim Start. Wir beobachten das schreckliche Ereignis im Fernsehen, als wir auf das Ergebnis von K's Tests warten.

Wir kommen gemeinsam in die Intensivstation, wo Dr. Deutsch uns einige Details der Tests mitteilt.

Die Gewebeentnahme konnte wegen K's Schmerzen nicht beendet werden, die die Nadel in der Leber verursacht hatte. Es gibt deshalb einen indirekten Hinweis darauf, daß das Problem hier liegt und es eher ein bösartiger Tumor ist, als eine Entzündung, wie wir gehofft hatten. Bluttests weisen auf Krebszellen hin.

K soll Donnerstags oder Freitags nach Hause kommen und dort intravenös ernährt werden, da die Möglichkeit einer Dehydrierung besteht und Unterernährung ein weit größeres Risiko darstellt, als die Möglichkeit einer Infektion über die Schläuche.

Wir verlassen die Intensivstation und gehen ins Wartezimmer zurück. Diskussionen folgen, was man der Öffentlichkeit sagen sollte. Ich erkenne meinen Hang zur Verschwiegenheit in dem Versuch, die Dinge zurückhaltend zu formulieren. Andere glauben, die ganze Wahrheit solle erzählt werden und das Statement von Dr. Parchure und anderen ist das Ergebnis. Ich stimme dem Schlußstatement zu, und wir verlassen das Krankenhaus.

»In den Obstgärten, in denen die Bäume noch ohne Blätter stehen, fügt goldener Senf einige Punkte zu dem grünen Teppich hinzu. Die Berge, die das Tal überragen, sind kahl, verbrannt durch das kürzliche Feuer, aber sie stehen mit großer Würde und in einer eigentümlichen Schönheit da.«
– Evelyne Blau

DR. T. PARCHURE

KRISHNAMURTIS PERSÖNLICHER ARZT

28. Januar 1986

Nach allen möglichen Tests besteht der Verdacht, daß die Leber von Krebs befallen ist. Krishnamurti hat nicht mehr lange zu leben.

Er wird aus dem Krankenhaus (Donnerstag oder Freitag) entlassen, damit er zu Hause so bequem wie möglich behandelt werden kann.

BLAU TAGEBUCH EINTRÄGE (Fortsetzung)

29. Januar 1986

Der Morgenhimmel war bewölkt, ein leichter Wind strich durch die Bäume. Es roch nach Feuchtigkeit und einer anrückenden Wetterfront. Am Nachmittag beginnt der Regen, zuerst leicht und später heftig. Am Abend hat er die Stärke eines Platzregens erreicht, er war überfällig wegen der durstigen Hügel, und irgendwie paßt er zu den düsteren Tagesereignissen.

Um 15:30 gehe ich zu Erna (Lilliefelt) zum Tee. Sie und Mary Cadogan haben an einem Nachruf gearbeitet – einer Rohfassung. Er ist gut – nur einige geringfügige Korrekturen sind nötig.

Es gibt so viel zu tun – wir verbringen Stunden mit Besprechungen. Ein neues Bulletin wird erstellt. Mary Cadogan liest Notizen, die sie gemacht hat. Der »Pfadlose Land«-Satz soll enthalten sein. Mary Lutyens wird eine kurze Erinnerung schreiben. Nach dem Essen in Arya Vihara gehe ich zurück zur Hütte. Erna, die nicht am Essen teilgenommen hat, war im Krankenhaus, um Dr. Parchure abzuholen. Sie hatte K im Krankenhaus gesehen und einen sehr schlechten Eindruck mitgenommen.

Ein anderer Test hatte bewiesen, daß es Bauchspeicheldrüsenkrebs war. Wir hatten gedacht, daß es bereits eindeutig war. Die Masse in der Leber ist zweitrangig. Der Krebs hat Metastasen entwickelt. K leidet unter großen Schmerzen. Er wird morgen (Donnerstag) um 10 Uhr nach Hause kommen. (Offenbar wollte er alle zusammen sehen. Wann dies möglich sein wird, wissen wir nicht, aber es sollte Anfang nächster Woche sein, wenn Pupul, Radhika und Asit am Sonntag ankommen.) Ich hole Dorothy Simmons und Jane Hammond, die bei mir wohnen, und Mary Lutyens und ihren Mann, Joseph Links, am Freitag vom Flughafen ab.

Es gibt nichts mehr zu sagen. Ein überwältigendes Gefühl des Verlustes. Wir sind ärmer geworden. Seine liebevolle und großartige Anwesenheit hat uns alle erhoben – wir wurden größer, als wir sind. Seine Lehre ist wie ein Lichtstrahl, der das Gehirn erhellt und Licht und Klarheit in den Verstand bringt. Ich fühle mich glücklich, das Privileg genossen zu haben, in seiner Gegenwart leben zu können und seine Lehre empfangen zu haben. Wir können nur hoffen, dies alles zu leben.

30. Januar 1986

Ich frage mich, ob K heute das Krankenhaus verlassen wird. Das Wetter ist stürmischer, und ein heftiger Regen fällt vom Himmel – fünf Zentimeter während der Nacht.

Ich komme ungefähr um 10:30 Uhr ins Büro, um da zu sein, falls ich ge-

braucht werde. Ich plane die Filmaufnahmen von The Challenge of Change *in Seattle and Kanada. Diese Arbeit muß trotz allem weitergehen, vielleicht wird sie mehr als je zuvor gebraucht. Ich gehe nach Pine Cottage, um zu sehen, ob ich von Nutzen sein kann. Mary Zimbalist empfängt mich warmherzig, und wir gehen in K's Zimmer, um nachzusehen, ob sein Bett gemacht ist. Zwei Krankenschwestern sind da, und alles ist bereit. Mark Lee hilft uns dabei, das Bett zusammenzubauen. Kurz darauf trifft der Krankenwagen ein, zwei Helfer springen heraus und tragen die Bahre. Eine Kunststoffplane wird gebracht, um K zu bedecken und ihn vor dem Regen zu schützen. Ich stehe an der Tür, aber komme nicht näher, denn zu viele Leute scheinen fehl am Platz zu sein. Scott, Mark, Dr. Parchure und Mary halten Schirme auf gegen den heftigen Regen. Inzwischen ist er zu einem Platzregen angewachsen. Der kleine Körper sieht in der Kunststoffolie so winzig aus, kaum etwas ist zu sehen. K wird durch seinen Eingang (der alte Teil von Pine Cottage) gebracht, und man macht es ihm bequem. Dr. Parchure kommt heraus und erzählt mir, daß K eine gute Nacht hatte – er schlief über acht Stunden lang. Sicherlich wird er es zu Hause besser haben, als im Krankenhaus – dies ist augenblicklich die beste Therapie.*

Bald danach hört der Sturm auf, und die Sonne überflutet plötzlich den Raum goldfarben. Die Bewölkung lockert sich auf, und die Wolken verschwinden langsam. Leichter Regen fällt gelegentlich noch, aber der Sturm scheint weiterzugehen. Die Bäume leuchten wie neu.

DEUTSCHS MEDIZINISCHES TAGEBUCH (Fortsetzung)

31. Januar 1986

Mein erster von vielen Hausbesuchen. Krishnaji war nach dem Transport äußerst müde. Ich sah, daß ich Krishnaji häufiger zu Hause besuchen mußte. Von Santa Paula nach Ojai sind es siebzehn Meilen und dann weitere zwanzig Meilen bis zu meinem Haus in Ventura. Glücklicherweise mußte ich nur einen Abstecher machen und konnte so auf meinem Nachhauseweg von der Arbeit vorbeikommen. Jedoch war mir klar, daß ich meine Familie in den nächsten Wochen und Monaten weniger sehen würde. Meine schwangere Frau und drei Söhne hatten immer verstanden, was es bedeutet, seit Jahren mit einem Arzt zusammenzuleben, aber dies würde sie einer wahren Prüfung unterziehen. Ich wußte, daß ich Praxis, Familie und Hausbesuche unter einen Hut bringen mußte, so daß ich nichts davon vernachlässigen würde. Aber nach wie vor würde meine Familie der Teil sein, der am stärksten unter der Vernachlässigung zu leiden hätte.

1. Februar 1986

K schlief nach der Behandlung sehr gut. Ich gab ihm zusätzliche Vitamine, in der Hoffnung, daß seine Energie zunehmen würde, und er schien tatsächlich genügend aufzuwachen, um ein Treffen mit zwei indischen Freunden durchzuhalten. Er war während seines Vortrags sehr klar und bat mich, die Behandlung auf ein Minimum zu beschränken, Medikamente zu vermeiden, es sei denn, sie wären absolut notwendig.

2. Februar 1986

K war heute ganz energiegeladen und wach. Er schlief den größten Teil der Nacht ohne Beruhigungsmittel. Sein Flüssigkeitskreislauf schien besser zu funktionieren, und ich hatte den Eindruck, daß sich seine Leberfunktionsstörung verbessert haben mußte. Auch sein geistiger Zustand hatte sich verbessert, und er wollte einige Tonbandaufzeichnungen machen. Er setzte sich auf und benutzte sein Tonbandgerät. Er erzählte mir, daß er nach dem Besuch seiner indischen Freunde ganz zufrieden mit sich war.

4. Februar 1986

K ging draußen mit seiner Gehhilfe und einem Begleiter spazieren. Er meditierte dreißig Minuten lang. Er hatte heute morgen zwei Stunden lang ein Gespräch mit Mitarbeitern und Besuchern. Wir sprachen über sein Leben und seinen Wunsch, nicht mehr zu leben, falls er seine Vorträge und Reisen nicht mehr fortsetzen konnte. Jedoch sagte er, da er zur Zeit keine Schmerzen hatte und sich stärker fühlte, wollte er erst einmal weitermachen. Er bat mich, ihn weiter zu behandeln. Wir brachten ihn für die Besuche ins Wohnzimmer und in den großen Raum zum Ausruhen.

6. Februar 1986

K war heute sehr schwach, nachdem er im Wohnzimmer eine lange Sitzung mit vielen Besuchern hatte. Die Menschen weinten und waren sehr bewegt. Krishnajis Haus besaß ein schönes Wohnzimmer, das in Wirklichkeit ein »großer« Raum war. Es war mehr als zwei Stockwerke hoch, mit einer indirekten Beleuchtung, alles in weißer Farbe. Die hölzerne Decke und die Wände waren weiß, mit großen verschlossenen Fenstern. Der Boden bestand aus weißen italienischen Kacheln, und die Möbel besaßen alle ganz dezente Farben. Es gab einen Kamin vom Boden bis zur Decke mit prächtigen Regalen und einer Stereoanlage. Sofort als ich diesen Raum betrat, hatte ich den Eindruck, eine Art von Tempel betreten zu haben. Es war offensichtlich, daß sich Krishnaji in diesem Raum vor dem Kamin sehr wohl fühlte, wenn er klassische Musik hörte. Er erzählte mir, daß er »so nicht wie ein Zombie weitermachen kann.« Ich erzählte ihm, daß wir ihm Morphium gegen seine Schmerzen geben könnten.

8. Februar 1986

K wurde jeden Tag schwächer, unfähig, seine Arme zu heben, aber sein Verstand blieb bemerkenswert klar. Er sprach mit mir über die Ereignisse in der Welt, über Krieg und Überbevölkerung. Er war froh, daß er seine Mission beendet hatte, und nun wollte er nur noch ohne Schmerzen gehen. Er sagte, daß er nicht künstlich am Leben erhalten werden, sondern in Frieden sterben wolle. Er sagte mir dann, daß er mir die Entscheidung zu einer weiteren intravenösen Therapie überlassen wolle. Ich fragte ihn, wie er eine Beendigung seines Lebens sehe, und er sagte, er wolle nicht »künstlich« sterben, er wolle nur nicht leiden. Nach diesem intensiven Gespräch begann er, mir Anekdoten zu erzählen. Ich war von der Tatsache beeindruckt, daß er diese Situation durch seinen Humor entspannen konnte.

9. Februar 1986

K wird immer schwächer. Wir brachten ihn mit dem Rollstuhl ins Wohnzimmer, und dies schien ihn etwas zu erleichtern. Er genoß es, Beethovens Neunte Symphonie vor dem Kamin zu hören. Wir hatten ein Gespräch über seine frühe Kindheit als Brahmane.

11. Februar 1986

K blieb jetzt acht bis neun Stunden am Tag im Wohnzimmer und schaute auf dem Sofa liegend ins Feuer. Er sprach nun weniger, und Mary sagte, daß sein Denken nicht so präzise wie zuvor sei. Nachdem ich heute K sah, hatte ich den Eindruck, daß er viel schwächer war, und er sagte mir, er wolle nicht so viel sprechen. Er schien zuzuhören und vor sich hinzuschauen, während andere sprachen. Er erzählte einen Witz über Schauspieler, und ich war erstaunt, daß er noch einen so unerschütterlichen Humor hatte. Wir sprachen über homöopathi-

sche Medizin und kurpfuscherische Krebsbehandlungen. K wiederholte: »Dies alles ist nur ein Tropfen auf den heißen Stein.« Ich sprach mit ihm vor allem über Krebstherapien, und er sagte zu mir, er wolle keine Chemotherapie oder irgendeine andere Art von Behandlung. Ich veranlaßte, daß Tag und Nacht eine Krankenschwester im Haus war. Ich fühlte, daß das Ende dieses außergewöhnlichen Menschen nahe war, und ich wollte es ihm erleichtern.

12. Februar 1986

Wir hatten eine lange Diskussion mit K über seine weitere medizinische Behandlung. Er sagte, er wolle sterben, und ich fühlte, daß er bei klarem Bewußtsein war. Er sagte, er wolle keine weitere Behandlung. Er erlaubte uns aber, den Status quo beizubehalten.

14. Februar 1986

K litt abends noch mehr unter Schmerzen. Heute erzählte er mir viele Geschichten über Tiere. Als er einmal in Indien meditiert hatte, setzte sich neben ihn ein Affe und hielt ihm seine Hand hin. Er sagte, es sei die schönste Hand gewesen, die er je angefaßt habe. Er sprach davon, daß er in Nepal einen bengalischen Tiger gesehen habe. Es sei das eindrucksvollste, prachtvollste Tier gewesen, das er je gesehen habe. Ich fragte ihn dann, ob er meditierte, wenn er im Bett lag, und er sagte: »Ja« und sprach mit mir über den Ursprung des Wortes »meditieren«. Das Wort stammt vom griechischen Wort für »messen« ab. Wenn man meditiert, sollte man keine Vergleiche mit einem besseren Leben anstellen. Dieses Denken verbraucht Energie, und die Meditation dient zur Energieersparnis, nicht zu deren Verbrauch. Er sprach über Ansel Adams, Yosemite und die schönen Berge, die er erstiegen hatte. Besonders liebte er den Himalaya. Als wir sprachen, goß es draußen in Strömen, und ich schlug vor, daß wir elektrische Generatoren ins Haus bringen sollten, um eine zusätzliche Stromquelle für seine medizinischen Systeme und Heizgeräte zur Verfügung zu haben.

15. Februar 1986

K schlief mit Hilfe von Medikamenten gut. Er erwachte mit einem leichten Fieber. Ich hatte ihn vor einigen Tagen gefragt, ob er gerne ins Kino gehe, und zu meiner Verwunderung sagte er mir, er liebe Western mit Clint Eastwood. Ich war wirklich überrascht, all diese Schießereien und Gewaltszenen, aber er erzählte mir, daß ihm die Szenerie der Filme gefiel, nicht die Liebesaffären oder die brutalen Stellen. Ich brachte ihm also meine Videosammlung von Clint Eastwood-Filmen, und er sah zwei Stunden lang The Outlaw Josie Wales *an. Er schaute mit offenen Augen zu und genoß den Film, aber er war am Ende müde und wollte schlafen. Heute war er ziemlich schwach, er zitterte wegen des Fiebers mehrere Minuten lang. Er bekam kühlende Kompressen. Wir hatten vorher über Yosemite gesprochen, und deshalb hatte ich ihm einige Bilder von den riesigen Redwoods und Wasserfällen mitgebracht, die ich im letzten Urlaub gemacht hatte. Er schien diese Bilder zu mögen und schlief den restlichen Morgen. Bevor ich ging, schenkte er mir einen schönen handgemachten indischen Seidenschal, den er zuvor um seinen Hals getragen hatte. Er sprach über Pupul, die für die gesamte indische Webindustrie verantwortlich war. Ich sprach mit ihr und Asit, ihrem Neffen, über deren Prognose. Sie fährt morgen nach Indien zurück. Ich versicherte ihr, daß wir uns gut um ihn kümmern werden. Sie fragte mich: »Wie lange noch« und ich antwortete: »Einige Tage, aber es könnte auch weniger sein.« Sie schien zufrieden mit der Fürsorge, die wir ihm entgegenbrachten. Asit schenkte mir sein kürzlich erschienenes Photobuch mit einer Widmung, in der er mir für meine Hilfe dankte.*

16. Februar 1986

Die Schmerzen begannen früh morgens. Bis zum Mittag hatte er eine größere Menge Medikamente erhalten. Am späten Nachmittag war K kurz eingeschlafen. Als der Schmerz am stärksten war, schien K am klarsten zu sein. Er sagte, er wolle so nicht weiterleben. Ich spürte, daß er noch einen weiteren Tag mit solchen Schmerzen nicht überleben würde, und ich war betroffen, da ich ihm versprochen hatte, daß er keine Schmerzen mehr haben würde. Ich war frustriert, da ich einerseits bei ihm sein wollte, aber andererseits fühlte, daß ich meine Familie vernachlässigt hatte, da ich soviel Zeit an K's Bett verbracht hatte. Es war Washingtons Geburtstag, und dies war das erste freie Wochenende, das ich seit langer Zeit gehabt hatte. Meine Frau war im sechsten Monat schwanger, und ich wollte gerne bei ihr sein. Jedoch verstand sie mich, und ich fuhr an diesem Sonntagabend um 21:30 Uhr nach Ojai, da ich fühlte, daß es höchstwahrscheinlich Krishnamurtis letzter Tag mit uns sein würde. Als ich eintrat, lag K trotz der Absetzung seines Schmerzmittels in tiefem Koma. K war ruhig, und seine Atmung schien sich zu verlangsamen. Ich war erstaunt, wie stark Krishnamurti war, und ich schrieb dies seinem gepflegten Körper zu. Ich fühlte, daß er keinen Schmerz empfand, obwohl seine Atmung und sein Puls langsamer wurden. Ich sandte Patrick in die Küche, um Mary zu holen, da ich wußte, daß sie an seinem Bett sein wollte, wenn es zu Ende ging. Er hörte sechs Minuten nach Mitternacht auf zu atmen, und sein Puls schlug zum letzten Mal am 17. Februar 1986 zehn Minuten und fünfzehn Sekunden nach Mitternacht. Ich schloß sanft seine Augen. Bevor ich ging, dankte mir Scott (Forbes) und sagte etwas, an das ich mich immer erinnern werde: »Krishnaji hat an Dir einen besonderen Gefallen gefunden, als ob er Dich zu seinem letzten Schüler machen wollte.«

17. Februar 1986

Krishnaji war ein großer Lehrer, und am Ende habe ich viel von ihm gelernt. Je länger ich ihn kannte, desto weniger war er mein Patient und um so mehr mein Freund. Ich werde diese Erfahrung, als Arzt und auch als sein Freund, nie vergessen. Nach seinem Tod fühlte ich mich glücklich, diesen Menschen gekannt zu haben, und er wird mich durch seine Schriften weiter leiten.

NACHTRAG

Seit Krishnamurtis Tod sind nun acht Jahre vergangen. Ich lese seinen medizinischen Befund und denke über die Erfahrung nach, diesen wunderbaren Menschen und seine Schüler gekannt zu haben. Seit seinem Tod war ich mehrmals in seiner Bibliothek gewesen und habe seine Schriften immer wieder gelesen. Ich treffe Mary als Patientin und Freundin, die mich über die Ereignisse in der Krishnamurti Foundation auf dem laufenden hält. Dadurch, daß ich dies niederschreibe, erinnere ich mich an die Gefühle, die ich während dieses kurzen Zeitraumes hatte und ich bin ewig dankbar für das Privileg, einen solchen Menschen gekannt zu haben. Die Erinnerung an ihn und seine Lehre werden in meinem Bewußtsein und Herzen für immer wohnen. Dadurch, daß ich ihn gekannt habe, wurde ich ein besserer Mensch.

Nächste Seite: Die letzte Rede. – Madras, Indien, 4. Januar 1986

VIELEN DANK, SIR!

Wer auch immer Sie waren, was auch immer Sie waren:
Danke dafür, daß Sie mein Leben berührt haben –
Viel seltener, einzigartiger, prachtvoller
Als Halleys Komet,
Mehr als die Sonne, der Mond und alle Sterne
in Einem vereint,
Ein erhabenes Ereignis.

Vielleicht kann ich nicht den Anspruch erheben und sagen:
Ja, ich wurde verändert,
Verwandelt an der Wurzel,
Dem Quell meines Seins,
Meines Bewußtseins.

Danke für die Berührung meines Lebens
Mit Ihrer Gegenwart,
Mit Ihrem Lächeln, mit Ihrem Lachen,
Mit Ihrer Freundschaft
Aus reiner Liebe und Mitgefühl,
Danke dafür, daß Sie mein Leben berührt haben!

Und die Lehre:
Majestätisch, unpersönlich, sternenklar,
Ein Leuchtfeuer für die Menschheit
Für viele zukünftige Jahre:
Danke, Sir!

– MICHAEL KROHNEN
CAZOULS D'HERAULT, FRANKREICH

In einer anscheinend irrationalen Welt, die einem oft zufällig und bedeutungslos vorkommt, mögen wir uns fragen, ob es irgendeine Bedeutung für ein einsames Leben gibt.

Inmitten der Umbrüche der vergangenen Jahrzehnte, die ohne Beispiel in der Geschichte der Menschheit sind, zeigt uns das Leben Krishnamurtis, daß Intelligenz, Mitgefühl, Liebe und Heilsein in einer scheinbar heillosen Welt möglich sind.

Krishnamurtis Arbeit endete nicht 1986 mit seinem Tod. Sie wird auch in den kommenden Jahren weitergehen. Jene, die forschen, hinterfragen und sich selbst beobachten, werden in Krishnamurti einen Begleiter finden. Seine zahllosen Bücher, Tonbänder, Videos und Filme laden zu Studium und Nachdenken ein, wenngleich man nie vergessen sollte, daß er gesagt hat: »Du bist der Lehrer, der Schüler und die Lehre« und: »Du bist das Buch des Lebens.« Mit diesen Worten im Gedächtnis könnte man sagen, daß Krishnamurti weiter an unserer Seite steht, als ein Freund in unserem ununterbrochenen Dialog. Niemals theoretisch oder abstrakt, sondern immer in Beziehung zu dem »was ist«, erweiterte er die Grenzen des Denkens. Falls es einen Grundsatz in seinem Leben gab, dann den, daß er selbst keine Autorität beanspruchte. Ihn dazu zu machen, würde seine gesamte Lehre entstellen. Von seiner Unabhängigkeitserklärung im Jahre 1929 bis zu seinem Tod sang er das Lied der Freiheit. Andere mögen versucht haben, ihn in einem »spirituellen« Sinn zu einer Autorität zu machen, aber er weigerte sich, diesen Umhang zu tragen, er warf ihn ab.

Es mag Teile in diesem Buch geben, die von Zeitzeugen über außergewöhnliche Ereignisse erzählt wurden und die uns in unserem linearen, vernunftbezogenen Denken unerklärlich erscheinen mögen. Aber wir sollten uns nicht zu lange mit diesem Teil der Geschichte aufhalten. Lassen Sie uns weitergehen – der gegenwärtige Augenblick erwartet uns.

– EVELYNE BLAU, 1995

ANMERKUNGEN

1. Es gibt siebzehn Vorträge und Bücher, in denen sich die Redewendung: »Der erste Schritt ist der letzte Schritt« findet. Krishnamurti benutzte sie zum ersten Mal am 20. Februar 1955 in seiner zweiten öffentlichen Rede in Bombay.
2. Archive der Theosophischen Gesellschaft, Adyar, Madras.
3. Ebenda.
4. Der Urheber dankt Krishnamurtis Biographen Mary Lutyens und Pupul Jayakar für die freundliche Genehmigung zum Abdruck.
5. Aus dem Manuskript des Films: Krishnamurti: The Challenge of Change, Michael Mendizza, Regisseur, und Evelyne Blau, Produzentin, Ojai, Kalifornien: Krishnamurti Foundation of America, 1984.
6. Besant, Annie, Vortrag in Queen's Hall, London, 1911.
7. Die Suche nach dem zukünftigen Weltlehrer war noch in vollem Gange, als der junge Hubert van Hook schon erwählt worden war. Seine Ersetzung durch Krishnamurti muß für ihn eine herbe Enttäuschung gewesen sein.
8. Krishnamurti, J., Tonbandaufzeichnung, Ojai, Kalifornien, 9. Januar 1972, in Anwesenheit der Führungsmitglieder der Krishnamurti Foundation of America.
9. Gespräch zwischen Russell Balfour Clarke und Evelyne Blau. Adyar, Indien, 1979.
10. Clarke, Russell Balfour. The Boyhood of Krishnamurti, Bombay: Chetana, 1977.
11. Lutyens, Mary. Krishnamurti – Jahre des Erwachens, München 1981.
    dies. Krishnamurti – Die Biographie, Grafing 1991.
12. Krishnamurti, J., Tonbandaufzeichnung, Ojai, Kalifornien, 9. Januar 1972.
13. Brief Krishnamurtis an Annie Besant, 12. Januar 1910, Adyar Archive.
14. Interview: Russell Balfour Clarke und Evelyne Blau, Adyar, Indien, 1979.
15. Leadbeater, C.W. , Die Meister und der Pfad, Düsseldorf 1926.
16. Krishnamurti, J. , Zu Füßen des Meisters, Vorwort von Annie Besant, Graz 1976[5]
17. The Adyar Bulletin, Dezember 1911.
18. Ebenda., Juni 1912.
19. Lutyens, Emily, Candles in the Sun, Philadelphia: J.B. Lippencott, 1957.
20. Krishnamurti, J., Tonbandaufzeichnung, Ojai, Kalifornien, 9. Januar 1972.
21. Brief C.W. Leadbeaters an Fabrizio Ruspoli, 31. Dezember 1911.
22. Krishnamurti, J., Ansprache auf der ersten internationalen Konferenz des Ordens des Sternes im Osten, 19 Tavistock Square, London, The Herald of the Star, 25. Oktober 1913.
23. Gespräch zwischen Russell Balfour Clarke und Evelyne Blau, Adyar, Madras, 1978.
24. Krishnamurti, J., Tonbandaufzeichnung, Ojai, Kalifornien, 9. Januar 1972.
25. Illustration und Stelle aus dem Star Leaflet, Hollywood, California: Orden des Sternes im Osten, 1923.
26. Brief Jiddu Nityanandas an Annie Besant, September 1922, Archiv Ojai.
27. Ebenso in der Biographie Krishnamurtis von Pupul Jayakar, Krishnamurti, Freiburg 1988 und Mary Lutyens (s.h. Anm. 11).
28. Archive der Krishnamurti Foundation of America, Ojai, Kalifornien, 17. August 1922.
29. Vortrag von Annie Besant, Ommen Star Camp, 11. August 1925, abgedruckt in The Herald of the Star, September 1925.
30. Archive der Krishnamurti Foundation of America, Ojai, Kalifornien.
31. Clarke, Russell Balfour. The Boyhood of Krishnamurti, Bombay 1977.
32. Besterman, Theodore, Mrs. Annie Besant: A Modern Prophet; London, Kegan Paul, Trench, Trubner & Co. Ltd.; 1934.
33. Interview zwischen Phillip van Pallandt und Evelyne Blau, De Weezenladen Hospital, Zwolle, Niederlande, 9. September 1978.

34. Konferenz des Ordens des Sternes im Osten, Hotel Sherman, Chicago, 1927.
35. Gespräch zwischen Helen Nearing und Evelyne Blau, Murietta Hot Springs, Kalifornien, 1989.
36. Gespräch zwischen Sidney Field und Evelyne Blau, Los Angeles, 7. April 1987.
37. Larsen, Stephen and Robin Larsen. From A Fire in the Mind: The Life of Joseph Campbell, New York: Doubleday, 1991.
38. Abdruck in: The Star Bulletin, April 1928.
39. Gespräch zwischen Jiddu Krishnamurti und Leopold Stokowski, The Star Bulletin, Mai 1929.
40. National Organizers Meeting, Ommen, Holland, 1928.
41. Interview für den Film: Krishnamurti: With a Silent Mind, New York: Mystic Fire Video, 1989.
42. Für jene, die mit Krishnamurtis Arbeit vertraut sind, bedarf Mary Lutyens keiner Einführung. Sie ist seine berufene Biographin, die zum Wissen um einen Menschen beigetragen hat, den sie seit ihrem dritten Lebensjahr kannte. Ihren Schriften verdanken wir zahllose Einsichten in ein bemerkenswertes Leben.
43. Besant, Annie und Theodore Besterman, London: Kegan Paul, Trench, Trubner & Co., Ltd, 1934.
44. Unterhaltung zwischen Beatrice Holz und Evelyne Blau, Ojai, Kalifornien, 30. Oktober 1993.
45. Unterhaltung zwischen Harry Wolfe und Evelyne Blau, Los Angeles, Kalifornien, 18. Februar 1985.
46. Newsletter Nummer 3, Ommen, Holland: Star Publ. Trust, Juli 1934.
47. Lutyens, Mary, Krishnamurti: The Years of Fulfillment, New York: Farrar, Straus & Giroux, 1983.
48. Landau, Rom, God Is My Adventure, London: Ivor Nicholson and Watson Ltd., 1935
49. Collected Works of J. Krishnamurti: Volume II, Kendall Hunt, 1991, p. 154-155, aus dem ersten Gespräch, Montevideo, Uruguay, 21. Juni 1935.
50. Ebenda., p. 132. aus Fragen und Antworten, Rio de Janeiro, Brasilien, 17. April 1935.
51. Ebenda., p. 139. aus Fragen und Antworten, Santiago de Chile, 7. September 1935.
52. Loos, Anita, Fate Keeps on Happening, New York: Dodd Mead, 1984.
53. Krishnamurti, J., Schöpferische Freiheit, München, 1956.
54. Unterhaltung zwischen Lex Muller und Evelyne Blau, Universität Enschede, Niederlande, 8. September 1978.
55. Brief von Phillip van Pallandt, Eerde, Ommen, Holland, 10. Juni 1945.
56. Unterhaltung zwischen Sidney Feld und Evelyne Blau, Los Angeles, Kalifornien, 7. April 1987.
57. Unterhaltung zwischen W. Quinn und E. Blau, Ojai, Kalifornien, 1994.
58. Unterhaltung zwischen Benjamin Weinniger und Evelyne Blau.
59. Chari, Ahalya, Krishnamurti in Rajghat, Indien: Krishnamurti Found., 1993.
60. Für eine erweiterte Behandlung: Jayakar, Krishnamurti.
61. Unterhaltung zwischen Pupul Jayakar und Evelyne Blau, Rishi Valley, 8. Dezember 1978.
62. Aus einer Rede an die Frauen Indiens am jährlichen Treffen der Women's Indian Association, Madras, Indien, 1928.
63. Krishnamurti, J. Commentaries On Living, Third Series, London: Victor Gollancz Ltd. pp. 32-33, 1960 (dt. Verstand und Liebe, Bern o.J.)
64. Interview für den Film Krishnamurti: With A Silent Mind, New York: Mystic Fire Video, 1989.
65. Ebenda.
66. Ebenda.
67. Smith, Ingram. Truth Is A Pathless Land, A Journey with Krishnamurti, Wheaton, Quest Books, 1989.

68. Interview für den Film Krishnamurti: With A Silent Mind.
69. Ebenda.
70. Ebenda.
71. Albert, David Z., Bohm's Alternative Quantum Mechanics, in Scientific American, Vol. 270, No. 5, Mai 1994.
72. Unterhaltung zwischen David Bohm und Evelyne Blau, Brockwood Park, 2. September 1978.
73. Interview für den Film Krishnamurti: With A Silent Mind, New York: Mystic Fire Video, 1989.
74. Unterhaltung zwischen Asha Lee und Evelyne Blau, Ojai, Kalifornien, 6. Dezember 1987.
75. Krishnamurti, J., Think On These Things, New York: Harper and Row, 1964, pp. 62-63.
76. Unterhaltung zwischen Erna Lilliefelt und Evelyne Blau, Ojai, Kalifornien, 12.6.1992
77. KFT Bulletin, Ojai, Summer 1969.
78. Unterhaltung zwischen Giddu Narayanan und Evelyne Blau, Rishi Valley, Indien
79. Shainberg, David, Krishnamurti Foundation of America, Summer Bulletin 6, 1975.
80. Miller, Henry, The Books in My Life, London: Village Press, 1974.
81. Lee, R.E. Mark, «Do Teachers Have the Feeling of Unlimited Energy?« (eigener Beitrag zu diesem Buch)
82. Krishnamurti, J., Talks with American Students, Boulder, Colorado: Shamballa, 1970, pp. 178-180.(dt. Gespräche über das Sein, München 1982[3])
83. Interview für den Film Krishnamurti: With A Silent Mind.
84. Zweite öffentliche Rede, San Diego, Kalifornien, 6. April 1970.
85. The Role of A Flower, England (Fernsehbeitrag) 1985.
86. Brockwood Park, Question and Answer Meeting, 28. August 1984. England, KFT, 1984.
87. The Star Bulletin, September 1929, p. 28. Vergleichen Sie auch die bemerkenswerte Version in Krishnamurtis »Tagebuch«; Selbstgespräche, Grafing 1989 (Eintrag 23.4.1983).
88. Ojai, Kalifornien, vierte Rede, 19. Mai 1985.
89. The Network of Thought, New York: Harper and Row 1982, p. 99.
90. Kishbaugh, Alan, Krishnamurti and the Gift of Freedom (eigener Beitrag für dieses Buch).
91. Maroger, J. M., «Krishnamurti, A Fundamental Discovery,« (eigener Beitrag für dieses Buch) 1994.
92. Anderson, Alan W., On Krishnamurti's Teaching: An Ongoing Personal Response, La Jolla, Kalifornien, 1994.
93. Colet, Robert, Krishnamurti: The Spiritual Force Behind Bruce Lee, Inside Kung Fu, Burbank, Kalifornien, F.W. Enterprises, 1986.
94. Interview für den Film Krishnamurti: With A Silent Mind.
95. Hobson, Lois M., Seek and Ye Shall Find: An Encounter with J. Krishnamurti, (eigener Beitrag für dieses Buch).
96. Unterhaltung zwischen Sarjit Siddoo und Evelyne Blau, Vancouver, Kanada, 18. Februar 1986.
97. Interview für den Film Krishnamurti: With A Silent Mind.
98. Unterhaltung zwischen Mary Zimbalist und Evelyne Blau, Ojai, Kalifornien, 24. April 1992.
99. Krishnamurtis vorletzter Vortrag, Madras, Indien, 1. Januar 1986.
100. Interview für den Film Krishnamurti: With A Silent Mind.
101. Ebenda.
102. Ebenda.
103. Deutsch, Gary M., My Thoughts on Krishnaji, Notes from a Medical Journey, 1985-86

BIBLIOGRAPHIE

I. Werke

Zu Füßen des Meisters (Alcyone), Graz 1976[5]
Königreich Glück, Jena 1929[2]
Reden am Feuer, Jena 1929
The Search, New York 1927
Collected Works, Vol.1, New York 1980
The Path, Ommen 1930[3]
Towards Discipleship, Chicago 1926
By What Authority, Ommen 1928
Early Writings (EW), Vol.1-7, Bombay (Chetana 1969 ff.)
Early Talks (ET), Vol.1-7, Bombay (Chetana 1972 ff.)
Later Talks (LT), Vol.1-5, Bombay (Chetana 1974 ff.)
Krishnamurti Talks, Verbatim Reports Vol.1-9, Madras 1934 ff.
Vertrauen zum Leben, München 1954
Schöpferische Freiheit, München 1956
Gedanken zum Leben, Hamburg 1957
dass. Ideal und Wirklichkeit, Bern o.J. (4.Aufl.)
Konflikt und Klarheit, Bern o.J. (2.Aufl.)
Verstand und Liebe, Bern o.J.
frei sein!, Bern o.J.
Religiöse Erneuerung, Bern o.J. u. München 1989 (Knaur TB)
Revolution durch Meditation, Bern o.J. (2.Aufl.)
Meditationen, Berlin 1969
Der Strom der Selbstsucht, Höchheim o.J.
Gespräche über religiöse Irrwege, Berlin o.J.
Leidlos inmitten der Welt, Berlin o.J.
Der Weg aus dem Chaos, Berlin 1987[4]
Die andere Dimension, Berlin o.J.
Der Ruf des Lebens, Berlin o.J.
Gespräche über das Sein, München 1982[3]
The Flight of the Eagle, New York 1972
You are the World, New York 1972
Tradition and Revolution, Madras 1972
Einbruch in die Freiheit, Berlin 1985[10]
On Love, London 1980
Exploration into Insight, London 1979
In Kommunion mit dem Leben, Zeppelinheim 1981
Das Tor zu neuem Leben, Zeppelinheim 1981
Leben ohne Illusionen, Hopferau 1982
Das Netz der Gedanken, Hopferau 1983
Letters to the Schools Vol.1, London 1981
Letters to the Schools Vol.2, Wassenaar 1985
Krishnamurtis Notebook, London 1985
Welt des Friedens, München 1985
Fragen und Antworten, München 1985
Aus dem Schatten in den Frieden, Berlin 1987
The Future of Humanity, Den Haag 1986
Vom Werden zum Sein, München 1987
Meditations, Madras 1989[3]
Erziehung zur Kunst des Lebens, Heidelberg 1988
The Awakening of Intelligence, London 1990[2]
The Way of Intelligence, Madras 1989[2]
Krishnamurtis Journal, London 1982
Selbstgespräche – Das letzte Tagebuch, Grafing 1989

Die letzten Gespräche in Saanen, Grafing 1986
Die Vorträge in Washington, Grafing 1990
The future is now, San Francisco 1989

WERKAUSWAHLEN

Sayings of Krishnamurti (S. Weeraperuma), Bombay 1986,
Ausgewählte Texte (I. v. Massenbach), München 1988.

BIBLIOGRAPHIE

Susunaga Weeraperuma, A Bibliography of the Life and Teachings of J. K., Leiden 1974.
ders., A Supplement to a Bibliography of the Life and Teachings of J. K., Bombay 1982.

SEKUNDÄRLITERATUR

Der Eingeweihte Bd.1+2, München 1985 f.
Anrias, David, Adepts of the five elements, New York 1934
ders., Through the eyes of the masters, London 1976[8]
Arundale, George, Thoughts on At the Feet of the Master. Adyar, Madras, India: Theosophical Publishing House, 1919.
Balfour-Clarke, Russell, The Boyhood of J. Krishnamurti, Bombay 1977
Baker, Gladys, Krishnamurti – Who is he?, The Birmingham New Age-Herald (1.4.1929)
Besant, Annie, World-Teachers, Herald of the Star 1/1913, S.5 f. dies., Die Arbeit des Weltlehrers, Vortrag Wien 2.9.1927 (unveröff.dt. Nachschrift)
Besterman, Theodore. Mrs. Annie Besant: A Modern Prophet. London: Kegan Paul, Trench, Trubner & Co., 1934
Burnier, Radha, Krishnajis Challenge, The American Theosophist Vol.75/10, S.344 ff.
Chandmal, Asit, One thousand moons, New York 1985
Chari, Ahalya. Krishnamurti at Rajghat. Madras: Krishnamurti Foundation India 1993.
Coleman, John E., The quiet mind, London 1971
Desikachar, T.K.V., Krishnaji – The student and the teacher, Madras o. J.
Dhopeshwarkar, A.D., K. and the experience of the silent mind, Bombay 1981[7]
ders., K. and the texture of reality, Bombay 1982[3]
ders., K. and mind in revolution, Bombay 1976[2]
ders., Meditation a la K., Bombay 1978
ders., The yoga of J.K., Bombay 1981[2]
Field, Rodney, K.-The reluctant messiah, New York 1989
Fouere, Rene, K.: The man and his teaching, Bombay 1981[8]
Grohe, Friedrich, Die Schönheit des Berges – Erinnerungen an K., Bramdean 1991
Heber, Lilly, Krishnamurti, London 1931
Hodson, Geoffrey, (Bericht über den Star Congress 1924), Herald of the Star, 10/1924, S.422 ff.
ders., Camp Fire Gleams, Herald of the Star 10/1927, S.403 ff.
ders., Thus have I heard, Adyar 1947
ders., K. and the search for light, o.A.
Hodson, Sandra & Thiel, M. van, C.W. Leadbeater – der große Hellseher (unveröff. Ms.)

Holroyd, Stuart, The quest of the quiet mind, Wellingborough 1983[3]
Holroyd, Stuart, Krishnamurti: The Man, the Mystery, and the Message. Shaftsbury, Dorset: Element, 1991.
Jayakar, Pupul, K.-Leben und Lehre, Freiburg 1988
Jayakar, Pupul, Indira Gandhi, New Delhi: Viking India, 1992.
Landau, Rom, God is my adventure, London 1964
Leadbeater, Charles W., A momentous incident, Herald of the Star 1/1912, S.33 ff.
ders.,48 Leben Alcyones (unveröff. dt. Ms.)
ders., Gespräche über zu Füßen des Meisters, Düsseldorf 1926
Lee, Bruce, The Tao of Jeet Kune Do. Santa Clarita, California: Ohara Publications, Inc., 1975
Lutyens, Emily, Candles in the sun, London 1957
Lutyens, Mary, K.-Jahre des Erwachens, München 1981
dies., K.-The years of fulfillment, New York 1984
dies., K.-The open door, London 1988
dies., The life and death of K., London 1990 (dt. Grafing 1991)
Meade, Marion, Mme Blavatsky, The Women Behind the Myth, New York: G. P. Putnam's Sons, 1980
Mehta, Rohit, The intuitive philosophy, Bombay 1988[3)]
ders. J. K. and the nameless experience, Bombay 1979[3)]
Methorst-Kuiper, A.J.G., Krishnamurti, Bombay 1976[2)]
Michel, Peter, Krishnamurti – Freiheit und Liebe, Grafing 1992
Nahal, C.L., A conversation with J.K., New Delhi 1965
Nearing, Helen, Loving and Leaving the Good Life. Vermont, Chelsea Green Publishing Co., 1992
Nethercot, Arthur H., The last four lives of Annie Besant, Chicago 1963
Niel, Andre, K. the man in revolt, Bombay 1982[4)]
Pavri, P., The Coming World Teacher, Adyar, Madras, India. Indian Star Headquarters, 1923
Peacocke, C.L., An historical meeting, Herald of the Star 2/1912, S.40 ff.
Prasad, N. Lakshmi, Real change is revolutionary, The Quest 4/1990, S.75 ff.
Rajneesh, Osho, K.-Gescheiterte Verkündung, Connection 6/1989
Ransom, Josephine, A short history of the Theosophical Society, Adyar 1938
Ravindra, Ravi, The mill and the mill-pond, K. Found. of America, o.J.
Robertson, John Kirk, Aquarian occultist (unveröff. Biographie G. Hodsons)
Ryzek, Marianne, Über K., Eurasburg 1985
Singh, Shashi, K. remembered, The American Theosophist, 10/ 1987, S.348ff.
Sloss, Radha Rajagopal, Lives in the Shadow with J. K., London 1991
Smith, Ingram, Truth is a pathless land, Wheaton 1989
Suares, Carlo, K. and the unity of man, Bombay 1982[5)]
Taylor, Anne, Annie Besant, Oxford University Press, 1922
Thakar, Vimala, Meine Begegnung mit K., Grafing 1989
Tillett, Gregory, The elder brother, London 1982
Torwesten, Hans, Befreiung vom Antiguru, Connection 6/1989
Vas, Luis S.R.(ed.), The mind of J.K., Bombay 1975[2)]
Vitelleschi, C., Ethik als Tat, Jena 1930
Weber, Renee, Wissenschaftler und Weise, Grafing 1987
Weeraperuma, Susunaga, K. as I knew him, Bombay 1988
ders., That pathless land, Bombay 1987[2)]
ders., Bliss of reality, Bombay 1984
ders., Living and dying, Bombay 1987[3)]
White, John (Hrsg.), Was ist Erleuchtung, Freiburg 1988
Wodehouse, E.A., A conversation with K., Intern. Star Bulletin 3/1930, S.19ff.

Peter Michel

– KRISHNAMURTI –

Freiheit und Liebe

Annäherung an ein Geheimnis

Die erste unabhängige Krishnamurti-Biographie. Die erste umfassende Analyse des geheimnisvollsten spirituellen Lehrers dieses Jahrhunderts, die nicht von einem unmittelbar mit Krishnamurti und seinem Werk verbundenen Autor verfaßt wurde. Erstmals wird in dieser Arbeit eine kritische Würdigung von Leben und Werk Krishnamurtis versucht. Neben den Zeugnissen jener Menschen, die Krishnamurti jahrelang begleiteten, werden auch Dokumente aus der Frühzeit der Theosophischen Gesellschaft herangezogen, die Licht auf die mysteriösen Geschehnisse der Jahre 1909-1929 werfen.

Die Biographie teilt sich in zwei große Bereiche. Im ersten Teil wird der Versuch unternommen, die rätselhafte Gestalt Krishnamurtis auf der Grundlage seiner mystischen Prozesse und der psychologischen Strukturen zu verstehen. Der zweite Teil enthält eine konzentrierte Synthese der wesentlichen Elemente seiner „Lehre".

Das Besondere der Biographie von Peter Michel liegt in der Berücksichtigung von Quellenmaterial, das bisher noch keine Beachtung fand, in der Dokumentation zahlreicher persönlicher Erlebnisberichte und in der Untersuchung auch von kritischen Stimmen. Auch die kürzlich erhobenen Vorwürfe, Krishnamurti habe bezüglich persönlicher Beziehungen viele Geschehnisse verheimlicht, wird einer eingehenden Untersuchung unterzogen.

Der Anhang enthält die zur Zeit vollständigste Dokumentation der Werke Krishnamurtis und der wichtigsten Sekundärliteratur.

ISBN 3-89427-018-7

KRISHNAMURTI

Selbstgespräche

Das letzte Tagebuch

Kaum eine der großen religiösen, wissenschaftlichen oder politischen Persönlichkeiten unseres Jahrhunderts blieb von Krishnamurtis Philosophie unbeeindruckt. Von Aldous Huxley bis David Bohm, von Annie Besant bis Indira Gandhi reicht die Kette der Namen, die den epochalen Geist Krishnamurtis bewunderten.

In seinen letzten beiden Lebensjahren hielt Krishnamurti seine innersten Gedanken und tiefsten Gefühle fest, indem er sie entweder notierte oder auf Tonband sprach. So entstand ein einzigartiges letztes Dokument des revolutionärsten spirituellen Lehrers unseres Jahrhunderts.

Krishnamurtis Gedanken und Ausführungen gleichen eher tiefsinnigen Meditationen als intellektuellen Abhandlungen. Man wird bei der Lektüre unmerklich eingebunden in die Gedankensphäre eines erleuchteten Geistes. Das eigene Denken weitet sich und berührt einen neuen Freiraum.

Krishnamurtis „Selbstgespräche" sind ein zeitloses Buch. Man wird es immer wieder zur Hand nehmen können, um eine Inspiration oder meditative Anregung daraus zu schöpfen.

Ein Klassiker philosophischer Kontemplation!

ISBN 3-89427-016-0